Litauen entdecken

Europas neuer Mittelpunkt im Baltikum
Aufgezeichnet von
Bodo Thöns

Trescher
Reihe Reisen

3., überarbeitete Auflage 2006

Reinhardtstraße 9
10117 Berlin
www.trescherverlag.de
post@trescherverlag.de

ISBN 3-89794-094-9
Trescher-Reihe Reisen
Herausgegeben von Sabine Fach und Bernd Schwenkros

Reihenentwurf: Robert Schumann
Einbandgestaltung: Bernd Chill
Farbteilgestaltung, Satz und Bildbearbeitung: Tom Schülke
Lektorat: Sabine Fach
Stadtpläne und Karten: Bernd Schwenkros
Bildnachweis: Autor; außer: Claudia Quaukies, Berlin (S. 49, 76, 191); Holger Kretzschmar, Dresden (S. 318, 324, 328, 329, 334, 335, 337); Valentas Murauskas, Vilnius (S. 94); Julia Thöns, Wandlitz (S. 234, 373); Baltische Tourismus Zentrale, Münster (S. 65, 66, 67 u.); Peter Hirth, transit archiv, Dresden (S. 67 o., S. 303 o.); Urs Schweitzer, Nürnberg (S. 9, 117, 207)

Gedruckt auf chlorfrei gebleichtem Papier

Printed in Germany

Vorwort

Für viele ist Litauen auch heute noch ein unbeschriebenes Blatt. Das kleine Land an der Ostsee hat seit der Wiedererlangung seiner Eigenstaatlichkeit im Jahre 1991 zielstrebig und erfolgreich die Rückkehr nach Europa vollzogen. Seit Mai 2004 ist das Land ebenso wie seine beiden Nachbarn Estland und Lettland Mitglied der Europäischen Union.

Vor dem EU-Beitritt war das neue Litauen und die Veränderungen seit den 90er Jahren – vielleicht mit Ausnahme der ihre alte Heimat wiederentdeckenden Memelländer und einiger Ostsee- und Baltikum-Begeisterter – nur sehr vage in das Bewußtsein der Menschen gedrungen. Und dies, obwohl bereits im Frühjahr 1999 die Visafreiheit für Besucher aus den europäischen Ländern eingeführt wurde. Nachdem sich mit der europäischen Öffnung in Richtung Polen in den letzten Jahren die touristische Terra incognita langsam, aber beständig in Richtung Osten verschob, blieb der nächste nordöstliche und mental eigentlich viel westlichere Nachbar Litauen doch noch ein Geheimtip. Zu Unrecht, denn Litauen hat seinen Besuchern viel zu bieten und ebenso langsam wie beständig entdecken in den letzten Jahren immer mehr Touristen aus dem deutschsprachigen Raum die Reize Litauens. 2004 besuchten etwa 480 000 Reisende das Land. Die jährlichen Zuwachsraten der letzten drei Jahre beliefen sich auf 15 bis 20 Prozent und man kann mit ziemlicher Gewißheit für die nächsten Jahre eine Fortsetzung dieses Trends mit ähnlich hohen Steigerungsraten prognostizieren. Das vorliegende Buch möchte Sie anregen, dieses vielschichtige Land zu entdecken und Ihnen dabei als praktischer Wegbegleiter dienen.

Litauen kann mit seiner reichen Geschichte als Bollwerk gegen die Kreuzritter und als einstige Großmacht Europas auf eine lange Kulturtradition zurückblicken. Trotz jahrhundertelanger Unterdrückung – zunächst in einer wenig vorteilhaften Union mit Polen, später durch das zaristische Rußland und schließlich die Sowjetunion, die nur zwischen den beiden Weltkriegen durch eine kurze Phase unabhängiger Blüte unterbrochen wurde – hat sich Litauen seine Eigenständigkeit bewahren können und geht nun erneut in seinen auf Demokratie und Marktwirtschaft ausgerichteten Reformen den Weg in Richtung europäische Integration. Litauen beherbergt übrigens den geographischen Mittelpunkt des europäischen Kontinentes in einem Dorf unweit der Hauptstadt Vilnius. Einmal mehr eine ›neue Mitte‹, die es zu erkunden lohnt.

Mit seinen dichten Wäldern und hügeligen Weiden, seinen unzähligen Seen und seiner einzigartigen Ostseeküste sowie den gastfreundlichen, aufgeschlossenen Menschen bietet Litauen alle Voraussetzungen für einen gelungenen Erholungsurlaub. Mit seinem reichen kulturellen Leben, eigenwilliger Kunst und Vil-

Auf dem Gediminas-Prospekt in Vilnius

nius und Kaunas als lebendigen Metropolen eröffnet das Land in vielerlei Hinsicht auch dem Bildungsreisenden neue Horizonte.

Litauen ist ein sicheres Urlaubsland mit einer sich entwickelnden touristischen Infrastruktur, die vor allem in den Urlaubszentren erstaunliche Fortschritte gemacht hat. Wenn man auch in der Provinz sicherlich noch Abstriche machen muß, so überrascht es die meisten westlichen Besucher mit Osteuropaerfahrung doch sehr angenehm, wie westlich es doch vielerorts hier im Osten zugeht.

Ich möchte allen Freunden und Bekannten danken, die mir mit Rat und Tat bei der Vorbereitung des Buches zur Seite standen, vor allem Liuba und Valentas Murauskai in Vilnius, Eckart Böhringer (Berlin), Hans-Joachim Kaiser (Tauberbischofsheim), Markus Böhler (München), Inge Cornelssen (Hannover) und Werner Feser (Nida).

Hinweise zur Benutzung des Reiseführers

Im ersten Teil des Buches finden sich allgemeine Informationen über Land und Leute, die Geographie und die Geschichte sowie die aktuelle wirtschaftliche und politische Situation Litauens seit der wiedererlangten Unabhängigkeit bis hin zu Kultur und landestypischer Küche. ›Litauen von A bis Z‹ vermittelt kompakte Erläuterungen zu Begriffen, Besonderheiten und Persönlichkeiten aus Geschichte und Gegenwart, die dem Reisenden auf Schritt und Tritt begegnen werden. Es folgt ein kleiner Grundkurs der nicht gerade einfachen Landessprache Litauisch und ein kleines Wörterbuch mit dem Basisvokabular. Die litauische Sprache basiert auf der lateinischen Schrift. Ungewohnt sind aber einige Sonderzeichen und eine komplizierte Konjugation, die auch Eigennamen einschließt. Das führt dazu, daß so manch gewohnter Begriff in unterschiedlichen, verwirrenden Schreibweisen auftaucht.In den Kapiteln, die dem Memelland und Kleinlitauen gewidmet sind, finden sich die alten deutschen Ortsnamen jeweils in Klammern.

Die Beschreibungen im sieben Kapital umfassenden Reiseteil beginnen zunächst mit den Metropolen Vilnius und Kaunas. Danach folgt die Ostseeküste mit der Kurischen Nehrung, dann verschiedene Teile des Landesinneren. Vom Nordwesten aus gelangen wir von der Küste bis nach Šiauliai, im Nordosten kehren wir weiter über Panevėžys und Oberlitauen nach Vilnius zurück, bevor wir im folgenden Kapitel die südlich von Vilnius und Kaunas gelegenen Gebiete vorstellen. Ein vor allem von der Küste naheliegender Ausflug in das russische Kaliningrad schließt unsere Reise ab.

Die am Ende des Buches befindlichen praktischen Reisetips von A bis Z erleichtern die Vorbereitung der Reise, die Orientierung vor Ort und das Verständnis der Gewohnheiten des Gastlandes. Informationen zu weiterführender Literatur und Hinweise auf interessante Internetseiten schließen sich an.

Alle Angaben in diesem Reiseführer gehen auf aktuelle Recherchen zurück. Nichtsdestotrotz ist die Zeit bekanntlich schnellebig, zumal sich das Land seit mehreren Jahren in einem tiefgreifenden Wandel befindet. Autor und Verlag sind deshalb für alle Hinweise, Informationen und Erfahrungsberichte dankbar.

Zeichenlegende

- Information
- Taxi
- Flughafen
- Informationen für Autofahrer
- Internetseiten zum Thema
- Bahnhof
- Busbahnhof
- Schiffsanlegestellen, Fährhafen
- Hotels, Pensionen, Unterkünfte
- Campingplätze
- Restaurants, Cafés

»Vom Wald tönt das Echo; sein Wohlklang fliegt bis hin zum Dorf. Noch haben die einen ihr Lied nicht zu Ende gesungen, da stimmen schon andere ein neues an.«

Julia Žemaitė

Land und Leute

Zwischen Bernsteinküste und Elchtest

Litauen ist das größte Land unter den drei baltischen Staaten. Mit 65 300 Quadratkilometern ist es etwa so groß wie Irland. Die maximale Ausdehnung von Ost nach West beträgt 373 Kilometer, von Nord nach Süd 276 Kilometer. Die Nachbarländer sind Lettland, Weißrußland, Polen und Rußlands Exklave um Kaliningrad, die Länge der Grenzen beträgt insgesamt 1747 Kilometer.

Litauen ist Teil der Osteuropäischen Tiefebene, die während der Gletscherplatte der letzten Eiszeit in Ebenen und Niederungen mit unzähligen Seen und Flüssen geformt und mit unzähligen Findlingen übersät wurde. Auf einen Quadratkilometer Felder und Wiesen kommt ein Kilometer Flußlauf, ein Drittel des Landes ist mit Wald bedeckt. Der Nemunas, auch als Njemen, Neman oder Memel bekannt, ist mit 973 Kilometern Länge, von denen 475 Kilometer durch Litauen fließen, der längste Fluß des Landes, es folgt sein Vilnius durchziehender Nebenfluß Neris mit einer Länge von 510 Kilometern. Insgesamt zählt man 758 Flüsse, deren Länge 10 Kilometer übersteigt. Über 2500 Seen sind größer als 500 Hektar; sie machen zusammen etwa eineinhalb Prozent der Landesfläche aus. Der größte See ist der Drūkšiai-See mit einer Fläche von 45 Quadratkilometern, der tiefste See der Tauragnas mit einer Tiefe von über 60 Metern. Fast 100 Kilometer Ostseestrand sowie die einzigartige, das Haff abtrennende Kurische Nehrung mit den höchsten Dünen Europas setzen eigene Akzente.

Litauen ist ein flaches Land, einige bescheidene Höhenzüge befinden sich im Süden und im Osten des Landes. Die Bezeichnung Baltisches Hochland für diese Landschaft ist etwas gewagt, da die höchste Erhebung südöstlich von Vilnius gerade 293 Meter über dem Meeresspiegel erreicht. Etwa zehn Prozent des Landes sind Naturparks und Naturschutzgebiete. Es gibt fünf touristisch erschlossene Nationalparks und verschiedene Naturschutzparks, vier Naturreservate sind für Touristen gesperrt. Doch nicht nur in diesen Gebieten macht die Natur einen intakten Eindruck.

Die Litauer bezeichnen scherzhaft die Kartoffel als ihren wichtigsten Bodenschatz. In der Tat ist das Land mit natürlichen Ressourcen nicht verwöhnt. Neben den Bernsteinvorkommen an der Küste beschränken sich die Naturreichtümer auf Torf und Ausgangsstoffe für die Bau- und Glasindustrie wie Kalkstein, Gips, Quarzsand, Lehm und Dolomit.

Das Klima ist gemäßigt, eine Mischung aus dem maritimen Seeklima der Ostsee und dem Kontinentalklima Eurasiens. Unter dem Einfluß atlantischer Westwinde ist das Wetter recht wechselhaft. In Küstennähe ist es milder, dort fallen aber auch mehr Niederschläge. Die Sommer sind mäßig warm und etwas kürzer als etwa in Norddeutschland. Insbesondere auf der Kurischen Nehrung hat man aber im Juli und August gute Chancen auf durchgängig sonnige Tage. Bereits im September färben sich die Blätter, so daß die Wälder in ihrer bunten Pracht zu bewundern sind. Im Winter können sich starke Fröste und Tauwetter schnell abwechseln, insgesamt ist aber auch eine hohe Luftfeuchtigkeit für die Kälte so typisch wie wenig angenehm. Eine geschlossene Schneedecke hält sich in der östlichen Landeshälfte durchschnittlich über drei Monate, zur Küste hin sind die schneebedeckten Zeiten kürzer.

Litauen ist bekannt für seinen Waldreichtum; bereits in den alten Chroniken wird es oft als das ›Land der dunklen Wälder‹ bezeichnet. Heute ist etwa ein Drit-

Im Nationalpark Aukštaitija

tel des Landes mit Wald bedeckt, der aber vielerorts nach in der Vergangenheit durchgeführten Rodungen durch Rekultivierungen entstand. Über 50 Prozent des Waldbestandes entfallen auf Kiefern und Tannen, ein knappes Viertel der Bäume sind Birken. Daneben sind grüne Wiesen und Weiden zu finden. Zwar wurden viele Sümpfe über die Jahre trockengelegt, mehrere Flachmoore und drei Hochmoore in den Naturreservaten sind aber erhalten und runden das Bild von Litauens Flora ab. Da ein beträchtlicher Teil des Landes aus Sandboden besteht, hielten sich die landwirtschaftlichen Ambitionen in Grenzen. Doch in den Wäldern gedeihen

Vor der Sonntagsmesse

Pilze und Beeren ganz hervorragend, so daß viele Litauer im Sommer und Herbst unter die Sammler gehen. Die Sammelergebnisse werden dann vielerorts auf den Märkten oder am Straßenrand feilgeboten.

Die Tierwelt ist vielfältig und eindrucksvoll. Mit dem Rückzug des Eiszeiteises kam zunächst die arktische Fauna, die dann mit den neuen Wäldern vielerlei Arten aus allen Himmelsrichtungen anzog. So kann man in Litauen sowohl Moorhühner jagen als auch den Elchtest machen – immerhin 5000 Elche wurden hier 1999 gezählt. Rotwild, Wildschweine, Wiesel, Biber, selbst Wölfe und die wieder angesiedelten Wisente sind hier anzutreffen. Auch die Vogelvielfalt ist beeindruckend und zählt in der offiziellen Statistik knapp 300 Arten. Angler kommen vor allem am Kurischen Haff und im Nemunasdelta auf ihre Kosten.

Bevölkerung

Litauen hat ungefähr 3,7 Millionen Einwohner, von denen knapp drei Millionen Litauer sind. Mit 57 Einwohnern pro Quadratkilometer ist die Bevölkerungsdichte vergleichsweise gering. Daneben lebt etwa eine Million Litauer im Ausland, wobei es in den USA – vor allem in Chicago und Cleveland – die größten exillitauischen Gemeinden gibt.

In Litauen leben etwa 300 000 Russen und Ukrainer sowie rund 250 000 Polen. Andere Minderheiten sind kaum vertreten. Die seinerzeit von Großfürst Vytautas als Schutztruppe ins Land geholten Tataren und Karäer genießen bis heute eine besondere Wertschätzung.

Die bis zum Zweiten Weltkrieg bedeutende jüdische Gemeinde fiel dem Holocaust fast vollständig zum Opfer. Von den noch in den 80er Jahren in Litauen ansässigen Juden wanderten in den letzten Jahren viele nach Israel und in andere Länder aus.

Die Russifizierung wurde in Litauen mit weniger Nachdruck als in den beiden baltischen Nachbarstaaten vorangetrieben. Aufgrund des bis in die 50er Jahre andauernden Widerstandes der ›Waldbrüder‹ genannten litauischen Partisanen gegen die Sowjetmacht zogen viele sowjetische Neusiedler eher nach Lettland oder Estland. Da die Litauer immer die große Bevölkerungsmehrheit im Land bildeten, gestaltete sich nach der Unabhängigkeit die Integration der unter dem Sowjetstern zugewanderten Bevölkerungsgruppen in Litauen zwar nicht spannungsfrei, aber doch im Vergleich mit den anderen baltischen Staaten relativ problemlos. Spannungen gab es aber Anfang der 90er Jahre auch im Verhältnis zu den vor allem im Süden Litauens lebenden Polen. Neben der langen Zeit der gemeinsamen Staatlichkeit, in der die Litauer zumeist eine den Polen untergeordnete Rolle zu spielen hatten, belasteten auch geschichtliche Grenzsensibilitäten und die auf wenig Gegenliebe stoßenden Autonomiewünsche der Polen das Verhältnis.

Aus der Sicht der Verwaltung ist Litauen in zehn Kreise unterteilt, die sich wiederum in 52 Bezirke untergliedern. Daneben unterscheidet man aber historisch fünf kulturelle Regionen oder Landstriche. Wenn man in der recht schwierigen litauischen Sprache mit der Aussprache des Landesnamens Litauen als Lietuva noch keine Probleme hat, so fangen aber bei den Landesteilen bereits die Schwierigkeiten an. Die Regionen sind das auch Niederlitauen genannte Žemaitija im Westen, das im Osten Litauens höher gelegene Oberlitauen namens Aukštaitija sowie im Süden des Landes Suvalkija und Džukija und Mažoji Lietuva, das Kleinlitauen genannte Memelland.

Jeder Landstrich hat seine Besonderheiten, die nicht nur in den unterschiedlichen Trachten, sondern auch in den Charaktereigenschaften der Menschen erkennbar sind.

Für Niederlitauen findet man neben Žemaitija auch die Bezeichnungen Schemaiten oder Samogitien. Zur Zeit des Großfürstentums Litauen standen seine Bewohner häufig zwischen den Fronten und haben sich bis heute selbst in ihrem Dialekt eine gewisse Eigenständigkeit bis hin zum Seperatismus mit eigenem Wappen bewahrt.

Die über alle Maßen gelassenen Niederlitauer gelten als sture Dickköpfe. Sie waren die letzten Heiden Europas und ließen sich erst ab 1419 zum Christentum bekehren. Sie kämpften immer für ihre Werte und standen auch in den Aufständen gegen Rußlands Zaren an der Spitze des Widerstandes.

Die lebensfrohen Oberlitauer erheben mit ihrem Hochlitauisch den Anspruch auf die Literatursprache des Landes, und tatsächlich brachten sie wohl auch die meisten Literaten des Landes hervor. Sie gelten als gebildet und auch als etwas eingebildet. Oberlitauen – Aukštaitija – nimmt flächenmäßig den größten Teil des Landes ein und gilt als die Wiege des litauischen Staatswesens. Die ›Highländer‹ können sich auch auf den mit 293 Metern höchsten Berg und die Hauptstadt des Landes berufen. Vilnius zieht aber seine Einwohner aus allen Landesteilen an und wird kaum mit Aukštaitija assoziiert.

Suvalkija ist eine litauisch-polnische Melange. Die namensgebende Stadt Suvalki befindet sich auch im nordöstlichen Zipfel Polens. Man sagt den Suvalkern vor allem schottische Sparsamkeit sowie preußische Ordnungsliebe nach. Von 1795 bis 1807 gehörte der Landstrich zu Preußen. Dank Napoleon wurde hier in dieser Zeit bereits die Leibeigenschaft aufgehoben, was in den anderen Landesteilen wie in ganz Rußland erst 1861 Realität wurde.

Das ebenfalls im Süden gelegne Džukija galt lange Zeit als das Armenhaus Litauens. Die Menschen lebten vor allem vom Waldreichtum. Die Džuken gelten als sehr stolz und stellen mit ihrer Sangesfreude die anderen Landsmannschaften

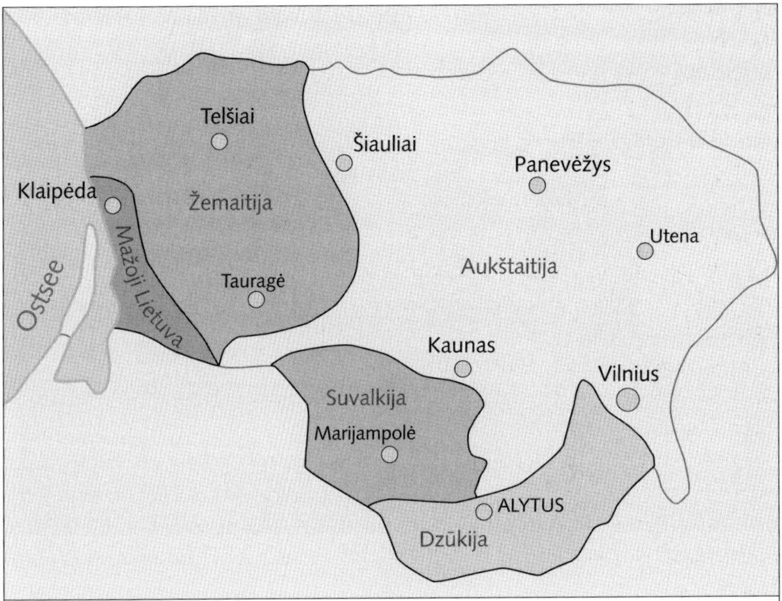

Die historischen Regionen des Landes

noch in den Schatten. In der Sprache und den Liedern sind die Verkleinerungsformen sehr populär.

Mažoji Lietuva bzw. Klein-Litauen wurde früher auch ›Preußisch-Litauen‹ genannt und umfaßt in erster Linie das Memelland, obwohl dieser Begriff erst nach dem 1. Weltkrieg aufkam. Hier wohnen neben den litauischen Familien, die hier bereits zu deutschen Zeiten lebten, auch viele Zuzügler aus Rußland und litauische Gulag-Heimkehrer, denen man nur hier die Ansiedlung gestattete.

Ein Körnchen Wahrheit steckt in diesen – selbstironischen – Klischees, wie auch in dem folgenden Witz: Der Teufel hatte fünf Litauer – aus jedem Landstrich einen – in einen Sack gesteckt und war damit übers Land gezogen. Erschöpft setzte er sich unter einen Baum und ließ den Sack los. Unverzüglich sprang der Džuke heraus und rannte, sich durch lauten Gesang Mut machend, um sein Leben. Der Aukštaitier freute sich über den die Aufmerksamkeit auf sich lenkenden Džuken und verzog sich klammheimlich in die entgegengesetzte Richtung. Nun kletterte der Suvalker aus dem Sack und starrte auf Teufel und Sack. Der überraschte Teufel fragte ihn, warum er nicht weglaufe, worauf der Suvalke antwortete: »Ich warte, bis der Žemaite und Klein-Litauer verschwinden, damit ich den Sack mitnehmen kann.« Zaghaft fragt nun der Klein-Litauer, ob er denn wirklich gehen

Junge Mütter in Telšiai

darf und verschwindet ebenfalls. Nur der Žemaite rührt sich nicht vom Fleck und antwortet dem erbosten Teufel: »Wenn Du mich hier reingesteckt hast, hol mich gefälligst auch wieder raus.«

Aber Touristen brauchen keine Sorge zu haben, im ›Sack‹ zu landen, denn allerorten sind die kleinen Besonderheiten der litauischen Charaktere mit großer Gastfreundschaft und Hilfsbereitschaft gepaart.

Die Litauer – insbesondere die Niederlitauer – waren die letzten Heiden in Europa und öffneten sich dem Christentum erst nach 1387. Viele heidnische Bräuche fanden später Eingang in die praktische Religion. Die Götter personifizieren die Natur, die Menschen beteten die Wälder und die Steine sowie beispielsweise beim Johannesfest die Sonne an. Heute ist Litauen vor allem aufgrund der einflußreichen Gegenreformation und der langen und engen Bindung zu Polen ein überwiegend katholisches Land. Über 80 Prozent der Christen bekennen sich zum römisch-katholischen Glauben. Diese Tradition läßt sich auch an der Vielfalt der beeindruckenden – vor allem barocken – Kirchenlandschaft ablesen.

Zu Zeiten des sowjetisch verordneten Atheismus waren Kirche und Glauben auch immer ein Ausdruck der nationalen Identität. Seit der Unabhängigkeit hat die Kirche auch wieder deutlich mehr Zulauf, aber auch die alten heidnischen Traditionen der Naturgötter gewinnen an Bedeutung und bilden die für Litauen und seine Kultur so typische Symbiose im Glauben an Gott und die Natur.

Von Tannenberg bis Perestrojka – Litauens Weg durch die Geschichte

▸ 2000 v. Chr.: Ansiedlung baltischer Stämme (Litauer, Letten, Prußen auf dem Gebiet des heutigen Litauens).

▸ 997: Der Prager Bischof Adalbert kommt als erster Missionar nach Litauen und wird wegen des Betretens heiliger Wälder von den Prußen ermordet.

▸ 1009: Die Landesbezeichnung Litauen taucht erstmals in den Quedlinburger Annalen auf.

▸ 1226: Papst Honorius und Kaiser Friedrich segnen den Deutschen Orden unter Hermann von Salza zur Missionierung der heidnischen Prußen und Litauer.

▸ 1236–1263: Fürst Mindaugas eint die Litauer gegen den Schwertbruderorden in der siegreichen Schlacht von Šiauliai. Um der Bedrohung der Kreuzritter den Boden zu entziehen, tritt er zum katholischen Glauben über und wird am 6. Juli 1253 von der Kurie des Papstes zum einzigen König in Litauens Geschichte gekürt. Da die Kreuzritter weiter in das Land einfallen, entsagt er 1260 wiederum dem Glauben.

▸ 1255: Der Deutsche Orden gründet Königsberg.

▸ 1283: Nach der Eroberung des Landes der Prußen versuchen die Ordensritter weiter, auch Litauen zu erobern.

▸ 1294–1341: Nach Mindaugas Ermordung gelingt es erst Vytenis, die litauischen Gebiete wieder zu einem Staat zu vereinen. Sein ab 1316 herrschender Bruder Gediminas erobert weite Teile der Ukraine, Weißrußlands und Rußlands. 1323 gründet er die Hauptstadt Vilnius.

▸ 1345–1377: Unter der Doppelherrschaft der beiden Gediminas-Söhne Algirdas und Kęstutis stabilisiert sich das Land und kann weitere Gebiete im Osten und Südosten dazugewinnen.

▸ 1377–1382: Nach Algirdas Tod setzt sich sein Sohn Jogaila in einem blutigen Machtkampf und nach der Ermordung von Kęstutis an die Spitze Litauens.

▸ 1385: Gründung des polnisch-litauischen Doppelreiches durch die Heirat Jogailas mit der polnischen Königstochter Jadwiga. Er läßt sich taufen und das Christentum wird in Litauen zur Staatsreligion.

▸ 1391: Vytautas wird Großfürst von Litauen. Unter seiner Herrschaft erlangt das Großfürstentum seine größte Ausdehnung zwischen Ostsee und Schwarzem Meer.

▸ 1410: In der Schlacht bei Tannenberg bereitet das polnisch-litauische Heer den Kreuzrittern des Deutschen Ordens eine vernichtende Niederlage.

▸ 1422: Der Friedensvertrag vom Melner See schreibt die Grenze zwischen Litauen und dem Ordensstaat fest. Die Siedlungsgebiete der Prußen – das sogenannte Memelland – geht an die Kreuzritter.

▸ 1457: Der Deutsche Orden verlegt seine Residenz von der Marienburg nach Königsberg.

▸ 1494: Durch die Ehe des litauischen Großfürsten Alexandras mit der Tochter des Zaren Iwan III. sollen die Beziehungen zu Rußland verbessert werden. Doch ab 1499 kommt es zum Krieg, in dem Litauen umfangreiche Gebiete an Rußland verliert.

▸ 1547: Als erstes Buch in litauischer Sprache erscheint ein von Martynas Mažvydas erstellter Katechismus.

▸ 1562: Erneute kriegerische Auseinandersetzungen mit Rußland lassen Litauen eine weitere Annäherung an Polen suchen.

Das Großfürstentum Litauen Ende des 15. Jahrhunderts

▶ 1569: Vertrag über die auch ›Rzeczpospolita‹ oder ›Republik beider Nationen‹ genannte Lubliner Union. Litauen gibt seine staatliche Selbständigkeit auf.

▶ 1655–1667: Kriege der Union mit Schweden sowie im Bündnis mit Schweden gegen Rußland.

▶ 1697–1763: Das sächsische Königsgeschlecht beansprucht neben dem polnischen Königsthron auch den Titel des Großherzogs von Litauen.

▶ 1700–1721: Im Nordischen Krieg zwischen Rußland und Schweden wird das zur Allianz Sachsens gehörende Litauen als Verbündeter Rußlands Schauplatz erbitterter Kämpfe.

▶ 1795: Endgültiger Zerfall des polnisch-litauischen Doppelreiches. Als Konsequenz der dritten Teilung Polens kommt der größte Teil Litauens zu Rußland.

▶ 1812: Napoleons Truppen verwüsten das Land zu Beginn ihres Rußland-Feldzuges und bei ihrem Rückzug.

▶ 1831: Die Verschärfung der nationalistischen Autokratie nach der Niederschlagung des Dekabristenaufstandes 1825 in St. Petersburg ruft in Litauen und Polen antirussische Aufstände hervor, die jedoch scheitern. Die Universität in Vilnius wird daraufhin geschlossen.

▶ 1861: Abschaffung der Leibeigenschaft in Rußland. Die daran geknüpften, aber enttäuschten Erwartungen lösen 1863 erneute Bauernaufstände gegen die zaristische Vorherrschaft aus, die 1864 niedergeschlagen werden. Beginn der großen Auswanderungswelle. Bis 1914 wandern etwa 700 000 Litauer vor allem in die USA aus.

▶ 1864–1904: Litauisch wird als Amtssprache – auch in Schulen – verboten und zum ›Dialekt‹ erklärt. Verbot aller litauischen Druckerzeugnisse. Aufkommen der ›Bücherträger‹, die die in Ostpreußen gedruckte litauische Presse nach Litauen schmuggelten.

▶ 1883: Die erste litauische Zeitung ›Aušra‹ (Morgenröte) erscheint in Ostpreußen.

▶ 1905: Mit der Zulassung eines litauischen Landtages ziehen litauische Vertreter in die russische Duma ein. Es gibt auch Zugeständnisse hinsichtlich einer kulturellen Autonomie. Das Druckverbot wird aufgehoben.

▶ 1915: Während des Ersten Weltkrieges wird Litauen durch Deutschland besetzt.

▶ 18. Februar 1918: Verkündung der Unabhängigkeitserklärung Litauens durch Antanas Smetona. In den folgenden Jahren des Unabhängigkeitskampfes von 1918 bis 1920 beziehungsweise 1923 durchziehen Kämpfe das Land. Die Rote Armee kann zurückgeschlagen werden, aber Polen besetzt im Oktober 1920 das Gebiet um Vilnius mit den Kreisen Varėna und Švenčionys. Kaunas wird zur provisorischen Hauptstadt Litauens.

▸ 10. Januar 1923: Litauische Freischärler besetzen das Klaipėda-Memel-Gebiet. Ein Jahr später segnet der Völkerbund mit der Memelkonvention die Autonomie der Region im Bestand Litauens ab.

das die Stationierung sowjetischer Truppen in Litauen zuläßt. Die von Polen besetzten Gebiete um Vilnius fallen nach der Okkupation Polens durch deutsche Truppen an Litauen zurück.

Eingang zu einer kleinen Untergrunddruckerei aus sowjetischer Zeit

▸ 1926: Staatsstreich durch Antanas Smetona, der das Land in den Folgejahren mit seiner nationalistischen Staatspartei autoritär führt.

▸ 22. März 1939: Unter Hitlers Druck tritt Litauen das Memelland an Deutschland ab.

▸ 23. August 1939: In den geheimen Zusatzprotokollen zum Hitler-Stalin-Pakt wird vereinbart, daß Litauen zum Einflußbereich der Sowjetunion gehört.

▸ 10. Oktober 1939: Moskau zwingt Litauen ein Beistandsabkommen auf,

▸ Sommer 1940: Sowjetische Truppen rücken am 14. Juni in Litauen ein. Die Regierung muß am 17. Juni zurücktreten. Nach einer Einheitslistenwahl kommt am 3. August eine kommunistische Marionetten-Regierung an die Macht, die formal um die Aufnahme in die Sowjetunion ersucht.

▸ 14. Juni 1941: Beginn der ersten Deportationswelle. Innerhalb von drei Tagen werden 35 000 Angehörige der litauische Elite verhaftet und nach Sibirien deportiert. In den

Jahren zwischen 1944 und 1953 kommen weitere 300 000 Litauer in Stalins Lager.

▸ 22. Juni 1941: Besetzung Litauens durch die deutsche Wehrmacht. Beginn der Vernichtung der jüdischen Bewohner Litauens.

▸ 1944: Die Rote Armee erobert Litauen. Das Klaipėda-Memel-Gebiet wird an die Litauische Sowjetrepublik angegliedert. Ostpreußen um Königsberg wird als Enklave der Russischen Sowjetrepublik angeschlossen.

▸ 1944–1952: Im Partisanenkampf der sogenannten ›Waldbrüder‹ leisteten viele Litauer noch jahrelang Widerstand gegen die sowjetische Okkupation. Aufgrund des im Vergleich zu Lettland und Estland deutlich stärkeren Widerstandes werden in der Folgezeit in Litauen auch deutlich weniger Russen angesiedelt als in den Nachbarländern. Etwa 30 000 Litauer lassen im Kampf der ›Waldbrüder‹ ihr Leben.

▸ 1945: Mehrere Deportationswellen, der in den Folgejahren Hunderttausende Litauer, darunter das Gros der litauischen Intelligenz, zum Opfer fallen.

▸ 1945/1946: Nationalisierung der Wirtschaft und Kollektivierung der Landwirtschaft nach sowjetischem Muster.

▸ 1962: Alle Litauer sprechen angeblich Russisch, denn in der Sowjetunion wird die Zweisprachigkeit aller Einwohner der nichtrussischen Sowjetrepubliken verkündet.

▸ 1985: Der Perestrojka-Kurs von Michail Gorbatschow bringt auch den Litauern neue Freiräume.

▸ 3. Juni 1988: Gründung der Unabhängigkeitsbewegung ›Sajūdis‹ unter dem Motto ›Offenheit, Demokratie und Selbstbestimmung‹.

▸ 23. August 1989: In einer großen Demonstration für die Unabhängigkeit der baltischen Länder bildet sich anläßlich des 50. Jahrestages des Hitler-Stalin-Paktes eine 650 Kilometer lange Menschenkette mit über zwei Millionen Teilnehmern zwischen Vilnius, Riga und Tallinn.

▸ 20. Dezember 1989: Litauens Kommunisten lösen sich von der sowjetischen KPdSU.

▸ 4. März 1990: ›Sajūdis‹ gewinnt die ersten freien Parlamentswahlen seit 1940, Vytautas Landsbergis wird zum Parlamentspräsidenten gewählt.

▸ 11. März 1990: Vytautas Landsbergis verkündet den Beschluß über die Wiederherstellung der Unabhängigkeit Litauens durch das neue Parlament. Eine neue Ära für Litauen beginnt.

▸ 11. Mai 2003: Die Litauer sprechen sich in einem Referendum, an dem 64 Prozent der Wahlberechtigten teilnehmen, mit einer Mehrheit von 90 Prozent für den Beitritt ihres Landes zur Europäischen Union aus.

▸ 1. Mai 2004: Beitritt zur Europäischen Union.

Gelb–Grün–Rot: die neuen alten Farben des Landes

Heute weht Litauens gelb-grün-rote Landesfahne in Brüssel und in Straßburg schon so selbstverständlich wie in Vilnius. Knapp 15 Jahre hat es gedauert, bis Litauen genauso wie die beiden anderen baltischen Staaten vom roten Stern samt Hammer und Sichel in Moskau in den Kreis der gelben Sterne auf blauem Untergrund gelangten.

Die Staatsflagge in den Farben Gelb-Grün-Rot entstand Ende des 19. Jahrhunderts in verschiedenen Variationen. Die Entscheidung für diese Landesflagge fiel am 19. April 1918 nach der ersten Wiederherstellung der staatlichen Unabhängigkeit Litauens. Unter dem Sowjetstern wurde die Flagge verboten. Erst ab 1988 wurde sie mit der erstarkenden oppositionellen Sajūdis-Bewegung zunächst toleriert und dann wieder zugelassen. Mit der Wiedererlangung der Unabhängigkeit kamen die symbolträchtigen Farben wieder zu offiziellen Ehren. Gelb symbolisiert die Sonne als Inbegriff des Lichtes und des Wohlergehens, Grün steht für die Natur sowie die Hoffnung, Rot steht als Farbe des Blutes für den Mut und die Opfer der Litauer in ihrem Streben nach Freiheit. Litauens postsowjetische Zeitrechnung begann im März 1990, als Vytautas Landsbergis, Führer der Reformbewegung Sajūdis und neu gewählter Parlamentspräsident, die Wiedererrichtung des unabhängigen Litauens proklamierte und damit auch den Präzedenzfall für die um ihre Unabhängigkeit ringenden Nachbarländer Lettland und Estland schuf. Doch zunächst standen dem Land schwierige Monate bevor, denn in Moskau löste dieser Schritt keine Begeisterungsstürme aus. Dem innenpolitisch bereits angeschlagenen Gorbatschow warf man vor, mit seinen Reformbemühungen nach dem Abfall der sozialistischen Brüder in Osteuropa nun der Auflösung des eigenen Sowjetimperiums Vorschub zu leisten.

Im April startete Moskau eine Wirtschaftsblockade gegen Litauen, die zwar die Wirtschaft des Landes erschütterte, den Freiheitswillen aber nicht brechen konnte. Daraufhin setzte Moskau nicht mehr nur auf seine wirtschaftliche, sondern auch auf seine militärische Stärke. Im Januar 1991 eskalierten die Auseinandersetzungen mit der Besetzung des Fernsehzentrums in Vilnius durch russische Truppen. Dreizehn Litauer kamen ums Leben. In den folgenden Tagen und Nächten schützten Menschenmauern das Parlamentsgebäude vor den russischen Panzern. Schließlich einigten sich Vilnius und Moskau auf ein Referendum über den künftigen Status. Am 9. Februar 1991 stimmten über 79 Prozent der Wähler für die Eigenständigkeit eines unabhängigen litauischen Staates.

Bereits drei Tage später erkannte Island als erster Staat das neue Litauen diplomatisch an. Doch die westliche Welt hielt sich zunächst bedeckt. Einerseits unterstützte man die Wiederherstellung der staatlichen Integrität der drei baltischen Länder, andererseits bestand aber kein Interesse an einer Verschärfung der Konfrontation mit Moskau. Doch der im August in Moskau gescheiterte Putsch brachte in Moskau neue Fronten und den Durchbruch für Litauens Unabhängigkeit, die im September 1991 auch von Moskau anerkannt wurde. Am 31. August 1993 verließen die letzten Soldaten der Roten Armee das Land.

Das im Dezember 1991 verabschiedete neue Staatsbürgerschaftsrecht erkannte allen, die vor 1989 in Litauen ihren Wohnsitz hatten, automatisch die litauische Staatsbürgerschaft zu. Die Integration der vor allem zu Sowjetzeiten aus Rußland zugewanderten Bevölkerung verlief hier ohne die aus den anderen beiden baltischen Ländern bekannten Diskriminierungen. Sprachprüfungen und ein mindestens zehnjähriger Aufenthalt als Voraussetzungen für die Erlangung der Staatsbürgerschaft in Litauen fanden erst für alle nach dem Stichtag im November 1989 Zugewanderten ihre Anwendung. Allerdings war und ist auch der Anteil der ethnischen Nichtlitauer an der Gesamtbevölkerung Litauens mit etwa zehn Prozent deutlich geringer als in Lettland oder Estland. Heute ist Litauen wieder als unabhängiger, demokratischer Staat weltweit anerkannt und Mitglied der Europäischen Union und der Nato. Der Beitritt zur Europäischen Union konnte sich auf eine Zustimmung von 90 Prozent der in einem Referendum am 11. Mai 2003 abgegebenen Stimmen stützen (bei einer Wahlbeteiligung von 64 Prozent).

Vaterlandsunion und Sozialdemokraten in guter Nachbarschaft in Panėvežys

Das Land ist eine parlamentarische Demokratie. Die Staatsgewalt liegt beim Volk, welches das Seimas genannte Parlament mit seinen 141 Abgeordenten alle vier Jahre wählt. Die nächsten Parlamentswahlen finden planmäßig 2008 statt. An der Spitze des litauischen Staates steht der im Fünf-Jahres-Rhythmus gewählte Präsident, dem maximal zwei Amtszeiten gewährt werden. Am Muster der Präsidialdemokratie orientiert, bestimmt er den außenpolitischen Kurs des Landes und verfügt auch in der Innenpolitik über weitgehende Vollmachten. Die politischen Verhältnisse galten und gelten zwar als insgesamt stabil, aber dennoch durchlebte das Land in den ersten 15 Jahren seiner Unabhängigkeit mehr als eine politische Krise. Das Amt des Ministerpräsidenten glich einem Schleudersitz und weist mit sechzehn Amtsinhabern seit der Unabhängigkeit einen überdurchschnittlichen Verschleiß auf.

Erst in den letzten Jahren bewies das politische Urgestein Algirdas Brazauskas die notwendige Ausdauer im Amt. Mit dem erfolgreichen Amtsenthebungsverfahren gegen den 2003 gewählten Staatspräsidenten Rolandas Paksas beschritt Litauen in den Tagen seines EU-Beitritts sogar zweifelhaftes Neuland für Europa. In all den Jahren brachte jeder Wahlsonntag in Vilnius dank starker Protestwählervoten bei niedriger Wahlbeteiligung neue Konstellationen. Neue Parteien wie die 2003 gegründete Arbeitspartei kommen auf beachtliche Ergebnisse. So wurde diese vom russischstämmigen Konserven-Unternehmer Viktor Uspaskich gegründete Partei im Oktober 2004 mit 28 Prozent der Stimmen sogar stärkste Fraktion.

Litauen war das erste europäische Land, in dem die Reformkommunisten wieder an die Macht kamen. Bei den Parlamentswahlen im Oktober 1992 erlebte die seit der politischen Wende regierende Unabhängigkeitsbewegung eine dramatische Niederlage. Die wirtschaftlichen Probleme brachten dem ehemaligen KP-Führer Algirdas Brazauskas mit seiner neuen Litauischen Demokratischen Arbeiterpartei (LDAP) eine satte Mehrheit. Bei den ersten Präsidentschaftswahlen konnte sich Algirdas Brazauskas deutlich gegen den ›Vater der Unabhängigkeit‹ Vytautas Landsbergis durchsetzen. Man beschwor den sozialen Frieden, und der Reformprozeß kam ins Stocken.

Die Unabhängigkeitsbewegung konsolidierte sich nun in der Opposition unter der Regie der auch Vaterlandsunion genannten Konservativen Partei Litauens und kehrte im Oktober 1996 gemeinsam mit den Christdemokraten an die Macht zurück. Sie traten für mehr Schwung im Reformprozeß ein und wurden dann im Oktober 2000 erneut abgewählt. Die Christdemokraten verfehlten sogar die Fünf-Prozent-Hürde. Der strahlende Rückkehrer war Algirdas Brazauskas, der sich eigentlich 1998 aus der großen Politik zurückziehen wollte und nun zurückkehrte und die Linke einte. Die bis in das Jahr 1896 zurückreichenden und 1989 wiederbelebten Wurzeln der litauischen Sozialdemokratie einerseits sowie die wachsende Umorientierung der ehemaligen litauischen Kommunisten auf sozialdemokratische Werte führten 2001 zum Zusammenschluß der beiden linken Parteien LSDP und LDAP. Brazauskas gilt bereits als ›Vater der Nation‹ und steuert bis heute als Premier verschiedener Koalitionsregierungen, seit 2004 unter Mitwirkung der neuen Arbeitspartei und der Bauernpartei, die Geschicke des Landes.

Als Brazauskas 1998 im Interesse eines eigentlich geplanten Generationswechsels nicht wieder für das Amt des Präsidenten kandidierte, setzte sich der aus den USA zurückgekehrte Exillitauer Valdas Adamkus gegen den Chef der damals mit den Sozialdemokraten koalierenden Neuen Union Arturas Palauskas durch. Adamkus' Präsidentschaft war vor allem vom erfolgreichen Abschluß der Beitrittsverhandlungen mit der EU und der NATO geprägt. Unbestrittene Leistungen, die ihn zu siegesgewiß in den Wahlkampf 2003 ziehen ließen, wo er in der Stichwahl im März 2003 dem Populisten Rolandas Paksas unterlag, der sich 1999 und 2001 schon zweimal kurzzeitig in die lange Liste der Regierungschefs eingeschrieben hatte. Da zwischen beiden ein Altersunterschied von 30 Jahren lag, war wohl auch die Frage des Generationswechsels in dieser Wahlentscheidung nicht ohne Bedeutung. Aber die ersten Monate von Paksas' Amtsführung brachten einige unangenehme Überraschungen. So wurden dem früheren Vilniusser Bürgermeister heftige Vorwürfe wegen Bestechlichkeit und unsauberer Wahlkampffinanzierung gemacht, die er vor einem parlamentarischen Untersuchungsausschuß auch nicht entkräften konnte. Die Sache schlug europaweit hohe Wellen, und seiner Amtsenthebung im Mai 2004 folgten Neuwahlen, bei denen sich erneut Valdas Adamkus, diesmal gegen Kazimiera Prunskiene, durchsetzen konnte.

Das neue alte Staatswappen Litauens

Neben der gelb-grün-roten Staatsflagge trifft man noch auf zwei weitere traditionelle Staatssymbole: den ›Vytis‹ (Reiter) und die Gediminassäulen. Das Staatswappen zeigt auf rotem Untergrund einen Reiter in silberner Rüstung mit gezogenem Schwert. Sein Schild trägt das auch nach ihm benannte Doppelkreuz. Erstmals erschien die Figur 1366 auf dem Siegel des Großfürsten Jogaila. Unter Vytautas wurde es 1392 zum Wappen des Großfürstentums. Auf rotem Untergrund war das Vytis-Wappen zugleich die historische Staatsflagge Litauens. Die Gediminassäulen sind drei senkrechte Striche, die an ihrer Unterseite durch eine Waagerechte und einen halbrunden Bogen miteinander verbunden sind. Dieses Symbol zierte die Siegel und die Münzen der litauischen Großfürsten. Da die Unabhängigkeitsbewegung ›Sajūdis‹ 1988 die Gediminassäulen wieder zu ihrem Symbol machte, steht es heute einerseits für die Unabhängigkeitsbestrebungen des Landes und andererseits auch im Logo der Vaterlandsunion, der Partei der litauischen Konservativen.

Das baltische Gold

Bernstein ist in vielen Kulturen der Welt bekannt und kommt als fossiles Harz auch in verschiedenen Regionen auf der ganzen Welt vor. Aber 95 Prozent aller Bernsteinvorkommen entfallen auf die Ostküste der Ostsee.

Es handelt sich um fossiles Kiefernharz, das vor etwa 40 bis 45 Millionen Jahren während der Karbonzeit entstand. Damals war das Gebiet Südskandinaviens und der heutigen Ostsee von dichten Kiefernwäldern unter subtropischem Klima bedeckt. Pinus succinifera heißt die wissenschaftliche Bezeichnung für die seit vielen Jahren aus der Flora verschwundene Kiefernart. Pinus steht für Kiefer, succus für Saft, da diese Kiefernart stark ›saftete‹, bei Beschädigungen der Rinde also Harz absonderte. Dashalb nennt man den baltischen Bernstein auch Succinit.

Dramatische Klimaveränderungen bewirkten zunächst eine Erhöhung der Harzabsonderung. Später folgte die Überflutung weiter Teile dieser Wälder, wobei das Wasser und seine Wellen das Harz abspülten. Die damaligen Strömungen spülten das Gros an die östliche Küste der Ostsee, die Eiszeit mischte dann die Ablagerungen neu, so daß sich der Bernstein neben der Ablagerung in einer Tonerdeschicht im Samland über die gesamte südöstliche Ostsee und ihre Anreiner verteilte. Vor allem die Küsten Litauens und des zu Rußland gehörenden Kaliningrader Gebietes sind daher mit Bernstein gesegnet. Der einzige Tagebau zur Bernsteingewinnung befindet sich heute in Jantarnyj, dem früheren Palmnicken.

Die zwischen hellem Gelb und dunklem Braun und in ihrer Durchsichtigkeit variierenden Farben können durch verschiedene chemische Einflüsse einen grünen oder roten Einschlag bekommen. Als besonders interessant gelten Bernsteine mit Einschlüssen, sogenannten Inklusen. Dabei wurden am Harz klebende Pflanzenreste, Insekten oder Spinnen aus den Wäldern von neuen Harzschichten umschlossen und aufgrund seiner schnellen Erhärtung hervorragend mit all ihren Details konserviert.

Die Sammlung des Bernsteinmuseums Palanga zählt heute über 15 000 solcher Inklusen. Daneben sind Stücke von besonderem Interesse, bei denen der natürliche Fluß des Harzes noch sichtbar ist: Tropfen, Zapfen oder Schlauben. Bei letzteren handelt es sich um versteinerte mehrschichtige Harzströme.

Bernstein ist seit Jahrtausenden ein begehrter Schmuckstein, was archäologische Funde von Grabschmuck und Amuletten belegen. Aufgrund seiner geringen Härte ist er leicht zu bearbeiten und bietet der künstlerischen Phantasie breite Gestaltungsmöglichkeiten – vom polierten Amulett über Schachfiguren bis hin zu großflächigen Mosaiken wie im berühmten Bernsteinzimmer.

In der Geschichte der Ostseeanrainer hat Bernstein immer eine wichtige Rolle gespielt, ob als Schmuckstück in der Kultur oder als Tauschmittel im Handel. Die litauische Bezeichnung für Bernstein, ›Gintaras‹, bedeutet etwa ›vor Krankheit schützend‹ und verweist auf die den Steinen zugesprochene heilende Wirkung. Als heilender Stein fand und findet er in der Medizin Anwendung. Zu Pulver zerkleinert wird er noch heute gegen Rheuma verwendet. Wundersame Kräfte anderer Art läßt auch die griechische Bezeichnung ›Elektron‹ vermuten. Das deutsche Wort ›Bernstein‹ kommt von Brennstein, da er als fossiles Harz leicht brennbar ist und in den Prozessionen oft als Weihrauchspender benutzt wurde. Der englische Begriff ›amber‹ allerdings ist ein Ergebnis des lange Jahre gepflegten Irrtums, daß es sich beim Bernstein um verhärtete Ausscheidungen von Walen handelt. Bernstein erfreute sich auch in Mittel- und Südeuropa einer großen Nachfrage und fand den Weg bis nach Kleinasien und Ägypten. Dieses Potential sahen auch die Kreuzritter, die ihre Burgen vor Ort über den Handel mit Bernstein finanzierten und alles, was mit dem baltischen Gold zusammenhing, mit eiserner Hand kontrollierten. Auf das unerlaubte Sammeln von Bernstein stand lange Jahre sogar die Todesstrafe. Nach dem Untergang des Ordens sicherte sich Preußen das Bernsteinmonopol einschließlich des Regalienrechtes auf Gewinnung, Verarbeitung und Handel.

Heute ist die Menge des gefundenen Bernsteins zwar rückläufig, aber

Bernsteinverkauf in Nida auf der Kurischen Nehrung

vor allem nach nächtlichen Ostseestürmen sieht man am frühen Morgen die Bernsteinsucher am Strand. Auch Laien können Bernstein von abgeschliffenen Steinen oder Glasstücken vor allem durch zwei Kriterien unterscheiden: Bernstein schwimmt an der Salzwasseroberfläche, und er läßt sich mühelos mit einem Messer bearbeiten.

Verwaltung und Wirtschaft: Herausforderung Europäische Union

Aus der Sicht der Verwaltung ist Litauen in zehn Kreise (Apskritis) unterteilt, die sich wiederum in 52 Bezirke (Rajonas, davon sieben Städte und 45 Landbezirke) untergliedern. Die Kreisstädte sind Vilnius mit sieben Bezirken (Anzahl der Bezirke nachfolgend in Klammern), Kaunas (8), Tauragė (3), Klaipėda (7), Telšiai (4), Šiauliai (7), Utena (7), Alytus (5) und Marijampolė (4).

Litauen hat sein großes Ziel, der EU in der ersten Reihe der osteuropäischen Kandidaten beizutreten, erreicht. Das hat vor allem wirtschaftliche Konsequenzen, auf die sich das Land vorbereitet hat. Mit einer Außenhandelsquote von 90 Prozent des Bruttoinlandprodukts war der internationale Austausch für Vilnius auch in der Vergangenheit lebenswichtig.

Der Einstieg in die Marktwirtschaft war alles andere als einfach. Zu sowjetischen Zeiten war Litauen nur ein kleines Feld auf dem Schachbrett der Moskauer Planbürokraten und als das kleine Land mit seiner Unabhängigkeitserklärung den Kreml schockte, spielte man dort sofort die Blockade-Karte, um Litauen wirtschaftlich in die Knie zu zwingen. Litauens Wirtschaft und mit ihr der Lebensstandard der hier lebenden Menschen erlebten den freien Fall. Träume vom marktwirtschaftlichen Wirtschaftswunder zerstoben schnell in zuerst leeren, dann unbezahlbaren Geschäften und ungeheizten Wohnungen.

Doch die heute über 15jährige Bilanz ist auch wirtschaftlich durchaus positiv. Litauen hat genauso wie Estland und Lettland entgegen vieler Unkenrufe nicht nur seine eigenständige politische, sondern auch wirtschaftliche Lebenskraft nachhaltig unter Beweis gestellt. Im Vergleich der drei baltischen Staaten galt Litauen lange Jahre als der Nachzügler, da die Konsequenz der politischen Reformen zur vollständigen Unabhängigkeit, wo Litauen an der Spitze stand, nicht in dieser Dynamik in den wirtschaftlichen Reformanstrengungen umgesetzt wurden. Aber Litauen hat aufgeholt und hat vor allem bei den EU-Beitrittsverhandlungen Tempo gemacht und es hat, obwohl seinerzeit erst in der zweiten Reihe zum Beitrittskandidaten erkoren, als erstes Land alle Kapitel der Verhandlungen erfolgreich abgeschlossen. Das Land gilt sowohl als Handelspartner als auch als Investionsstandort als der interessanteste Markt im Baltikum.

In der Wertschöpfung dominieren die verarbeitende Industrie und die Landwirtschaft. Lebensmittelverarbeitung, Holzverarbeitung, Konfektion und Schuhe, Meß- und Elektrotechnik, Fahrräder und Segelflugzeuge – überall galt es, nach dem Wegbruch des in Moskau geplanten sowjetischen Absatzes neue Märkte zu erschließen, was auch zunehmend als Drehscheibe im Ost-West-Handel mit der GUS gelingt. Etwa drei Viertel des Bruttosozialproduktes werden bereits in der Privatwirtschaft erbracht. In der seit 1991 laufenden Privatisierung konnten 2002 durch den Verkauf der Staatsunternehmen im Bereich Telekommunikation und Gasversorgung nochmals entscheidende Akzente gesetzt werden.

Im noch zu privatisierenden Energiesektor profitiert man vom billigen Atomstrom des Kernkraftwerkes Ignalina, dessen nun festgeschriebene Abschaltung aber eine entscheidende Voraussetzung für die weitere Annährung an die EU war. Ein wichtiger Zweig ist die Ölverarbeitung. Der Ausbau des Erdölterminals in Butingė nördlich von Palanga und die Privatisierung der bedeutenden Öl-Raffinerie in Mazeikiai an den US-Konzerns Williams waren allerdings bereits 1999 umstritten und brachten damals die Regierung des neugewählten Staatspräsidenten R. Paksas zu Fall. Als die Amerikaner nun im Sommer 2002 die besagte Raffinerie an den russischen Ölkonzern Yukos verkauften, war man in Vilnius doch sehr überrascht, weil man sich faktisch ohne Vilnius auf die seinerzeit verworfene russische Variante geeinigt hatte. Politisch und wirtschaftlich sensibel ist das Thema der Transitströme zwischen Rußland und seiner Exklave Kaliningrad.

Für etwa 4,69 Milliarden Euro kamen 2004 Auslandsinvestitionen ins Land. Deutschland hat wohl hier die Entwicklung etwas verschlafen, holt aber in den letzten Jahren auf und ist sowohl bei den Auslandsinvestitionen (z. B. Ruhrgas – E.on, Siemens, Norddeutsche Landesbank) als auch im Außenhandel ein bedeutender Partner. Im Außenhandel überwiegt der Import. Die wichtigsten Handelspartner waren 2004 importseitig Rußland (22 Prozent), Deutschland (17 Prozent) und Polen (5 Prozent) und exportseitig Deutschland (10,2 Prozent), Lettland (10,1 Prozent), Rußland (9,1 Prozent), Frankreich (6,3 Prozent) und Großbritannien (5,3 Prozent). Bei den Auslandsinvestitionen lag Deutschland 2004 mit 11,4 Prozent auf Platz drei, nach Dänemark und Schweden, vor Rußland. In Litauen sind bislang rund 1200 Unternehmen mit deutschem Kapital registriert.

Insbesondere der Landwirtschaft stehen allerdings mit der EU-Perspektive noch schwierige Anpassungsprozesse bevor. Befürchtungen, daß die lange Hand Moskaus nun durch die lange Hand Brüssels ersetzt wird, verunsichern die Bauern.

Die Landeswährung Lit ist seit ihrer Einführung 1993 stabil. Die Inflation ist mit unter zwei Prozent im Durchschnitt der letzten fünf Jahre gering. Im Januar 2003 verkündete der Zentralbankpräsident, daß Litauen anstrebt, bis Ende 2006 den Euro als Landeswährung einzuführen. Die größten litauischen Banken wurden durch die schwedische Enskilda Bank und die estnische Hansabank übernommen. Aus Deutschland haben sich die Vereins- und Westbank sowie die Norddeutsche Landesbank in Vilnius niedergelassen.

Der Durchschnittsverdienst liegt bei 400 Euro. Der Mindestlohn wurde auf 145 Euro festgelegt. Die Arbeitslosigkeit lag 2004 bei knapp 11,2 Prozent. Die Umgestaltung der Renten- und Sozialversicherungssysteme ist im Gange. Die wirtschaftlichen Fortschritte der Reformen haben begonnen, auch für die meisten Normalverbraucher ihre ersten Früchte zu tragen.

Bekannte Litauer

Adamkus, Valdas (*1926)
Genau so überraschend wie er 1998 die Präsidentschaftswahl gewonnen hatte, verlor er im Januar 2003 die Stichwahl gegen Rolandas Paksas. Im Juni 2004 wurde er erneut für fünf Jahre gewählt. In Kaunas geboren, wanderte er nach dem Krieg über Deutschland in die Vereinigten Staaten aus. Er arbeitete dort im Bereich des Umweltschutzes und war in der Bewegung der Exillitauer sehr aktiv. In den 90er Jahren kehrte er nach Litauen zurück und schloß während seiner Präsidentschaft die Verhandlungen über den Beitritt Litauens in die EU und die NATO ab.

Algirdas (1296–1377)
Die beiden Söhne von Gediminas, Algirdas und Kęstutis, entmachteten 1345 ihren Bruder Jaunatis als rechtmäßigen Herrscher Litauens. In den folgenden 30 Jahren regierten sie arbeitsteilig. Algirdas residierte in Vilnius und dehnte die Grenzen des Reiches im Osten bis kurz vor Moskau und weit hinter Kiev aus.

Basanavičius, Jonas (1851–1927)
Als Mitherausgeber der ab 1883 im ostpreußischen Tilsit erscheinenden litauischen Zeitschrift ›Aušra‹ (Morgenröte) propagierte der Arzt und Schriftsteller nachhaltig das litauische Nationalbewußtsein während des Zarismus. Das Antlitz des Mitunterzeichners der Unabhängigkeitserklärung von 1918 schmückt heute den 50-Lt.-Schein.

Brazauskas, Algirdas (*1932)
Litauischer Politiker. Noch zu sowjetischer Zeit stieg er vom Ingenieur zum Chef der litauischen Kommunistischen Partei auf. Er löste die Partei 1989 von der Moskauer KPdSU und wandelte sie später in die sozialdemokratische Partei der Arbeit um, die 1992 die Wahlen gewann. Von 1993 bis 1998 war er das Staatsoberhaupt Litauens. Zwei Jahre nach seinem Rückzug aus der Politik meldete er sich aber wieder zurück und gewann mit seinen Sozialdemokraten die Parlamentswahlen im Oktober 2000 und ist seit 2001 Ministerpräsident des Landes.

Darius, Steponas (1896–1933) und Girėnas, Stasys (1894–1933)
Die beiden tödlich verunglückten Atlantikflieger gelten heute als Nationalhelden. (siehe Seite 129)

Daukantas, Simonas (1793–1864)
Der Historiker verfasste die erste Geschichte Litauens in der Landessprache und erwarb sich in der Sammlung der litauischen Nationalbewegung im 19. Jahrhundert große Verdienste.

Donelaitis, Kristijonas (1714–1780)
Donelaitis gilt als erster bedeutender Dichter der litauischen Sprache. Sein Hauptwerk ›Metai‹ (Jahreszeiten) erschien 1818. Daneben verfaßte

er auch Fabeln und Gedichte. Er studierte in Königsberg Theologie und war danach als Kantor und Pfarrer tätig.

Gediminas (um 1275–1341)
Durch geschickte Feldzüge, Verträge und Hochzeiten gelang es Gediminas, das litauische Großreich zu schaffen. Er war der Stadtgründer von Vilnius.

Kazys, Grinius (1866–1950)
Grinius war 1926 kurzzeitig Staatsoberhaupt, wurde aber wegen propolnischer Sympathien von der Armee gestürzt und wanderte später in die USA aus.

Dalia Grybauskaite (*1956)
Die promovierte Wirtschaftswissenschaftlerin war die litauische Chefunterhändlerin für das Freihandelsabkommen mit der EU. Nach drei Jahren als Finanzministerin ist sie heute EU-Kommissarin und für das heikle Thema ›Haushalt‹ zuständig.

Jogaila (1351–1434)
Jogaila (poln. Jagiełło) besiegelte 1385 die Allianz mit Polen. Durch seine Hochzeit mit der polnischen Königin Jadwiega und seinen Übertritt zum Christentum, der die Christianisierung Litauens abschloß, bestieg er 1386 in Krakau als Władysław II. Jagiełło den polnischen Königsthron, auf dem er bis zu seinem Tode residierte. 1401 überließ er die Würde des Großfürstens von Litauen seinem Vetter Vytautas.

Kapsukas, Vincas (1880–1935)
Er begründete die Kommunistische Partei Litauens und stand vor der Eigenstaatlichkeit Litauens im Februar 1918 zwei Monate an der Spitze einer von Moskau gesteuerten Übergangsregierung.

Kęstutis (1308–1382)
Die beiden Söhne von Gediminas, Algirdas und Kęstutis, entmachteten 1345 dessen Bruder Jaunatis als rechtmäßigen Herrscher Litauens.
In den folgenden 30 Jahren regierten beide Brüder arbeitsteilig das Land. Kęstutis residierte in Trakai und organisierte in dieser Zeit die Westfront gegen die Kreuzritter. Nach dem Tod Algirdas übernahm dessen Sohn Jogaila die Alleinherschaft und ließ seinen Onkel verhaften und fünf Jahre später ermorden.

Kudirka, Vincas (1858–1899)
Der Autor des Gedichtes ›Litauen, Du unser Vaterland‹ – heute Text der litauischen Nationalhymne – war nach seinem Studium der Medizin und Philologie an der Warschauer Universität ein sehr vielseitiger Gelehrter: Mediziner, Schriftsteller, Publizist und Übersetzer. Vor allem als Herausgeber der Zeitung ›Varpas‹ (Die Glocke) trat er für Litauens Unabhängigkeit ein. Sein Bild ist auf dem 500-Lit-Schein zu sehen.

Landsbergis, Vytautas (*1932)
Der Pianist und Musikprofessor stellte sich Ende der 80er Jahre an die Spitze der Oppositionsbewegung ›Sajūdis‹. Als erstes Staatsoberhaupt nach der Unabhängigkeitserklärung (1990–1993) setzte er die Unabhängigkeit gegen Moskau durch. Heute ist Landsbergis der Parlamentspräsident Litauens. Er machte sich auch mit Konzertaufnahmen und Forschungsarbeiten über Mikalojus Čiurlionis einen Namen und vertritt Litauen heute im Europa-Parlament.

Maironis, Jonas (1862–1932)
Maironis (eigentlich Maculevičius-Mačiulis) wurde nach seinem Studium der Literatur in Kiev und der Theologie in St. Petersburg zum Rektor des Theologischen Seminars in Kaunas. Mit seinem literarischen Schaffen, das damals aufgrund des Verbotes der litauischen Sprache in Ostpreußen erschien und von den Bücherschmugglern ins Land gebracht wurde, setzte er sich für die Bewahrung des litauischen Nationalbewußtseins ein und findet sich heute auf dem 20-Lt.-Schein wieder.

Mantas, Herkus
Führte im 13. Jahrhundert mehrere Aufstände der Prußen gegen den Deutschen Orden.

Mindaugas (1236–1263)
Mindaugas gilt als der Begründer des litauischen Staates und war der einzige König in der Geschichte des Landes. Er einte die litauischen Stämme und eroberte Landstriche des heutigen Weißrußlands und der Ukraine. Nach seiner Taufe 1253 und der formalen Abtretung von Teilen Niederlitauens an den Deutschen Orden krönten ihn die Kirche und das Heilige Römische Reich zum König. Er fiel 1263 einem Mordanschlag der Niederlitauer zum Opfer. Das Jahr 2003 steht im Zeichen des 750. Jahrestages seiner Krönung.

Oginski, Mykolas Kazimieras (1731–1799)
Oginski war, als Großhetman von Litauen vom König auf Lebenszeit ernannt, der Oberbefehlshaber des Heeres. Da der Titel 1792 aufgehoben wurde, war Oginski der letzte Hetman Litauens.

Prunskiene, Kazimiera (*1943)
Nach dem wirtschaftswissenschaftlichen Studium arbeitete sie in der Vilniusser Universität und in der Landwirtschaftsakademie. Als Gründungsmitglied der Sajudis-Bewegung war sie 1990–1991 die erste Ministerpräsidentin Litauens. Heute ist sie Landwirtschaftsministerin.

Radvila/Radvilaitė (auch Radziwill), Barbora (1520–1551)
Das Geschlecht der Radvilas spielte eine bedeutende Rolle in der litauischen Geschichte. 1547 heiratete Großfürst Sigismund II. August (lit. Žygimantas) die schöne, aber

früh verwitwete Barbora Radvila und schenkte ihrem Vater, dem Reichsfürsten J. Radvila, umfangreiche Ländereien in Biržai. Als er 1548 zum König von Polen gekrönt wurde, forderte Krakau die Aufhebung der Ehe, doch der neue König bestand auf der Krönung seiner Frau und setzte sie 1550 durch. Als Ursache ihres kurz darauffolgenden Todes wird häufig ein Giftmord genannt, was aber nicht endgültig geklärt ist. Ihr Bruder, M. Radvila Rudasis (1512–1584), wurde ein großer Heerführer Litauens. Er setzte sich als Calvinist stark für die Reformation ein und regierte nach Sigismunds Tod vier Jahre bis zur Thronbesteigung von Stefan Batory das Land. Ihr Vetter M. Radvila Juodasis (1515–1565) machte ebenfalls Karriere und war der litauische Verhandlungsführer bei der Lubliner Union von 1569. Im folgenden Jahrhundert setzte dann dessen Nachfahre Jonušas Radvila (1612–1655) als Anhänger der Reformation und der Aufklärung vor allem in Biržai und Kėdainiai diese Tradition fort, während Kristupas Radvila (1549–1616) als Orientforscher und Anhänger der Gegenreformation in die Geschichte einging.

Rėza, Liudvikas (Ludwig Rhesa) (1776–1840)
Der Dichter, Philosoph und Philologe wurde auf der Kurischen Nehrung geboren und arbeitete als Professor an der Königsberger Universität. Rėza gilt als der erste Forscher des litauischen Liedergutes (Dainos) und veröffentlichte 1825 die erste Sammlung.

Smetona, Antanas (1874–1944)
Er war von 1920 bis 1922 und 1926 bis 1940 der Präsident des unabhängigen Litauens. 1926 durch einen Staatsstreich der Armee an die Macht gelangt, regierte er lange Jahre als ›aufgeklärter Diktator‹ mit Ausnahmegesetzen. Nach dem Einmarsch der Roten Armee emigrierte er 1940 über Deutschland in die USA, wo er vier Jahre später angeblich im KGB-Auftrag ermordet wurde.

Snieckus, Antanas (1903–1974)
Er stand ab 1940 an der Spitze der litauischen Kommunisten und setzte Stalins Annexionskurs brutal im Land um. Unter Chrustschev konnte er als geschickter Taktierer im Vergleich zu den KP-Chefs anderer Sowjetrepubliken bestimmte Zugeständnisse für Litauen erreichen.

Stulginskis, Aleksandras (1885–1969)
Stulginskis war von 1922 bis 1926 Litauens zweiter Staatspräsident, der 1926 die Wahl gegen Kazys Grinius verlor.

Tiškevičius, Jusapas (1785–1813)
Das Adelsgeschlecht Tiškevičius hat seine Wurzeln in der heutigen Ukraine und begann im 16. Jahrhundert mit den Brüdern Mykolas und

Vasilius, die Litauen als Heerführer dienten, seinen Einstieg in die Geschichte des Landes. In den folgenden Jahrhunderten kamen viele staatliche und kirchliche Würdenträger Litauens aus diesem Adelsgeschlecht. Zu Beginn des 19. Jahrhunderts erwarb dann Jusupas Tiškevičius Biržai von den Radvilas. Heute findet man vor allem in Kretinga und Palanga Spuren der Familie.

Valančius, Motiejus (1801–1875)
Er erlangte nicht nur als Bischof der Provinz Žemaitija, sondern auch als Aufklärer, Historiker und Schriftsteller Bekanntheit. Valančius setzte sich sehr für den Erhalt der litauischen Kultur und Sprache ein. Man ehrt ihn heute auf dem 2-Lt.-Schein.

Vydūnas (Wilhelm Storost) (1868–1953)
Vydūnas war als ein sich für ein besseres Verständnis zwischen Litauern und Deutschen einsetzender Lehrer, Schriftsteller und Publizist im Memelland bekannt. Aus seiner Feder stammen ein deutsch-litauisches Wörterbuch und ein Lehrbuch der litauischen Sprache. 1944 wurde er nach sechs Jahren Haft nach Deutschland deportiert, wo er bis zu seinem Tode lebte.

Vytautas (um 1350–1430)
Unter Vytautas dem Großen erreichte das Großfürstentum Litauen von der Ostsee bis zum Schwarzen Meer seine größte Ausdehnung. Er führte das polnisch-litauische Heer in der Schlacht gegen die Kreuzritter bei Tannenberg im Jahre 1410.

Das Siegel von Vytautas dem Großen

Zemaitė (Beniuseviciute-Zymantiene), Julia (1845–1921)
Sie war die erste bekannte Schriftstellerin Litauens und gilt mit ihren über 150 Erzählungen und Essays über das Landleben als Begründerin des Realismus in der Nationalliteratur. Ihr Antlitz ziert den 1-Lit-Schein.

Žygimantas Augustas (1520–1572)
Im Alter von neun Jahren wurde er auf Geheiß seines Vaters Žygimantas (1506–1548) vom litauischen Fürstenrat Rada zunächst zum Großfürsten Litauens gewählt. 1548 beerbte er seinen Vater auch als König von Polen, wo er unter dem Namen Sigismund II. August als Anhänger der Reformation aber einen schweren Stand hatte.

Das Land nicht nur der Lieder

Wo man singt, da laß Dich ruhig nieder, böse Menschen kennen keine Lieder. Ein sprichwörtliches Argument mehr, Litauen einmal als Urlaubsland zu besuchen. Unzählige Volkslieder und der Chorgesang von der zwanglosen häuslichen Runde bis zu riesigen, landesweiten Sängerfesten gehören untrennbar zur Kultur Litauens und seiner beiden Nachbarn Lettland und Estland. Daina heißt Lied und in Litauen zählten die Experten des Liedguts etwa eine halbe Million davon. Über Jahrhunderte bewahrten die Dainos in der folkloristischen Tradition die Lebenserfahrung und die nationale Identität. Die Texte berichten vom Rhythmus des Jahres in der Natur und im Leben sowie vom Rhythmus des Lebens in der Liebe und der Arbeit.

Die Dichtung weist zwei Besonderheiten auf. Es gibt keine Endreime und auch kein Metrum, so daß sich jede Strophe der Balladen anders ausnimmt. Zumeist singen die Frauen im Chor, Solos sind eine Ausnahme. Die Lieder sind in den meisten Fällen sehr poetisch und werden elegisch gesungen. Polyphone Gesänge, bei denen die einzelnen Stimmen sowohl unterschiedliche Texte als auch Melodien singen, nennt man Sutartines.

Die erste Dainos-Sammlung wurde 1825 von Ludwig Rhesa in Königsberg herausgegeben. Vor allem im Džukija genannten Südlitauen gilt die Sangesfreude als landesweit am stärksten ausgeprägt. Neben den vielen Lieder- und Folklorefesten erlebt man oft auf den Straßen, in den Parks und den Gaststätten, daß sich Menschen zusammenfinden und ungezwungen ihre Lieder anstimmen. Alle fünf Jahre findet ein dreitägiges, landesweites Sängerfest statt. Das nächste Festival dieser Art wird 2003 stattfinden. Doch Litauen ist kulturell ein Land nicht nur der Lieder.

Literatur

Litauische Literatur im weiteren Sinn wird nicht nur von Litauern geschrieben. Dem interessierten deutschsprachigen Neugierigen fallen wohl zuerst die ›Litauischen Geschichten‹ von Hermann Sudermann und der Roman ›Litauische Claviere‹ von Johannes Bobrowski ein. Auch das widersprüchliche Bündnis mit Polen hat seine Spuren in der Literatur hinterlassen, etwa bei Adam Mickiewicz, der im polnischen Nationalepos ›Pan Tadeusz‹ sein Hohelied auf Litauen anstimmt, oder beim zeitgenössischen polnischen Literaturnobelpreisträger Czesław Milosz, der in ›Das Tal der Issa‹ seine Kindheit im ländlichen Litauen oder in ›West- und östliches Gelände‹ seine Jugend in Vilnius beschreibt.

Aber auch die ursprünglich litauische Literatur braucht sich nicht zu verstecken. Ihre Entwicklung ist eng mit der Religion verknüpft. Als erstes litauisches Buch gilt der von dem lutheranischen Pfarrer Martynas Mažvydas verfaßte und 1547 in Königsberg veröffentlichte Katechismus. Auch der an erster Stelle zu nennende litauische Literaturklassiker ›Die Jahreszeiten‹ – ein in Hexametern verfaßtes Gedicht über die Natur und das tägliche Leben – stammt aus der Feder eines Pfarrers: Kristijonas Donelaitis, der seinerseits als literarische Gestalt Eingang in die ›Litauischen Claviere‹ fand.

Beim Sängerfest

Überhaupt nimmt Lyrik in Litauens Literatur bis heute einen bedeutenden Platz ein. Die herausragendsten Vertreter sind Antanas Baranauskas mit seinem Poem ›Der Hain von Anykščiai‹ und Jonas Maironis mit seiner Gedichtsammlung ›Frühlingsstimmen‹.

Legenden rankten sich in der zweiten Hälfte des 19. Jahrhunderts um die ›Bücherträger‹ – Schmuggler, die in Ostpreußen auf Litauisch gedruckte Bücher in das Land brachten, als im vom Moskauer Zaren beherschten Litauen die Landessprache zwangskyrillisiert wurde. Große Wertschätzung genießt auch Julia Zymantiene, die um die Jahrhundertwende unter dem Pseydonym Žemaitė das ländliche Litauen beschrieb. Zu sowjetischer Zeit erlangten Autoren wie Icchokas Meras (›Remis für Sekunden‹), Alfonsas Bieliauskas (›Kreuze weiß wie Kerzen‹) oder Jouzas Avyzius (›Die Farben des Chamäleons‹) eine gewisse Popularität. Ihre Werke wurden in der DDR – allerdings zumeist aus der russischen Übersetzung – auch ins Deutsche übertragen.

Nach der Unabhängigkeit hatten es litauische Neuerscheinungen auf dem deutschen Buchmarkt schwer. Als Glücksfall hat sich aber erwiesen, daß Litauen 2002 als Schwerpunktthema der Frankfurter Buchmesse erkoren wurde und die deutsche Verlagslandschaft sich im Vorfeld ›Litauen entdecken‹ auf ihre Fahnen schrieb. Dankenswerterweise liegen nun eine ganze Reihe aktueller Neuerscheinungen der litauischen Literaturszene in deutscher Übersetzung vor. An neuen Namen nennt man heute in Litauen in erster Linie Ricardas Gavelis, dessen Romane ›Vilnius

Poker‹ (1989) und ›Vilnius Jazz‹ (1993) den Umbruch intellektuell karrikierten und den Autor außergewöhnlich populär werden ließen. Seine Erzählung ›Meldung über Gespenster‹ ist in der Anthologie ›Das Stieropfer‹ erschienen.

Theater

Die Wurzeln des litauischen Theaters bildeten sich in der Zarenzeit heraus. Private Aufführungen im Untergrund waren ein Weg, Sprache und nationale Identität zu bewahren. Mit der Aufhebung des Verbotes der litauischen Sprache im Jahre 1904 brach ein regelrechter Boom für das Amateurtheater aus, wobei das ›fliegende Theater‹ unter Juozas Vacikus am bekanntesten wurde. Das älteste reguläre Schauspielhaus des Landes ist das Dramentheater in Kaunas, wo sich am 19. Juli 1920 erstmalig für Hermann Sudermanns ›Die Johannisnacht‹ der Vorhang hob. Internationales Renommee erlangte das litauische Theater vor allem dank Jouzas Miltinis, dem langjährigen Direktor des Schauspielhauses von Panevėžys. Nach der Wende hatten die meisten Theater große wirtschaftliche Probleme, da die potentiellen Zuschauer andere Probleme hatten. Neue Stücke und Inszenierungen der neuen Starregisseure Eimuntas Nekrosius und Oskaras Korsunovas laufen aber heute wieder vor ausverkauften Häusern. Beide gastieren auch im Ausland mit Erfolg. Heute gibt es zwölf Schauspielbühnen und drei Musiktheater im Lande.

Sport

Eigentlich gibt es in Litauen nur einen wirklichen Volkssport und das ist erstaunlicherweise – Basketball. In jedem Wohnviertel und in jedem Dorf findet sich ein Basketballkorb, bei den wichtigen Spielen sind die Straßen wirklich leergefegt. Als Žalgiris Kaunas am 22. April 1999 im entscheidenden Spiel der Basketball-Europaliga gegen Bologna gewann, erreichte der nationale Trubel in Litauen Dimensionen, die man sonst eigentlich nur in den südlicheren Gefilden anläßlich des Gewinns einer Fußball-WM vermutet hätte. Bei den Olympischen Spielen hat Litauen seit seiner Unabhängigkeit im Basketball bei den Männern die Bronzemedaille offensichtlich ›abonniert‹, denn sowohl in Barcelona, als auch in Atlanta und in Sydney kamen die Litauer auf Platz drei.

Doch Basketball hat hierzulande eine lange Tradition. Bereits in den 30er Jahren war Litauen Basketball-Europameister und in den Zeiten der Sowjetunion hatten die häufig erfolgreichen Spiele von Kaunas gegen den Moskauer Rekordmeister ZSKA ebenfalls fast Kultcharakter. Im Bewußtsein der Litauer war diese Sportart der Inbegriff für Litauens Unbeugsamkeit, wo man den Moskovitern zei-

Der Nationalsport Basketball wird überall gespielt

gen konnte, das man doch – wenn auch nur im Basketball – irgendwie nicht kleinzukriegen ist.

Heute spielen auch viele litauische Basketballer als ›Legionäre‹ in Europa und Amerika. Die Rückkehrer werden dann euphorisch gefeiert und sind ohne jegliche Ironie durchaus die neuen Helden. In der Landesliga spielen neun Mannschaften um die Meisterschaft (www.lkl.lt). Das Dream Team hieß – wie gesagt – lange Jahre ›Žalgiris Kaunas‹ (www.zalgiris.lt), die sich bereits im Kreis der europäischen Spitzenmannschaften etabliert hatten. In den letzten Jahren bauten sie jedoch ab, so daß derzeit die nach der Tageszeitung ›Lietuvos Rytos‹ benannten Vilniusser Korbartisten die Nase vorn haben.

Fußball steht eindeutig im Schatten von Basketball. Die deutsche Fußballnationalmanschaft hatte auch keine Probleme, in der aktuellen EM-Qualifikation in Kaunas die gewünschten Punkte zu holen, in Nürnberg aber erreichte Litauen ein unentschieden. Immerhin hat Litauen zwar seit der Unabhängigkeit sechs Mal den Baltikum-Cup der drei baltischen Staaten gewinnen können, aber der größte Erfolg war der 3. Platz in einer WM-Qualifikationsgruppe. Der Ex-Bundesliga-Profi Valdas Ivanauskas vom HSV (www.ivanauskas.de (L/D)) ist seit Februar 2003 Assistenztrainer der litauischen Fußball-Nationalelf. Die Mannschaft des Landesmeisters kommt im Fußball aus Vilnius und heißt – wie könnte es anders sein – Žalgiris. Bei den letzten Olympischen Spielen konnten litauische Sportler zwei Goldmedaillen gewinnen.

Architektur

Die ältesten Architekturanlagen sind Holzfestungen und die etwas später entstandenen Backsteinburgen in Trakai, Vilnius und Kaunas aus dem 13. und 14. Jahrhundert. Die ersten einschiffigen Kirchenbauten entstanden aufgrund der späten Christianisierung erst im 15. Jahrhundert, waren zumeist quadratisch und zur gleichzeitigen Nutzung als Gemeindehäuser angelegt. Gotische Züge bestimmten sowohl die Burgen als auch die Kirchen. Der wirtschaftliche Aufschwung insbesondere im 16. Jahrhundert ließ die Städte um die Marktplätze herum rasch anwachsen. Vielerorts wurden neben Ziegeln auch Findlinge und Holz als Baumaterial verwendet, oftmals miteinander kombiniert.

Im 17. Jahrhundert erstarkte die Gegenreformation, die mit einer Welle von barocken Kirchenbauten das Antlitz des Landes prägte, so daß viele der schönsten Kirchen, wie etwa die St.-Kasimir-Kirche und die Peter-und-Pauls-Kirche in Vilnius, in dieser Zeit entstanden. Für Freunde des Barocks dürfte wohl Vilnius mit seinen unzähligen Barockbauten die interessanteste Stadt nördlich der Alpen sein. Der Klassizismus folgte mit klaren Formen, sichtbar beispielsweise am Rathaus in Vilnius, und schlug sich dann, mit dem Historismus vermischt, in vielen Geschäftshäusern nieder. Zur Zeit der Unabhängigkeit wurden vor allem in Kaunas auch viele Bauhaus-Impulse aufgegriffen. Innerhalb der sowjetischen Nachkriegsstandards gelang es litauischen Architekten durchaus, eigene Akzente zu setzen, indem man sich um eine harmonische Verbindung der Bauwerke mit der sie umgebenden Natur bemühte, ein Ansatz, der wiederum wegweisend für die sowjetische Architektur wurden. Die Betonung dieser Eigenständigkeit erlangte mit der neuen Unabhängigkeit noch mehr Bedeutung. Erwähnenswert sind auch die umfangreichen Rekonstruktionen historischer Bausubstanz, die man am eindrucksvollsten in der zum Weltkulturerbe gehörenden Altstadt in Vilnius betrachten kann.

Die dörfliche Architektur weist zwischen den einzelnen Landesteilen durchaus Unterschiede auf, die man im Überblick im Ethnographiemuseum in Rumšiškės bei Kaunas vergleichen kann. Generell unterscheidet man zwei Arten von Dörfern: Straßendörfer und Streudörfer. In Straßendörfern werden die Häuser auf beiden Seiten einer Hauptstraße errichtet, in den Streudörfern stehen die Häuser unverbunden in einzelnen Gruppen. Originell sind in ihrer Vielfalt auch die vielerorts auf dem Lande anzutreffenden Gedenkpfähle, Miniaturkapellen und Kreuzstelen.

Film

Die litauische Filmproduktion liegt darnieder. Die Klassiker des litauischen Films waren sowjetische Filme, deren litauische Identität kaum wahrgenommen wurde. Der bekannteste ›Niemand wollte sterben‹ von Vytautas Zalankevicius aus dem Jahr 1966 ist ein vergleichsweise sehr differenziertes Drama über den Kampf zwischen den Sowjets und den Partisanen in einem litauischen Dorf. Erwähnenswert sind außerdem zwei Filme von Almantas Grikevicius: ›Gefühle‹ (1968), der lange Jahre verboten war, sowie ›Fakt‹ (1980), der die Ereignisse im Dorf Pirčiupiai thematisiert, dessen Bevölkerung 1944 von Deutschen nahezu ausgelöscht wurde.

Zu sowjetischen Zeiten hatten auch bei der DEFA einige litauische Schauspieler große Rollen wie z. B. Donatis Banionis (›Beethoven‹) oder Regimantas Adomaitis (›Die Verlobte‹). Doch in den letzten Jahren gelang es weder in Vilnius noch anderswo, dieses Niveau zu halten. Heute ist man im örtlichen Filmstudio mit zweitklassigen westlichen Auftragsproduktionen ausgelastet. Der Renner der letzten Jahre war das Sherwood Forest im Nordosten von Vilnius. Die 52 in Deutschland auf RTL ausgestrahlten Folgen der US-Serie über die Abenteuer Robin Hoods wurden zwischen 1996 und 1999 vollständig in Litauen realisiert. Die Referenzen der folgenden Jahre folgen dieser neuen Tradition und werden durch Titel wie ›Attila‹ und ›Amazonen und Gladiatoren‹ bestimmt. Eine internationale Karriere gelang in den letzten Jahren nur Ingeborga Dapkunaitė (*1963), die u.a. neben

Būk sveikas! – Zum Wohl!

Oleg Menschikov in ›Die Sonne, die uns verbrennt“, Brad Pitt in ›Sieben Jahre in Tibet‹ oder John Malkovich in ›Shadow of the Vampire‹ vor der Kamera stand.

Fotografie

Die Fotografie Litauens hatte in Europa schon immer einen guten Ruf. Namen wie Balys Buracas (1897–1972), von dem über 22000 Fotos erhalten sind, und Vytautas Stanionis (1915–1966), der nach dem Krieg alle Bewohner eines Dorfes portraitierte, gelten als Klassiker. In der Folgezeit bestachen litauische Fotografen durch sehr bodenständige und ideologiefreie Portraitfotos und stilvolle Landschaftsfotografie. Viele Bildbände und aktuelle litauische Publikationen zeigen in der Qualität der Foto- und Motivwahl ein ausgezeichnetes Niveau. In Šiauliai gibt es ein eigenständiges Museum für Fotografie.

Zeppeline und Medus – die litauische Küche

Die Küche des Landes ist rustikal und bodenständig. Fleisch und Fisch, Kartoffeln und Teigwaren kommen in den unterschiedlichsten Variationen auf den Tisch. Suppen sind populär, frisches Gemüse bleibt etwas auf der Strecke. Häufig wird für den mitteleuropäischen Geschmack vergleichsweise fett gekocht, mit Majonnaise und saurer Sahne wird nicht gegeizt. Mit Gewürzen geht man hingegen sparsam um.

Als Nationalgericht kommen am ehesten ›Zeppeline‹ (Cepelinai) in Frage. Die in ihrer Form an die gleichnamigen Luftschiffe erinnernden Kartoffelklöße enthalten eine Füllung aus Fleisch oder aus Kartoffelpürree oder Quark. ›Karbonadas‹ ist das litauische Pendant zum Schnitzel, gebratene Steaks findet man unter der Bezeichnung ›Bifšteksas‹, Filet heißt ›Kepsnys‹. Populär sind hier auch die ›Balandėliai‹ genannten Kohlrohladen oder Rouladen mit Ei-, Speck- oder Zwiebelfüllung unter der Bezeichnung ›Suktiniai‹. Gefüllte Teigtaschen, die man in Litauen ›Koldūnai‹ nennt und hinsichtlich der Füllung mit Fleisch, Pilzen, Kartoffeln variieren, sind andernorts in ihrer Basisversion als Pelmeni oder Ravioli vertraut. Fisch – ›Žuvis‹ – aus der Ostsee und aus dem Haff ist nicht nur an der Küste zu finden. Auf der Kurischen Nehrung bieten viele Fischer privat frisch geräucherten Fisch an. Unter den Suppen sollte man vor allem an heißen Tagen den ebenso originellen wie schmackhaften litauischen Borschtsch probieren, der sich deutlich von seinem ukrainischen Namensvetter unterscheidet. Beliebt sind ebenfall ›Blynai‹. Diese dünnen Pfannkuchen lassen sich zu jeder Tageszeit mit Quark, Obst, saurer Sahne, Lachs und vielem mehr kombinieren. ›Kugelis‹ erinnern an Kartoffelpuffer.

Kellerrestaurant in Vilnius

Daneben gibt es osteuropäische Standardgerichte und auch die üblichen Standardverwechslungen, da sich einige kulinarische Bezeichnungen von den im Deutschen gebräuchlichen Inhalten unterscheiden. Soljanka, Schaschlyk, Kiewer Kotlett oder Beauf Stroganoff fallen in die erste Rubrik. Aus der zweiten Kategorie stammen Kotletas (kein Kotelett, sondern eine Boulette), Bifšteksas (nicht unbedingt Beef, sondern nur gebratenes oder gegrilltes Fleisch).

Aber auch die internationale Küche von Pizza bis Chinapfanne und die bekannten Fastfood-Anbieter erobern das Land. Allein McDonalds ist bereits ein halbes Dutzend mal vertreten. Neben vier Standorten in Vilnius beglückt man sein Publikum auch in Kaunas und Klaipėda, unter anderem mit einem Big Mac für 6,20 Lt. oder einem Big-Mac-Menu für 11,00 Lt.

Bier (Alus) ist sehr populär und wird hier auch – farblich zum Nationalreichtum passend – flüssiges Bernstein genannt. Nach Jahren der Euphorie für Importbier haben die nationalen, auch regionalen Marken mit neuer Technologie, vor allem skandinavischem Geld und zeitgemäßem Marketing ihre Fans zurückerobert. Die führenden Marken sind heute Utenos (Utena) und Kalnapilis (Panevėžys). In Kaunas wird in Lizenz das tschechische Gambrinus gebraut und an der Küste dominiert Švyturys aus Klaipėda. Die größten Biertraditionen gibt es im Nordosten des Landes in der Gegend um Biržai, wo es heute auch wieder viele kleine Dorfbrauereien gibt. Zum Bier sind mit Knoblauch geröstete Schwarzbrotstreifen (kepta duona) oder Käsesticks (sūris) wie auch beides zusammen, mit Salat und Majonnaise vermischt (duonos salatos), sehr beliebt.

Die Weinkarten in Restaurants sehen zumeist recht karg aus, in den guten Supermärkten reicht die Ursprungskette zwar von Georgien über Ungarn und Spanien bis nach Südafrika, aber der Weinfreund wird mit den dominierenden Noname-Etiketten wenig anfangen können. Man bevorzugt in Litauen liebliche und süße Weine. Das gleiche gilt für Sekt, wo die Sektkellerei Alytus mit ihrer Marke ›Alita‹ in den unterschiedlichsten Spielarten den Markt beherrscht.

Im Bereich des Hochprozentigen hat Litauen seine Traditionen in den unterschiedlichsten Variationen. Landestypische Exotik bieten die Honigspirituosen (midus), die es – je nach Geschmack – mit einem Alkoholanteil von 10 bis 56 Prozent gibt. Populär ist 45prozentiger Kräuterschnaps, den es in hellen (medžiotojų) und dunklen (balzamas) Variationen gibt. Nicht zu unterschätzen ist aber auch die Popularität von Vodka, der Degtine heißt. Nach den gesetzlichen Vorschriften dürfen hochgeistige Getränke erst ab elf Uhr und nur an Personen über 18 Jahre verkauft werden.

Ein Restaurant findet sich sowohl unter der Bezeichnung restoranas als auch baras, worunter eher eine Gaststätte zu verstehen ist. Viele Cafés (kavinė) bieten ebenfalls warme Speisen. Valgyklas sind kantinenähnliche Selbstbedienungsgaststätten.

Kochrezepte (für vier Personen)

Cepelinai
Das litauische Nationalgericht schlechthin, auch gefüllte Kartoffelschiffchen genannt, wird wie folgt zubereitet:

Zutaten:
15 rohe Kartoffeln
5 gekochte Kartoffeln
100 g Creme fraiche
500 g Rindfleisch oder Leber
50 g Speck
3 Zwiebeln

Die rohen Kartoffeln werden gerieben, ausgepreßt und mit den gekochten Kartoffeln zu einer einheitlichen Masse verrührt. Danach auf dem Handteller Plinsen formen. Als Füllung die in Speck gebratenen Zwiebeln und gekochten Fleischstückchen auf die Plinsen legen und diese mit dem Teig eiförmig umschließen. Diese Kartoffeleier etwa 20 Minuten in Salzwasser kochen lassen, in eine Schüssel legen und mit einer Soße übergießen, die aus dem Fleischboullion mit den Resten an Zwiebeln und Speck so wie der Creme fraiche zubereitet wird.

Litauischer Kalter Borschtsch
Diese Suppe aus roten Rüben ist vor allem aus Rußland und der Ukraine bekannt. Auf Litauisch wird der Borschtsch aber ganz anders zubereitet und ist eine vor allem an heißen Sommertagen hervorragend schmeckende Kaltsuppe:

Zutaten:
500 g rote Rüben
200 g Gurken
0,5 l Kefir
2 Eier
8 Kartoffeln
1 Zwiebel
Schnittlauch
Dill

Die roten Rüben kochen und abgekühlt in einer Schüssel in kleine Stückchen schneiden. Ebenso die Gurken kleinschneiden und die Zwiebel mit Salz und Dill zerreiben und hinzugeben. Den gekühlten Kefir in einem anderen Gefäß mit dem Schneebesen aufschlagen und im Verhältnis 1:1 mit abgekochtem Wasser vermischen und dann in die Schüssel geben und vermischen.
Die Suppe wird mit einem halben gekochten Ei serviert. Auf einem extra Teller werden zwei heiße gekochte Kartoffeln serviert, die dann zerkleinert auf dem Löffel in die kalte Suppe getunkt werden.

Skanaus! – Guten Appetit!

Litauen von A bis Z

Birbynės
Hirtenflöten, die in der litauischen Folklore gewissermaßen die erste Geige spielen. Ihr klarinettenähnlicher Klang ist überall zu hören.

Bauerntheater in Klaipėda

Daina
Die Dainos genannten litauischen Volkslieder weisen eine außergewöhnliche Vielfalt auf und sind das folkloristisch-kulturelle Markenzeichen des Landes.

Juostos
Mit den traditionellen Ornamenten und Symbolen verzierte Bänder, die dann wiederum Gürtel, Kopfbedeckungen etc. schmücken.

Kanklės
Zitherähnliches Musikinstrument, das sowohl von der Größe als auch der Anzahl der Saiten verschieden ausfallen kann. Die Saiten können gezupft oder mit Holzklöppeln angeschlagen werden.

Kelmas
Diese landestypische ›Naturtrommel‹ wird aus einem mit Tierhäuten bespannten ausgehölten Baumstamm hergestellt.

Klėtis
Kleines Vorrats- und Gästehäuschen, das früher zu jedem litauischen Hof gehörte.

Litvaken
Die in Litauen und teilweise in den Grenzen des alten Großfürstentums lebenden und ein litauisches Jiddisch sprechenden Juden nannten sich Litvaken. Sie hatten ihre eigenen Verwaltungen, Schulen und Gerichte, um somit ihre Eigenständigkeit und Nichtassimilation zu artikulieren.

Liederfeste
Die im Baltikum so populären Sängerfeste kamen in Litauen erst später als in den Nachbarländern zu ihrem Recht, da der Druck des zaristischen

Rußlands im Generalgouvernement Vilnius gegen die litauischen Sprach- und Kulturtraditionen besonders stark ausgeprägt war. Die ersten Feste wurden zu Beginn des 20. Jahrhunderts vom unter Leitung von J. Vydūnas stehenden Tilsiter Chor auf dem legendenumwobenen Rambynas-Berg organisiert. Das erste Landesfest mit 77 Chören und über 3000 Sängern fand 1924 in Kaunas statt.

Namensgebung

Die litauische Namensbildung hat ihre eigenen Besonderheiten. Jedes Geschlecht hat seine eigene Endung. Familiennamen für die Familie als Ganzes enden in der Regel auf -ai (z.B. Murauskai). Das bedeutet für den Familienvater die Endung -as oder -is (Murauskas). Bei den Frauen unterscheidet man nach ihrem Ehestand. Der Nachname einer verheirateten Frau endet mit -ienė (Murauskienė), der einer unverheirateten mit -aitė (Murauskaitė). Bei Eheschließungen besteht kein Zwang für einen gemeinsamen Namen. Es gibt keine Doppelnamen. Beliebte Vornamen für Jungen sind landestypische Namen wie beispielsweise Gintaras (Bernstein) oder klassisch-christlich wie etwa Jonas (Johannes), Jurgis (Georg), Mykolas (Nikolai) oder auch die Namen der alten litauischen Fürsten Mindaugas, Vytautas, Kestutis, Algirdas oder GedimInas. Die beliebtesten Namen in den 90er Jahren waren Lukas, Mantas und Tomas. Beliebte Vornamen für Mädchen entstanden zumeist aus der Widerspiegelung der Natur in den alten Volkssagen: Aušra (Morgenröte), Eglė (Tau), Jūratė (Meerjungfrau). Daneben trifft man natürlich auch auf die klassisch-christlichen Namen wie Angele, Kristina, Marja oder Regina. In den 90er Jahren waren Viktoria, Greta und Ieva am beliebtesten. Ausländische Namen werden zumeist konsequent lituanisiert, d. h. mit den entsprechenden Endungen -is oder -as versehen.
Aus Gerhard Schröder wurde während seines Litauenbesuches im Juli 2002 dementsprechend Gerhardas Srederis.

Nationalfarben

Die gelb-grün-rot gestreifte Nationalflagge wurde erstmals 1918 eingeführt. Gelb soll die Sonne als Ausdruck des Lichtes und des Wohlergehens, Grün die Landschaft des Landes sowie die Hoffnung und Freude und Rot das Blut der Opfer für die Freiheit der litauischen Nation symbolisieren.

Sajūdis

Mit den durch Perestrojka und Glasnost eröffneten Freiräumen entstand in Litauen 1988 unter der Bezeichnung Sajūdis die ›Bewegung für die Umgestaltung‹, die in der Folgezeit an der Spitze aller Reformbestrebungen zur nationalen Wiedergeburt stand.

Verba

Die Verbos (Plural von Verba) sind wedel- oder kranzartige Geflechte aus Flieder- und Birkenzweigen, vermischt mit Trockenblumen, Moos und Gräsern. Die Tradition dieser Glücksbringer mit 24 üblichen Mustern entstand im 19. Jahrhundert in der Umgebung von Vilnius und ist heute im ganzen Land populär.

600-jähriges Jubiläum der Christianisierung Litauens

Waldbrüder

Nach dem 2. Weltkrieg leisteten vor allem in den Wäldern Südlitauens lebende Partisaneneinheiten noch bis in die Mitte der 50er Jahre bewaffneten Widerstand gegen die sowjetische Okkupation des Landes. Das Gedenken an die ›Waldbrüder‹ genannten Partisanen und die Opfer dieses Kampfes genießt heute hohe Wertschätzung. Das beste Museum über die Partisanengruppe ›Tauras‹ befindet sich in Marijampolė.

Weltlitauer

Die litauische Diaspora umfaßt mehr als eine Million Menschen und hat heute vor allem in den Vereinigten Staaten, in Kanada und in Australien starke Wurzeln. Die Schauspieler John Gielgud oder Charles Bronson seien hier stellvertretend genannt. Die Eltern des Schriftstellers Norman Mailer waren Litvaken. Litauen ist heute sehr bemüht, diese Kontakte zu pflegen und zu nutzen. Eine zentrale Stellung nimmt dabei das in Chicago, der Stadt mit der größten litauischen Auslandsgemeinde, angesiedelte Zentrum der Weltlitauer ein.

Ausdruck für die Pflege der Kontakte sind beispielsweise auch die alle drei Jahre veranstalteten Sportspiele der Weltlitauer, die erneut im Jahr 2003 stattfinden werden.

Žalgiris

Ob als Mineralwasser, Schiffsname oder Sportverein – der Begriff Žalgiris begegnet einem auf Schritt und Tritt und bedeutet Grünfeld. Die Erinnerung an die Schlacht bei Tannenberg (genauer zwischen den Dörfern Tannenberg und Grünfeld) im heutigen Polen, wo Litauer und Polen unter Führung von Vytautas dem Großen gemeinsam den Kreuzrittern eine vernichtende Niederlage bereiteten, wirkt heute identitätsstiftend und ist deshalb sehr populär. Das jüngste Beispiel ist der neue Žalgiris Park.

Kleiner Sprachführer

Litauisch ist keine einfache Sprache. Sie gehört zum baltischen Zweig der indogermanischen Sprachfamilie und hat als einzige heute noch lebende Sprache insbesondere in der Grammatik vielfältige Bezüge zum Sanskrit, das als Ursprache der Menschheit gilt. Dies macht das Litauische für Linguisten aus aller Welt außerordentlich interessant. Die Sprache hat sieben Fälle, die entsprechend die Endungen verändern. Oftmals wechselt auch die Betonung. Viele Substantive enden auf -is oder -as. Man unterscheidet zwei Dialekte, das Niederlitauische aus der Žemaitija und das Oberlitauische aus der Aukštaitija. Letzteres liegt der litauischen Schriftsprache zugrunde. Die ersten handschriftlichen und gedruckten Texte stammen aus den Jahren 1503 beziehungsweise 1547. Das auf lateinischen Buchstaben basierende Schrifttum weist einige Besonderheiten auf, die teilweise dem Polnischen entlehnt sind.

Zur Zeit der russischen Zarenherrschaft war die Schriftsprache lange Jahre verboten und lebte nur im Untergrund, der durch die berühmten Bücherschmuggler aus Druckereien Ostpreußens versorgt wurde. Die Blüte kam mit der Unabhängigkeit nach dem Ersten Weltkrieg. Unter der Sowjetherrschaft waren Litauisch und Russisch im offiziellen Gebrauch. Aufgrund des im zum Vergleich zu den anderen baltischen Ländern geringen russischen Bevölkerungsanteil, dominierte im Alltag das Litauische. Alle Beschilderungen waren aber zweisprachig. Im Ergebnis beherrschen nahezu alle Litauer die russische Sprache. Ausnahmen bilden ältere Menschen, die sich seinerzeit bewußt der Sowjetisierung versperrten, und Kinder, die nach der Unabhängigkeit Russisch nur in der Schule als Fremdsprache lernen. Nach der Unabhängigkeit verschwand alles Russische sehr schnell aus dem öffentlichen Leben.

Außerhalb der Touristikbranche sind Gesprächspartner mit guten Deutsch- oder Englischkenntnissen selten. Reisende, die Russisch sprechen, sollten ihre Gesprächspartner zunächst fragen, ob man sich in Deutsch, Russisch oder einer anderen Sprache unterhalten möchte. So verdeutlicht man das Verständnis, daß Russisch für beide Seiten eine Fremdsprache ist. Die A-priori-Entscheidung, ein Gespräch auf Russisch zu beginnen, hat für die Litauer immer den Beigeschmack, daß man Litauen nach wie vor als russisches oder sowjetisches Territorium ansieht und der Gesprächspartner die Entwicklung der letzten zwölf Jahre nicht wahrgenommen hat. Das litauische Alphabet umfaßt heute 32 Buchstaben: ą, ę, į, ų sowie ū und ė bedeuten – etwa einem Doppelvokal ähnlich – eine langgezogene Aussprache. Die Buchstaben č, š und ž werden tsch, sch und sch (stimmhaft) ausgesprochen, y wird wie i ausgesprochen.

Deutsch	Litauisch
Allgemeine Wendungen	
Guten Tag!	Laba diena!
Guten Morgen!	Labas rytas!
Guten Abend!	Labas vakaras!
Hallo!/Wie geht's?	Labas!, Sveiki!/Kaip sekasi?
Auf Wiedersehen!	Iki pasimatymo!
Gute Reise!	Geros kelionės!
Alles Gute!	Viso gero!
bitte/danke	prašom/dėkui, ačiū
ja/nein	taip/ne
Einverstanden.	Sutinku
Entschuldigung!	Atsiprašau!
Keine Ursache.	Néra už ką.
Ich verstehe kein Litauisch.	Aš nesuprantu lietuviškai.
Ich spreche Deutsch (Englisch, Russisch).	Aš kalbu vokiškai (angliškai, rusiškai).
Wie heißen Sie?	Koks jūsų vardas?
Ich heiße...	Aš esu...
Herr/Frau	ponas/ponia
Fragewörter	
wo?/wie?	kur?/kaip?
wer?/wann?	kas?/kada?
warum?/wieviel?	kodel?/kiek?
Orientierung	
Wie komme ich nach...?	Kaip pravažiuoti iki...?
Wieviel Kilometer sind es bis...?	Kiek kilometrų iki...?
Bringen Sie mich bitte nach...	Prašau nuvežkite mane į
Eingang/Ausgang	įėjimas/išėjimas
links/rechts	kairéje/dešinéje
geradeaus	tiesiai
gegenüber	prieš
Straße	gatvė
Kreuzung	sankryža
im Zentrum	centre
außerhalb	už miesto
nah/weit	arti/toli
Ampel	šviesoforas

Platz	aikštė
Umleitung	apvažiavimas

Öffentliche Einrichtungen

geöffnet	dirba, atidaryta
geschlossen	nedirba, uždaryta
Wo ist die Toilette?	Kur yra tualetas?
Damen/Herren	Moterims/Vyrams
Apotheke	vaistinė
Arzt	gydytojas
Bahnhof	geležinkelio stotis
Bar	baras
Berg	kalnas
Brücke	tiltas
Café	kavinė
Denkmal	paminklas
Dorf	kaimas
Fähre	keltas
Flughafen	aerouostas
Fluß	upė
Friseur	kirpykla
Geldwechsel	valiutos keitykla
Hotel	viešbutis
Kirche	bažnyčia
Geschäft	parduotuvė
Markt	turgus
Museum	muziejus
Post	paštas
Restaurant	restoranas
Schule	mokykla
See	ežeras
Stadt	miestas
Strand	pliažas
Tankstelle	degalinė
Vorort	priemiestis
Weg	kelias
Zoll	muitinė

Im Geschäft/Restaurant

Haben Sie...?	Ar turite...?

Ich möchte gern…	Prašom…
Was empfehlen Sie?	Ką jūs galite rekomenduoti?
Wieviel kostet das?	Kiek tai kainuoja?
Bitte die Rechnung	Prašom sąskaitą.
Zum Wohl!	Į sveikatą!
Lebensmittel	maisto prekės
Bernstein	gintaras
Tasse	puodukas
Glas	stiklas
Teller	lėkštė
Messer	peilis
Gabel	šakutė
Löffel	šaukštas
Apfel	obuolys
Bier	alus
Bohnen	pupos
Brot	duona
Brötchen	bandelė
Butter	sviestas
Ei	kiaušinis
Eis	ledai
Fisch	žuvis
Gemüse	daržoves
Kaffee	kava
Kartoffeln	bulvės
Käse	sūris
Knoblauch	česnakas
Kohl	kopūstas
Kuchen	pyragaitis
Milch	pienas
Mineralwasser	mineralinis vanduo
Möhren	morkos
Obst	vaisiai
Pilze	grybai
Quark	varškė
Saft	sultys
Salz	druska
Tee	arbata
Tomaten	pomidorai
Vodka	degtinė

Wein (rot, weiß, trocken)	vynas (raudonas, baltas, sausas)
Wurst	dešra
Zucker	cukrus
Zwiebel	svogūnas

Zahlen

null	nulis
eins	vienas
zwei	du
drei	trys
vier	keturi
fünf	penki
sechs	šeši
sieben	septyni
acht	aštuoni
neun	devyni
zehn	dešimt
zwanzig	dvidešimt
hundert	šimtas
tausend	tūkstantis

Zeitangaben

Wie spät ist es?	Kiek valandų?
jetzt	dabar
heute	šiandien
gestern	vakar
morgen	rytoj
täglich	kiekvieną dieną
morgens	rytais
mittags	pietų metu
abends	vakarais
nachts	naktimis
am Tag	dieną
Montag	pirmadienis
Dienstag	antradienis
Mittwoch	trečiadienis
Donnerstag	ketvirtadienis
Freitag	penktadienis
Sonnabend	šeštadienis
Sonntag	sekmadienis

Öffentliche Verkehrsmittel

Wo ist die Bushaltestelle?	Kur yra autobusų stotelė?
Wo ist der Bahnhof?	Kur yra stotis?
Wo fahren Sie hin?	Kur važiuojate?
Fahrkartenschalter	bilietų kasa
Bahnsteig	peronas
Muß ich umsteigen?	Ar man reika persėsti?

Mit dem Auto

Wo ist die nächste Tankstelle?	Kur artimiausia degalinė?
Benzin	benzinas
Diesel	dyzeliniai degalai
bleifrei	be švino
Bitte volltanken!	Prašom pripilti pilną!
Umleitung	apvažiavimas
Parkplatz	sustojimo aikštelė

Eine gute Hilfestellung leistet ein 2001 in Vilnius erschienenes Taschenwörterbuch Deutsch-Litauisch und Litauisch-Deutsch mit 12 000 Begriffen, ISBN 9986-465-54-0. Etwa 4700 Stichwörter enthält ein Internetwörterbuch, das man unter www.dictionaries.vnvsoft.com/de/index.html findet. Es ist noch im Aufbau begriffen. ›Litauisch Wort für Wort‹, Band 54 der Kauderwelsch-Reihe bietet eine gute sprachliche Grundausstattung für die Reise.
Wer Geschmack an der Sache gefunden hat und die Sprache richtig lernen will, sollte zum Lehrbuch ›Litauisch für Anfänger‹ von Susanne Pischel, Vinius, 1998, ISBN 9986-02-590-7 greifen. Für Interessenten an einer intensiveren Beschäftigung mit der Sprache: Meet your friend American English-Lithuanian Conversation guide, Kaunas 1998, ISBN 9986-9196-7-3. Wer hinsichtlich seiner Studienpläne Litauen und die litauische Sprache ins Auge faßt, kann sich in Deutschland u. a. am Institut für Baltisitik der Universität Greifswald (www.uni-greifswald.de) oder am Slavisch-Baltischen Seminar der Universität Münster (www.unimuenster.de/SlavBaltSeminar) bewerben. Wer für Übersetzungen und Dolmetschereinsätze Fachleute sucht, kann die nachfolgenden Seiten kontaktieren: Ruta Peter (Berlin, www.rutapeter.onlinehome.de), Renata Lüning (Bremen, www.litauisch.com), Vaida Sieche (Apolda, www.vaidasieche.de) oder R. und M. Schmid (Vilnius, www.vertejas.com).

»Er ist ein Litauer, hab ich mir erzählen lassen. (...) Sie kennen das ja doch: Gewaltige Geschichte bis zum Schwarzen Meer, Vytautas der Große, und wegen Jagiello: die polnische Geschichte nur ein Ableger der litauischen, jedenfalls damals, Sie kennen das, und heiß geliebt und gepflegt, wie Versunkenes eben.«

Johannes Bobrowski: ›Litauische Claviere‹

Vilnius

Litauens Metropole

Der historische Kern der Stadt entstand am Zusammenfluß der Neris und der kleineren Vilnia oder Vilnele, die dem Ort auch den Namen gab. Das Wort Vilnele bedeutet Welle, obwohl die sich um die Stadtgründung rankende Legende viel mehr mit einem Wolf zu tun hat. Archäologen schlußfolgern aus der am Gedeminas-Berg über sieben Meter dicken Kulturschicht, daß sich die erste Siedlung hier bereits um 3000 vor Christus befand. Legende und Geschichtsschreibung treffen sich dann erst wieder 1323, als Gediminas in seiner Botschaft an den Bayernkönig Ludwig IV. von der neugegründeten Hauptstadt berichtete und Kaufleute und Handwerker mit Vergünstigungen nach Vilnius rief. Die nach Trakai neu gebildete Königsstadt bestand zunächst aus der Oberen und der Unteren Burg. Alsbald mußte sie ihre Festungsstärke gegen die Kreuzritter beweisen, die ab 1365 mehrmals vergeblich versuchten, die Stadt zu erobern.

Das Christentum hielt dank der dem Machtdünkel geschuldeten Taufe des Großfürsten Jogaila ab 1387 trotzdem Einzug. Im gleichen Jahr bekam Vilnius das Magdeburger Stadtrecht, und die Blütejahre der Stadt begannen, die Vilnius in der ersten Hälfte des 16. Jahrhunderts mit über 30 000 Einwohnern zu einer der bedeutendsten Metropolen Europas werden ließen. Nur Prag hatte zu dieser Zeit in Osteuropa noch mehr Einwohner. In diesen Jahren entstand auch die knapp drei Kilometer lange Stadtmauer mit ihren neun Toren. 1522 öffnete die erste Druckerei, zehn Jahre später entstand die erste Wasserleitung. Ab 1562 fuhren die Postkutschen über Krakau bis Wien. Im Jahre 1570 wurde ein Jesuitenkolleg gegründet, aus dem neun Jahre später die erste Universität des Baltikum hervorging.

Durch die Vereinigung mit Polen in der auch Rzeczpospolita genannten Lubliner Union im Jahre 1569 wurde Vilnius zur Provinz. In der Folgezeit hinterließen der Krieg gegen Rußland und später der Krieg mit Rußland gegen Schweden verheerende Spuren. Brände und Epidemien taten ein übriges, so daß sich die Einwohnerzahl um mehr als die Hälfte verringerte. Im Rahmen der Dritten Polnischen Teilung im Jahre 1795 fiel Vilnius an Rußland und wurde nun mit seinen 55 000 Einwohnern zur Hauptstadt des neuen Gouvernements und gleichzeitig nach Moskau und St. Petersburg zur drittgrößten Stadt Rußlands. Napoleons Rußland-Feldzug führte zweimal durch die Stadt: heroisch-euphorisch hin und geschlagen zurück.

Das 19. Jahrhundert war durch eine starke Russifizierung geprägt. Nach den polnisch-litauischen Aufständen gegen die Zarenherrschaft, die in Vilnius eines ihrer Zentren hatten, wurde die Universität geschlossen. Die wirtschaftliche Entwicklung hingegen wurde mit der Eröffnung der durch Vilnius verlaufenden Eisenbahnlinie zwischen Warschau und St. Petersburg spürbar befördert, so daß

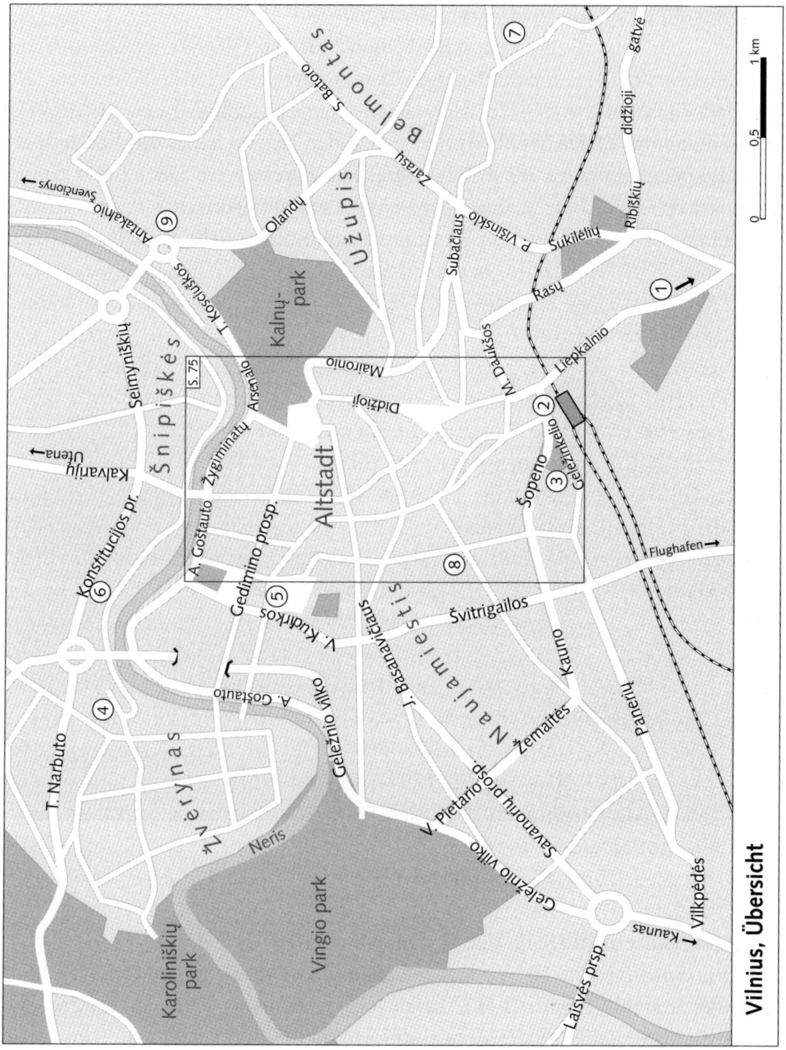

Legende

1 Flughafen
2 Bahnhof
3 Busbahnhof
4 Sonderausstellung ›Litauen 1940–1990‹
5 Genozidopfer-Museum
6 Nationalgalerie
7 Puschkinmuseum
8 Eisenbahnmuseum
9 Peter-und-Pauls-Kirche

die Einwohnerzahl bis zur Jahrhundertwende auf 160 000 anstieg. Dabei entwickelte sich Vilnius zu einem nach Nationalität und Glauben multikulturellen Schmelztiegel mit einem jüdischen Bevölkerungsanteil von knapp 50 Prozent, der der Stadt auch den Namen ›Jerusalem des Ostens‹ einbrachte.

Während des Ersten Weltkrieges und der vierjährigen Besetzung durch deutsche Truppen erstarkten die Unabhängigkeitsbestrebungen. Doch 1920 wurde Vilnius durch Polen besetzt, und Kaunas wurde zur provisorischen Hauptstadt des unabhängigen Litauen. Erst im Zusammenhang mit dem Hitler-Stalin-Pakt zog

Teile der alten Stadtmauer

die Rote Armee in die Stadt ein, so daß nun allerdings die Rückgabe der Hauptstadt mit dem erneuten Verlust der Unabhängigkeit einherging. Litauen wurde zur 14. Sowjetrepublik innerhalb des Moskauer Imperiums. Im April 1941 begann die Okkupation durch die Nazis. Mehr als ein Drittel der Einwohner von Vilnius, vor allem Juden, wurden verschleppt und ermordet. Drei Jahre später wurden die Faschisten durch die Rote Armee vertrieben. Diese erneute Herrschaft der Sowjetunion begann mit der Fortsetzung der bereits 1940 begonnenen Massendeportationen von Litauens Elite nach Sibirien.

Die Stadt Vilnius entwickelte sich in den folgenden Jahrzehnten als Hauptstadt der Litauischen Sowjetrepublik nach sozialistischem Muster mit neuen Industrieansiedlungen und Trabantenstädten. Die für sowjetische Verhältnisse originellen

Plattenbauentwürfe machten teilweise landesweit Furore. 1980 erreichte die Einwohnerzahl eine halbe Million. Der Widerstand gegen die sowjetische Herrschaft war immer latent vorhanden. Die Öffnung kam 1988 mit der Gründung der Reformbewegung ›Sajūdis‹, die 1990 die Wahlen gewann und die erneute Proklamierung der Unabhängigkeit durchsetzte. Heute ist Vilnius mit etwa 545 000 Einwohnern eine sehr lebendige europäische Metropole, die den Besucher mit ihrem eigenen Flair aus geschichtsträchtiger Kulturvielfalt und modernem Leben in landschaftlich reizvoller Umgebung schnell für sich einnimmt. Häufig trifft man für die Stadt auch die Bezeichnung Wilna an, die der polnischen Schreibweise entstammt. Da man sich heute aber seiner eigenen Wurzeln erinnert und die Zeiten des gemeinsamen polnisch-litauischen Staatswesens eher skeptisch betrachtet, ist die Bezeichnung Vilnius eindeutig die populärere.

Die Silhouette der Stadt wird vor allem vom Gediminas-Berg mit den darauf befindlichen Burgresten sowie den Kuppeln von über 120 Kirchen geprägt. Das Stadtzentrum entfaltet sich südlich des Flusses Neris und der Burg südlich zur historischen Altstadt und östlich entlang der Hauptader – dem Gediminasprospekt – mit ihren Nebenstraßen in Richtung Neustadt.

Die Altstadt von Vilnius gehört heute zum UNESCO-Weltkulturerbe. Es wurden in den vergangenen Jahren vielfältige Anstrengungen zur Rekonstruktion des Gebietes unternommen, von deren Verlauf und Resultaten sich jeder Besucher bei einem Rundgang sofort überzeugen kann. Die Altstadt wuchs über fünf Jahrhunderte und beeindruckt durch ihre Geschlossenheit mit verwinkelten Gassen, alten Häusern, Höfen und Torbögen sowie fast unzähligen Kirchen. Insbesondere als Zentrum barocker Architektur sucht die Altstadt in Europa ihresgleichen. Gleichzeitig durchwandert aber der Besucher kein nur für Kunsthistoriker interessantes Architekturmuseum, sondern ein lebendiges Viertel, dessen Facetten sowohl mit Geschäften, Cafés, Galerien und Kneipen als auch die Nutzung als Wohn- und Geschäftsviertel fast täglich bunter und vielfältiger werden.

Der Kathedralenplatz

Dieser Platz (Katedros aikštė) liegt am Fuße des Gediminas-Berges und bildet den Mittelpunkt der Altstadt. Die weiße St.-Stanislaus-Kathedrale erhebt sich hier wie ein griechischer Tempel auf dem weiträumigen Platz. Daneben steht losgelöst der imposante 57 Meter hohe Glockenturm. Die Kathedrale war der erste Kirchenbau im Lande noch vor der Christianisierung Litauens. Sie entstand auf sechs alten heidnischen Opferplätzen. Fürst Mindaugas ließ die Kirche im Zusammenhang mit seiner Taufe im Jahre 1253 errichten. Geweiht wurde sie im selben Jahr durch den Krakauer Bischof Stanislaus, der kürzlich vom Papst heiliggesprochen wurde.

Nach Mindaugas Tod wurde sie wieder in einen dem Donnergott Perkunas gewidmeten Heidentempel umgewandelt. Nachdem das Christentum 1387 Staatsreligion geworden war, entstand sie erneut, diesmal als gotische Kirche mit fünf Kapellen. Nach Bränden 1419, 1530 und 1610 wurde sie zunächst in Backsteingotik, dann im Stil der Renaissance und schließlich im Barockstil wieder neu errichtet. Seine heutige Gestalt erlangte das Gotteshaus Ende des 18. Jahrhunderts, als ein litauischer Architekt dem gotischen Innenraum samt seiner barocken Kapellen ein streng klassizistisches Äußeres verordnete, was die Symbiose christlicher und heidnischer Traditionen symbolisiert. Großfürst Vytautas wurde der Chronik zufolge 1430 in einer Gruft unter der Kirche begraben, die aber bis heute nicht gefunden werden konnte. Unter der Sowjetherrschaft wurde die Kathedrale als architektonisches Denkmal 1956 in eine Gemäldegalerie umgewandelt, die dank der hervorragenden Akustik auch als Konzertsaal genutzt wurde. 1988 erfolgte die Rückgabe des Gebäudes an die Kirche, ein Jahr später wurde es erneut geweiht.

Im gotischen dreischiffigen Innenraum beeindruckt der neue Hauptaltar, links befindet sich die Sakristei, rechts die Kapelle des heiligen Kasimir, unter der sich die Gräber der beiden polnischen Könige Alexander und Władysław IV. befinden. Kazimiras (1458–1484) war ein Enkel von Jogaila und ging als zweifach ungekrönter König in die Geschichte ein. Bereits gewählt, verzichtete er 1471 auf den ungarischen Thron. Dreizehn Jahre später starb er, als der Bote mit der Nachricht über die erneute Krönung bereits unterwegs war. 1521 wurde er heiliggesprochen.

Der Glockenturm in seiner heutigen Gestalt entstand durch verschiedene Aufstockungen. Auf dem Fundament eines viereckigen Wehrturms errichtete man im 14. Jahrhundert aus Feldsteinen einen Rundturm mit Schießscharten und einer Mauerdicke von vier Metern. Zu Beginn des 16. Jahrhunderts folgte der achteckige Renaissance-Aufbau, der zum Ende des selben Jahrhunderts nochmals aufgestockt wurde. Dann folgte die Glocke, später die Uhr, und 1893 setzte man noch das Spitzdach mit vergoldeter Kugel und dem fünf Meter hohen Kreuz darauf.

Der Kathedralenplatz ist zugleich der zentrale Versammlungsort des Landes und auf vielen Fotos aus der Zeit der Unabhängigkeitsbewegung wiederzuerkennen. Derzeit ist er aber eine Baustelle. Doch die Zeitdauer, die für die neue Bepflasterung noch erforderlich ist, läßt sich schwer abschätzen, da sich der Untergrund als archäologische Fundgrube erwies und sich nun Stadtplaner und Archäologen nur schwer über den Umfang der Ausgrabungen einigen können. Am östlichen Rand des Platzes, wo ein aus sechs dorischen Säulen bestehender Portikus die

Blick über die Altstadt von Vilnius
Mittelaltermarkt in der Altstadt von Vilnius; Kinder auf dem Marktplatz

mėgaukis

Alytaus
21 90
19 80
18 80
10 50
13 90

Kathedrale ziert, ragt seit 1996 ein neues Denkmal für den Stadtgründer Gediminas empor, da er wohl etwa hier seinen Traum vom eisernen Wolf gehabt haben muß.

Der Burgberg

Hinter dem Denkmal gelangt man durch eine Parkanlage zum Burgberg (Pilies kalnas). Der Weg bergauf führt zur Oberen Burg beziehungsweise ihren Überresten. Die Chronik erwähnt drei Burgen in Vilnius: die Obere Burg, die Untere Burg und die Schiefe Burg. Letztere fand nur einmal Erwähnung und soll sich auf dem Berg befunden haben, auf dem heute weithin sichtbar die drei weißen Kreuze stehen. Die Untere Burg verband das gesamte Gebäudeensemble vom Arsenal an der Neris bis zu den Befestigungsanlagen an der Stelle des heutigen Kathedralenplatzes.

Gediminas ließ die Obere Burg zu Beginn des 14. Jahrhunderts errichten, um seine Residenz von Trakai hierher zu verlagern. Sie bestand aus einem Schloßbau, den eine dicke Mauer mit vier Türmen umgab. Ab dem 15. Jahrhundert diente sie als Gefängnis und Waffenkammer, 1660 wurde sie im Krieg gegen Schweden schwer zerstört. Ende des 19. Jahrhunderts begann man, die Ruinen zu erneuern, insbesondere den vergleichsweise gut erhaltenen Westturm, der in den 1930er Jahren nach seiner abschließenden Rekonstruktion als Gediminas-Turm zu einem markanten Wahrzeichen von Vilnius wurde, auf dem seit 1990 auch wieder die litauische Fahne weht.

Der heute ein Museum beherbergende Turm besteht aus drei achteckigen Geschossen auf einem quadratischen Erdgeschoß, wo eine Wendeltreppe aus 74 Stufen zur Aussichtsplattform führt. Sie bietet einen Panoramablick über die gesamte Stadt, den man sich nicht entgehen lassen sollte. Ein anderer Weg führt von der Flußmündung am den Eckpunkt der Unteren Burg bildenden Alten Arsenal zum Turm. Das Alte und das Neue Arsenal, letzteres auch vom Kathedralenplatz mit Blickwinkel Richtung Neris sichtbar, beherbergen heute bedeutende litauische Museen und vermitteln einen Eindruck über den Umfang der Unteren Burg. Deren Schmuckstück war der im 16. Jahrhundert von Großfürst Sigismund errichtete Großfürstenpalast, der im 17. Jahrhundert stark zerstört und dann nach dem Anschluß an Rußland wie auch andere Zeugnisse des litauischen Reiches abgerissen wurde.

In der Markthalle; Spaß für Kinder auf einem Straßenfest
In der Altstadt von Vilnius

Jüdisches Litauen

Das ›Jerusalem des Ostens‹, wo in der Welt das reinste Jiddisch gesprochen wurde – so wurde Vilnius (auf jiddisch ›Vilne‹) viele Jahre charakterisiert. Vor dem Zweiten Weltkrieg waren knapp die Hälfte der Einwohner von Vilnius Juden, und auch in vielen anderen Städten gab es bedeutende jüdische Gemeinden. In keinem anderen Land wurden die Vernichtungspläne der Deutschen mit so brutalerKonsequenz umgesetzt wie in Litauen. Dabei fanden die Nazis auch viele willfährige Handlanger unter den Litauern. »Ich kann heute feststellen, daß das Ziel, das Judenproblem für Litauen zu lösen, vom Einsatzkommando erreicht ist. In Litauen gibt es keine Juden mehr außer den Arbeitsjuden inclusive ihrer Familien. Das sind in Schaulen ca. 4500, in Kaunas 15 000, in Wilna ca. 15 000«, rapportierte am 1. Dezember 1941 ein Hauptstandartenführer und ergänzt akribisch nach Geschlecht und Ort die Greultaten-Statistik der Nazis über die Ermordung von 129 996 Juden in der zweiten Jahreshälfte 1941.

Dieses erschütternde Dokument ist in der Holocaust-Gedenkstätte von Paneriai, südlich von Vilnius gelegen, zu besichtigen. Nur ungefähr 600 Juden überlebten in Litauen den Zweiten Weltkrieg. Heute leben wieder etwa 5500 Juden in Litauen, darunter 3500 in Vilnius, von denen aber nur etwa 150 litauische Wurzeln haben, während die anderen später vor allem aus Rußland zugewandert sind.

Bereits im 14. Jahrhundert bildeten sich die ersten jüdischen Gemeinden in Trakai und in Gardinas, dem heute weißrussischen Grodno. Viele Juden flohen vor dem religiösen Fanatismus in Westeuropa gen Osten und begründeten die ›Städtle‹ in Polen, Galizien, Rußland und auch in Litauen. Der Einladung von Gediminas an Europas Kaufleute und Handwerker, sich in der neuen Hauptstadt Vilnius niederzulassen, folgten zahlreiche Juden bereitwillig, so daß die Chronik bereits drei Jahre nach der Stadtgründung einen jüdischen Handelshof erwähnt. Doch die Erlaubnis zum Bau einer Synagoge kam erst mit der Lubliner Union, so daß der Grundstein zur Großen Synagoge erst 1573 gelegt werden konnte. Sie bildete fortan den Mittelpunkt des jüdischen Viertels der Stadt, das 1655 erstmalig durch ein Pogrom erschüttert wurde. Doch Vilnius entwickelte sich dann vor allem im 18. Jahrhundert zum geistigen Zentrum des osteuropäischen Judentums. Die litauischen Juden entwickelten eine spezifische Mentalität und nannten sich auch dementsprechend ›Litvaken‹.Diese Entwicklung ist vor allem mit dem Namen Elia ben Salomon Kremer (1720–1797) verbunden. Der mit dem jüdischen Ehrentitel ›Gaon‹ geehrte Talmudgelehrte gilt als Begründer der weltoffenen jüdischen Aufklärung, der ›Haskala‹. In dieser Tradition entstanden Schulen, Bibliotheken und

Verlage, denn weniger die Religion als vielmehr die Sprache galt hier als das verbindende Element unter den Juden verschiedener Länder. Daraus erklärt sich auch der Bezug dieser Bewegung zu Vilnius als Stätte des reinsten Jiddisch.

Aus vielen Ländern kamen die Juden, um in Vilnius, Kaunas oder Telšiai zu studieren. In Vilnius entstand 1897 auch der ›Jüdische Bund‹ als Alternative zum Zionismus. Auch ein jüdischer PEN-Club und das 1925 gegründete Jüdische Wissenschaftsinstitut, dem unter anderen Kapazitäten wie Albert Einstein und Sigmund Freud angehörten, hatten ihren Sitz in Vilnius. Auch wenn es nur noch wenige Spuren des jüdischen Lebens in Vilnius gibt, es gibt sie. Nach Jahren ihres sowjetisch indoktrinierten Verschweigens werden jüdische Traditionen seit Litauens Unabhängigkeit neben der Trauer und Erinnerung auch wieder mit neuem Glauben und Leben erfüllt. Die Synagoge ist seit 10 Jahren wieder geöffnet. Die Gemeinde hat ihr Zentrum, und der interessierte Besucher findet hier auch zwei Ausstellungen, die an Litauens jüdische Traditionen und die architektonische Vielfalt und Geschichte der früher mehr als 150 über das ganze Land verstreuten Synagogen erinnern.

An die Große Synagoge, an Elia ben Salomon Kremer und die Umrisse der Ghettos erinnern heute Gedenktafeln. An der Universität wurde ein Lehrstuhl für Judaistik eingerichtet, der in der alten Tradition bereits wieder Sommercamps zur jüdischen Kultur und Sprache anbietet. Es gibt in Vilnius spezielle Stadtführungen (in englischer, russischer und hebräischer

Die Judengasse in der Altstadt von Vilnius

Sprache) und einen 1992 (allerdings nur in Russisch) erschienen Stadtführer durch die Spuren des litauischen Jerusalem (West Express, Stulginskio gatvė 5, Tel. 0 03 70/5/2 12 25 00). Ausführliche Informationen über die Geschichte des jüdischen Lebens in den einzelnen Orten Litauens findet man unter www.shtetlinks.jewishgen.org/Lithuania.html (E).

Die Drei Kreuze

Die Drei Kreuze

Ein markanter Blickfang von der Altstadt aus sind die Drei Kreuze auf dem gleichnamigen Berg (Trijų Kryžių kalnas). Die Legende berichtet, daß hier auf dem ursprünglich Kahlen Berg im Jahre 1333 drei von sieben durch die heidnischen Litauer gekreuzigten Franziskanermönche zur Abschreckung aufgestellt wurden, während die Leichen der anderen vier Mönche in die Vilnia geworfen wurden. Seit dem 17. Jahrhundert erinnerten drei Kreuze an das Martyrium, die immer wieder erneuert und 1916 erstmals geweiht wurden. Die Überreste der in der Sowjetzeit zerbrochenen Kreuze bilden heute am Hang fast ein eigenständiges Mahnmal. Das jetzige Monument der Kreuze stammt aus dem Jahr 1989 und trägt die Inschrift: »Die an Gott Glaubenden haben während der furchtbaren Kriege um Gottes Hilfe und Frieden gebetet.« Man erreicht das Denkmal von der Arsenalo gatvė hinter der Vilnia-Brücke über den Aufstieg zur Freilichtbühne im Kalnų-Park.

Entlang der Burgstraße

Am Kathedralenplatz beginnt gegenüber dem Gediminas-Denkmal die Pilies gatvė (Burgstraße), die dann in die Didžioji gatvė (Große Straße) übergeht und die Hauptstraße der Altstadt bildet. Sie verband bereits in der Frühzeit der Stadt die Burg und den Rathausplatz und verlief dann weiter zum Aušros-Tor, dem einzigen erhaltenenen Tor der alten Stadtmauer. Auf der Pilies gatvė befindet sich rechts zwischen Skapo gatvė und der an der Johanneskirche beginnenden Šv. Jono gatvė das Universitätsviertel mit der ›Alma Mater Vilensis‹, das auch heute noch den Kern der 1579 auf der Basis eines Jesuitenklosters gegründeten Universität bildet. Damals kaufte der Orden das ganze Stadtviertel und begann es, den Erfordernissen der Lehranstalt entsprechend, umzugestalten. Nach einem Brand im Jahre

1610 mußten aber viele Gebäude neu errichtet werden. Heute ist es einzigartiges Ensemble miteinander verbundener Gebäude, das mit insgesamt zwölf Innenhöfen durchsetzt ist. Die Universität unterstand bis 1773 dem Jesuitenorden und dann dem Staat, zunächst noch Litauen-Polen und dann Rußland. Da sich viele Universitätsangehörige aktiv am Aufstand von 1831 beteiligten, ließ die zaristische Regierung die Universität 1832 schließen. Erst mit der Unabhängigkeit Litauens wurde sie 1920 wieder eröffnet. Heute zählt sie etwa 8000 Studenten. Im Universitätsviertel befinden sich heute aber nur noch das Rektorat, die Bibliothek sowie die historische und die philologische Fakultät. Die wichtigste Kirche des Ensembles ist die Johanneskirche (Šv. Jono bažnyčia). Mit ihrem Bau wurde 1386 im Zuge der Christianisierung Litauens begonnen. Ursprünglich gotisch, war sie die erste Steinkirche des Landes. Im Ergebnis umfangreicher Umbauten präsentiert sie sich heute mit einem durch korinthische Säulen geprägten klassizistischen Antlitz und einem spätbarocken Innenleben mit noch zehn von ursprünglich 23 Altären. Zwischen Kirche und Glockenturm gelangt man in die Innenhöfe der Universität.

Im Hof der Universität

Der zweite Zugang zur Universität befindet sich in der gleichnamigen Universitätsstraße am dreieckigen Daukantoplatz, der heute vom weißen Präsidentenpalast bestimmt wird. Diese Bestimmung füllt das Gebäude erst wenige Jahre aus, ursprünglich war es der Sitz des Bischofs. Im 18. Jahrhundert erhielt es durch Wassili Stassow, der später durch das Winterpalais in St. Petersburg berühmt wurde, sein spätklassizistisches Antlitz und wurde Gouverneurspalast. Zu sowjetischen Zeiten dienten die Räumlichkeiten als Palast der Kunstschaffenden.

Von der Pilies gatvė durch die gegenüber der Universität beginnenden Gassen gelangt man zur Annen- und zur Bernhardinerkirche. Man kann auch vom Kathedralenplatz der Radvilaitės gatvė folgen, die ab der nächsten Kurve den Namen Maironio gatvė trägt. Geradeaus beginnt der Vergnügungspark der Stadt (Sereikiškių parkas) – mit Spielplätzen und Bänken ein beliebter Treffpunkt für Familien und Jugendliche. Früher hieß die Anlage auch Park der Jugend. Noch früher befand sich hier der Botanische Garten.

Mit dem Blick in die Maironio gatvė sieht man bereits linker Hand die Annenkirche (Šv. Onos bažnyčia, Maironio gatvė 8) und dahinter die Bernhardinerkirche mit dem dazugehörigen Kloster. Die Annenkirche gilt als eines der schönsten Bauwerke der Gotik in Europa. »Diese Kirche möchte ich auf meinen Händen nach Paris tragen«, soll Napoleon bei ihrem Anblick begeistert ausgerufen haben. Die Kirche war zu Beginn des 16. Jahrhunderts im Auftrag einer zum Bernhardinerorden gehörenden Brüderschaft deutscher Kaufleute von Michael Enkinger, dem Hofarchitekten des litauischen Großfürsten Aleksandras, errichtet worden. Mit 33 Ziegelarten, die in aufstrebenden Linien verarbeitet wurden, entstand ein sehr plastisches Turmensemble. Vor allem die Westfassade bietet mit ihren im Stein verewigten Ornamenten einen einzigartigen Anblick. Der später entstandene Glockenturm rechts neben der Kirche unterstreicht diesen stilistischen Ansatz. Die Legende berichtet vom Maurermeister Jouzas Domarkas, der den Bau der Kirche leitete und dessen Lehrling Jonas sich in seine Tochter Anna verliebt hatte. Anna erwiderte seine Gefühle, doch der Meister sprach zu seinem Lehrling: Zeige erst, was du als Maurer kannst. Jonas verließ beleidigt nicht nur den Meister, sondern auch die Stadt und zog in ferne Länder. Er wurde ein bekannter Architekt und kehrte nach Vilnius zurück. Jouzas war gestorben, ohne die Kirche zu vollenden. Jonas heiratete Anna und vollendete die schönste Kirche der Stadt. Zum sogenannten Gotischen Ensemble gehört neben der Annenkirche die Bernhardinerkirche (Bernardinų bažnyčia, Maironio 10). Die

Legende

1 Tourismusinformation
2 St.-Stanislaus-Kathedrale
3 Kunstgewerbemuseum
4 Nationalmuseum
5 Gediminas-Turm
6 Johanneskirche
7 Annenkirche
8 Bernhardinerkirche
9 Michaelskirche
10 St.-Paraskewa-Kirche
11 russisch-orthodoxe Nikolaikirche
12 Nikolaikirche
13 evangelische Kirche
14 St.-Kasimir-Kirche
15 russisch-orthodoxe Kirche der Gottesmutter
16 Schauspielhaus
17 Regierungsgebäude
18 Präsidentenpalast
19 Berg der Drei Kreuze
20 Kunstmuseum
21 Radvila-Palast
22 Waffen- und Rüstungen-Museum
23 Bernsteinmuseum
24 Mikalojus-Čiurlionis-Haus
25 Adam-Mickiewicz-Museum
26 Synagoge
27 Jüdisches Museum

ersten Bernhardinermönche hatten an dieser Stelle bereits 1462 in der Nähe zur Burg ihr Kloster gegründet.

Hinter der Annenkirche befindet sich ein Denkmal für Adam Mickiewicz, in dessen Vilniusser Wohnhaus sich heute ein Museum befindet. Zu sowjetischen

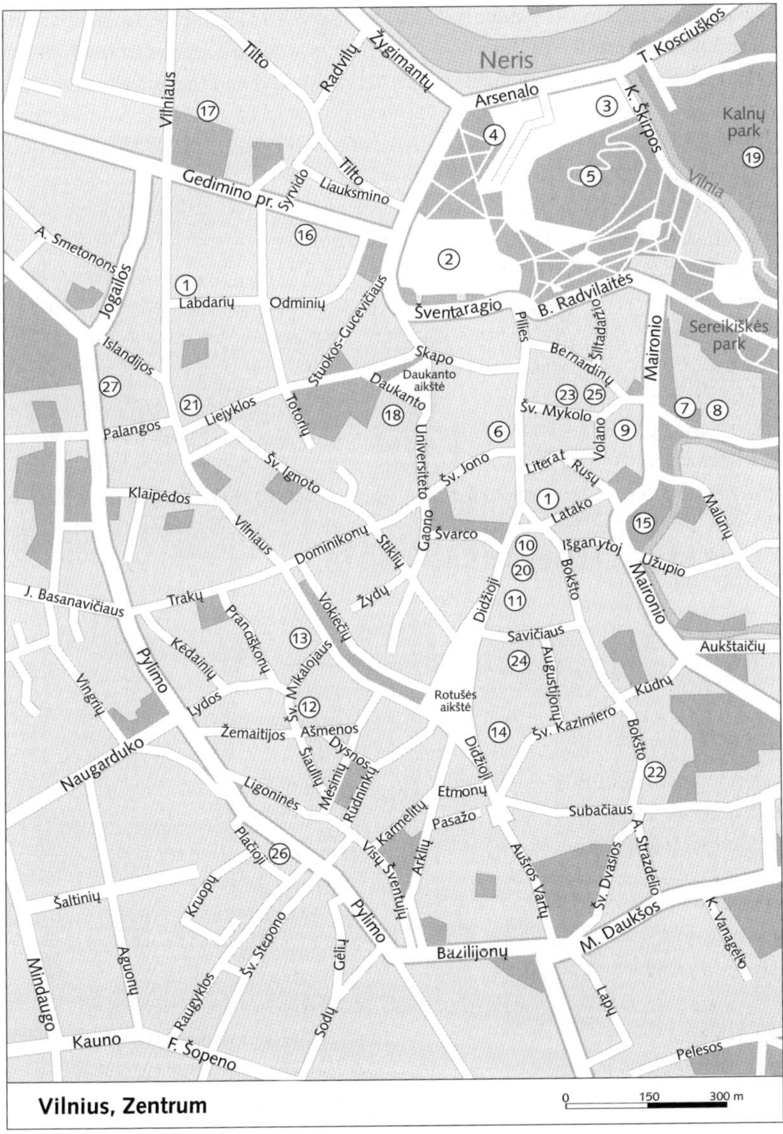

Vilnius, Zentrum

Zeiten war das Denkmal ein beliebter Dissidententreffpunkt. Auf der anderen Straßenseite befindet sich die im Stil der Renaissance erbaute Michaelskirche (Šv. Mykolo bažnyčia), die allerdings seit vielen Jahren ein kleines Architekturmuseum beherbergt. Etwas weiter erhebt sich die heute größte russisch-orthodoxe Kirche der Stadt. Die Kirche der heiligen Gottesmutter (Skaisčiausios Dievo Motinos cerkvė, Maironio 12) kann auf eine wechselvolle Geschichte zurückblicken. Ursprünglich Mitte des 14. Jahrhunderts erbaut, wurde die Kirche mehrmals durch Brände vernichtet und umgebaut. Im 19. Jahrhundert diente sie zunächst der Stu-

Die im gotischen Stil erbaute Annenkirche

Die Legende vom Eisernen Wolf

In einer Chronik aus dem 16. Jahrhundert findet sich erstmals die sogenannte Legende vom eisernen Wolf, die den Ursprung der Stadt Vilnius beschreibt.

Dichte Wälder bedeckten damals das gesamte Gebiet der heutigen Metropole. Häufig jagte der in der Burg Trakai lebende Fürst Gediminas in diesen Gefilden nach Hirschen, Auerochsen und Bären.

Eines Tages war es zu spät zur Rückkehr nach Trakai, so daß der Fürst mit seinem Gefolge an der Mündung der Vilnia in den Neris ein Lager aufschlug. Doch in der Nacht hatte Gediminas einen seltsamen Traum. Auf der Spitze des an der Mündung gelegenen Berges stand in der mondklaren Nacht ein riesengroßer Wolf und heulte schaurig in die Nacht. Der Fürst ergriff Pfeil und Bogen und schoß nach dem Wolf. Doch die Pfeile prallten seltsamerweise klirrend von dem unheimlichen Tier ab. Sein Fell glich einem eisernen Panzer.

Tief beeindruckt ließ Gediminas sofort nach dem Opferpriester Lizdeika schicken, der ihm diesen Traum deuten sollte. Der alte Priester sah in dem Traum die Vision einer gepanzerten Burg samt einer dazugehörenden Stadt: »Großer Fürst! In deinem Traum wollen die Götter dir ihren Willen verkünden. Der eiserne Wolf steht für eine Burg, die du auf diesem Berg errichten sollst. Sie wird ebenso unbezwingbar sein wie dieser gepanzerte Wolf. In ihrem Schatten wird eine Stadt entstehen, die so prachtvoll und reich sein wird,

Fürst Gediminas

daß ihr Ruhm in die ganze Welt hinausschallt wie das durchdringende Heulen des eisernen Wolfes.«

Fürst Gediminas befolgte die Worte des Priesters und befahl 1323 den Bau der Festung auf dem heutigen Burgberg und legte damit den Grundstein für Litauens heutige Hauptstadt.

Auf dem Kathedralenplatz von Vilnius steht seit den 90er Jahren ein Denkmal, das an dieses Ereignis erinnert.

dentenschaft und dann der Armee als Heimstatt. Ihre heutige Gestalt resultiert aus dem letzten Umbau in den Jahren von 1865 bis 1868.

Hinter der Kirche führt eine kleine Brücke über die Vilnia in den Stadtteil Užupis, das Kreuzberg von Vilnius. Obwohl äußerlich eher mondän bis verfallen, ist die Gegend nicht uninteressant, denn hier läßt sich die Vilniusser Künstlerszene nieder. Man präsentiert sich als wahre Alternative zur angeblich überkommerzialisierten Altstadt von Vilnius. Viel Aufmerksamkeit erregte eine nach wie vor sichtbare ›Beschilderungsaktion‹, als man örtliche Etablissements mit an den großen Vorbildern orientierten Schildern wie ›Užupis Harrod's‹, ›Užupis Maxim's‹ oder ›Užupis Colors of Benetton‹ versah.

Rund um den Rathausplatz

Zurück zur Pilies gatvė, die sich mit dem sich eröffnenden Blick auf den Rathausplatz (Rotušės aikštė) zur Didžioji gatvė wandelt. Auf diesem Straßenabschnitt bieten viele Händler Souvenirs, Kunsthandwerk und Bilder feil. Linker Hand befinden sich zwei russisch-orthodoxe Kirchen: Die St.-Paraskewa-Kirche ist nicht sonderlich beliebt, da sie mit Geldern erbaut wurde, die bei der Niederschlagung des Aufstandes von 1863 konfisziert worden waren (Didžioji gatvė 2). Die Barock- und Gotikelemente vereinende Nikolaikirche stammte ursprünglich aus dem 16. Jahrhundert und wurde sowohl im 18. und Ende des 19. Jahrhunderts grundlegend umgebaut (Didžioji gatvė 12). Der weiträumige Rathausplatz gleicht einem riesigen Dreieck. Das zwischen 1788 und 1799 erbaute klassizistische Gebäude, das dem Platz seinen Namen gab, diente der Stadt nicht nur als Rathaus. Lange Jahre befand sich hier ein Theater, dann wiederum eine Gemäldegalerie, die aber vor zwei Jahren ein neues Domizil erhielt. Heute dient das Gebäude der Stadt und dem Künstlerverband für repräsentative Zwecke. Rechts hinter dem Bauwerk befindet sich das 1967 eröffnete Zentrum für moderne Kunst, in dem immer mehr Verkaufsausstellungen stattfinden.

Am Zentrum für moderne Kunst zweigt die Vokiečių gatvė, die Deutsche Straße, ab. Hier lebten zur Zeit des Großfürsten Gediminas die von ihm in die Stadt geladenen deutschen Handwerker und Kaufleute. Später befand sich hier das jüdische Viertel von Vilnius, so daß aus heutiger Sicht im Namen der Sarkasmus der Geschichte mitschwingt. Die Straße durchteilte von 1941 bis 1943 die beiden Ghettos von Vilnius. Hinter den Neubauten auf der rechten Seite, wo es zur Judengasse (Žydų gatvė) geht, befand sich die Große Synagoge von Vilnius. An ihrer Stelle steht heute ein Kindergarten. Auf der linken Seite, die sich zu einer favorisierten Kneipenmeile entwickelt, gelangt man in der Šv. Mikalojaus gatvė zu einer der ältesten Kirchen der Stadt, die um 1330 von deutschen Kaufleuten errichtet worden war und ebenfalls dem heiligen Nikolaus gewidmet ist. Mit ihrem schlichten Stufengiebel hebt sie sich in der Kirchenlandschaft ab (Mikalojaus gatvė 4). In der Nachbarschaft errichteten ebenfalls deutsche Kaufleute mit der Refomation um 1555 auch ein evangelisches Gotteshaus. Unter dem Sowjetstern zur Turnhalle umfunktioniert, verkam es völlig und wird nun seit 1991 von der lutherischen Gemeinde saniert (Vokiečių gatvė 20).

Zurück zum ehemaligen Rathaus, erhebt sich links davon hinter der Häuserfront die größte Kirche von Vilnius, die St.-Kasimir-Kirche. (Didžioji gatvė 34).

Die Theresienkirche am Aušros-Tor

Dieser klassische Barockbau wurde zwischen 1604 und 1615 mit dem Grundriß eines römischen Kreuzes errichtet. Eine Krone auf der Spitze der 40 Meter hohen Kuppel erinnert an die fürstliche Abstammung des litauischen Nationalheiligen Kasimir (Šv. Kazimiero bažnyčia, Didžioji gatvė 34), dem auch eine Kapelle in der Kathedrale gewidmet ist. Nachdem diese katholische Kirche bereits von 1864 bis 1924 in eine russisch-orthodoxe umfunktioniert worden war, befand sich von 1961 bis 1988 das ›Museum für Religionsgeschichte und Atheismus‹ in ihren Räumlichkeiten.

Der Gediminas-Turm

Die Didžioji gatvė führt weiter in Richtung des Morgenröte-Tores (Aušros vartai), das den Abschluß der Altstadt bildet. Doch zunächst passiert man die Staatliche Philharmonie, das 1902 erbaute frühere Operntheater, wo 1906 die Premiere der ersten litauischen Nationaloper ›Birutė‹ von Mikas Petrauskas stattfand. Linker Hand erhebt sich etwas versetzt die Mitte des 18. Jahrhunderts erbaute Heiliggeistkirche (Šv. Dvasius cerkvė, Aušros v. 10). Die außen schlichte und innen sehr prunkvolle Barockkirche ist heute auch der Sitz des orthodoxen Erzbischofs von Vilnius. Gleich daneben steht die ursprünglich den Karmelitern gehörende Theresienkirche. Sie wurde in den Jahren 1630 bis 1655 errichtet (Šv. Tereses bažnyčia). Neben dem zweistöckigen Hauptaltar sind acht Seitenaltäre zu besichtigen. Die 1783 angefügte Stifterkapelle ist durch eine Bogengalerie mit der Kapelle im Aušros-Tor verbunden. Das einzige erhaltene Stadttor der Mauer wurde um 1520 erbaut und hieß ursprünglich Medininkiai-Tor, da hier die Straße nach Medininkiai in Richtung Minsk beginnt.

Auf der der Stadt zugekehrten Seite des Tores entstand 1829 eine kleine Kapelle, die heute eines der bedeutendsten Heiligtümers Litauens, die ›Heilige Madonna von Vilnius‹ aufbewahrt. Die vergoldete Ikone eines unbekannten Meisters kam aus dem Besitz des Karmeliterordens in die Kapelle und zieht Jahr für Jahr unzählige Pilger in ihren Bann.

Entlang des Gediminas-Prospektes

Am Kathedralenplatz beginnt die Hauptverkehrsader der Innenstadt, der Gediminas-Prospekt, der Mitte des 19. Jahrhunderts als erste breite Flaniermeile entstand und nun, nach Umbenennungen zu Ehren Piłsudskis, Hitlers, Stalins und Lenins, wieder seinen ursprünglichen Namen trägt. Von Bäumen eingerahmt, erstreckt er sich auf knapp zwei Kilometern bis zum Parlamentsgebäude vor der Neris-Brücke. Hier befinden sich neben unzähligen Geschäften und Institutionen viele Cafés und Restaurants von nobel bis McDonalds sowie das Schauspielhaus mit der berühmten Skulptur ›Das Musenfest‹ über dem Eingang. Am Platz der Selbstverwaltung (Savivaldybės aikštė) befindet sich die Stadtverwaltung. Etwas unscheinbar und versetzt in Richtung Neris steht das ursprünglich als Zentralkomitee für die litauische Kommunistische Partei gedachte jetzige Regierungsgebäude. Hier kreuzt der Prospekt die Vilniaus gatvė, die nach Süden in die Altstadt und nach Norden zur ›Grünen Brücke‹ führt. Vorbei am modernen Theater für Oper und Ballett (Vienulio 1, Tel. 2620727, www.opera.lt) gelangt man hier in die neuen Stadtbezirke. Wenn man hinter dem Kinderkaufhaus abbiegt, gelangt man über die Jogailos gatvė zur Pylimo gatvė. Auf der Pylimo gatvė befinden sich die Synagoge und das Jüdische Gemeindehaus mit seinen Ausstellungen. An der Ecke Kalinausko g. trifft man auf eine der exotischen Sehenswürdigkeiten – ein von der Künstlerszene aus Užupis aufgestelltes Frank-Zappa-Denkmal. Der Musiker hatte zwar keinerlei Bezug zu Litauen oder Vilnius, war und ist aber aufgrund seiner Aufmüpfigkeit für viele ein Rockidol, das nun diese ungewöhnliche Ehrung fand.

Weiter auf dem Gediminas-Prospekt erinnert ein Denkmal an die Schriftstellerin Julia Zemaitė. Ihr Antlitz ziert auch den Ein-Lt.-Schein. Weiter gelangt man zum Lukiškus-Platz, der als kleine Parkanlage die Silhouette der gewaltigen spätbarocken Jakobus-und-Philippus-Kirche (Šv. Jokubo ir Pilypo bažnyčia) auflokkert. Die Kirche hat acht Altäre und eine beeindruckende Holzkanzel. Das dazugehörige Dominikanerkloster dient heute als Krankenhaus. Auf der anderen Seite des Platzes der Kontrast: im ehemaligen Gerichtsgebäude befand sich jahrelang die Geheimdienstzentrale, in deren Keller heute das bedrückende Genozidmuseum einen Besuch lohnt. Vor der Tiergarten-Brücke über die Neris, wo sich weit sichtbar die 1903 erbaute, russisch-orthodoxe Marienkirche erhebt, gelangt man zum Unabhängigkeitsplatz (Nepriklausomybės aikštė), der durch das 1981 eingeweihte, kubistische Parlamentsgebäude geprägt wird. Der geschichtsträchtige Bau wurde am 13. Januar 1991 zum Symbol für den Unabhängigkeitskampf. Nach der Besetzung des Fernsehzentrums durch Moskauer Truppen kamen 100000 Menschen, um als lebendige Menschenkette ihre neue Volksvertretung zu verteidigen. Neben der Springbrunnenpyramide befindet sich die nach Martynas Mažvydas benannte Nationalbibliothek Litauens.

Die Neustadt

Nördlich des Neris-Bogens liegt der Stadtteil Šnipiškės, den man über die Grüne Brücke oder die neue Fußgängerbrücke erreicht. An der Stelle befand sich die erste Neris-Brücke von Vilnius, die ebenfalls grün gestrichen war. Heute würde wahrscheinlich ein roter Anstrich besser passen, denn als Erinnerung an das Erbe des Kommunismus schmücken sozialistisch-realistische Heldengestalten der Arbeiterklasse die vier Eckpfeiler der Brücke. Westlich der Brücke erhebt sich die zu Beginn des 18. Jahrhunderts erbaute St.-Raphael-Kirche. Die breite Treppe führt zu einer kleinen Fußgängerzone – ein Architekturmuster der Blockbauweise. Neben dem fast Wolken kratzenden Hotel ›Lietuva‹ befinden sich hier das größte Kaufhaus der Stadt, das Planetarium sowie mehrere Geschäfte und Cafés. Weiter östlich sieht man am Ufer bereits die Nationalgalerie. In westlicher Richtung gelangt man zum Žalgiris-Sportkomplex mit Stadion und Sportpalast.

Kronleuchter in der Peter-und-Pauls-Kirche

Wenn man der Arsenalo gatvė weiter zum Stadtteil Antakalnis folgt, erhebt sich nach etwa einem Kilometer, nach einem Kreisverkehr, rechter Hand die symbolträchtige Peter-und-Pauls-Kirche (Šv. Apastalu Petro ir Pavilo bažnyčia). Das damals am Stadtrand gelegene Gotteshaus wurde zwischen 1668 und 1675 errichtet. Der Stifter war Mykolas Kazimieras Pacas, zu dieser Zeit Oberbefehlshaber des Heeres. Als 1655 die russische Armee hier ein Augustinerkloster niederbrannte, schwor Pacas, die schönste Kirche von Vilnius zu stiften, wenn es gelänge, die Moskauer Eindringlinge aus der Stadt zu vertreiben. Dreizehn Jahre später löste er sein Versprechen ein. Die vom polnischen Architekten Jan Zaor entworfene, dreischiffige Kirche gilt als einer der schönsten und bedeutendsten Barockbauten Osteuropas. Außen schlicht, beeindruckt die Kirche vor allem durch die in ihrer Vielfalt einzigartigen Stuckdekorationen mit Ornamenten und über 2000 Plastiken, die von den italienischen Bildhauern Pietro Peretti und Giovanni Galli geschaffen wurden. Die Rokokokanzel hat genauso wie der eindrucksvolle Kristallkronleuchter die Form eines Bootes (Antakalnio gatvė 1, Tel. 2 34 02 29).

Westlich des Stadtzentrums liegt der Vingis-Park (Vingio park), der vor allem durch die Liederfeste bekannt ist, die auf einer Freilichtbühne stattfinden. Im Jahr 2003 wird das Sängerfest an die Feierlichkeiten zum 750. Jahrestag der Krönung von König Mindaugas im Juli gekoppelt. Am gegenüberliegenden Ufer der Neris erhebt sich der 326,5 Meter hohe Fernsehturm von Vilnius. Man erreicht ihn durch einen unterirdischen Gang vom Fernsehzentrum. In 165 Metern Höhe befindet sich ein rotierendes Aussischtsgeschoß, von dem man einen phantastischen Blick auf die Stadt genießen kann, vor allem auf die Neustadt, die nördlich der Neris gelegenen Stadtteile und den Vingis-Park. Das ebenfalls in luftiger Höhe befindliche Restaurant mit dem vielversprechenden Namen Milchstraße (Paukščių takas) bietet aber nur Anschauungsunterricht zum Thema ›Der Charme sowjetischer Gastronomie‹. Der Turm wurde von 1974 bis 1980 errichtet und wiegt immerhin 25 000 Tonnen (Sausio 13-osios 10, Tel. 2 52 53 33).

Museen

Das Nationalmuseum Litauens (Lietuvos nacionalinis muziejus) befindet sich im unteren Teil der Gediminas-Burg. Den Grundstock des bereits 1855 eröffneten Museums bildete die kulturhistorische Sammlung des Grafen E. Tiškevičius (1818–1873), die jedoch bald nach Moskau gebracht wurde. Erst mehr als einhundert Jahre später kehrte sie zum Teil in das 1952 von den Sowjets gegründete Geschichts- und Ethnographiemuseum zurück. Dort fand die 1919 von J. Basanaviciaus begründete historisch-volkskundliche Ausstellung eine neue Heimstatt. In ihrer heutigen Ausdehnung entstand die Exposition im Jahre 1967 mit dem Einzug in das Arsenal der Burg. Nach einigen Veränderungen zu Beginn der 90er Jahre erhielt es 1992 den Rang des Nationalmuseums und ist heute mit über 700 000 Exponaten auch das größte Museum Litauens. Vier Abteilungen für Archäologie, Geschichte, Ethnographie und Ikonographie vermitteln ein umfassendes landeskundliches Bild. Wohl als Tribut an den Hauptsponsor des Museums – die litauische Hansabankas – rundet eine Ausstellung zur Entwicklung des Sparkassenwesens in Litauen die Exposition ab (Mo, Di Ruhetage, Arsenalo 1, Tel. 2 62 94 26).

Die Entwicklung des Landes unter der sowjetischen Herrschaft ist Gegenstand einer 1993 eröffneten ständigen Sonderausstellung unter dem Thema ›Litauen

1940–1990: Okkupation, Deportation, Widerstand‹ (Mo, Di Ruhetage, Studentu 8, Tel. 2 35 51 64).

Ebenfalls im alten Arsenal befindet sich das Kunstgewerbemuseum (Taikomosios dailės muziejus), das Kunstgewerbe (Möbel, Porzellan, Gobelins, Keramik und vieles mehr) sowohl aus Litauen als auch aus Mittel- und Westeuropa vom 14. bis zum 20. Jahrhundert ausstellt (Mo Ruhetag, Mittwoch Museumstag, Arsenalo 3, Tel. 2 12 18 13).

Das Kunstmuseum (Lietuvos dailės muziejus) befindet sich seit 1994 an der Hauptstraße der Altstadt im ehemaligen Chodkeviciai-Palais, wo die Vilniusser Gemäldegalerie ihr Domizil hat. In der etwas verwinkelten Ausstellung finden sich litauische Malerei, Miniaturmalerei und angewandte Kunst vom 16. bis zum 19. Jahrhundert. Im Innenhof finden manchmal Konzerte statt (Mo Ruhetag, Didžioji 4, Tel. 2 12 42 58).

Eine Filiale des Kunstmuseums befindet sich in der ehemaligen Residenz des Großherzogs Jonusas Radvila (1612–1655). Neben der Sammlung westeuropäischer Malerei befindet sich im Radvilu-Palast (Radvilu rūmai) auch ein von George Soros gefördertes Zentrum für zeitgenössiche Kunst, das litauische Künstler mit der Organisation jährlicher repräsentativer Ausstellungen und vielfältigen Kontaktanbahnungen unterstützt (Mo Ruhetag, Vilniaus 22, Tel. 21 2 14 77 Museum, Tel. 2 12 29 97 Soros-Zentrum).

Das Nationalmuseum Litauens

Der für jeden Vilnius-Besucher obligatorische Gediminas-Turm bietet in seinem Inneren ein seit 1995 neu gestaltetes, sehr ansprechendes Museum (Aukštutines pilies muziejus) zur Geschichte der Burg mit einem Burgmodell und auch einigen mittelalterlichen Waffen und Rüstungen (Mo, Di Ruhetage, Arsenalo 5, Tel. 2 61 74 53). Beim Abstieg vom Gediminas-Berg in Richtung Kathedrale stößt man auf das zweite, etwas unscheinbare Burgmuseum (Žemutines pilies muziejus). Die Ausstellung berichtet über die Ausgrabungen und archäologischen Funde an der Unteren Burg (Sa, So Ruhetage, Katedros 3, Tel. 2 62 99 88).

Ein weiteres umfangreicheres Waffen- und Rüstungen-Museum befindet sich seit 1987 direkt in der im 16. Jahrhundert gegen die Schweden und die Russen errichteten Verteidigungsmauer am östlichen Rand der Altstadt. (Mo, Di Ruhetage, Boksto 20, Tel. 2 61 21 49).

Im Genozidopfer-Museum (Lietuvos genocido auku muziejus) öffnet der Keller des ehemaligen Vilniusser KGB-Hauptquartiers (1944–1990) seine ungastlichen Pforten. Vor der Nutzung durch den KGB befand sich in dem 1899 errichteten ehemaligen Gerichtsgebäude drei Jahre lang das örtliche Hauptquartier der Gestapo. Das Museum wurde 1992 auf Initiative der ehemaligen politischen Häftlinge geschaffen. Ein bedrückender Spaziergang durch die nicht allzu ferne Vergangenheit mit authentischem Blick in die Zellen der Gefangenen und der Wachleute (Mo Ruhetag, Gediminas prospektas 40, Eingang Aukų 2a, Tel. 2 49 62 64).

Im Universitätsviertel befindet sich in der Johanneskirche derzeit noch das Wissenschaftsmuseum der Universität (Vilniaus Universiteto mokslo muziejus) mit wertvollen Büchern und Manuskripten, die hier seit 1979 ausgestellt sind. Seit aber 1991 die Kirche wieder Einzug halten durfte, dient das Gebäude sowohl als Glaubensstätte als auch als Museum, weil für die Sammlung noch keine neue Heimstatt gefunden werden konnte (Mo Ruhetag, Šv. Jono 12, Tel. 2 61 17 95).

Ehemalige Zelle im Genozidopfer-Museum

Die Nationalgalerie befindet sich nördlich der Neris in einem wuchtigen Neubau, dem 1980 errichteten ehemaligen Leninmuseum, das jetzt Stück für Stück mit neuen Ausstellungen ausgefüllt wird. Seit 1993 ist hier eine umfassende Volkskunstschau aus allen Teilen des Landes zu besichtigen. Vor allem die Ausstellung der Trachten und Webtechniken sowie ein Saal mit Werken des exil-litauischen Bildhauers Vytautas Kasuba sind sehenswert. Auch die in der Vergangenheit im alten Rathaus ausgestellte Gemäldesammlung mit litauischer Malerei aus der ersten Hälfte des 20. Jahrhunderts hat hier ihr neues Domizil gefunden (Mo Ruhetag, Mittwoch Eintritt frei, Ukmergės 28, Tel. 2 72 51 65).

In der Gaststätte ›Marceliukės Klėtis‹

Dem baltischen Gold ist ein sehenswertes privates Bernsteinmuseum (Gintaro muziejus) gewidmet. Es ist eine Filiale des gleichnamigen Museums in Nida und auch mit einer Verkaufsgalerie gekoppelt. Während der Umbauarbeiten für das Geschäft wurde ein mittelalterlicher Keller entdeckt, in dem heute in drei Räumen das kleine, aber feine Museum untergebracht ist (Šv. Mykolo 8, Tel. 2 62 30 92).

Museum wäre sicherlich zu hoch gegriffen für das Mikalojus-Čiurlionis-Haus. In diesem Gebäude lebte er 1907 in einem zu besichtigenden Zimmer einige Monate zur Untermiete. Es ist mehr ein Kulturzentrum mit einer kleinen Exposition zur Pflege von Čiurlionis' Erbe. Im Kammerkonzertsaal finden mittwochs Klavierkonzerte statt, wobei es für die Schüler des Konservatoriums eine große Ehre ist, auf dem Flügel des Idols zu spielen (Sa, So Ruhetage, Savačiaus 11, Tel. 2 12 64 14).

Aus dem polnischen Nationaldichter Adam Mickiewicz wird in Litauen Adamus Mickevicius. Er lebte in der Zeit der polnisch-litauischen Einheit, als er auch die Niederschrift des heute polnischen Nationalepos ›Pan Tadeusz‹ mit den Worten »Litauen – mein Vaterland« begann. Der Dichter wurde in Litauen geboren und lebte lange Jahre in Vilnius, verfaßte aber seine Werke in polnischer Sprache. In seinem Wohnhaus in einem romantischen Altstadthof zeigt heute ein kleines Museum (A. Mickeviciaus memorialinis butas) sein Leben und Werk (Mo Ruhetag, Bernadinų 11, Tel. 2 61 88 36).

Das 1944 begründete Puschkinmuseum (A. Puškino memorialinis muziejus) erinnert an Rußlands wohl größten Dichter Alexander Puschkin, der allerdings im Gegensatz zu Mickiewicz nie in Vilnius weilte. Dafür lebte sein Sohn Grigori mit seiner Frau Varvara seit 1899 in diesem wunderschön im Markuciai-Park gelegenen Holzhaus, das heute einerseits das Originalambiente der Jahrhundertwende und andererseits eine Ausstellung über Leben und Werk Puschkins zeigt (Mo, Di Ruhetage, Subačiaus 124, Tel. 2 60 00 80).

Im Jüdischen Gemeindehaus befindet sich im 1.Stock auch das 1989 eröffnete Jüdische Museum (Lietuvos valstybines žydų muziejus). Es werden jüdische Kultgegenstände aus der zerstörten Großen Synagoge und Ausstellungen über die Tradition des Puppenherstellens sowie über das Gymnasium ›Tarbut‹ gezeigt. Auch die dunkelsten Seiten des nördlichen Jerusalems – der Holocaust in Litauen und die Geschichte und Architektur der ehemals über 100 Synagogen und was davon blieb – sind Thema dieser Ausstellung (Sa, So Ruhetage, Pylimo 4, Tel. 2 12 79 12, Filiale: Pamenkalnio 12, Tel. 2 62 07 30).

Für Eisenbahnfreaks gibt es im Erdgeschoß der Eisenbahnverwaltung ein kleines Museum (Geležinkelio muziejus) mit Modellen, Fotos und allerhand Bahnzubehör (So, Mo Ruhetage, Mindaugo 15, Tel. 2 69 37 41). Das Theater-, Musik- und Kinomuseum (Lietuvos teatro, muzikos, kino muziejus) bietet Einblick in die Vilniusser Künstlerszene (So Ruhetag, Vilniaus 41, Tel. 2 62 24 06).

Vorwahl: 0 03 70/5, Postleitzahl: 01001.
Hauptpostamt: Gedimino pr. 7, Tel. 2 12 28 15.
Bank: Hansabankas, Gediminio pr. 26, Tel. 0 03 70/5/2 68 44 44.
Geldautomat: Gedimino pr./Kudirkos, Ukmergės 16, Vivulskio 7.
Tourismusinformation: Didžioji 31, Tel. 2 62 64 70, Mo bis Fr 10 bis 18 Uhr, Vilniaus 22, Tel. 2 62 96 60, Mo bis Fr 9 bis 18 Uhr, So 10 bis 16 Uhr.
Vor Ort sollte man sich das jeweilige aktuelle Heft von ›Vilnius in your pocket‹ besorgen, das an jedem Zeitungskiosk verkauft wird und umfangreiche aktuelle Informationen über Veranstaltungen, Ausstellungen, Restaurants und Bars bietet.

Tel. 2 13 33 33, 2 40 00 04.

Flughafen: Der Flughafen befindet sich etwa fünf Kilometer südlich der Stadt und ist mit den Buslinien 1 und 2 zu erreichen. Die Buslinie 1 verkehrt zwischen Bahnhof und Flughafen etwa alle 15 Minuten, die Buslinie 2 hält an mehreren Haltestellen in der Innenstadt, sie fährt ebenfalls etwa alle 15 Minuten. Fahrkarten gibt es an jedem Zeitungskiosk. Eine Einzelfahrt kostet derzeit 80 ct. Für Touristen empfiehlt sich der Kauf einer Zeitkarte (24 Std. für 4 Lt., 3 Tage für 10 Lt., 10 Tage für 20 Lt.). Zudem fahren ständig Minibusse zwischen Flughafen und Stadtzentrum (Nr. 15, 20, 23, 47), die Fahrkarten kauft man beim Fahrer.
Das Flughafengebäude ist heute eine gelungene Symbiose aus Alt und Neu. Das alte aus den 30er Jahren stammende Flughafengebäude wurde renoviert und dient als Ankunftshalle, dahinter erhebt sich der Neubau mit der modernen Abflughalle im zweiten Stock, die durch eine die alte Halle umschwingende Auf-und Abfahrt zu erreichen ist (Tel. 2 30 66 66, 75 26 00, www.vilnius-airport.lt).

Es gibt direkte Zugverbindungen u. a. nach Kaunas (15 x tgl.), Trakai 6 x, Ignalina 6 x, Klaipėda 3 x, Šiauliai 1 x sowie nach Berlin, Warschau, Stettin, Moskau, St. Petersburg, Kalinigrad, Riga, Minsk und L'viv (Geležinkelio 16, Tel. 2 33 00 86).

Neben dem Bahnhof. Außer vielfältigen Inlandlinien gibt es internationale Verbindungen nach Berlin–Erfurt (Mi), Dresden–Frankfurt/M.–Saarbrücken (So), Wien (1 x tgl.) und Warschau (3 x tgl.). Von Kaunas aus gibt es mehr Busverbindungen nach Deutschland (Sodų 22, Tel. 2 33 54 12 und 2 33 37 67).

Das beste Hotel in der Altstadt ist heute das in einem um die Jahrhundertwende errichteten Gebäude befindliche ›Radisson SAS Astorija‹ mit exzellentem Service in historischem Ambiente (Didžioji 35/2, DZ 840

bis 1000 Lt., Tel. 2 12 01 10, pam@vnozh.rdsas.com).
In einem umgebauten orthodoxen Kloster befindet sich das ebenfalls sehr empfehlenswerte ›Mabre Residence Hotel‹ mit großem Innenhof und exklusiver Ruhe am Rande der Altstadt. Sehr gutes Preis-Leistungs-Verhältnis. (Maironio 13, DZ 360 bis 800 Lt., Tel. 2 12 20 87, mabre@mabre.lt).
Das mit 316 Zimmern größte und nicht zu übersehende Hotel der Stadt ist das frühere Intourist-Hotel ›Reval Hotel Lietuva‹ – ein Hochhaus am Nordufer der Neris. Es ist neu renoviert, bei geraden Zimmernummern hat man den Blick auf die Altstadt (Konstitucijos pr. 20, DZ 200 bis 600 Lt., Tel. 2 72 62 72, lietuva.sales@revalhotels.com).
Das in der Nachbarschaft liegende Best Western ›Naujasis Vilnius‹ ist zwar von außen nach wie vor recht unscheinbar, aber von innen gut renoviert und bei Reisegruppen sehr populär (Konstitucijos pr. 14, DZ 340 bis 660 Lt., Tel. 2 73 95 95).
In der Nähe der Kathedrale liegt das ›CityPark Hotel‹ mit 32 Zimmern (Stoukos-Gucevičiaus 3, DZ 380 bis 600 Lt., Tel. 2 10 14 61).
Ebenfalls zentral, am Gediminas-Prospekt, liegt das neurenovierte und zu empfehlende ›Neringa‹ (Gedimino pr. 23, DZ 360 bis 600 Lt., Tel. 2 68 19 10).
Das ›Žaliasis Tiltas‹ hat zwei Filialen im Zentrum, aber TV und Telefon nur gegen erheblichen Aufpreis (Gedimino 12 und Vilniaus 2/15, DZ 140 bis 300 Lt., Tel. 2 69 19 19, info@congress.lt.).
Am Vingis-Park liegt das einfachere ›Crown Plaza‹ (Čiurlionio 84, DZ 185 bis 340 Lt., Tel. 2 74 34 00).
Auf Geschäftsreisende zugeschnitten ist das ›Karolina‹ in der Nähe des Fernsehturms (Sausio 13-osios 2, DZ 420 bis 400 Lt., Tel. 2 16 89 34, www.karolina.lt).
Eine gute preiswerte Unterkunft – Leitspruch ›besser als bei Muttern‹ – bietet das JNN-Hostel (Konstitucijos pr. 25, DZ 80 bi 120 Lt., Tel. 2 72 22 70, jnn@lvjc.lt).
Modern und zentral ist das ›e-guesthotel‹ (Ševčenkos 16, DZ 180 bis 240 Lt., Tel. 2 66 07 30, www.e-guesthouse.lt).
Besonders bei Jugendlichen populär ist das insgesamt fünfzehn 3- und 4-Bett-Zimmer anbietende ›Jugend-Tourist-Zentrum‹ (Jaunųjų Turistų Centras) im Szene-Viertel Užupis (Polocko 7, 25 Lt. pro Bett, Tel. 2 61 15 47), ebenso das zum Internationalen Jugendherbergsverbund gehörende ›Filaretai‹ mit 13 Zimmern unterschiedlicher Größe (Filaretų 17, 20 bis 34 Lt. pro Bett, Tel. 2154627, www.lithuanianhostels.org/vilnius/filaretai, info@filaretaihostel.lt).
Für Bed-&-Breakfest-Interessenten ist ›Litinterp‹ der erste Ansprechpartner. Die Firma führt ein Gästehaus in der Altstadt in Eigenregie (Bernardinų 7/2, Tel. 2 12 38 50, litinterp@omnitel.net).

Außerhalb der Stadt ist für gehobene Ansprüche das ›Villon‹ empfehlenswert. Wald- und Seenlage, sehr komfortabel, mit allen Service-Einrichtungen vom Konferenzsaal bis zum Schwimmbad (19 Kilometer von Vilnius an der A2, ausgeschildert, DZ 420 bis 760 Lt., Tel. 2 73 97 00, info@lemeridien.lt).
Direkt am Flughafen befinden sich zwei Hotels in einem Gebäude (Rodūnės kelnas 8): rechts das bessere ›Adelita‹ (DZ 200 bis 300 Lt., Tel. 2 32 93 04) und links das ältere ›Skrydis‹ (DZ 60 bis 220 Lt., Tel. 2 73 93 62).

Der ausgestopfte Bär im gleichnamigen ›Lokys‹ weist auf die auf Wildgerichte spezialisierte Küche dieser Gaststätte mit stimmungsvollem Innenhof und gotischem Kellergewölbe (Stiklių 8, Tel. 2 62 52 67, www.lokys.lt).
Der unerwartet originelle Landgasthof ›Marceliukės Klėtis‹ liegt inmitten einer Plattenbausiedlung und bietet vor allem litauische Hausmannskost an (Tuskulėnų 35, Tel. 2 72 50 87).
Gute litauische Küche bietet das ›Amatininkų Užeiga‹ (Didžioji 19/2, Tel. 2 61 79 68).
Im gediegenen, kleinen ›Stikliai Aludė‹ findet man ebenfalle eine breite Auswahl (Gaono 7, Tel. 2 64 95 95).
Auf keiner Kneipentour sollte ›Žemaičių Smuklė‹ mit seinem großen Innenhof, wo es die litauischen Würste in Metern gibt, fehlen (Vokiečių 24, Tel. 61 65 73).
Neben der guten Karte beeindruckt auch das historische Flair von ›Ritos Smuklė‹ (Žirmūnų 68, Tel. 2 77 07 86).
Traditionen werden in der in einem ehemaligen Kloster befindlichen Gaststätte ›Medininkai‹ gepflegt (Aušros vartų 8, Tel. 2 66 07 71).
Internationale Gastronomie reicht heute in Vilnus von Italien (typisch italienisch: ›Da Antonio‹ I und II, Vilniaus 23, Tel. 2 62 01 09 und Pilies 20, Tel. 2 61 83 41), Frankreich (exklusiv und teuer: ›Stikliai‹, Gaono 7, Tel. 2 64 95 95), Ungarn (preiswert und gut: ›Žaltvykslė‹, Pilies 11, Tel. 2 68 71 73), Polen (Restaurant und Café: ›Alina‹, Pylimo 49, Tel. 2 61 86 01), England und Irland (einfach, oft laut: ›The Pub‹, Dominikonų 9, Tel. 2 61 83 93) bis hin zu exotischen Angeboten aus China (unter anderen: ›Auksinis Feniksas‹, Gedimino pr. 64, Tel. 2 49 69 09, und ›Geltonoji Upė‹, Stiklių 18, Tel. 2 12 28 75), Indien (›Sue Ka Thai‹, Jogailos 11/2, Tel. 2 62 38 02) und Japan (›Tobira‹, Šv. Mykolo 4, Tel. 2 60 95 92).

In Vilnius selbst gibt es keinen Campingplatz, generell sind sie in Litauen eher rar. Empfehlenswert für Vilnius-Ausflügler sind die Campingplätze in Trakai und Rudiskes.

www.vilnius.lt (L/E); www.vilnius.aps.lt (L/E); www.vilnius.sav.lt (L/E); www.5ci.net/vilnius/ (L).

Die Juden von Wilna 24. Juni 1942

Heute vor einem Jahr wurde Wilna von den Deutschen besetzt. Der von der deutschen Armee an dieser Stelle in Litauen den russischen Truppen zugefügte Schlag war vernichtend. Es schien damals, als würden die Russen den deutschen Vorstoß nicht aufhalten können, als würde Moskau bald erobert werden und als wäre ein blitzartiger deutscher Sieg bereits gewiß. Doch ist seitdem ein Jahr vergangen – Moskau ist nicht eingenommen; die russische Armee lebt und kämpft. Das erscheint wie ein Wunder, wie ein wunderbarer Traum. Man will es nicht glauben, doch so ist es.

Als der Krieg begann, konnte sich niemand vorstellen, daß in der Mitte des 20. Jahrhunderts all die Schrecken geschehen könnten, unter denen die Juden zu leiden haben. Allein in Wilna sind von den über 70 000 Juden, die am Tag des Kriegsausbruchs in der Stadt lebten, nur noch 15 000 bis 16 000 am Leben. Alle übrigen sind im vergangenen Jahr systematisch und planmäßig vernichtet worden.

Wer darüber nachdenkt, dem stellt sich sofort die tragische Frage: Wie war es denn möglich, daß Tausende von Menschen sich völlig widerstandslos umbringen ließen? Das von den Deutschen zur Judenvernichtung verwendete System gründet sich auf die alte Taktik von ›divide et impera‹ – teile und herrsche. Sie verschleppten nicht alle zur gleichen Zeit, sondern führten Kategorien ein und unterschieden zwischen Bevorzugten und Nichtbevorzugten. Die Besitzer von weißen Arbeitsbescheinigungen hielten sich anfangs für die Auserwählten, für die Glücklichen, die am Leben gelassen würden, weil sie für die Deutschen arbeiteten. Sie wußten, daß sie den Deutschen von unbestreitbarem Nutzen waren und vom Staat gebraucht wurden. Was hingegen die anderen anging, die Pechvögel, was konnte man da schon tun? Es war schwierig – es herrschte Krieg. Doch bekanntlich sahen sich die Glückspilze wenig später betrogen. Die ›Facharbeiter‹-Aufdrucke wurden eingeführt, und nun wurden die noch gestern Bevorzugten wie nutzlose Elemente zum Schlachthof geführt. Anschließend wurden die neuen Glückspilze mit dem ›Facharbeiter‹-Stempel ebenfalls liquidiert, und die Rolle der Glückspilze nahmen nun die Besitzer gelber Scheine ein. So wurden Tausende von Menschen – Alte und Junge, Frauen und Kinder, Reiche und Arme, Wissenschaftler und einfache Leute – von den Deutschen nacheinander zusammengetrieben und erschossen.

Die Zweiteilung in ›Bevorrechtigte‹ und ›Übrige‹ ist im Ghettoleben ständig bemerkbar. Wenn die im einen oder anderen Betrieb beschäftigten Juden in Kolonnen zur Arbeit marschieren, wird einer von ihnen zum Leiter der Kolonne ernannt, Er muß darauf achten, daß niemand in seiner Gruppe gegen die den Juden auferlegten Verbote verstößt: daß niemand Eßvorräte ins Ghetto mitbringt, niemand sich mit jemandem auf der Straße unterhält oder Fremden erlaubt, sich der Kolonne anzuschließen. Diesem Arbeiter wird eine weiße Binde mit der Aufschrift ›Kolonnenführer‹ gegeben, die er am rechten Arm zu tragen hat. Und es muß gesagt werden, daß die mit diesen Binden Ausgezeichneten in ihrer Nichtigkeit glauben, solch wichtige Persönlichkeiten zu sein, daß sie sich ihren Kameraden gegenüber allerlei Gemeinheiten erlauben können. Sie schreien sie an, beschimpfen sie und tragen zuweilen auch dem am Tor stehenden jüdischen Polizisten zu, daß ein bestimmter Arbeiter in der Kolonne unter seiner Kleidung Essen versteckt hält und ein anderer überhaupt nicht zur Gruppe gehört, sondern sich unterwegs in die Kolonne eingereiht hat, um sich ins Ghetto zu schleichen. Die jüdischen Polizisten stehen den Litauern bei der Bestrafung von Schuldigen häufig um keinen Deut nach. Von den Deutschen mit der ›Macht‹ über ihre Mitbrüder ausgestattet, verhalten sie sich dermaßen abscheulich, daß zuweilen nicht nur Juden, sondern auch umstehende Beobachter mit Entrüstung auf ihre Handlungen reagieren.

Das ist noch nicht alles. Die Juden, die unversehens aufgegriffen und aus dem Ghetto ihrem Tod entgegengeführt wurden, konnten lange Zeit nicht glauben, daß man sie wirklich in den Tod trieb; daß Menschen umgebracht werden würden, die sich überhaupt nichts zuschulden hatten kommen lassen. Diesen absurden Gedanken konnte ihr Verstand einfach nicht zulassen. Die zum Sterben Verurteilten hofften, daß es irgendeine Untersuchung geben würde oder das Gericht intervenieren würde; daß vielleicht diejenigen, die Verbindungen zum Kommunismus hatten oder sonst irgendein Verbrechen begangen hatten, bestraft würden. Sie hofften auf eine ›gewöhnliche‹ Strafe; man konnte doch nicht einfach alle umbringen … Mit solcherlei Gedanken und Hoffnungen gingen die unglücklichen Menschen zum Waldgelände von Paneriai, um dort den Tod zu finden. Und keiner von ihnen hatte eine Waffe bei sich.

aus: ›Die Juden von Wilna. Die Aufzeichnungen des Grigorij Schur 1941–1944‹

Rund um Vilnius

Der Mittelpunkt Europas

Der geographische Mittelpunkt Europas befindet sich in Litauen. Genau bei 25°19' östlicher Länge und 54°54' nördlicher Breite kreuzen sich nach Berechnungen der französichen Akademie der Wissenschaften aus dem Jahre 1989 die Linien Gibraltar–Ural und Nordkap–Kreta. Es gibt auch andere Verfahren, diesen Mittelpunkt zu berechnen, was dazu führt, daß auch die Ukrainer und die Slowaken Anspruch darauf erheben. Trotzdem wurde das Thema in Litauen natürlich stolz und begeistert aufgegriffen, so daß die Stelle unweit des Dorfes Purnuskes sofort entsprechend markiert und ausgeschildert wurde. Man erreicht den Ort über die A14 von Vilnius in Richtung Moletai, wo beim Abzweig nach dem Kilometerstein mit der Nummer 26 auch ein entsprechender Wegweiser die Richtung weist. Auf dem Feldweg dann links halten. Hinter einem kleinen Bach dokumentiert auf einem Hügel ein riesiger Findling mit einemDenkmal den bedeutungs-

Rund um Vilnius

Im Skulpturenpark

schweren Ort. Dank der außerordentlichen Symbolkraft ist der Hügel mittlerweile Kult und genießt sowohl bei Touristen (›Ich war da‹) als auch bei Gesellschaften aller Art wachsende Popularität. Das reicht von der auf das Wohl Europas von Hand zu Hand gehenden Flasche bis zum Diplomatenempfang mit entsprechend anspruchsvollem Freiluft-Catering.

Der Skulpturenpark ›Europos Centras‹

Der besagte Mittelpunkt war auch der Ansatz für den Skulpturenpark ›Europa Centras‹, der auch ›Museum zum Mittelpunkt Europas‹ genannt wird. Auf Initiative des jungen Bildhauers Gintaras Karosas im Jahre 1993 gegründet, entsteht in einem etwa fünf Kilometer vom eigentlichen Mittelpunkt und ungefähr zwanzig Kilometer von Vilnius entfernten Waldgelände ein Internationaler Skulpturenpark, den 2002 immerhin schon über 60 000 Menschen besuchten. Das für Litauen so typische anspruchsvolle Konzept, Natur und bildende Kunst harmonisch miteinander zu verbinden, wird auch hier sehr eindrucksvoll und gemäß des Europa-Gedankens mit entsprechender internationaler, teilweise prominenter Beteiligung umgesetzt. Was dem zur Zeit der Parkgründung noch studieren-

Skulptur von Dennies Oppenheim

den Karosas kaum jemand zugetraut hatte, ist heute Realität. In einer mit Wegen durchzogenen, 55 Hektar grossen parkähnlichen Landschaft aus Wäldern und Wiesen, Hügeln und Ebenen stehen heute über 90 Plastiken und entfalten in der natürlichen Waldlandschaft einen ganz besonderen Reiz.

Das ›Monument des Zentrums Europas‹ vom Parkgründer Karosas zeigt alle Entfernungen in Europas Hauptstädte: Berlin 827 Kilometer, Luxemburg 1427 Kilometer, Wien 967 Kilometer und Bern 1527 Kilometer. Mit viel Enthusiasmus und einer wachsenden Zahl von Sponsoren gelang es, sowohl international renommierte Künstler aus über 20 Ländern wie beispielsweise den US-Amerikaner Dennies Oppenheim mit seinen beiden Werken ›Chair‹ und ›Drinking Structure with Exposed Kidney Pool‹ als auch junge Teilnehmer an alljährlichen Sommerseminaren dafür zu gewinnen, sich hier am Mittelpunkt Europas in Stein oder Metall zu verewigen. Gintaras letztes Projekt ›Infobaum‹ begann mit dem Aufruf, alte ›Fernseher für Europa‹ zu spenden. Über 3000 Fernsehgeräte kamen inzwischen und erstrecken sich in diesem Kunstwerk vierstöckig und labyrinthartig im Wald – das Medium Television als enge Gasse in der weiten Welt. Von Santariskes im Norden der Hauptstadt fährt man Richtung Verkiai, an den grünen Seen (Žalieji Ežerai) vorbei und folgt der Ausschilderung (Tel. 0 03 70/5/2 37 70 77, www.europosparkas.lt).

Infobaum im Wald

Suderve

Das Dorf liegt etwa 15 Kilometer nordwestlich vom Vilniusser Stadtrand und zählt nur 350 Einwohner. Herrlich am Vilnoja-See gelegen, war das Dorf in der Vergangenheit vor allem für seine zu Beginn des 19. Jahrhunderts im pseudoromanischen Stil errichtete Kirche bekannt. Seit 2001 entwickelt sich auf dem Gelände einer Hotelanlage eine weitere Sehenswürdigkeit. Der Hotelier lud in letzten beiden Jahren Bildhauer und Steinmetze aus dem In- und Ausland ein und gestaltet einen Park der steinernen Kunst mit nunmehr einem guten Dutzend moderner Skulpturen (www.stoneart.lt, L/E).

Gariūnai

Marktwirtschaft fängt mit einem Marktplatz an. Zum Inbegriff dafür wurde im Baltikum ab 1990 das vorher vor allem als Gewerbegebiet bekannte Gariūnai am westlichen Stadtrand von Vilnius. Täglich außer montags kommen von Sonnenaufgang bis zum frühen Nachmittag unter freiem Himmel nach wie vor Angebot und Nachfrage zueinander. Von der Haarnadel bis zur Anbauwand bekommt man hier alles. Verkauft wird an Ständen, aus dem PKW oder vom LKW. Ob Großhandel oder Einzelhandel – in Gariūnai blüht das Geschäft, und auch für viele Vilniusser sind die niedrigen Preise attraktiv. Zwischenhändler aus ganz Litauen und den Nachbarstaaten von Tallinn bis Minsk decken sich hier ein. Gegenüber befindet sich auch der größte Gebrauchtwagenmarkt des Baltikums. Wer sich dieses typisch osteuropäische Markttreiben anschauen möchte, findet den Markt (Gariūnu turgus) zu beiden Seiten der Gariūnu gatvė als Weiterführung der Oslo gatvė aus dem Stadtteil Lazdynai oder nördlich des in die A1 mündenden Savanorių pr.

Paneriai

Im einem Wald im etwa zehn Kilometer südwestlich des Zentrums gelegenen Stadtteils Paneriai wurden zwischen 1941 und 1944 etwa 100 000 Menschen, darunter 70 000 Juden ermordet. In vier Erdkesseln wurden die Opfer erschossen oder bei lebendigem Leibe verbrannt. Dem 1948 errichteten ersten Gedenkstein und dem 1960 errichteten Museum über den faschistischen Massenmord folgten in den letzten Jahren drei weitere Gedenkstätten, die an die ethnische Herkunft der Opfer erinnern. Das Museum ist heute eine Filiale des Vilniusser Jüdischen Museums. Die Gedenkstätten und das Museum befinden sich etwa eineinhalb Kilometer westlich vom Bahnhof Paneriai, diesen erreicht man, indem man vom Vilniusser Hauptbahnhof eine Station mit dem Vorortzug in Richtung Trakai fährt (Do, So Ruhetage, Agrastų 17, Tel. 2 60 20 01, 2 45 61 26).

Schloß Verkiai

Bereits seit dem 14. Jahrhundert befand sich an dieser Anhöhe am Ufer der Neris die Sommerresidenz des Bischofs von Vilnius. Der Bau des zunächst aus drei Flügeln bestehenden Palastes (Verkiu dvaro rūmai) dauerte mit vielfältigen Umbauten fast das gesamte 18. Jahrhundert. Nach Zerstörung durch Napoleons Armee wurde der Mittelflügel allerdings abgerissen. Vom Palast ist heute nur der Ostflügel rekonstruiert und beherbergt auf zwei Etagen ein kleines Kunstmuseum. Ansonsten befindet sich hier noch ein Botanisches Institut der Vilniusser Universität. Bei einem Spaziergang zur Neris hat man einen sehr schönen Ausblick und gelangt auch zur Kirche der Heiligen Dreifaltigkeit.

Kernavė

Kernavė ist heute ein kleines 300-Seelen-Dorf an der Neris. Er gilt aber noch vor Trakai als die erste Hauptstadt Litauens und findet als Amtssitz des Großherzogs Traidenis (1269–1282) in der Chronik des Livländischen Ordens unter der Jahreszahl 1279 Erwähnung. Das Zentrum des Landes war mit seinen Schüttburgen eine der wichtigsten Bastionen gegen die Kreuzritter. Im 14. Jahrhundert nahm die Bedeutung des Ortes mit der Etablierung der Hauptstadt in Trakai und dann in Vilnius rapide ab, 1365 brannten die Litauer selbst die Burg nieder, weil sie den Ordensrittern nicht in die Hände fallen sollte.

Auf einem über elf Hektar großen Gelände befindet sich hier eine archäologische und historische Fundgrube. Seit über 100 Jahren erfolgen Ausgrabungen, um die Geschichte Kernavės rekapitulieren zu können. Die heute am Hochufer der Neris noch zu besichtigenden Überreste von fünf Schüttburgen sind in diesem Umfang in Litauen einzigartig. Sie wirken fast als originelle Parkanlage und vermitteln einen Eindruck davon, wie die aus heutiger Sicht beeindruckende Landschaftsarchitektur im frühen Mittelalter militärischen Zwängen geschuldet war. Ein Spaziergang einschließlich Besteigung der Schüttburgen mit phantastischem Ausblick ist sehr zu empfehlen.

Am Rande des Parkes steht eine zwischen 1910 und 1920 erbaute neogotische Backsteinkirche. An der hier beginnenden Straße steht rechter Hand das örtliche Verwaltungshaus, in dessen rechtem Flügel sich das zum Park gehörende ur- und

Reste von mittelalterlichen Schüttburgen bei Kernavė

frühgeschichtliche Museum (Kernavės Archeologijos ir Istorijos muziejus) befindet. Die Ausstellung zeigt die Geschichte Kernavės und seiner Burganlage anhand archäologischer Exponate aus mehreren Jahrhunderten. Das Museum ist leider seit Oktober 2005 wegen Renovierung geschlossen und soll erst 2008 wieder eröffnet werden.

Vorwahl: 0 03 70/3 82.
Postleitzahl: 19172.
Anreise über die A1 Vilnius–Kaunas, Abfahrt Vievis, Richtung Maišiagala, abbiegen in Richtung Kernavė/Musninkiai; oder über die A2 Vilnius–Panevėžys, Abfahrt Maišiagala nach Dūkštos, abbiegen in Richtung Kernavė/Musninkiai.

Im Gebäude gegenüber dem Museum ist im Café ›Barzdukas‹ ein Imbiß möglich (Kerniaus gatvė 5).

Trakai

Eine der bekanntesten Sehenswürdigkeiten Litauens und dabei zugleich eine Art Nationalheiligtum ist die Wasserburg Trakai im gleichnamigen, heute ungefähr 6000 Einwohner zählenden Ort, etwa 25 Kilometer westlich von Vilnius. Die Anfänge der Stadt reichen bis in das 12. Jahrhundert und liegen im vier Kilometer vom heutigen Trakai entfernten Senieji Trakai, was etwa Alt-Trakai bedeutet. 1316 wurde die Hauptstadt Litauens von Kernavė nach Alt-Trakai verlegt. Von der ersten Residenzburg Trakai sind heute aber nur noch Spuren zu finden, die vor allem für Archäologen interessant sein dürften. Hier residierte zunächst Gediminas, der aber 1323 Vilnius als neue Hauptstadt gründete. Kęstutis residierte sowohl in Vilnius als auch in Alt-Trakai. Er ließ dann aber auf einer Halbinsel im heutigen Trakai für seine Gemahlin Birutė die zweite Trakaier Burg errichten, von der heute noch einige Mauerreste und ein Wehrturm übrig sind.

Die bekannte und in Osteuropa einzigartige Inselburg wurde ebenfalls noch unter Kęstutis begonnen, aber erst unter der Herrschaft seines in Trakai geborenen Sohnes, des Großfürsten Vytautas, zu Beginn des 15. Jahrhunderts vollendet. In jenen Jahren war Trakai im Erbstreit um Litauen zwischen Vytautas und Skirgaila hart umkämpft. 1382 wurde Kęstutis von seinem Neffen Jogaila ermordet. Nach seiner Allianz mit Polen setzte er seinen Günstling Skirgaila als Litauens Herrscher

Karäerhäuser in der Altstadt

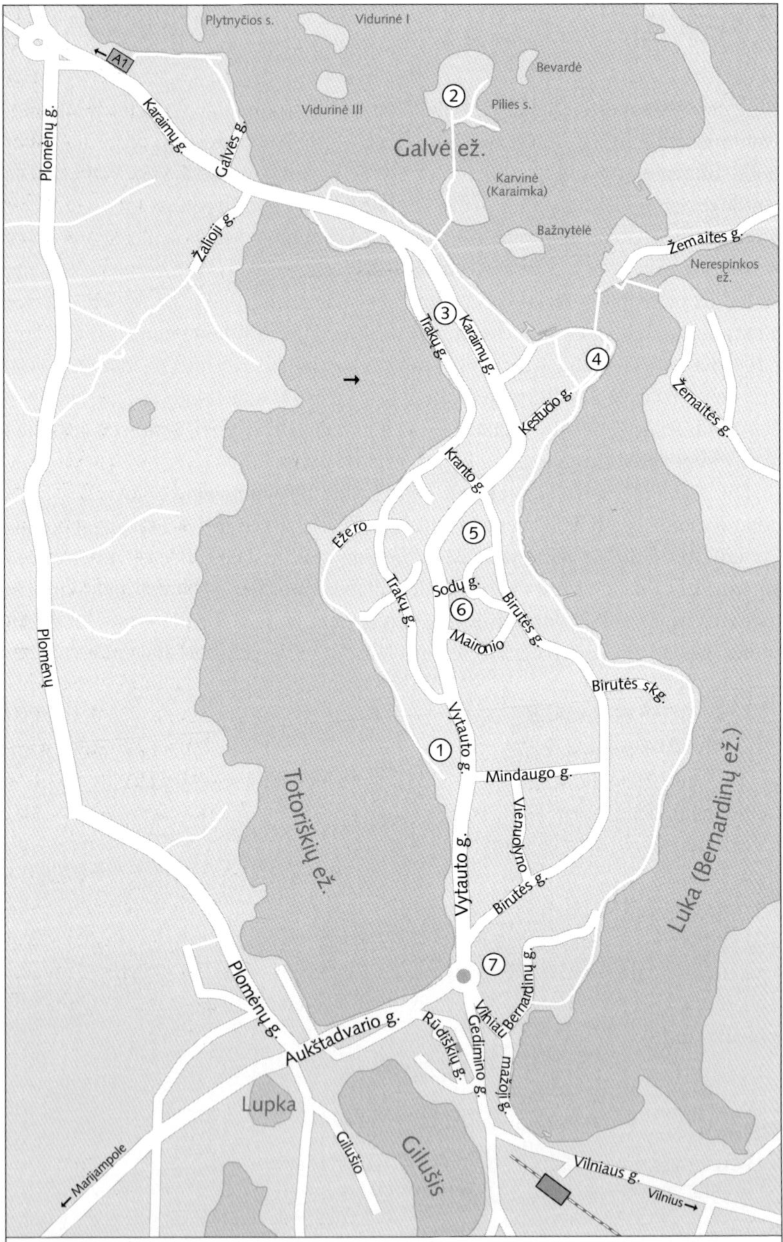

Trakai

0 150 300 m

nach Trakai. Vytautas verbündete sich mit den Kreuzrittern, um sein Erbe zurückzuerobern, was ihm 1392 auch gelang. Mit Jogaila wurde ein Kompromiß geschlossen, der Skirgaila zum Herrscher über die heutige Ukraine und Vytautas zum Großfürsten von Litauen machte. Der wohl zu seiner Zeit mächtigste Herrscher Osteuropas residierte sowohl in Vilnius als auch in Trakai. Nach seinem Tode residierten auch Žygimantas und Kazimieras hier. Danach nahm die Bedeutung Trakais mit der Polonisierung des Landes ab, die Burgen wurden 1655 im Krieg mit Rußland zerstört und verfielen, bevor man insbesondere die Wasserburg nach dem Zweiten Weltkrieg wieder aufbaute.

Ein Rundgang durch Trakai

Die Stadt Trakai erstreckt sich auf einer Landzunge zwischen dem westlichen Tatarensee (Totoriškių ež.) und dem östlichen Bernhardinersee (Bernardinų ež.). Im Norden schließt sich der Galvė-See an, auf dem sich auch die eigentliche mit dem Namen Trakai verbundene Wasserburg befindet, obwohl sie die dritte in Trakai erbaute Burg ist. Die rote Backsteinburg wurde Ende des 14./Anfang des 15. Jahrhunderts im gotischen Stil errichtet. Sie wird in ihren beiden Teilen – dem größeren Kasemattenhof und der eigentlichen Burg – von einer bis zu sieben Meter hohen Mauer mit mehreren eindrucksvollen Türmen umzäunt. Man erreicht die Burg über zwei Holzbrücken und eine vorgelagerte Insel. Durch den Torturm gelangt man in die Vorburg, den trapezförmigen Kasemattenhof, wo sich linker Hand verschiedene Ausstellungen befinden: Waffen, Porzellan, Tabakpfeifen und eine Exposition zur Geschichte der Burg und ihrer Rekonstruktion in den Jahren nach dem Zweiten Weltkrieg. Mit Mitte des 17. Jahrhunderts, als Litauen unter polnischer beziehungsweise russischer Flagge lebte, war die Burg nicht mehr genutzt worden. Erst zu Beginn des 20. Jahrhunderts begann die Erforschung der Anlage, die vor allem nach dem Zweiten Weltkrieg dann konsequent und aufwendig rekonstruiert wurde. Dabei ist es durchaus ein Paradox der Geschichte, daß gerade in der Zeit der sowjetischen Gleichschaltung Litauens Trakai als Symbol der ehemaligen Großmacht Litauen so aufwendig wiederaufgebaut wurde.

Legende

1 Tourismusinformation
2 Wasserburg
3 Karäer-Museum
4 Zweite Trakaier Burg
5 Maria-Verkündigungs-Kirche
6 russisch-orthodoxe Kirche
7 Busbahnhof

Die Karäer

Die Karäer oder Karaiten waren ursprünglich eine jüdische Sekte, die das alte Testament, aber nicht den Talmud anerkannten. Das Wort ›Kara‹ bedeutet etwa ›Die Biblischen‹, die zwar die Lehre der Bibel, aber nicht die Lehre der Rabbiner anerkannten und in strenger Askese und ausgeprägter Individualität lebten. Nicht die talmudische Auslegung der Bibel, sondern die Pflicht zur ständigen Bibellektüre und eigenen Auslegung waren die Quelle ihres Glaubens. Die Karäer leben strikt nach der Thora, den fünf Büchern Mose, und interpretieren auch alle der 613 Gebote ausschließlich aus der Thora selbst. Auch ihr Kalender weicht von dem der übrigen Juden ab. Teile der Karäer besitzen ein Selbstverständnis als eigenständige Volksgruppe, die im ethnischen Sinne keine semitisch-jüdische Wurzeln besitzt. Von Israel werden sie als nichtreligiöse Juden eingestuft. Die Glaubensrichtung nahm ihren Ursprung in Babylonien im 8. Jahrhundert. Als Gründer gilt Anan aus dem Hause David in Babylonien, seine Anhänger wurden zunächst auch Ananiten genannt. Im 9. bis 11. Jahrhundert verlagerte sich der Schwerpunkt der Sekte zunächst nach Palästina und später nach Byzanz, wo sie in der Folgezeit auch am Nordufer des Schwarzen Meeres auf der Halbinsel Krim siedelten. Dementsprechend sind sie auch weniger dem Judentum, als eher ihrer türkischen Herkunft zuzuordnen, was sich auch in der Ähnlichkeit der Sprache und vieler Gebräuche niederschlägt.

Als Litauens Großfürst Vytautas seine Leib- und Palastwache rekrutierte, mißtraute er – den Mord an seinem Vater Kęstutis vor Augen – seinen Landsleuten. Er wählte dafür vor allem Karäer und Tataren von der Krim, die nach seinen Eroberungen für das Großfürstentum Litauen die Südgrenze des Landes bildete. Auf diese Weise kamen die Karäer in die damalige Hauptstadt Trakai. Sie ließen sich mit ihren Familien an der Festlandseite der Brücke zur bestens gesicherten Wasserburg nieder, wo sich das Viertel der Karäer bis heute befindet. 1441 wurde ihnen das Recht auf Selbstverwaltung gewährt. Auch in den Zeiten der Russifizierung Litauens gelang es ihnen, ihre kulturelle Identität zu bewahren, obwohl sie sich in dieser Zeit russische Karäer alttestamentalischen Glaubens nannten. Im Zweiten Weltkrieg waren sie trotz ihrer jüdischen Wurzeln nicht vom Holocaust betroffen. Heute zählt die Bevölkerungsgruppe noch etwa 300 Mitglieder. In Vilnius gibt es einen karäischen Kulturverein im sogenannten Haus der Nationalen Gemeinschaften, in welchem verschiedene Organisationen von Minderheiten ihren Sitz haben (Raugyklos gatvė 25, Tel. 0 03 70/5/ 2 16 04 08, info@tbn.lt).

Auf einer heute festen, aber ehemals hochzuziehenden Brücke über den Vorburg und Hauptburg trennenden Graben gelangt man unter dem gewaltigen Burgfried in den mittelalterlich-stimmungsvollen Innenhof der eigentlichen Hauptburg, die sich auf drei Etagen – verbunden durch hölzerne Hofgalerien – erkunden läßt. Sehenswert sind der über 200 Quadratmeter große Hauptsaal mit seinem sternartigen Gewölbe. Die Museumsausstellung bietet eine Art Kompaktkurs in Litauens Geschichte und ist ansprechend gestaltet (Mo Ruhetag, Tel. 5 39 45). Um die Brük-

In der Inselburg von Trakai

ke zur Burg herum hat man sich auf den Besuchersturm eingestellt: Cafés und Souvenirstände, Fototermine oder Folkloreauftritte vor dem eindrucksvollen Burghintergrund und eine Ruderpartie oder ein Segeltörn auf dem Galvė-See sind möglich.

Die Hauptstraße von Trakai ist die Vytauto gatvė, die ab der Biegung mit der Kapellensäule für den Heiligen Johann Nepomuk (Jonas Nepomukas) in Richtung Wasserburg Karaimų gatvė heißt. Der Straßenname – zu deutsch etwa Karäerstraße – weist auf die hier ansässige Volksgruppe der Karäer hin. Die farbenprächtigen Holzhäuser sind eine ihrer Besonderheiten. Hier befindet sich auch das Karäer-Museum (Karaitė etnografine paroda). Es basiert auf der privaten Sammlung des Orientalistik-Professors S. Sapsalas und wurde 1967 der Öffentlichkeit zugänglich gemacht. Mit einer umfangreichen Waffensammlung wird an die Wehrtraditionen der Karäer in Litauen erinnert (Di Ruhetag, Karaimų gatvė 22). Das etwas orientalisch anmutende Gebäude in der Nachbarschaft ist ein Kenesa genanntes karäisches Gebetshaus, das 1824 erbaut wurde (Karaimų gatvė 30). Auf der anderen Seite des Tatarensees befindet sich ein kleiner karäischer Friedhof (Žalioji gatvė).

Die Säule auf dem einstigen Marktplatz ist ein Relikt des ehemaligen Bernhardinerklosters. Hier sieht man in der abzweigenden Kęstučio gatvė Mauerreste in einer kleinen Parkanlage. Die Mauerreste und ein Wehrturm weisen genauso wie die riesige Aufschüttung in der Mitte des Parkes auf die zweite Trakaier Burg hin, die Großfürst Kęstutis hier am Seeufer für seine Gemahlin Birutė im 14. Jahrhundert erbauen ließ. Auf dem südlich angrenzenden Hügel erhebt sich die Kirche der Verkündigung Marias (Šv. Mergeles Marijos apsilankymo bažnyčia). Im 14. Jahrhundert von Vytautas dem Großen gestiftet, erfuhr die ursprünglich gotische Kirche vor allem barocke An- und Umbauten. So wurde um 1720 das Mittelschiff erhöht und die beiden Türme angebaut. Bekannt ist die in der Kirche befindliche Marienikone aus dem 16. Jahrhundert aufgrund ihres späteren silberbeschlagenen Gewandes. Gegenüber dem etwas runtergekommenen Kulturzentrum des Ortes (Vytauto gatvė 69) befindet sich die im 19. Jahrhundert erbaute russisch-orthodoxe Kirche (Šv. Dievo Motinos gimimo cerkvė), allerdings siedelten sich die ersten Russen in Trakai bereits unter Vytautas an.

Unter den litauischen Nationalparks ist Trakai mit etwa 8200 Hektar nicht nur der kleinste, sondern auch der einzige mit dem Attribut ›historisch‹. Neben den zu schützenden Naturlandschaften mit etwa 200 Seen und Teichen gibt es in Alt-Trakai, Bražuole und Daniliškės noch archäologisch interessante Überreste anderer Burgen. Die Grabhügel und Hünengräber aus dem 9. bis 12. Jahrhundert sind Gegenstand archäologischer Forschung. Der westlich gelegene Akmena-See gilt als einer der saubersten Seen Litauens. Bei Varnikai und Plomenai befinden sich weitflächige Moore, die als Brutstätten für seltene Vogelarten geschützt sind. Die Parkverwaltung hat ihren Sitz im Ort Trakai (Karaimų gatvė 5, Tel. 5 40 40).

Vorwahl: 00370/528.
Postleitzahl: 21001.
Postamt: Vytauto gatvė 22, Tel. 55225.
Bank: Hansabankas, Vytauto gatvė 37/1, Tel. 00370/5/2684444.
Geldautomat: Vytauto gatvė 56.
Tourismusinformation: Vytauto 69, Tel. 51934.

Von Vilnius fährt man zunächst auf der A 4 in Richtung Gardinas (Grodno) und biegt dann auf die F 106, die am Bahnhof vorbei in einem Kreisverkehr das Südende von Trakai tangiert. Man möchte den Durchgangsverkehr verringern, so daß für die Durchfahrt durch die Karaimų gatvė eine Maut erhoben wird (fünf Lt.). Parkmöglichkeiten bestehen in der Trakų gatvė.

Trakai ist die Endstation einer Vilniusser Vorortbahn, es gibt täglich sieben Verbindungen in jede Richtung (Vilniaus gatvė 5, Tel. 51055).

Der Busbahnhof liegt im Süden. Die Busse nach Vilnius verkehren zumeist im Abstand von 20 bis 40 Minuten (Vytauto gatvė 33, Tel. 51333).

Obwohl Trakai eigentlich der typische Tagesausflug aus Vilnius ist, gibt es auch hier verschiedene Übernachtungsmöglichkeiten: das neue, moderne Hotel ›Trakų Viešbutis‹ (DZ 200 bis 260 Lt., Ežero gatvė 7, Tel. 55505) oder das einfachere Hotel ›Galvė‹ (DZ 50 bis 75 Lt., Kairamų gatvė 41, Tel. 51345).

Am nördlichen Ufer befindet sich der bekannteste Campingplatz Litauens mit Blick auf die Wasserburg. Die sieben Kilometer von Trakai aus sind gut ausgeschildert. Es gibt 50 Caravan-Stellplätze, Bungalows, Zeltplatz und eine Gaststätte (Kempingas Slenyje, Tel. 53880).
Ein neuer Campingplatz in der Umgebung von Vilnius befindet sich weiter südlich bei Rudiskes. Von der Abzweigung Rudiskes an der A4 in Richtung Süden sind es noch ca. 7 Kilometer. Der Camping-Platz ›Harmonie‹ vereint 50 Caravan-Stellplätze, einen Zeltplatz und eine Pension (Tel. 699/86123).

Das einfache ›Kibininė‹ zeigt u.a., was die Karäer kulinarisch zu bieten haben, zum Beispiel die Fleischpastete Kibinai (Karaimų gatvė 65, Tel. 55865). An der Hauptstraße befinden sich die kleinen Cafés, ›Židinys‹ und ›Argu‹ (Vytauto gatvė 89 beziehungsweise 91, Tel. 55563), die von der Terasse auch einen schönen Seeblick bieten.

www.trakai.lt (L/E/R).

»Erst wenn man einige Wochen in Kaunas heimisch ist, versteht man die Anlage dieser wichtigen Festung und Handelsstadt, die sich, zwischen Flüssen und Hügeln eingeengt, nur längs des Njemen ausdehnen kann.«

Arnold Zweig,
Einsetzung eines Königs

Kaunas

Die heimliche Hauptstadt

Kaunas ist die ›zweite‹ oder – wie so häufig auch in anderen Ländern anzutreffen – die ›heimliche‹ Hauptstadt Litauens. In den Jahren der ersten Unabhängigkeit zwischen den beiden Weltkriegen hatte sie diesen Status tatsächlich, denn Vilnius gehörte in dieser Zeit zu Polen. Stolz ist man auch darauf, die litauischste Stadt des Landes zu sein, da unter den 416 000 Einwohnern der Anteil der Litauer mit 88 Prozent landesweit am höchsten ist. Malerisch am Zusammenfluß der beiden längsten litauischen Flüsse Nemunas und Neris gelegen, verfügt Kaunas über eine traditionsreiche Altstadt, eine geschäftige Neustadt und viele Grünanlagen und nimmt den Besucher mit dieser Vielfalt sofort für sich ein.

Die heidnische Legende über die Entstehung der Stadt berichtet von Aleksota, der schönen Priester-Jungfrau. Sie hütete im Eichenwald am südlichen Nemunas-Ufer das ewige Feuer und war mit dieser Aufgabe zur Keuschheit verpflichtet. Eines Tages begegnete ihr aber der Jüngling Daugerutis, der mit seinem Gesang ihr Herz betörte, und das Schicksal nahm seinen Lauf. Die Götter unter Donnergott Perkunas wollten den Verführer bei lebendigem Leibe verbrennen, doch Aleksota versteckte ihn bei dem Priester Auskaras. In dieser Zeit verlosch das ewige Feuer, was die Götter noch mehr erzürnte und für beide Liebenden das Todesurteil bedeutete. Doch der Priester Auskaras versteckte das Paar in einer Höhle, die er unter der alten Feuerstelle ausgegraben hatte. Dort gebar Aleksota einen Sohn namens Kaunas, der am anderen Ufer des Nemunas die Siedlung mit seinem Namen begründete. Der Stadtteil südlich des Nemumas heißt bis heute Aleksotas.

Archäologische Funde belegen eine erste Siedlung etwa 700 bis 400 vor Christus. Die erste urkundliche Erwähnung datiert von 1361, als eine Burg an dem strategisch bedeutsamen Ort den Ordensrittern nicht standhalten konnte. Unter Großfürst Kęstutis wurde die Burg ein Jahr später wiederaufgebaut, aber 1383 wurde sie wieder von den Ordensrittern erobert, um dann wieder von den Litauern zurückerobert zu werden. Seit 1408 mit Magdeburger Stadtrecht ausgestattet, konnte sich Kaunas erst nach der Schlacht bei Tannenberg 1410, nun ohne die permanente Bedrohung durch die Kreuzritter, zu einem Zentrum des Handels und des Handwerks entwickeln. 1440 eröffnete die Hanse ihr Kontor in der Stadt, ein Jahr später öffnete die erste Schule ihre Pforten. 1540 wurde der erste Bebauungsplan angenommen, der den Grundstein für das noch heute erkennbare rechtwinklige Straßennetz legte.

In der Folge der Kriege gegen Schweden und Rußland und eines verheerenden Brandes im Jahre 1732 wurde die Stadt in ihrer Entwicklung zurückgeworfen. Ab 1795 unter zaristischer Herrschaft, begann ab 1831 ihr erneuter Aufstieg als Hauptstadt des Gouvernements Kowenj, wie die Russen die Stadt nannten. Sie bildete damals die Westgrenze Rußlands, am anderen Ufer des Nemunas lag Preußen. Der Grenzübergang nach Preußen war die Aleksotas-Brücke, die damals den Ruf der längsten Brücke der Welt hatte. Von Rußland kommend, erreichte man Preußen erst 13 Tage später, was dem Zeitunterschied zwischen dem julianischen und dem gregorianischen Kalender geschuldet war. In den 80er Jahren des 19. Jahrhunderts wurde auf Ukas des Zaren Alexander II. begonnen, Kaunas mit neun Forts zur wichtigsten Grenzfestung auszubauen. Die Arbeiten dauerten bis zum Beginn des Ersten Weltkrieges, halfen der Stadt beim Angriff der Deutschen jedoch wenig.

In dieser Zeit lebten etwa 70 000 Einwohner in der Stadt. Die wahre Blütezeit von Kaunas waren aber in erster Linie die Jahre nach 1920, als sie durch die polnische Besetzung von Vilnius zur provisorischen Hauptstadt avancierte. Innerhalb von zehn Jahren verdoppelte das ›litauische Bonn‹ die Einwohnerzahl. Es entstanden die erste litauischsprachige Universität, die Oper, Theater, Museen, der Zoo und der Botanische Garten. Zahlreiche, heute vor allem das Stadtbild der Neustadt prägenden Verwaltungsgebäude und Stadtvillen im Art-Deco- und Bauhaus-Stil ließen Kaunas in diesen Jahren zu einer modernen europäischen Metropole werden.

Zu Beginn des Zweiten Weltkrieges ging die Hauptstadtrolle wieder an Vilnius zurück, das im Ergebnis des Hitler-Stalin-Paktes und der deutschen Eroberung Polens wieder Bestandteil Litauens wurde. Die Festungsanlagen der Stadt wurden 1940 von der Sowjetarmee übernommen, im Juni 1941 dann von den Nazis besetzt. Im Stadtteil Vilijampole wurde ein Juden-Ghetto und im Fort IX ein Vernich-

In der Altstadt von Kaunas

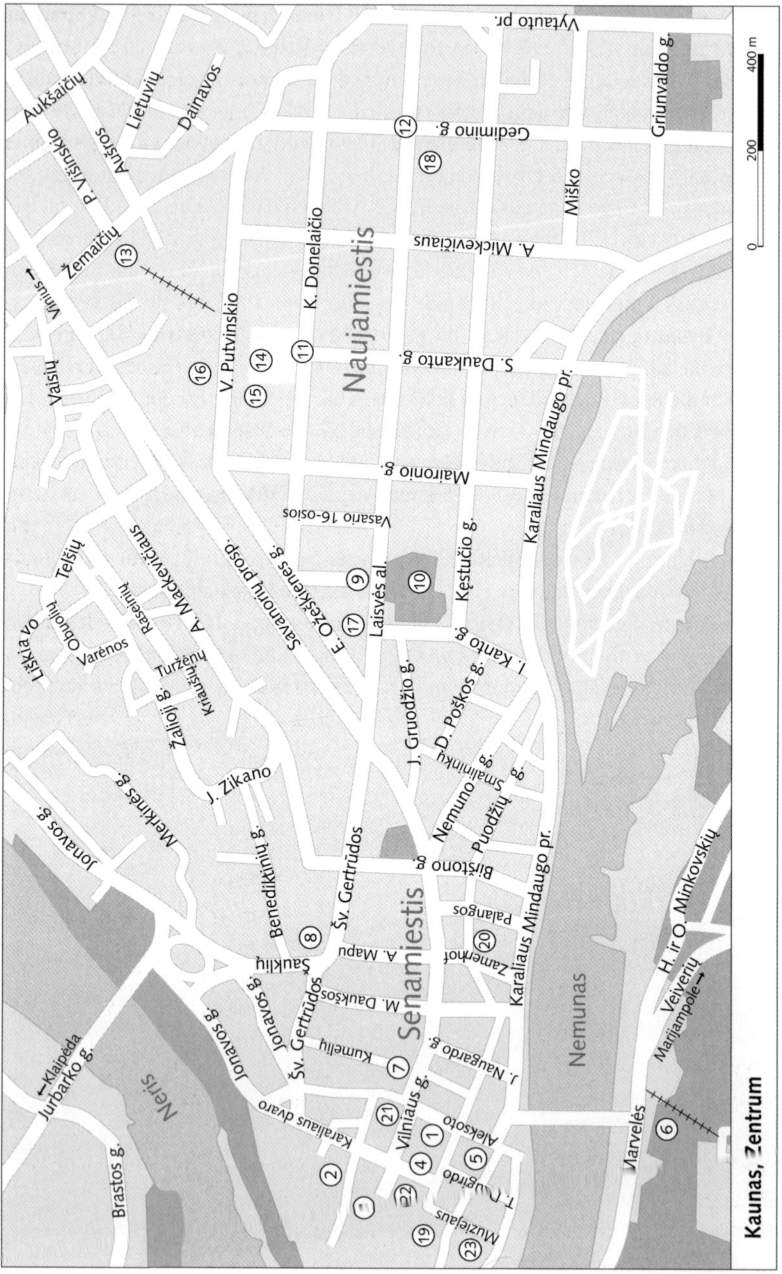

Kaunas, Zentrum

tungslager eingerichtet, in dem etwa 100 000 Menschen, darunter 80 000 Juden, ermordet wurden. 1944 eroberte die Rote Armee Kaunas zurück. Unter der Sowjetherrschaft wurde Kaunas vor allem als Industriestandort ausgebaut, wovon die großen Gewerbegebiete im Südosten der Stadt und vor allem das 1959 in Betrieb genommene Wasserkraftwerk und die damit verbundene Aufstauung des Nemunas zum Kaunasser Meer noch heute künden.

Die Altstadt

Das Zentrum der heimlichen Hauptstadt unterteilt sich in die Altstadt (Senamiestis) und die Neustadt (Naujamiestis), die von den beiden Flüssen Nemunas und Neris, vielen Grünanlagen sowie Wohn- und Gewerbegebieten eingerahmt werden. Das Herz der auf der Landzunge zwischen Nemunas und Neris gelegenen Altstadt ist der Rathausplatz. Hier beginnt in Richtung Osten die als Fußgängerzone ausgebaute, etwa einen Kilometer lange Vilniaus gatvė (Vilniusser Straße), die dann nach einer Fußgängerunterführung in die Neustadt führt und rechter Hand in die etwa 1,5 Kilometer lange, ebenfalls Fußgängern vorbehaltene Laisvės alėja (Freiheitsallee) mündet und an der Michaeliskirche ihren Abschluß findet.

Das älteste Bauwerk der Stadt ist die Burg. Ihre heutigen Überreste – der klobige Rundturm und ein Tor sowie eine Mauer, die beide verbindet – stammen aus dem 15. Jahrhundert. Im Turm befindet sich eine kleine Ausstellung über die Rekonstruktion der Burg. Ursprünglich bildete die im 13. Jahrhundert errichtete Burganlage einen riesigen viereckigen Innenhof. Sie wurde zwar mehrmals durch

Legende

1 Rathausplatz
2 Burg
3 Georgskirche
4 Rathaus
5 Donnerhaus
6 Aleksoto-Hügel
7 Peter-und-Pauls-Kathedrale
8 Gertraudenkirche
9 Vytautas-Denkmal
10 Musiktheater
11 Einheitsplatz
12 Auferstehungskirche
13 Michaeliskirche
14 Militärmuseum
15 Čiurlionis-Kunstmuseum
16 Teufelsmuseum
17 Zoologisches Museum
18 Mykolas-Žilinskas-Kunstmuseum
19 Literaturmuseum
20 Museum der Volksmusik
21 Museum für Medizin und Pharmazie
22 Museum für Post und Telekommunikation
23 Sportmuseum

die Kreuzritter erobert und zerstört, aber immer wieder noch gewaltiger wiederaufgebaut. Doch als im Jahre 1611 ein Hochwasser der Neris den nördlichen Teil der Anlage unterspülte und zum Einstürzen brachte, verkam und verfiel die Burg als Ruine. Erst 1925 wurde mit der Restaurierung der Burgreste begonnen. Nördlich der Burgruine befindet sich der einzige – noch? – kostenlose Parkplatz im Stadtzentrum. Die ihn zierende Granitskulptur heißt ›Der Harfenspieler‹.

Das ›weißer Schwan‹ genannte Rathaus

Von der Burg gelangt man durch die Trakų gatvė zum Rathausplatz. Auf dem Wege erhebt sich die 1504 eingeweihte Georgskirche (Šv. Jurgio bažnyčia) und das heute von der Universität genutzte ehemalige Zisterzienserkloster. Der weiträumige Rathausplatz mit seinen schönen mittelalterlichen Backsteinbauten entstand in der ersten Hälfte des 16. Jahrhunderts. An der Nord- und Ostseite beherbergen alte gotische Bürgerhäuser heute Cafés und Geschäfte. Im Süden befindet sich die spätbarocke Jesuiten- oder St.-Franziskus-Kirche mit dem Jesuitenkolleg, an dem auch Adam Mickiewicz lehrte. Im Westen des Platzes befinden sich heute mehrere Museen in den alten Gebäuden. Die zentrale Sehenswürdigkeit ist aber das Rathaus selbst. Mitten auf dem größten Platz in der Altstadt steht der ›weiße Schwan‹, wie die Kaunasser ihr eher einer Kirche gleichendes Rathaus nennen. Das erste Rathaus wurde 1542 errichtet, um 1630 wurde das gotische Gebäude im Stil der Renaissance um- und ausgebaut: ein Stockwerk wurde auf- und ein kleiner Turm und vielfältige Verzierungen angebaut. Zwischen 1771 und 1780 erlangte das Haus mit spätbarocken und klassizistischen Elementen und einer Turmerhöhung auf 53 Meter seine heutige Gestalt. Der Kirchengedanke kam offensichtlich auch den Russen, die das Rathaus 1795 in eine orthodoxe Kirche umwandelten. Später wurde es Sitz des Gouverneurs und wieder Verwaltungsgebäude. Zu Sowjetzeiten wurde es aufwendig rekonstruiert, und das örtliche Standesamt hielt 1973 Einzug, so daß sich vor allem freitags und samstags hier nach wie vor die Hochzeitspaare die Klinke in die Hand geben. Ein Nebeneingang führt in das im Kellergewölbe befindliche Keramikmuseum.

Vom Markt lohnt ein Ausflug in Richtung Süden zum Nemunas-Ufer. So gelangt man auf der Aleksoto gatvė zur gotischen Vytautas-Kirche am Ufer. Unterwegs kommt man am, ebenfalls gotischen, sogenannten Donnerhaus vorbei (Perkūno namas), einem dem heidnischen Donnergott gewidmeten Kleinod. Der Wasserstandszeiger zeigt, welche Höhen der Fluß hier schon erreichte. Wer die Postkartenaussicht auf den Fluß mit der Altstadt genießen möchte, sollte die Brücke überqueren und vielleicht auch den etwa 70 Meter hohen, mit der Stadtgründungslegende verbundenen Aleksoto-Hügel besteigen oder befahren. Hier befindet sich eine der beiden Kaunasser Zahnradbahnen, die eigentlich schon als technische Denkmäler in der entsprechenden Rubrik zu beschreiben wären. Aber als funktionierende Reliquien schweizerischer Bergbahntechnik aus den dreißiger Jahren verrichten sie nach wie vor in wohl weitestgehender Ursprünglichkeit und alter Gemächlichkeit ihren Dienst. Neben der hiesigen Aleksotas-Bahn verbindet die Žaliakalnis-Bahn im Norden die Neustadt mit dem Grünen Berg. Beide Bahnen fahren von 7.30 bis 21 Uhr und bieten von Nord wie Süd einen schönen Ausblick auf Kaunas.

Zurück zum Markt, nimmt an der nordöstlichen Ecke des Platzes die Vilniaus gatvė als Fußgängerzone ihren Anfang. Hier erhebt sich die größte gotische Kirche

Souvenirladen in der Altstadt

Litauens, die Peter-und-Pauls-Kathedrale (Šv. Petro ir Povilo Katedra). In ihrer ursprünglichen Gestalt zwischen 1408 und 1413 erbaut, wurde die Kirche zu verschiedenen Zeiten und in verschiedenen Stilrichtungen ausgebaut und 1895 zur Kathedrale erhoben. Im vorrangig barocken Innenleben beeindrucken insgesamt zehn Altäre. An der südlichen Außenwand befinden sich die Grabplatten des Literaten Jonas Maironis und des Bischofs Motiejus Valančius.

Die Vilniaus gatvė führt als Hauptachse der Altstadt zur Neustadt. Viele schöne alte Häuser laden auch in den Nebenstraßen, wo noch Restaurationsarbeiten im Gange sind, zum Verweilen ein. Nach der Unterführung unter der vielbefahrenen Birštono gatvė erinnern linker Hand in einem kleinen Park am ehemaligen Präsidentenpalast drei Denkmäler an die Staatspräsidenten des unabhängigen Litauen in den 20er und 30er Jahren: Aleksandras Stulginskis mit Spazierstock, Antanas Smetona mit Zylinder und sitzend Kazys Grinius.

Die Neustadt

Weiter östlich geht die jetzt in der Neustadt schon breitere Fußgängerzone rechter Hand in die Freiheitsallee (Laisvės alėja) über. Der zentrale Boulevard von Kaunas ist auf knapp zwei Kilometern Länge und 30 Metern Breite von zwei Baumreihen durchzogen. An der Ende des 19. Jahrhunderts errichteten Hauptstraße laden

Das Musiktheater

heute Geschäfte, Museen, Restaurants, Theater und Kinos zum Verweilen ein. Im Jahre 1982 wurde sie – damals noch als Leninallee – die erste Fußgängerzone der damaligen Sowjetunion. Von anderen Fußgängerzonen unterscheidet sie sich noch dadurch, daß sie durchgehend Nichtraucherzone ist. Vorsicht ist an zwei Kreuzungen geboten, wo Autos den Boulevard überqueren.

Am Westende fällt die in ihrem Ursprung noch aus dem 15. Jahrhundert stammende Gertraudenkirche (Šv. Gertruda bažnyčia) ins Auge. Neben dem Zoologischen Museum erhebt sich ein mächtiges Denkmal für Vytautas den Großen. Siegesreich auf ein Schwert gestützt, zeugt er von glorreichen Siegen Litauens über die Heere der Kreuzritter, der Russen, Tataren und Polen, was die geschlagenen Kriegerfiguren am Sockel symbolisieren. Das Bronzedenkmal stammt ursprünglich aus dem Jahre 1932 und stand vor der Militärakademie in einem Vorort vor Kaunas. Zu Sowjetzeiten eingeschmolzen, wurde es 1990 für die Freiheitsallee neu gegossen. Gegenüber versteckt sich in einer Grünanlage das Musiktheater (Muzikinis teatras, Laisvės al. 91, Tel. 228784). Anfangs als Schauspielbühne 1891/92 im Jugendstil erbaut, diente es 1918 zunächst dem litauischen Parlament als Heimstatt. Silvester 1920 avancierte es mit Verdis ›La Traviata‹ zum zentralen Musiktheater des Landes, da die Vilniusser Oper durch die polnische Besetzung ihre Heimstatt verloren hatte. Auch heute steht in jedem Jahr zu Silvester ›La Traviata‹ auf dem Spielplan. Ansonsten gilt das Haus als führende Musical-Bühne, wo heute unter anderem ›Alexis Sorbas‹ und das Trapp-Familien-Epos ›Sound of Music‹ gespielt werden. Nur wenige Schritte entfernt, vervollständigen das Schauspielhaus (Laisvės al. 71, Tel. 224198), die Philharmonie (Sapiegos g. 5, Tel. 222558) und das Puppentheater (Laisvės al. 87a, Tel. 220061) das theatralische Zentrum von Kaunas.

Auf der Höhe des größten Kaufhauses von ganz Litauen, dem ›Merkurijus‹, kreuzt die ebenfalls Fußgängern vorbehaltene Daukanto gatvė den Boulevard. In Richtung Süden führt er über eine Fußgängerbrücke zur Karmelitų-Insel, wo sich aber unter dem Namen Neman-Insel-Park derzeit außer ein paar Wegen noch kein Park entdecken läßt. Interessanter ist schon die nördliche Richtung, die zum Einheitsplatz (Vienybės aikštė) und zum neben der Altstadt zweiten Museumsviertel der Stadt führt. Linker Hand erhebt sich ein in neoklassizistischer Monumentalarchitektur errichteter Gebäudekomplex aus den 30er Jahren, der auf seiner Südseite das Vytautas-Militärmuseum und auf seiner Nordseite das Čiurlionis-Kunstmuseum beherbergt. Das Museumsgebäude ist übrigens auch auf der 20 Lt.-Banknote abgebildet. Schräg gegenüber dem Eingang zum Čiurlionis-Museum befindet sich in der Putvinskio gatvė das spektakuläre Teufelsmuseum. »Sie waren nicht in Kaunas, wenn Sie nicht dort waren«, umschreibt ein örtlicher Reiseführer die Bedeutung des Ortes. Weiter östlich befindet sich in derselben Straße die zweite Zahnradbahn der Stadt. Die Žaliakalnis-Bahn führt zum gleichnamigen Grünen Berg. Auf der Anhöhe bestimmt die kantig-modernistische Auferstehungskirche (Prisikėlimo bažnyčia) die Landschaft. Sie stammt aus den 30er Jahren und sollte als Symbol der Wiedergeburt des Landes auf dem Berg die Stadtsilhouette von Kaunas prägen. Der Bau wurde aber nie fertiggestellt und ist bis heute von einem Gerüst umgeben. Zu Sowjetzeiten befand sich ein Radiowerk in den heiligen Hallen. Seit 1988 gehört die Kirche wieder den Gläubigen, doch aufgrund fehlender Finanzmittel ist ein Abschlußdatum für die Bau- und Rekonstruktionsarbeiten noch nicht in Sicht (Žemaičių gatvė 31).

Wieder zurück auf der Freiheitsallee bildet am Ostende die Michaeliskirche (Šv. Arkangelo Mykolo bažnyčia) einen etwas exotisch anmutenden Blickfang.

Die Aleksoto-Brücke über den Nemunas

Das Medizinmuseum von Kaunas

Die damals orthodoxe Kirche entstand 1891–1893 als Garnisonkirche des Zarenheeres im neobyzantischen Stil. Nach der Unabhängigkeit erwarb die katholische Kirche den Bau und weihte ihn dem Erzengel Michael. Zu Sowjetzeiten beherbergte das Gebäude ein Museum für Bildhauerei und Glasmalerei, bevor es 1989 der katholischen Gemeinde zurückgegeben wurde. Die Popularität der Kirche bei den Litauern hält sich aber aufgrund ihrer russischen Wurzeln in Grenzen.

Von hier aus gelangt man südlich zum Bahnhof und östlich zu den Parks der Stadt. Auf der Parodos gatvė gelangt man durch den Vytautas-Park zum Sportkomplex, der nach den berühmten Fliegern Darius und Girėnas benannt ist. Auch ein Denkmal für die beiden wurde hier errichtet. Hinter der Sportanlage beginnt der Ąžoulynas-Park (Eichenpark), der mit über 15 000 Eichen auf einer Fläche von 60 Hektar der größte Park von Kaunas ist. Im Südosten steht ein Denkmal für Adam Mickiewicz, der das ›wundervolle Tal bei Kaunas‹ auch literarisch verewigte. Im Ostteil des Parkes befindet sich der einzige Tierpark Litauens (Zoologijos sodas), dessen Entstehung untrennbar mit dem Namen Tadas Ivanauskas (1882–1971) verbunden ist. Dem Biologie-Professor verdankt die Stadt sowohl ihren Zoo als auch das Zoologische Museum im Stadtzentrum. Im Gegensatz zum Museum befindet sich der Zoo allerdings in einem recht erbärmlichen Zustand (Radvilėnų gatvė 21, Tel. 33 25 40).

Museen

Kaunas hat eine Vielzahl interessanter Museen zu bieten. Die bedeutendsten sind das Čiurlionis-Kunstmuseum und das Militätmuseum Vytautas der Große, die sich auch in unmittelbarer Nachbarschaft zueinander befinden.

Ungeachtet des etwas verwirrenden Namens ›Militärmuseum Vytautas der Große‹ (Vytauto Didžiojo karo muziejos), finden wir hier das interessanteste geschichtliche Museum Litauens. Das 1922 begründete Museum vereint viele Ausstellungen zu den verschiedensten Abschnitten der Geschichte Litauens, von der Ur- und Frühgeschichte bis zum Zweiten Weltkrieg. Der Kampf gegen die Kreuzritter, eine umfangreiche Sammlung mittelalterlicher Waffen und Rüstungen, Litauen in den 20er und 30er Jahren sind nur einige Themen. Auch den beiden litauischen Atlantikfliegern Darius und Girėnas ist eine eigene Ausstellung gewidmet, die Wrackteile des abgestürzten Flugzeuges zeigt. Im Keller befindet sich ein Ehrenmal für den litauischen Freiheitskampf in den Jahren 1918 bis 1923, also bis zum Anschluß des Memellandes (Mo, Di, letzter Do im Monat Ruhetage, Donelaičio gatvė 64, Tel. 32 07 65).

Im Teufelsmusem: Hitler und Stalin tanzen auf dem Rücken Litauens

Rücken an Rücken zum Militärmuseum steht das Čiurlionis-Kunstmuseum. Das in den 30er Jahren im Stil des Neoklassizismus errichtete Gebäude (M. K. Čiurlionio Valsybinis dailės muziejos) bietet neben einer umfangreichen Sammlung altlitauischer Runen, Altäre, Skulpturen und zeitgenössische Malerei sowie Volkskunst. Die wichtigste Ausstellung befindet sich aber im angebauten, durch einen Glasgang zu erreichenden Čiurlionis-Flügel, wo sich nahezu das gesamte Lebenswerk des größten litauischen Malers und Komponisten Čiurlionis befindet. Im Zeitgeist der Moderne mit einem Hauch Esoterik präsentiert sich die Ausstellung in schlichtem Interieur sehr beeindruckend (Mo und am letzten Do im Monat Ruhetage, Putvinskio 55, Tel. 22 94 75).

Ein weiteres – sehr originelles, denn ›teuflisches‹ – Museum befindet sich schräg gegenüber. Dem Teufelsmuseum (Velnių muziejus) stattet wohl jeder Gast der Stadt einen Besuch ab. Über 2000 in der ganzen Welt zusammengesammelte

Teufel aus Holz, Keramik, Stein, Stoff erfreuen oder erschrecken hier den Besucher. Die Privatsammlung des Malers und Kunstprofessors Antanas Žmuidzinavičius (1876–1966) umfaßte seinerzeit 260 Teufelchen und war der Grundstock des Museums, das in seinem ehemaligen Wohnhaus eingerichtet wurde. Doch die Sammlung wuchs dank auch heute willkommener neuer teuflischer Geschenke ständig an, so daß 1982 ein extra Anbau am Žmuidzinavičius-Museum zu ihrer Heimstatt wurde. Heute ist das Žmuidzinavičius-Museum schon eher ein Anbau des Teufelsmuseums. Ein Muß, wobei besonders eine makabre Skulptur beeindruckt, die die Teufel Hitler und Stalin auf dem Rücken Litauens tanzend zeigt (Mo, letzter Do im Monat Ruhetage, Putvinskio 64, Tel. 22 15 87).

An der Fußgängerzone liegt das nach seinem Begründer Tadas Ivanauskas benannte Zoologische Museum. Eine beeindruckende Sammlung ausgestopfter und präparierter Tiere aus aller Welt breitet sich auf drei Etagen aus (Mo Ruhetag, Laisvės 106, Tel. 22 96 75).

Am Ende der Fußgängerzone, gegenüber der Michaeliskirche, befindet sich das Mykolas-Žilinskas-Kunstmuseum (Mykolo Žilinskas dailės muziejus). Es ist wegen der am Eingang mit offenen Armen begrüßenden Bronzeskulptur nicht zu verfehlen. Der in Kaunas geborene und nach dem Zweiten Weltkrieg in (West) Berlin lebende Exil-Litauer Mykolas Žilinskas (1904–1992) übereignete seiner Heimatstadt eine einzigartige Kunstsammlung unter der Bedingung, daß in Kaunas ein entsprechendes Museum errichtet werde. Dies geschah noch zu Sowjetzeiten in der zweiten Hälfte der 80er Jahre, so daß das Museum 1989 seine Pforten öffnete. Es zeigt Sammlungen italienischer, französischer und flämischer Malerei des 16. bis 20. Jahrhunderts sowie Meißener Porzellan (Mo, letzter Do im Monat Ruhetage, Nepriklausomybės a. 12, Tel. 32 27 88).

Das 1978 eröffnete Keramikmuseum (Keramikos muziejus) hat seinen Sitz etwas unscheinbar im Keller des Rathauses, ist aber einen Besuch wert. Der Eingang zur Kellertreppe liegt auf der linken Seite. Im Kellergewölbe befinden sich in zwei Räumen historische Keramikfundstücke als Dauerausstellung. In den anderen drei Räumen stellen zeitgenössische Künstler ihre Werke aus. Man bekommt ein Gefühl, wie faszinierend und vielfältig diese Kunstgattung sein kann und bekommt wahrhaft phantastische Keramikkreationen zu Gesicht (Mo, letzter Do im Monat Ruhetage, Rotušės a. 15, Tel. 20 35 72).

Ebenfalls am Rathausplatz befindet sich das Maironis-Museum für litauische Literatur (Maironio Lietuvu Literaturos muziejus). Im ehemaligen Wohnhaus des litauischen Dichters Jonas Maironis eröffnete 1936 zunächst in drei Räumen eine ihm gewidmete Ausstellung, die dann sukzessive mit neuen Expositionen zu einem Museum ausgebaut wurde, das nun allen bedeutenden Schriftstellern des Landes gewidmet ist (Mo, Di und letzter Tag im Monat Ruhetage, Rotušės a. 13, Tel. 20 12 84).

Maironis-Denkmal vor dem Literaturmuseum

Wer Gefallen an der litauischen Folklore gefunden hat, sollte sich das unweit des Rathausplatzes gelegene Museum der Volksmusik (Lietuvos tautinės muzikos muziejus) nicht entgehen lassen. In einem mit dezenten Instrumentenklängen erfüllten Innenhof der Altstadt fanden unzählige Musikinstrumente und Glöckchen eine neue Heimstatt (Mo, Di Ruhetage, Zamenhofo 12, Tel. 20 68 20).

Am Rathausplatz befindet sich auch das Museum für Medizin und Pharmazie (Lietuvos medicinos ir farmacijos istorijos muziejus). In einem alten Spital zeigt es die Entwicklung des litauischen Apotheken- und Gesundheitswesens vom Mittelalter bis zur Jahrhundertwende, von der Königlichen Lizenz zum chirurgischen Knochensägen für die örtliche Barbierszunft bis zur nach dem Ersten Weltkrieg aus Leipzig importierten Pillendrehmaschine, einschließlich einer originalgetreu rekonstruierten Apotheke vom Anfang des 20. Jahrhunderts. Im Keller befindet sich eine kleine Ausstellung über den Schamanismus. Sicher nicht nur für Mediziner überraschend interessant. Es gibt ein Faltblatt in deutscher Sprache (Mo, Di Ruhetage, Rotušės a. 28, Tel. 20 15 69).

Hinter dem Rathaus kann man sich in der alten Post, dem jetzigen Museum für Post und Telekommunikation (Ryšių muziejus), auch einen Überblick über die Geschichte des litauischen Postwesens (u. a. werden alle Ersttagsbriefe des neuen Litauen gezeigt) und die Entwicklung von Telefon, Radio, Fernsehen und Computern im Land einen Überblick verschaffen (Mo, Di und Fr Ruhetage, Rotušės a. 19, Tel. 42 49 20).

In einer an den Markt angrenzenden Straße befindet sich Richtung Nemunas das litauische Sportmuseum (Lietuvos sporto muziejus). Die auf der Privatsammlung des ehemaligen Zirkusartisten Jonas Ramanauskas basierende Exposition berichtet unter anderem von der ersten litauischen Olympiadelegation, als sich zwölf Sportler 1928 nach Amsterdam aufmachten. Es gibt auch nicht nur Basketball zu sehen, obwohl Litauen bereits 1937 und 1939 Basketball-Europameister war (Mo, Di, letzter Do im Monat Ruhetage, Muziejaus 7, Tel. 22 06 91).

Vorwahl: 0 03 70/37.
Postleitzahl: 44001.
Hauptpostamt: Laisvės a. 102, Tel. 40 13 68.
Bank: Hansabankas, Laisvės a. 79, Tel. 0 03 70/5/2 68 44 44.
Geldautomat: Vytautos 12.
Tourismusinformation: Laisvės al. 36, Tel. 32 34 36. Im Internet: www.kaunas.lt. Nützliche Informationen finden sich in der Broschüre ›Kaunas in your pocket‹, die vor Ort erhältlich ist.

TAXI Tel. 23 44 44.

Der nördliche Stadtrand grenzt an die Autobahn Vilnius–Klaipėda A1.

Der etwa zwölf Kilometer nördlich von Kaunas liegende ehemalige sowjetische Militärflughafen ist heute der Kaunas International Airport Karmėlava. Der in der Stadt befindliche alte Flughafen von Kaunas, wo man 1933 auch Darius und Girėnas erwartete, ist heute nur noch für Sportflugzeuge zugelassen (Veiverių 132). Der Flugplan des neuen Airports ist ein hundertprozentiges Heimspiel von Lithuanian Airlines. Neben Charterflügen gibt es einige Linienverbindungen, zum Beispiel nach Hamburg (tgl.), nach Billund (5 x wöchentlich), Kristianstad (6 x wöchentlich), Oslo (3 x wöchentlich) – alle über Palanga – sowie direkt nach Budapest (3 x wöchentlich) und nach Prag (3 x wöchentlich). Der Flughafen ist vom Zentrum mit dem Routentaxi 120 zu erreichen (Karmėlava, Tel. 39 93 96, Ticketverkauf in Kaunas: Kesticių 69, Tel. 22 97 06).

Der Bahnhof befindet sich etwas östlich des Stadtzentrums. Es gibt direkte Zugverbindungen nach Vilnius (15 x täglich), Alytus (2 x), Klaipėda (2 x), Marijampolė (2 x), Šiauliai (1 x) sowie Moskau, Minsk und Riga (Čiurlionio 16, Tel. 22 10 93).

Der Busbahnhof liegt in der Nähe des Bahnhofes und bietet mehr Auswahl in der Routenplanung. Neben vielfältigen Inlandlinien gibt es internationale Verbindungen nach Hamburg (Abreise Di, Do, So), Erfurt (Mi), Köln (über Berlin, Hannover Di, Mi, Sa), München (So), Saarbrücken (So) und Stuttgart (über Berlin und Frankfurt/M., Mo, Fr) sowie tägliche Busverbindungen nach Minsk, Kaliningrad, Riga und Warschau (Vytauto 24, 40 90 60).

Unmittelbar am Zusammenfluß von Nemunas und Neris befindet sich der Passagierhafen. Es gibt auch Ausflugsboote zum Ethnographiemuseum in Rumšiškės.

Hinsichtlich der Qualität ihrer Hotels kann sich die zweite mit der ersten Hauptstadt derzeit nicht messen, obwohl sich einiges tut.
Das romantisch in der Altstadt gelegene ›Minotel‹ mit 23 Zimmern gilt heute insbesondere für Geschäftsreisende als die beste Adresse in Kaunas, obwohl man hier auch die Altstadtlage bezahlt. Sondertarife für Wochenenden (DZ 400 bis 640 Lt., Kuzmos 8, Tel. 20 37 59).
Konkurrenz in der Neustadt hat es 1999 durch das neu eröffnete ›Kaunas‹ mit 43 Zimmern an der Fußgängerzone bekommen (DZ 350 bis 390 Lt., Laisvės al. 79, Tel. 75 08 50).
Unweit der Drahtseilbahn bietet das sehr komfortable Hotel ›Žaliakalnio‹ mit 28 Zimmern auch einen herrlichen Blick auf die Stadt (DZ 400 bis 500 Lt., Žemaičių 31, Tel. 32 14 12, incoming@takiojineris.com).
Das ›Perkūno Namai‹ war das erste 1994 neueröffnete Privathotel und ist nach wie vor sehr empfehlenswert. Es ist sein Geld wirklich

wert, ansprechendes skandinavisches Design, gutes Restaurant und sehr guter Service am Rande des Ąžoulynas-Parks (DZ 360 bis 500 Lt., Perkūno 61, Tel. 32 02 30, hotel@perkuno-namai.lt).

Unter den älteren Hotels ist das Ende der 40er Jahre gebaute, neben der Fußgängerzone gelegene ›Metropol‹ zu nennen, das seinen etwas morbiden Charme mit gutem Service verbindet (DZ 160 bis 280 Lt., Daukanto 21, Tel. 20 59 92, metropolis@takiojineris.com).

›Takioji Neris‹, das frühere Intourist-Hotel ist mit 178 Zimmern innen – größtenteils renoviert – nicht so plump und besser, als man es von außen vermutet (DZ 200 bis 420 Lt., Donelaičio 27, Tel. 30 61 00, info@takiojineris.com).

Die beste Adresse für Bed-&-Breakfast-Angebote ist auch in Kaunas B & B Litinterp, die in der Alt- und Neustadt DZ zu 60 bis 100 Lt. sowie viele andere touristische Dienstleistungen anbieten (Gedimino 28, Tel. 22 87 18, kaunas@litinterp.lt).

Die Gastronomie der Stadt entwickelt sich rasant, so daß hier nur eine kleine Auswahl beschrieben wird.

Die derzeit die beste Küche in der Stadt ist im ›Pompeja‹ zu finden. Drinnen ist es aber auch im Sommer gemütlicher als draußen (Putvinskio 38, Tel. 42 20 55).

Gegenüber dem Čiurlionis-Museum lädt das ›Café der Akademie der Künste‹ (Kavinė Kauno Namai Menininku) mit moderner Malerei und einem guten Preis-Leistungsverhältnis ein (Putvinskio 56).

Auf dem Aleksoto-Hügel im Süden liegt das ›Margiris‹. Die Küche dieses romantischen Restaurants genießt einen sehr guten Ruf. Am Wochenende häufig Jazz-Konzerte (A. Gustaičio 6, Tel. 22 52 78).

Wer Appetit auf litauische Spezialitäten hat, sollte in der Altstadt dem Restaurant neben dem Volksmusikmuseum, dem ›Pas Pranciška‹ (Kurpių 11, Tel. 20 38 75) einen Besuch abstatten.

Außerdem ist das auf ökologisch angebaute Zutaten setzende ›Metų Laikai‹ (Mickevičiaus 40b, Tel. 22 32 53) zu empfehlen.

Wer andere Länderspezialitäten sucht, wird in den nachfolgenden Lokalen fündig: China-Town liegt in der Kumelių gatvė in der Altstadt, wo sich mit ›Didžioji Siena‹ unter Hausnummer 7 (Tel. 22 05 85) und ›Hong Kong Mūza‹ unter Hausnummer 16 (Tel. 20 75 73) gleich zwei Restaurants in unmittelbarer Nachbarschaft befinden.

Fastfood ist auf dem Vormarsch. Neben dem ersten McDonalds (Savanorių 321a) gibt es Pizzas (z. B. Kesticių 6, Muitinės 1) oder Hähnchen (z. B. Vytauto 22, Gedimino 33) ohne Problem.

Das erste Internet-Café von Kaunas ist in der Daukšos gatvė 12 zu finden (Tel. 40 74 27, www.cafenet.ot.lt).

Rund um Kaunas

Rund um Kaunas 0 25 50 km

Žalgiris Park

Nördlich der Autobahn A1 von Kaunas in Richtung Ostsee fielen bereits seit mehreren Jahren kurz vor der Abfahrt Kėdainiai einige im Halbkreis stehende, geschnitzte Holzstelen auf. Jeder nahm sie wahr, aber niemand wusste, was es damit auf sich hatte. Seit 2002 nun laden großangelegte, sichtbare Bauaktivitäten und ein Hinweisschild ›Žalgiris Park‹ für die Zukunft nachdücklich zu einem Stop ein. Litauens neue ›Parkomanie‹ setzt auch hier ein Zeichen. Der pensionierte Agraringenieur Alfonsas Bajaraskas organisierte bereits Ende der 80er Jahre das besagte Skulpturenrondell ›Žalgiris‹. Das Figurenensemble erinnert an den großen litauisch-polnischen Sieg in der Schlacht gegen die Kreuzritter bei Tannenberg und unterschwellig auch an die kleinen litauischen Siege in den Baskettballschlachten des gleichnamigen Kaunasser Teams gegen die Moskoviter und sollte eigentlich auf der Nemunas-Insel in Kaunas entstehen. Doch nach hartnäckigem Beharren wurde eine Genehmigung für den Platz neben der Autobahn erteilt, wo die zwölf siegreichen Heerführer unter Großfürst Vytautas und zwei Gottesstelen bis 1993 in

Holz erstanden. Jetzt entsteht auf zehn Hektar ein dazugehöriger Park der nationalen Besinnung. Das Wort Žalgiris wurde bereits aus Tannen so angepflanzt, daß es in wenigen Jahren von der Autobahn gut zu lesen sein wird. Aus weißem Beton werden in Kürze die Gediminas-Säulen aufgebaut. Die Höhe des Denkmals beträgt in Erinnerung an das Jahr der Schlacht 14,10 Meter. Weitere Ausbaupläne betreffen eine lange Mauer mit Granitgravuren zur Geschichte Litauens, den Ausbau der Parkanlage und ein Museum.

Raudondvaris

Wenn man Kaunas auf der F 141 in Richtung Jurbarkas verläßt, gelangt man nach neun Kilometern nach Raudondvaris, was litauisch ›Rotes Schloß‹ bedeutet. Besagtes Schloß wurde 1615 auf den Grundfesten alter Festungsanlagen errichtet. Die architektonischen Festungsattribute einschließlich des Wehrturmes und der Schießscharten sind aber nur Kulisse, da das Gebäude von Anfang an als Lustschloß konzipiert war. In jener Zeit war es Mode, die alten Burgen oder deren Überreste zu kaufen und zu zeitgemäßen Schlössern auszubauen. Ein ähnliches Schicksal erfuhren auch die weiter westlich gelegenen Festungen in Veliuona, Panemuneė und Raudonė. Raudondvaris wechselte häufig den Besitzer, und jeder neue Eigentümer baute das Schloß nach seinen Vorstellungen aus und um. So gehörte es im 17. Jahrhundert den Radvilas und im 19. Jahrhundert wurde es vom

Im Žalgiris Park

Grafen Tiškevičius erworben, der hier eine Bibliothek und eine Kunstgalerie einrichtete. Während des Ersten Weltkrieges arbeitete der Schriftsteller Arnold Zweig in der hier untergebrachten Presseabteilung der Wehrmacht. Er beschrieb das Schloß dann in seinem Roman ›Einsetzung eines Königs‹. Im Zweiten Weltkrieg wurde das Schloß stark beschädigt und dann in den Jahren 1967 bis 1975 rekonstruiert. Seitdem beherbergt es ein landwirtschaftliches Forschungsinstitut. Der im 19. Jahrhundert im englischen Stil angelegte Landschaftspark lädt mit seinen vielen alten Bäumen zu einem Spaziergang ein.

Veliuona

Veliuona lebt von dem Mythos, daß hier 1337 Großfürst Gediminas beim Sturm auf eine Bayerburg genannte Festung des Deutschen Ordens gefallen ist. Allerdings weisen die Chroniken als Todesjahr des Gediminas das Jahr 1341 aus, so daß unklar ist, wer hier als ›König von Trakai‹ fiel. Dennoch wurde 1922 ein Gediminas-Denkmal errichtet, und der Mythos wird weiter kultiviert. Über Holztreppen kann man die Schüttburgen genannten Hügel ersteigen und einen schönen Ausblick genießen. Insgesamt drei Burganlagen gab es in der Umgebung von Veliuona: die alte litauische Burg, der die Kreuzritter ihre Bayerburg entgegensetzten, sowie eine kurz nach der Schlacht von Tannenberg errichtete Steinburg, die aber als Pfalz weniger ein Ort der Verteidigung als vielmehr ein Ort der Diplomatie war. Im Ort Veliuona sind eine um 1640 erbaute Renaissancekirche und ein ehemaliges Gutshaus, in dem sich heute ein kleines Heimatmuseum befindet, sehenswert (Mo, Di Ruhetage, Tel. 4 47/4 26 52).

Raudonė

Die alte litauische, von Fürst Vytenis erbaute Burg Raudonė wurde von dem aus Preußen eingewanderten Holzhändler Kirschenstein erworben, der mit der Pacht und Abholzung der Wälder entlang des Nemunas sein Vermögen gemacht hatte. In einer Mischung aus Spätgotik und Barock war der Prunk des Schloßes sprichwörtlich. Im 19. Jahrhundert wurde das U-förmige Schloß dann konsequent neogotisch umgestaltet, so wie es sich auch heute dem Besucher präsentiert. Im Zweiten Weltkrieg stark in Mitleidenschaft gezogen, wurde das Schloß in den 60er Jahren rekonstruiert. Heute befindet sich hier ein Weiterbildungszentrum. Man kann den Turm besichtigen, von dem man eine sehr schöne Aussicht hat. Der Schloßpark lädt zum Verweilen ein. Das Dorf Raudonė hat etwa 650 Einwohner.

Kloster Pažaislis

Inmitten einer reichbewaldeten Halbinsel am Ufer des Kaunasser Meeres (Kauno Marios) befindet sich das Kloster Pažaislis, eines der schönsten Barockbauwerke Litauens. Im Zentrum des Klosterensembles steht die sechseckige Kirche mit ihren beiden Portaltürmen. Die mit schwarzem und rosa Marmor verkleideten Wände sind mit Deckenmalerei und Wandfresken verziert. Seitlich flankieren die Mönchszellen die Kirche. Auf der anderen Seite des Hofes befindet sich das Gästehaus. Das hier anschließende Heilige Tor ist verschlossen. Man gelangt linker Hand über den Wirtschaftshof in den Innenhof des Klosters. Derzeit befinden sich umfangreiche Renovierungsarbeiten in der Abschlußphase. In der Kirche oder im Sommer auch im Innenhof finden oft Konzerte statt.

Die Geschichte des Klosters spiegelt anschaulich die Wechselbäder der Historie Litauens wider. 1662 kamen erstmals Mönche des Eremitenordens der Kamaldulenser nach Litauen. Kristupas Zigmantas Pacas, der damalige Kanzler von Litauen, ließ ab 1667 das Kloster errichten, wo er auch begraben werden wollte. Die Weihung folgte 1712. Unter dem russischen Zaren wurde das Kloster nach der Niederwerfung des Aufstandes von 1831 den altgäubigen Orthodoxen übergeben. Es folgten umfangreiche Umbauten und die Weihung zu Ehren der Himmelfahrt Marias. Zur Zeit der litauischen Unabhängigkeit übernahm der nach dem litauischen Nationalheiligen benannte Orden der Schwestern des heiligen Kasimir das Kloster. Unter dem roten Stern wurden die Geistlichen vertrieben und die Gebäude zunächst in ein Archiv und dann in eine Irrenanstalt umgewandelt. Allerdings eröffnete in den Klostermauern bereits 1980 ein Barock-Museum seine Pforten. Seit 1992 gehört das Ensemble wieder dem Orden der Schwestern des heiligen Kasimir. Mit dem Auto erreicht man Pažaislis vom Bahnhof über die Tunelio gatvė, die Barsausko gatvė bis zum VI. Fort, dann rechts die Kalantos gatvė, am nächsten Kreisverkehr rechts in die Masiulio gatvė. Wenn diese Straße vor einer Eisenbahnbrücke nach rechts abbiegt, geradeaus weiterfahren und am Badestrand vorbei der Ausschilderung folgen (Mo Ruhetag, Kauno jūros pr. 31, Tel. 45 64 85).

Zapyškis

Am südlichen Ufer des Nemunas befindet sich die älteste gotische Kapelle Litauens. Im Jahre 1566 mitten im Dorf Zapyškis erbaut, steht sie heute einsam auf weitem Feld. Die fast quadratische einschiffige Halle mit angebauter Apsis hat eine mit vielen Blenden verzierte Fassade und ein vergleichsweise spitzes Dach, aber keinen Turm. Das Dorf samt Kirche litt sehr unter den fast jährlichen Überschwemmungen, so daß die Dorfbewohner ihre Holzhäuser aufgrund von Wasserschäden aufgeben mußten und weiter oben am Ufer neu erbauten, während die aus Stein erbaute Vytautaskirche dem Wasser besser trotzte. Zapyškis zählt heute etwa 200 Einwohner und liegt etwa 17 Kilometer westlich von Kaunas an der F 140 in Richtung Sakiai.

Das IX. Fort

Unweit des Autobahndreiecks am nordwestlichen Stadtrand von Kaunas befindet sich die Gedenkstätte IX. Fort (Kauno IX. Forto muziejus). Die Festungsanlage entstand unter zaristischer Regie Ende des 19. Jahrhunderts. Die heute teilweise zu besichtigenden Kasematten und Todeszellen dienten bereits Litauen zwischen den Weltkriegen als Staatsgefängnis. 1940 wurde es zunächst vom sowjetischen Geheimdienst NKWD übernommen. Ein Jahr später errichteten die Nazis unter der Bezeichnung ›Fabrik Nr. 1005 B‹ ein Konzentrationslager, in dem über 100 000 Menschen, darunter etwa 80 000 Juden aus dem in Kaunas eingerichteten Ghetto, ihr Leben ließen. An die Opfer der Nazibarbarei erinnert seit 1984 ein schroffes und kantiges Denkmal von G. Baravykas und V. Vielius. Die drei Betonskulpturen symbolisieren Leid, Kampf und Sieg des Widerstandes. Im ebenfalls kasemattenartig angelegten Museum berichten mehrere Ausstellungen über die erschütternden Abschnitte der Festungsgeschichte und den Freiheitskampf der Litauer (Mo, Di Ruhetage, Žemaičių plentas 73, Tel. 37 77 15).

In der Gedenkstätte IX. Fort

Die Atlantikflieger Darius und Girėnas

Allerorten erinnern Straßen, Denkmäler und Gedenktafeln und nicht zuletzt ihre Portäts auf dem 10-Lit-Schein an die legendären Atlantikflieger.
Steponas Darius wurde am 8. Januar 1896 im Dorf Rubiškės in der Nähe von Klaipėda geboren. Als er elf Jahre alt war, emigrierte seine Familie nach Amerika. Er wählte eine technische Ausbildung und ging zur US-Army. Nach der Unabhängigkeit Litauens kehrte er 1920 in seine Heimat zuück, absolvierte in Kaunas die Militärakademie und wurde zu einem begeisterten Flieger. 1927, im Jahr der Atlantiküberquerung Lindberghs, kehrte er bereits mit der Idee der eigenen Atlantiküberquerung in die Vereinigten Staaten zurück. Hier arbeitete er als Pilot und lernte Stasys Girėnas kennen. Dieser war am 4. Oktober 1894 im Dorf Vytogola in der Nähe von Šilalė geboren worden. Nach dem frühen Tod seiner Eltern wanderte er in die USA aus, wo ihm die Armeezeit eine Tätigkeit als Flugzeugmechaniker brachte.
Im Sommer 1932 kauften sich beide eine ›Belanca CH-300 Pacemaker‹, die sie für Langstreckenflüge umrüsteten. Das Geld dafür verdienten sie durch die Organisation von Flugtagen. Auch viele aus Litauen stammende Geschäftsleute unterstützten das Projekt, auf der Strecke New York–Kaunas einen neuen Weltrekord im Langstreckenflug aufzustellen.
Am Morgen des 15. Juli 1933 startete das ›Lituanica‹ getaufte Flugzeug pünktlich in New York. Am Flugfeld in Kaunas warteten am Morgen des 17. Juli Tausende flugbegeisterte Litauer, um ihre kühnen Landsleute zu begrüßen. Doch sie warteten vergebens: Das Flugzeug hatte zwar den Atlantik erfolgreich überquert, aber es war unter bis heute ungeklärten Umständen nach 35 Stunden und 6441 zurückgelegten Kilometern in der Nähe von Soldin, dem heute polnischen Myślibórz, abgestürzt.

Steponas Darius und Stasys Girėnas

Über 60 000 Menschen nahmen an der Trauerfeier teil, als die beiden Nationalhelden auf dem Militärfriedhof in Kaunas begraben wurden.
Seit 1993 einnert in Kaunas ein Denkmal an Darius und Girėnas. Im Kaunasser Militärmuseum ist ihnen eine eindrucksvolle Ausstellung gewidmet, die auch alle zusammengetragenen Teile der ›Lituanica‹ zeigt.

Birštonas

Litauens Kurort Nummer zwei nach Druskininkai befindet sich etwa 40 Kilometer von Kaunas entfernt und liegt wie Druskininkai ebenfalls an einer markanten Schleife des Nemunas. Den Ursprung des Ortes bildete eine Kreuzritterburg namens ›Birstein‹. In den Ordenschroniken wurde ihre Lage mit ›gleich am Salzwasser‹ beschrieben, so daß die Mineralquellen wohl bereits damals bekannt waren. Nachdem die Kreuzritter die Burg aufgegeben hatten, übernahm sie Großfürst Vytautas als Jagdsitz. Da sich die Flußschleife in der waldreichen Umgebung sehr gut für Treibjagden eignete, war der Jagdsitz sehr beliebt. Die Burgsiedlung erhielt 1518 das Stadtrecht, und in dieser Zeit entdeckte man auch die Heilkraft der Mineralquellen. Als im 19. Jahrhundert Heilbäder in Mode kamen,

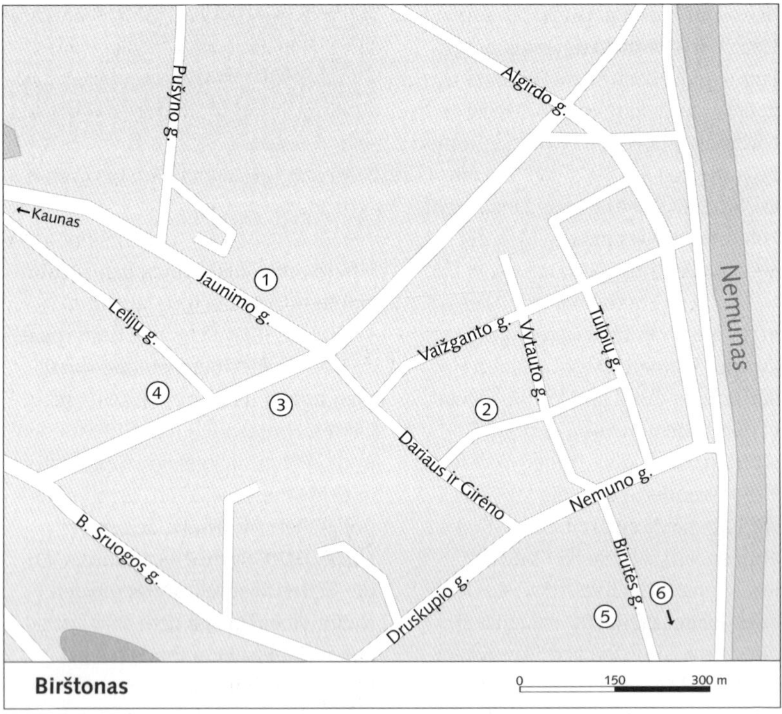

Birštonas

Legende

1 Kulturhaus
2 Heimatkundemuseum
3 Busbahnhof
4 Tourismusinformation
5 Kirche
6 Vytautas-Denkmal

entwickelte sich auch Birštonas zu einem beliebten Kurort für Rußlands Aristkratie. 1855 eröffnete das erste Sanatorium seine Pforten. Seine Blütejahre als erstes Kurbad Litauens erlebte Birštonas zur Zeit der ersten Unabhängigkeit Litauens, da Druskininkai zu dieser Zeit zu Polen gehörte. Heute ist Birštonas für seine Mineralwasservorkommen und als Moorbad bekannt und wird jährlich von etwa 15 000 Kurpatienten besucht. Die Stadt selbst hat etwa 4000 Einwohner. Im Frühjahr findet hier im örtlichen Kulturhaus traditionell das größte Jazzfestival Litauens statt.

Von der F 105 kommend, fährt man an der Investruine eines neuen Mineralquellenzentrums vorbei in die Jaunimo gatvė. Hier befindet sich das administrative Zentrum der Stadt mit Rathaus, Kaufhaus und dem Kulturhaus (Kulturus Centras, Jaunimo 4, Tel. 6 55 50). Vom Busbahnhof in Richtung Süden gelangt man zu den großen Sanatorien. Hier befinden sich auch die Mineralquellen und die Abfüllfabrik. Die beiden Mineralwassersorten ›Birutė‹ und ›Vytautas‹ genießen bei der Behandlung von Magen- und Darmerkrankungen einen guten Ruf und werden in Flaschen landesweit verkauft. Über die Sruogos gatvė gelangt man durch einen netten Park zum Nemunas. Ein 1998 eingeweihtes, viereinhalb Meter hohes Reiterdenkmal von Vytautas dem Großen ziert den Park.

In Richtung Süden geht es zum Vytautas-Berg, in Richtung Norden kann man auf einer Deichpromenade entlang des Flusses spazieren gehen. Hier gelangt man zum alten Zentrum des Ortes mit seinen kleinen Holzhäusern und kann über die Vaizganto gatvė zum Busbahnhof zurückkehren. Die Backsteinkirche wurde am Anfang des 19. Jahrhunderts erbaut und ist dem heiligen Antonius von Padua geweiht. Im Heimatkundemuseum (Mo, Di Ruhetage, Vytauto g. 9, Tel. 6 56 05) gibt es Ausstellungen zur Stadtgeschichte, historische Fotoapparate und medizinische Gerätschaften. Eine Kunstgalerie befindet sich in der Vaižganto gatvė 3 (Tel. 5 61 39).

Vorwahl: 0 03 70/3 19.
Postleitzahl: 59009.
Postamt: Nemuno 7, Tel. 6 56 52.
Bank: Hansabankas, Jaunimo 3.
Tourismusinformation: Jaunimo 3, Tel. 6 57 40.

Birštonas liegt südlich von Kaunas an der F 105, die im sieben Kilometer entfernten Prienai die F 130 von Kaunas nach Alytus kreuzt.

Vom zentral gelegenen Busbahnhof gibt es mehrere Busverbindungen nach Kaunas und Alytus (Vaižganto 20, Tel. 5 23 33).

Empfehlenswert ist die Reha-Klinik ›Versme‹ mit größtenteils gut renovierten Zimmern, die sich bereits mit einem Internet-Auftritt (auch in deutscher Sprache) um Kurpatienten aus dem

Ausland bemüht (Sruogos 9, Tel. 656 62, www.versme.com). Ein weiteres Sanatorium heißt ›Tulpe‹ (Sruogos 4, Tel. 565 60). Daneben gibt es im Ruderzentrum Litauens, das sich im Ort befindet, einfache Möglichkeiten zur Übernachtung (Birutės 21, Tel. 564 65).

Das beste Restaurant des Ortes ist das ›Seklytele‹ (Prienų 7, Tel. 568 45). Daneben gibt es noch einige Cafés wie beispielsweise das ›Birutė‹ (Darius ir Girėnas 32, Tel. 563 57).

www.birstonas.lt (L/E/D).

Rumšiškės

Rumšiškės ist ein Ort mit alten und neuen Traditionen. Das alte, 1385 erstmals erwähnte Dorf wurde 1956 unter den Fluten des Kaunasser Stausees begraben, der den Wasserspiegel des Nemunas um etwa 20 Meter ansteigen ließ. Das neue Dorf mit heute etwa 1500 Einwohnern entstand an seinem Ufer und ist vor allem durch das Ethnographische Freilichtmuseum Litauens (Lietuvos liaudies buities muziejus) bekannt. Als in den 50er Jahren einige typische alte Holzhäuser umgesetzt wurden, entstand die Idee für ein Museum, das ganz Litauen repräsentieren sollte. Die Museumsgründung erfolgte 1966, acht Jahre später öffnete es seine Pfor-

Übersichtsplan Rumšiškės

Im Freilichtmuseum in Rumšiškės

ten für die ersten Besucher. Doch das Museum ist keineswegs ›fertig‹. Ständig werden neue Ideen verwirklicht und alte ländliche Bauten aus ganz Litauen hierher umgesetzt.

Das hügelige Gelände erstreckt sich auf etwa 175 Hektar, von denen ungefähr 90 Hektar bebaut sind. Der Rundgang durch die wichtigsten Landstriche Litauens zieht sich über mehrere Kilometer hin. Zunächst überquert man über eine von drei Brücken das Tal des ins Kaunasser Meer fließenden Flüßchens Praviena, um sich dann seinen Weg durch die Dorflandschaften von Niederlitauen (Žemaitija), Oberlitauen (Aukštaitija), Suvalki und Džukija mit über 150 Bauten zusammenstellen. Auch ein alter städtischer Marktplatz ist zu besichtigen. Fast alle Gebäude sind Originale, die an ihren ursprünglichen Standorten abgetragen und hier wieder aufgebaut wurden. Alte Handwerkskunst wird hier gepflegt und gezeigt, Pferde werden gezüchtet, und auch eine Dorfschenke fehlt nicht. An den Wochenenden sind häufig Folkloreveranstaltungen zu erleben. Rumšiškės ist 22 Kilometer von Kaunas entfernt und über die Autobahn A 1 (Abfahrt Rumšiškės, Alytus) zu erreichen. Es gibt täglich sieben Busverbindungen zwischen Kaunas und Rumšiškės. Von der Bushaltestelle Rumšiškės an der Autobahn Kaunas–Vilnius sind es etwa zwei Kilometer (S. Neries gatvė 6, Mo Ruhetag, geöffnet von Ostern bis Ende Oktober, Tel. 0 03 70/3 46/4 73 92).

Kėdainiai

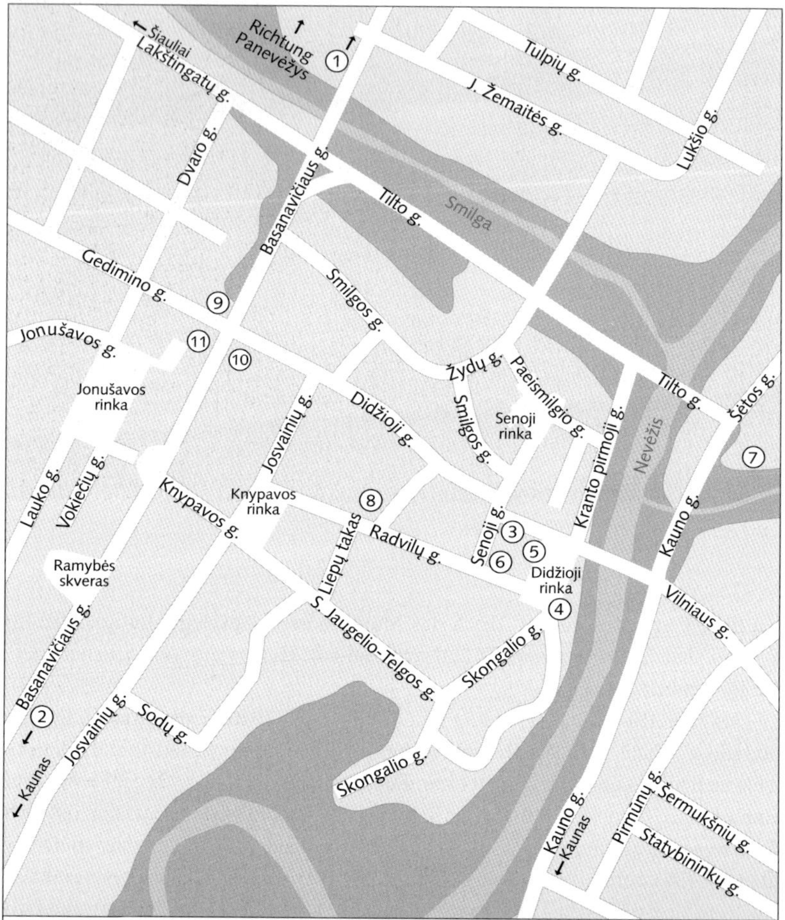

Kėdainiai, Zentrum

Legende

1 Bahnhof
2 Busbahnhof
3 Tourismusinformation
4 Marktplatz
5 Heimatkundemuseum
6 calvinistische Kirche
7 Georgskirche
8 Josephskirche
9 russisch-orthodoxe Kirche
10 Kaufhaus
11 Rathaus

Der Marktplatz von Kėdainiai

Kėdainiai ist neben Biržai und Tauragė vor allem als protestantische Insel im katholischen Litauen bekannt. In der etwa 50 Kilometer nordöstlich von Kaunas am Fluß Nevėžis gelegenen Kreisstadt leben heute etwa 35 000 Einwohner. In den Chroniken erstmals 1372 erwähnt, erhielt der Ort 1590 das Stadtrecht. Zu Beginn des 17. Jahrhunderts kam die Stadt in den Dunstkreis des einflußreichen Fürstengeschlechtes Radvila (Radziwill), das die Reformation entschieden befürwortete. Kėdainiai wurde nicht nur für die Protestanten zum Zufluchtsort, die von den Jesuiten in Vilnius in der Gegenreformation verfolgt wurden, sondern auch aus dem Ausland zogen verfolgte Protestanten hierher. Ein eindrucksvoller steinerner Beleg dafür ist die von 1631 bis 1653 von schottischen Calvinisten erbaute Kirche. Die Stadt erlebte damals sowohl wirtschaftlich als auch geistig eine erstaunliche Blüte. Es gab zehn Handwerkergilden und mehrere Marktplätze. Hier entstand die erste weltliche Schule Litauens und hier wurden auch erstmals Bücher in litauischer Sprache gedruckt. Während des Krieges zwischen Schweden und Rußland wurde die Stadt dann stark in Mitleidenschaft gezogen und verlor ihre Bedeutung. Heute ist Kėdainiai eine kleine Kreisstadt, die den Besucher durch ihre kompakte Altstadt mit vielen Gassen rund um den Marktplatz beeindruckt. Seit 1989 besteht eine Städtepartnerschaft zwischen Kėdainiai und dem thüringischen Sömmerda.

Die überwiegend Ende des 17. Jahrhunderts entstandene Altstadt Kėdainiais liegt am Westufer des Nevėžis. Die die Stadt durchziehende Via Baltica ist innerhalb des Ortes als Hauptstraße nach Jonas Basanavičiaus benannt und bildet zwischen der Knypavos gatvė und der Smilgos gatvė in etwa die westliche Grenze der Altstadt. Ein Bummel durch die Gassen und über die drei erhaltenen Marktplätze der Altstadt mit ihren vielen Bürgerhäusern im Stile der Renaissance und des Barock beeindruckt durch viele liebevolle Details und die Geschlossenheit des Stadtensembles. Im alten Rathaus am Marktplatz befindet sich seit 1991 eine Kunstgalerie, in der auch Konzerte stattfinden. Sehenswert sind die Holzskulpturen von Vytautas Ulevičiaus (Didžioji 19, So und Mo Ruhetage, Tel. 5 13 30). Im 1921 eröffneten Heimatkundemuseum (Kėdainių krašto muziejus) findet man Ausstellungen über Ur- und Frühgeschichte, Stadtgeschichte und den Unabhängigkeitskampf Litauens. Es liegt außerhalb der Altstadt, nördlich der Brücke über den in den Nevėžis mündenden Fluß Smilga (So, Mo Ruhetage, Basanavičiaus 45, Tel. 5 36 85).

Daneben gibt es einige interessante Kirchen. Allen voran die im Stile der Renaissance erbaute calvinistische Kirche aus dem 17. Jahrhundert, die mit ihren Ecktürmen sehr plastisch das Bild vom einer Trutzburg gleichenden Glauben widerspiegelt. In der Kirchengruft befinden sich die Sarkophage der Radvilas (Evangelikų reformatų bažnyčia, Senoji 1). Exkursionen kann man in der Tourismusinformation bestellen.

Am östlichen Ufer des Nevėžis steht die St. Georgskirche (Šv. Jurgio bažnyčia). Ursprünglich bereits im 15. Jahrhundert erbaut, wurde sie in den folgenden Jahrhunderten mehrfach um- und ausgebaut und präsentiert sich heute als architektonischer Mix der Zeitgeschichte (Šetos 22). Unweit des Busbahnhofes steht die schlichte evangelisch-lutheranische Kirche (Evangelikų liuteonų bažnyčia), die im 17. Jahrhundert errichtet wurde (Vokiečių 7). Die Reste der Synagoge findet man am Altmarkt (Senoji rinka 12); gegenüber dem Bahnhof ist auch eine Moschee zu finden.

Vorwahl: 0 03 70/347.
Postleitzahl: 57001.
Post: Basanavičiaus 59, Tel. 5 34 44.
Bank: Hansabankas, Josvainių 5, Tel. 003 70/5/2 68 44 44.
Tourismusinformation: Didžioji g. 1, Tel. 6 03 63.
TAXI Tel. 5 22 25.

Kėdainiai liegt an der Via Baltica A 8 zwischen Kaunas und Panevėžys. Von der Autobahn A 1 beträgt die Entfernung 22 Kilometer.

Der Bahnhof befindet sich nördlich der Altstadt. Durch Kėdainiai führt die Strecke Vilnius–Šiauliai, es halten täglich fünf Züge in beide Richtungen (Darius ir Girėnas 5, Tel. 5 23 33).

Der Busbahnhof liegt im Süden der Stadt. Es gibt stündliche Verbindungen nach Kaunas, Šiauliai und Panevėžys (Basanavičiaus 93, Tel. 6 03 33).

Nördlich des Stadtzentrums befindet sich an der Ortsausfahrt in Richtung A 8 die neue Pension ›Sandra & Co‹ (DZ 160 Lt., Šetos g. 112, Tel. 6 83 48).

Das beste Restaurant mit klassischer litauischer Küche ist das ›Po Siaudiniu Stogu‹ (Jazminu g. 1, Tel. 685/11693).

www.kedainiai.info (L). www.kedainiai.lt (L/E).

Jurbarkas

Jurbarkas ist mit seinen rund 15 000 Einwohnern eine kleine Kreisstadt, romantisch am Nordufer des Nemunas und zugleich an drei Flüssen gelegen. Hier fließt zunächst die Imsre in die Mituva, die wiederum wenig später in den Nemunas mündet. Hier stand eine der wenigen Schüttburgen, die die Kreuzritter erobern konnten. Die nach diesem Sieg errichtete Georgsburg bildet auch die Basis des heutigen Stadtnamens. Der Ort fiel erst wieder nach der Schlacht bei Tannenberg an Litauen zurück und war im Mittelalter ein wichtiger Handelsplatz.

Das Zentrum der Stadt besteht faktisch aus der Darius ir Girėnas gatvė, die den Ort in Ost-West-Richtung durchzieht. Sehenswert ist die von 1902 bis 1907 errichtete Kirche der Heiligen Dreifaltigkeit. Der neugotische rote Backsteinbau befindet sich am Fluß Imsre und ist von der Hauptstraße nicht zu verfehlen. Hier lohnt auf der Vyduno gatvė ein Ausflug zur Brücke über den Nemunas. Dazu muß

Die Dreifaltigkeitskirche in Jurbarkas

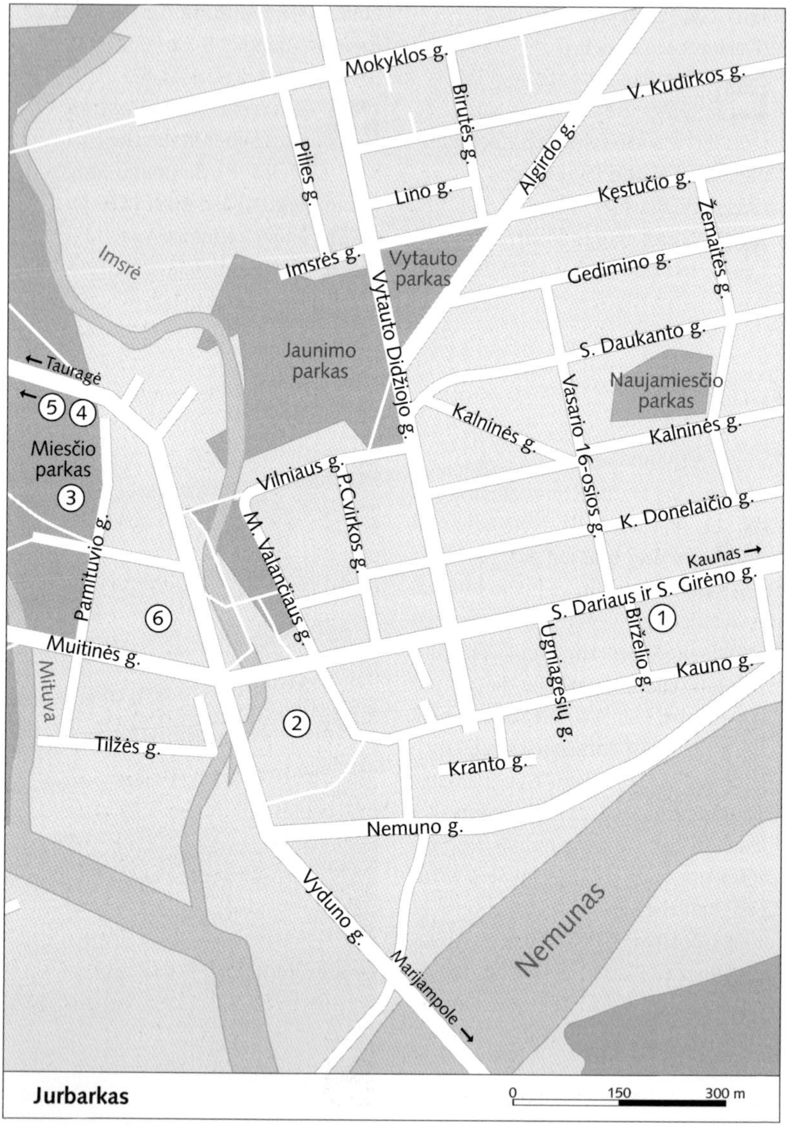

Legende

1 Tourismusinformation
2 Kirche der Heiligen Dreifaltigkeit
3 Heimatmuseum
4 Vincas-Grybas-Museum
5 Glinskis-Museum
6 Busbahnhof

man zwischen der Kirche und dem Busbahnhof in Richtung Süden abbiegen. Wenn man der Vyduno gatvė in Richtung Norden folgt, gelangt man auf der linken Seite zur russisch-orthodoxen Kirche und zu den Museen der Stadt. Parallel zur Darius ir Girėnas gatvė verlaufen die Kauno und Nemuno gatvė direkt am Ufer des Nemunas, dessen Tal sich hier genauso wie auf der Strecke in Richtung Kaunas in beeindruckender malerischer Weite ausbreitet.

Das Heimatmuseum zeigt eine kleine ethnographische Ausstellung über die Umgebung (So, Mo Ruhetage, Vyduno g. 21, Tel. 5 27 10). Zwei Museen erinnern an in Litauen bekannte Künstler, die in Jurbarkas lebten. Das Vincas-Grybas-Museum ist dem gleichnamigen Bildhauer (1890–1941) gewidmet, dessen Skulpturen der Heiligen Peter und Paul die örtliche Kirche berühmt machten. Er wurde von den Nazis ermordet (So, Mo Ruhetage, Vyduno g. 31). An den Schauspieler Konstantinas Glinskis (1886–1938) wird in seinem Geburtshaus erinnert (So, Mo Ruhetage, Vyduno g. 45, Tel. 5 47 86).

Vorwahl: 0 03 70/4 47.
Postleitzahl: 74001.
Hauptpostamt: Darius ir Girėnas 72, Tel. 7 17 44.
Bank: Hansabankas, Darius ir Girėnas 81b, Tel. 0 03 70/5/ 2 68 44 44.
Tourismusinformation: Darius ir Girėnas 94, Tel. 7 02 01.

Jurbarkas ist von Kaunas über die landschaftlich sehr schöne F 141 entlang des Nemunas (85 km) oder von Tauragė über die F 147 (45 km) zu erreichen.

Da Jurbarkas nicht an das Eisenbahnnetz angeschlossen ist, kommt nur der Bus oder aber auch die landschaftlich sehr reizvolle Schiffsverbindung nach Kaunas auf dem Nemunas in Frage. Es gibt tägliche Busverbindungen nach Vilnius (7 x), Kaunas (7 x), Šilutė (6 x), Klaipėda (2 x) und Tauragė (3 x) (Darius ir Girėnas 15, Tel. 7 29 33).

Das mit gut 120 Plätzen größte und einzige empfehlenswert Hotel der Stadt ist das ›Jurbarkas‹ (DZ 65 bis 110 Lt., Darius ir Girėnas 98, Tel. 5 16 46).

Neben dem Restaurant im Hotel ›Jurbarkas‹ gibt es – einfach und rustikal – die Gaststätten ›Prieplauka‹ (Tilžės 15, Tel. 7 17 62) und ›Liuksas‹ (Vytauto Didžiojo 8a, Tel. 7 19 08).

www.jurbarkas.lt (L).

»Die Kurische Nehrung ist so merkwürdig, daß man sie eigentlich ebensogut als Spanien und Italien gesehen haben muß, wenn einem nicht ein wunderbares Bild in der Seele fehlen soll.«

Wilhelm von Humboldt

Ostseeküste und Haff

Klaipėda

Klaipėda ist mit seinen etwa 200 000 Einwohnern die drittgrößte Stadt Litauens und als größter Hafen des Landes sozusagen sein Tor zur Welt. Die wirkliche Weltoffenheit mußte die Stadt aber lange missen, denn zu sowjetischer Zeit war Klaipėda Sperrgebiet und für ausländische Besucher geschlossen. Die neu gewonnene Freiheit enttabuisierte auch gerade hier die lange Jahre durch den Sowjetstern verdeckten Sensibilitäten in den Beziehungen zwischen Litauern und Deutschen, denn Klaipėda ist das frühere Memel. Viel Toleranz und Verständnis auf beiden Seiten zeigten in den letzten Jahren, daß die Wunden der Vergangenheit die neuen Perspektiven nicht in Frage stellen, sondern sie vor dem Hintergrund des zusammenwachsenden Europas vielerorts sogar befruchten.

Bereits zu Beginn der Zeitrechnung siedelten an der Danė-Mündung die Kuren. Der damalige Name der Siedlung leitete sich aus den Worten ›klaip‹ (Brot) und ›eda‹ (essen) ab. 1252, dem heute offiziellen Gründungsjahr der Stadt, errichteten die livländischen Schwertritter eine Holzburg, die sie Memelburg nannten. Ob sie dabei die Danė für die Memel hielten oder der großen Bedeutung des Memel-Flußes für den gesamten Landstrich Rechnung trugen, ist umstritten. Bereits 1258 hielt aber das Lübecker Stadtrecht Einzug. Strategisch bedeutsam an der Danė und Haffmündung gelegen, war die Stadt im Mittelalter oft hart umkämpft. Die Kreuzritter nutzten sie als Brückenkopf für die Missionierung Litauens, was im 14. Jahrhundert mindestens fünfmal die Verwüstung bei heidnischen Gegenangriffen bewirkte. 1328 ging die Burg wieder an den Deutschen Orden über, woran sich auch nach der Schlacht bei Tannenberg nichts änderte. Ab 1525 gehörte die Stadt zu Preußen. Im Dreißigjährigen Krieg fiel sie ab 1629 für sechs Jahre an Schweden. Ab 1757 regierte fünf Jahre Rußland, einige Monate davon war der später legendäre Feldherr Alexander Suworow der örtliche Statthalter des Zaren. Von Januar 1807 bis Juni 1808 war Memel sogar die provisorische Hauptstadt Preußens, denn das damalige Königspaar Friedrich Wilhelm III. und Luise war vor Napoleon in den nordöstlichsten Zipfel seines Reiches geflohen.

Handel und Wirtschaft begannen im 19. Jahrhundert zu blühen. Vor allem durch den Krimkrieg erlangte der Hafen eine große Bedeutung für den Außenhandel Rußlands. Heinrich Schliemann, der spätere Entdecker Trojas, war einer der Kaufleute, die damals hier ein Vermögen verdienten. Doch 1854 vernichtete ein verheerender Brand große Teile der Stadt und nahezu alle Speicher im Hafen. Ein neuer Aufschwung kam 1875, als die Memel-Eisenbahn zwischen Memel und Tilsit in Betrieb genommen wurde.

Nach dem Ersten Weltkrieg stellte der Versailler Vertrag Klaipėda unter französische Verwaltung. Zu Beginn des Jahres 1923 schufen litauische Freischärler

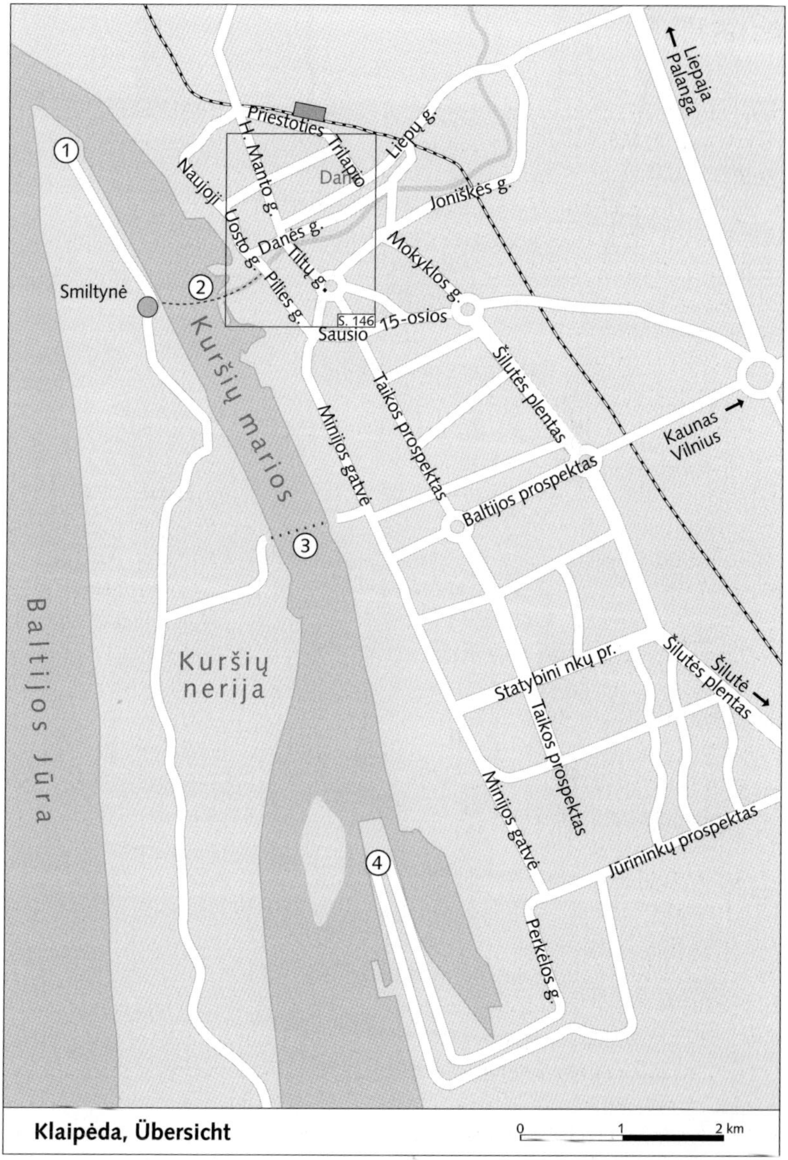

Klaipėda, Übersicht

Legende

1 Meeresmuseum

2 alte Fähre

3 Autofähre

4 Hafen

In der Liepų gatvė

durch die Vertreibung der Franzosen vollendete Tatsachen hinsichtlich der staatlichen Zugehörigkeit der Stadt. 1939 zwang Nazi-Deutschland Litauen, das umstrittene Gebiet wieder an Deutschland abzutreten. Gegen Ende des Zweiten Weltkrieges war Memel stark umkämpft. Im Herbst 1944 verließ das Gros der deutschen Zivilbevölkerung die Stadt gen Westen. Nach harten Kämpfen zog die Rote Armee am 28. Januar 1945 in die in Schutt und Asche liegende Stadt ein. Klaipėda wurde sowjetisch-litauisch und nach dem Krieg zügig als Industrie- und Hafenstadt ausgebaut. Viele russische Arbeitskräfte kamen in die Stadt, deren Anteil an der Bevölkerung heute noch mit über 30 Prozent etwa dreimal so groß wie im Landesdurchschnitt ist. Bis heute bestimmen die Hafenkräne die Stadtsilhouette. Aber auch die Altstadt wurde 1969 unter Denkmalschutz gestellt und über die Jahre in weiten Teilen restauriert. Seit 1990 besteht eine Städtepartnerschaft mit Lübeck. 2002 kam Mannheim als zweite Partnerstadt in Deutschland dazu.

Ein Rundgang durch Klaipėda

Das Zentrum Klaipėdas erstreckt sich zu beiden Seiten des Flusses Danė. Am linken, südlichen Ufer befindet sich die historische Altstadt mit ihren in Fachwerkbauweise errichteten Gebäuden, von denen allerdings nur wenige erhalten geblieben sind. Nördlich der Danė liegt die Neustadt – das Geschäfts-und Verwaltungszentrum. Die Altstadt Klaipėdas steht seit 1969 unter Denkmalschutz und wird nach und nach rekonstruiert. Auf einer Fläche von ungefähr 60 Hektar blieb die ursprüngliche Stadtplanung aus dem Jahre 1410 erhalten. Gitterähnlich durchziehen schnurgerade Gassen das Gelände. Beim wiederholten Wiederaufbau nach der Zerstörung durch Kriege oder Feuersbrünste blieb man dem Gittermuster immer treu. Von der historischen Stadtmauer sind allerdings keine Spuren mehr zu finden. Das Zentrum der Altstadt bildet am westlichen Rand der weiträumige Theaterplatz mit dem Schauspielhaus (Teatro a. 12, Tel. 31 44 64) und dem berühmten Simon-Dach-Brunnen. Die Theatertraditionen am Marktplatz gehen bis in das Jahr 1775 zurück. Das Gebäude wurde 1819 in Anlehnung an das Weimarer Theater erbaut und nach der Zerstörung durch den Brand von 1854 drei Jahre später klassizistisch wiederaufgebaut. Heute schließt sich an das alte Theater ein 1982 errichteter Neubau an, der auch eine zweite Spielstätte beherbergt. Den 1912 eingeweihten Brunnen vor dem Theater schmückt seit 1989 auch wieder das Ännchen von Tharau, welches – zumindest für die meisten deutschen Touristen – das markanteste Symbol Klaipėdas ist.

Zwischen Theaterplatz und Danė erheben sich historische Speichergebäude, die derzeit noch recht trostlos, durch Bauzäune und Graffitis ›verschönt‹, ihrer neuen

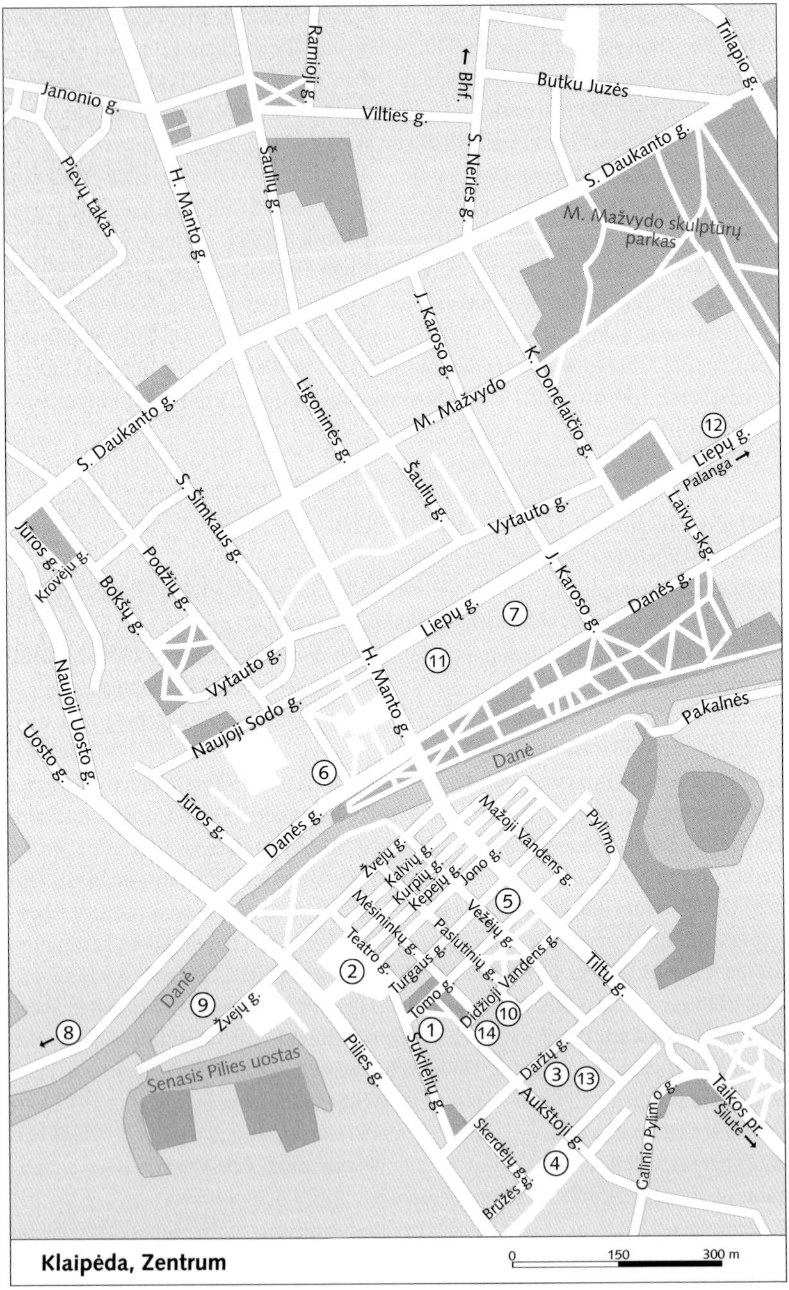

Klaipėda, Zentrum

0 150 300 m

Perspektive im Stadtbild harren. Interessante Fachwerkbauten und Bürgerhäuser findet man in der Altstadt in der Pilies gatvė 19, Turgaus gatvė 25 oder in der Didžioji gatvė 8. Vom Theaterplatz gelangt man über die Tomo gatvė und dann rechts in die Mėsininkų gatvė und dann nach links zum Kleinlitauen-Museum beziehungsweise nach rechts zur Aukštoji gatvė. Hier ist neben den Bürgerhäusern ein zur Galerie umgebauter Fachwerkspeicher sowie als architektonische Melange das alte Postamt (Aukštoji gatvė 13) sehenswert. Um die Ecke befindet sich in der Daržų gatvė der sogenannte Elefantenspeicher, eines der bekanntesten Fachwerkgebäude Klaipėdas. Daran vorbei führt die nächste Querstraße zum Schmiede-Museum und weiter zum Markt. Dahinter befand sich früher das jüdische Viertel der Stadt. Wenn man zur Danė am anderen Rand der Altstadt entlang der Tiltų gatvė zurückkehrt, lohnt sich auch ohne Kopfschmerzen ein Besuch der ›Grünen Apotheke‹. Sie wurde bereits 1677 gegründet und bietet heute neben Aspirin auch eine kleine Ausstellung historischer Apothekenutensilien (Tiltų gatvė 8/10).

Im Mažvydas-Skulpturenpark

Über die Danė-Brücke führt die Straße in die Neustadt. Auf der Danė fällt sofort der eindrucksvolle, dort vor Anker liegende Dreimastschoner ›Meridianas‹

Legende

1 Tourismusinformation
2 Theaterplatz
3 Elefantenspeicher
4 Markt
5 ›Grüne Apotheke‹
6 Altes Rathaus
7 Hauptpostamt
8 Meeresmuseum
9 alte Fähre auf die Kurische Nehrung
10 Kleinlitauen-Museum
11 Uhrenmuseum
12 Gemäldegalerie
13 Schmiedemuseum
14 Staatliche Kunsthalle

auf, der bis 1979 als Schulschiff der örtlichen Marineschule diente. Das in seinem Bauch befindliche Restaurant ist allerdings weniger eindrucksvoll. Hinter der Börsenbrücke erhebt sich rechts das Musiktheater, das auch die örtliche Philharmonie beherbergt (Danės gatvė 19, Tel. 39 74 04). Links stand früher die Börse, die zur Jahrhundertwende zu einem riesigen Industrie-und Handelspalast umgebaut worden war, der aber im Zweiten Weltkrieg völlig zerstört wurde. Der verbliebene Platz war früher der Leninplatz und heißt heute Platz der Hoffnung (Vilties a.). Sein Antlitz wird durch das 1985 pyramidenartig über Eck errichtete Hotel ›Klaipėda‹ bestimmt. Interessanter ist hier aber das klassizistische Alte Rathaus mit dem alten Stadtwappen. Von 1807 bis 1808 residierte in diesem Gebäude der preußische Königshof. Zwischen den Weltkriegen hatte der Landtag des Memelgebietes sein Domizil hier. Heute beherbergt es das Hauptgebäude der Universität Klaipėda. Am Flußufer befindet sich die 1971 von Kazys Kisielius geschaffenene, bronzene Skulptur ›Der Fischer‹ über einer Wasserkaskade.

Die ›Meridianas‹ an der Danė

Hinter dem Hotel gelangt man über die Vytauto gatvė zur Bokšių gatvė, wo sich die Baptistenkirche und die apostolische Kirche befinden. Es sind nurmehr Überreste einer reichen Kirchenkultur, die wegen der Zerstörungen des Zweiten Weltkrieges weitestgehend Geschichte ist, da die bedeutendsten Kirchen der Stadt nicht wiederaufgebaut wurden. Erwähnenswert ist die südlich des Stadtzentrums gelegene Marienkirche (Marijos Taikos Karalienės bažnyčia). Sie wurde zu Sowjet-

Das Kloster Pažaislis bei Kaunas
Die Burg von Kaunas; Der Berg der Kreuze bei Šiauliai

IN RI

zeiten aus Spenden der Gemeinde errichtet und dann aber 1962 noch vor ihrer Weihe zum Konzertsaal umfunktioniert. Erst 1988 wurden Gottesdienste zugelassen (Rumpiškės 6a).

Am Platz der Hoffnung nehmen auch die beiden wichtigsten Straßen der Neustadt ihren Anfang. Die Manto gatvė führt als Hauptgeschäftsstraße und wichtigste Einkaufsmeile Klaipėdas in Richtung Norden. Hinter der Eisenbahnbrücke befindet sich linker Hand der Stadtpark, wo man vom Riesenrad des Rummelplatzes einen Höhenblick auf Hafen und Stadt genießen kann. Nicht weniger interessant als die Manto gatvė ist aber die vom Platz der Hoffnung nach Osten führende Liepų gatvė. Hier befinden sich sowohl das Uhrenmuseum als auch die Gemäldegalerie. Auffällig ist der 42 Meter hohe Turm des Hauptpostamtes, eines neogotischen Backsteinbaus. 1987 wurde ein in Apolda gegossenes Glockenspiel eingebaut, das samstags und sonntags erklingt. Aber auch das Postamt selbst ist mit seiner filigranen Innenmalerei einen Abstecher wert.

Am Ende der Liepų gatvė befindet sich links der Mažvydas-Skulpturenpark – eine sympathische Grünanlage mit etwa einhundert Werken moderner Kunst. Allerdings befindet sich die Anlage makabererweise auf dem Gelände des ehemaligen städtischen Friedhofes. Zu Sowjetzeiten wurde er 1979 dem Erdboden gleichgemacht und in eine Gedenkstätte für die litauischen Aufständischen von 1923 umgewidmet. Alle deutschen Spuren mit Ausnahme des alten Grenzsteins von Nimmersatt wurden getilgt. Viele der alten Friedhofskreuze konnten aber in der Nacht vor dem Bulldozereinsatz von Bewohnern Klaipėdas gerettet werden und befinden sich jetzt in der Freilichtausstellung im Schmiedemuseum. Die ehemalige Friedhofskapelle dient heute als russisch-orthodoxe Kirche. Mit dem Namen des Parkes wird an Martynas Mažvydas gedacht, Autor des ersten Buches in litauischer Sprache, des Katechismus. 1997 wurde auf dem Sockel eines ungeliebten Rotarmisten-Memorials an der Ecke Šaulių gatvė und Vilties gatvė auch ein Denkmal für ihn eingeweiht (Lietuvininkų a.).

Wenn Klaipėdas Ursprünge auch mit der alten Memelburg in Verbindung stehen, so ist von ihr nichts mehr zu sehen. Sie befand sich südlich der Danė an der Pilies gatvė Die sichtbare Erhebung ist aber heute gesperrt. Die von Archäologen freigelegten Fundamente wurden zwar konserviert, aber die Idee vom originalgetreuen Wiederaufbau erscheint wenig realistisch. Hier legt die alte Fähre auf die Kurische Nehrung ab. Deren nördlichste Siedlung Smyltinė gehört administrativ zu Klaipėda und ist mit ihrem phantastischen Ostseestrand und dem Meeresmuseum vor allem im Sommer ein beliebtes Ausflugs- und Erholungsziel.

Der Berg der Kreuze
Die Wasserburg Trakai

Ännchen von Tharau

Ännchen von Tharau ist's, die mir gefällt;
sie ist mein Leben, mein Gut und mein Geld.
Ännchen von Tharau hat wieder ihr Herz
auf mich gerichtet in Lieb und in Schmerz.
Ännchen von Tharau, mein Reichthum, mein Gut,
du meine Seele, mein Fleisch und mein Blut.
Käm' alles Wetter gleich auf uns zu schlahn,
wir sind gesinnet, bei einander zu stahn.
Krankheit, Verfolgung, Betrübnis und Pein
soll unsrer Liebe Verknotigung sein.
Ännchen von Tharau, mein Reichthum, mein Gut,
du meine Seele, mein Fleisch und mein Blut.
Recht als ein Palmenbaum über sich steigt,
je mehr ihn Hagel und Regen anficht,
so wird die Lieb' in uns mächtig und groß
durch Kreuz, durch Leiden, durch allerlei Not.
Ännchen von Tharau, mein Reichthum, mein Gut,
du meine Seele, mein Fleisch und mein Blut.
Würdest du gleich einmal von mir getrennt
lebtest da, wo man die Sonne kaum kennt,
ich will dir folgen, durch Wälder, durch Meer,
durch Eis, durch Eisen, durch feindliches Heer.
Ännchen von Tharau, mein Licht, meine Sonn,
mein Leben schließ' ich um deines herum.

Anno 1636 stand die Hochzeit zwischen dem Pfarrer Johannes Partatius und der Pfarrerstochter Anna Neander aus Tharau bei Königsberg bevor. Der Bräutigam gab bei seinem Freund Simon Dach (1605–1659), Lehrer an der Königsberger Domschule, ein Hochzeitspoem in Auftrag. Simon Dach war nach seinem Studium der Theologie und alten Sprachen wegen seiner Gedichte zu den Feierlichkeiten der Königsberger Gesellschaft berühmt geworden. Unter den über tausend überlieferten Gedichten erlangten aber nur die in ostpreußischem Platt verfaßten Verse ›Anke van Tharaw öß, de my gefällt, se öß mihn Lewen, mihn Goet on mihn Gölt…‹ eine solche Berühmtheit. Sie wurden zunächst vom Königsberger Domorganisten vertont und erklangen erstmalig nach der Trauzeremonie. Zum Volkslied avancierte die Weise aber erst lange nach Dachs Tod,

nachdem sie Johann Gottfried Herder 1778 ins Hochdeutsche übertragen und Philipp Friedrich Silcher eine neue Melodie dazu komponiert hatte.
Zu Beginn des 20. Jahrhunderts begann man in Memel Spenden für ein Denkmal zu Ehren des bekannten Sohnes der Stadt zu sammeln. Der Berliner Bildhauer Alfred Künne entwarf einen Springbrunnen mit einer Ännchen-Statue in der Mitte und einem Portraitrelief des Dichters. Die feierliche Einweihung fand 1912 statt. Modell für Ännchen stand die damals 14jährige Gerda Schieweck-Koch, die Tochter des Dünenmeisters von Sandkrug. In den Wirren des Zweiten Weltkrieges wurde die Skulptur zunächst verlagert und dann auf den Müll der Geschichte geworfen, wahrscheinlich wurde sie eingeschmolzen. Als Ende der 80er Jahre der Theaterplatz neu gestaltet wurde, erinnerte man sich der Geschichte und des Denkmals. Als hoffnungsvolles Zeichen der Verständigung entstand als litauisch-deutsches Gemeinschaftswerk ein neuer Brunnen mit der vom Berliner Bildhauer Arnold Haacke nach alten Fotos und Repliken geschaffenen zweiten Ännchen-Skulptur. Das Denkmal wurde am 18. November 1989 somit zum zweiten Mal eingeweiht.
Ännchen, Anna Neander, wurde 1619 in Tharau (heute Vladimorovo, ca. 30 Kilometer südlich von Kaliningrad) geboren. Ihr Mann Johannis Partatius starb 1646. Sie überlebte auch ihre beiden späteren Ehemänner – die Amtsnachfolger des Pfarrers Partatius und starb 1689 bei ihrem ältesten Sohn in Insterburg (heute Černjachovsk).

Ännchen von Tharau auf dem Markt von Klaipėda

Museen

Klaipėda verfügt über eine ganze Reihe interessanter Museen. An erster Stelle ist hier das Meeresmuseum (Lietuvos Jūru muziejus) in Smyltinė zu nennen, das auf jeden Fall einen Besuch lohnt. Es befindet sich fast an der Nordspitze der Kurischen Nehrung und ist vom Stadtzentrum Klaipėdas mit der alten Fähre zur Nehrung zu erreichen. Vom Fähranlager dort sind es noch etwa eineinhalb Kilometer in Richtung Norden.

Am Eingang des Meeresmuseums

Auf dem Wege zum Museum kann man neben der Nationalparkverwaltung ein kleines Museum zur Geschichte und zu Fauna und Flora der Nehrung (Kuršių Nerijos naciolinis parkas muziejus, Sa, So Ruhetage, Tel. 391177) sowie weiter nördlich ausrangierte Fischereikutter und ein zum Museum umgebautes Fischereigehöft besichtigen. Zur Verkürzung des Weges stehen kleine Pferdekutschen bereit. Vor allem an Sonn- und Feiertagen bieten Privatboote auch einen Direkt-Shuttle von der Altstadt zum Kai am Museum an.

Das heutige Meeresmuseum war ursprünglich das Fort Kopgalis oder Süderspitze, das von Preußen zwischen 1866 und 1871 errichtet wurde. Die von Gräben und einem Wall umgebene, zweistöckige, runde Kaserne war schon zu ihrer

Bauzeit in ihrer strategischen Bedeutung überschätzt worden und versank bald in der Bedeutungslosigkeit, so daß sie von den letzten Soldaten 1895 verlassen wurde. Im Zweiten Weltkrieg befand sich dort ein Munitionslager, das 1945 gesprengt wurde. Die Idee eines Meeresmuseums wurde in den 70er Jahren in die Tat umgesetzt, und seit 1979 zieht es jährlich über eine Million Besucher an. In der eigentlichen Festung befindet sich heute ein Aquarium, wo man auf verschiedenen Ebenen sowohl Fische aus der Ostsee und dem Haff als auch aus tropischen Gewässern bewundern kann. Korallen und Muscheln ergänzen die Sammlung. Den Rundbau umrahmen kleine Freiluftbecken, wo Robben, Seelöwen und Pinguine zu beobachten sind. In den ehemaligen unterirdischen Gängen und Lagern unterhalb des Erdwalls befinden sich heute kleine Ausstellungen über die Entwicklung der Seeschiffahrt. (von Juni bis August: Mo Ruhetag; Mai und September: Mo und Di Ruhetage; von Oktober bis April: nur Sa und So geöffnet; Smyltinės 3, Tel. 49 07 51).

Unmittelbar neben dem Museum befindet sich seit 1994 das einzige Delphinarium des Landes, das von Mai bis September zur Show mit Delphinen und Seerobben einlädt (Ruhetage wie im Museum, Showbeginn werktags 12 und 15 Uhr, Sa und So 12, 14 und 16 Uhr, Tel. 49 07 40).

Nicht entgehen lassen sollte man sich auch das Geschichtsmuseum Kleinlitauen (Mažosios Lietuvos istorijos muziejus), das viele Informationen über die heutige Sicht Litauens auf das Memelland liefert. Es entstand aus dem 1924 gegründeten Heimatkundemuseum der Stadt. Von archäologischen Funden über eine große Landkartensammlung bis zu kleinlitauischen Trachten und alten Stadtansichten bietet das Museum einen sehenswerten Überblick über die Geschichte des Memellandes. Interessant auch das Stadtmodell des alten Memel. Im Keller befindet sich ein Souvenir-Shop (Didžioji vandens 6, Tel. 41 05 27).

In einer alten Kaufmannsvilla neben der alten Post ticken heute im originellen Uhrenmuseum (Klaipėdos laikrodžių muziejus) Zeitmesser unterschiedlichster Art, Größe und Gestalt. Zwei Ausstellungen zeigen die Geschichte der Zeitmessung und der Uhrengestaltung. Im Hof der Villa, wo auch manchmal Konzerte stattfinden, befindet sich eine riesige Sonnenuhr (Mo Ruhetag, Liepų 12, Tel. 41 04 13).

In der Gemäldegalerie (Klaipėdos paveikslų galerija) ist überwiegend Malerei des 20. Jahrhunderts von litauischen und exillitauischen Malern zu besichtigen, so kann man beispielsweise Klaipėda-Motive des nach Südafrika ausgewanderten Künstlers Pranas Domsaitis oder die Privatsammlung des Mäzens Dionyzas Varkalis begutachten (Mo und Di Ruhetage, Liepų 33, Tel. 41 04 21).

Das 1979 in der alten Schmiede von Gustav Katzke eröffnete Schmiedemuseum (Kalvystės muziejus) gehört zum Kleinlitauen-Museum. Die sich beispielsweise in der phantastischen Vielfalt der sonnen- und blumenartigen Verzierungen von Grabkreuzen artikulierende Schmiedekunst ist hier vom praktischen Betrieb

China-Restaurant mit Litauischer Dekoration am Marktplatz

der Schmiede bis zu künstlerischen Meisterwerken vom Metallkreuz bis zur Wetterfahne zu erleben. Es gibt auch eine Verkaufsausstellung (Mo und Di Ruhetage, Saltkalvių 2, Tel. 41 05 26).

Wer sich für zeitgenössische Malerei und Volkskunst interessiert, sollte noch der örtlichen Staatlichen Kunsthalle (Parodų rūmai, Mo, Di Ruhetage, Aukštoji 3, Tel. 31 44 43) und der privaten Galerie von Ponas Baroti (So Ruhetag, Bažnyčių 4, Tel. 31 35 80) einen Besuch abstatten.

Vorwahl: 0 03 70/46.
Postleitzahl: 91001.
Hauptpost: Liepų 16, Tel. 31 50 22.
Bank: Hansabankas, Taikos 22, Tel. 0 03 70/5/2 68 44 44.
Geldautomat: Liepų 50.
Tourismusinformation: Turgaus 7, Tel. 41 21 86, Juni bis August täglich 9 bis 18 Uhr, sonst Mo bis Fr 10 bis 18 Uhr. Die Mitarbeiter

sprechen Englisch und Deutsch und helfen bei allen Problemen von der Zimmervermittlung bis zum Fahrkartenverkauf.

Nicht weit davon entfernt in der Turgaus 2, Tel. 31 23 12, bietet das Reisebüro ›Baltic Clipper‹ die Organisation von Aufenthalten in anderen litauischen Städten, Fahrkartenverkauf, Ausflüge und Vermittlung von Fremdenführern an, www.baltic-clipper.lt

Klaipėda kann gut zu Fuß erkundet werden, ansonsten nutzt man die allgegenwärtigen Minibusse, die an allen zentralen Stellen angehalten werden können. Der Fahrpreis beträgt tagsüber 1,70 Lt., ab 23 Uhr 2 Lt.

Neben Vilnius und Kaunas gibt es auch für Klaipėda (einschließlich Kurische Nehrung und Palanga) einmal jährlich in Englisch und sogar in Deutsch eine Neuausgabe von ›Klaipėda in your pocket‹ mit entsprechend aktualisierten Informationen. Daneben kann man sich auch im Internet über www.klaipeda.lt informieren.

TAXI Tel. 34 00 34.

Die Entfernung zum Flughafen von Palanga beträgt 36 Kilometer. Es gibt zweimal täglich einen Bustransfer vom Hotel ›Klaipėda‹.

Der Bahnhof befindet sich im Norden der Stadt. Es gibt täglich sechs Züge nach Šiauliai, davon drei Züge nach Vilnius, und Züge nach Kretinga (Priestoties gatvė 1, Tel. 31 36 77).

Unweit des Bahnhofes gelegen, bietet der Busbahnhof Verbindungen nach Vilnius (9 x tgl.), Kaunas (6 x), Telšiai–Šiauliai (5 x), Liepāja in Lettland (4 x) sowie über die Kurische Nehrung nach Kaliningrad (2 x).

Im Sommer verkehren Routentaxis nach Palanga und Kretinga.

Busse nach Nida fahren an der Fähre in Smyltinė ab (Butkų Juzės 9, Tel. 2 10 24 88).

Es gibt zwei Fähren nach Smyltinė auf der Kurischen Nehrung. Die alte Fähre befindet sich im Zentrum an den Überresten der alten Burg. Für Autos hat sie nur eine sehr begrenzte Kapazität (max. 12) und nimmt im Sommer bei großem Andrang zeitweise gar keine Autos an Bord (1,50 Lt. pro Person, 32 Lt. pro Auto, Žvejų 8). Die eigentliche Autofähre befindet sich südlich vom Stadtzentrum (1,50 Lt. pro Person, 32 Lt. pro Auto, Ausschilderung: Neringa, Nemuno 8, Tel. 31 11 17, www.keltas.lt (L/E/D). Die Tickets werden nur auf der Klaipėdaer Seite verkauft und gelten für Hin- und Rückfahrt.

Der Internationale Fährhafen befindet sich im Süden von Klaipėda. Ticketverkauf auch im Foyer des Hotels ›Klaipėda‹. Neben dem Fährdienst nach Kiel und Saßnitz gibt es zweimal wöchentlich Fährverbindungen nach Stockholm

und Fredericia in Dänemark (Perkėlos 10, Tel. 39 50 50).
Während der Sommersaison werden am Wochenende Tageskreuzfahrten von Klaipėda zur Kurischen Nehrung angeboten, Preis etwa 50 Lt. für Erwachsene. Nähere Informationen unter Tel. 30 07 00.

Das mit 194 Zimmern größte und bekannteste Hotel der Stadt ist in zentraler Lage das nicht zu übersehende Hotel ›Klaipėda‹ (DZ 250 bis 400 Lt., Naujoji sodo 1, Tel. 40 43 72, www.klaipedahotel.lt (L/E/D).
Haffblick bieten einige der zwölf Zimmer im kleinen und sehr ansprechenden Hotel ›Astra‹ (DZ 220 bis 300 Lt., Pilies 2, Tel. 21 63 40).
Für gehobene Ansprüche vor allem bei Geschäftsreisen bietet sich mit 22 Zimmern das ›Lūgnė‹ unweit des Marktes an (DZ 270 bis 420 Lt., Galinio pylimo 16, Tel. 41 18 84).
In der nähe des Bahnhofs befindet sich das gepflegte ›Svečių Namai‹ (DZ 250 bis 350 Lt., Janino gatvė 11, Tel. 310 900).
Am nördlichen Stadtrand liegt das von einem deutsch-litauischen Joint-Venture betriebene Hotel ›Parkas‹ (DZ 160 bis 260 Lt., Liepojos 3, Tel. 38 52 83).
In den nördlichen Vororten Giruliai und Melnragė mit Strandnähe bieten sich das ›Pajuris‹ (DZ 160 bis 300 Lt., Slaito 18a, Tel. 49 01 36) und das ›Morena‹ (DZ 240 bis 280 Lt., Audros 8a, Tel. 35 13 14) an.
In der Altstadt gibt es auch eine kleine Jugendherberge (50 Lt. pro Person, Turgaus 3–4, Tel. 21 49 35), und Litinterp bietet vielfältige Bed-&-Breakfest-Varianten in der Altstadt (Šimkaus 21/8, Tel. 41 06 44).

Litauische Küche findet man in urigen Kneipen in der Altstadt und in der Neustadt im ›Juodojo Katino Smukle‹ (Manto 9, Tel. 21 01 55).
Anspruchsvolleres Ambiente mit litauischer und europäischer Küche findet man im am Skulpturen-Park im ›Metų Laikai‹ (Donelaičio 6a, Tel. 4 13 73).
Internationale Küche reicht heute von der Pizzeria-Kette ›Bambola‹ (Manto gatvė 1, Tel. 31 22 32) über amerikanische Bars wie das ›Skandalas‹ mit Jazz-Abenden (Kanto gatvė 44, Tel. 41 15 84) bis zum ansprechenden China-Restaurant ›Kinų Restoranas‹ am Markt (Sukilėlių 6, Tel. 31 44 69).
Ein empfehlenswertes Café ist das ›Galerija Peda‹ (Turgaus 10, Tel. 31 02 34).
Fastfood gibt es bei McDonalds (Taikos 61c).

Kurz vor dem Schwenk der A 13 in Richtung Palanga liegt ein ausgeschilderter, einfacher Campingplatz mit 20 Caravanstellplätzen und Zeltplatz (Tel. 00 370/ 686/6 29 15).

www.klaipeda.lt (L/E).
www.klaipeda.daily.lt (E).
www.klaipeda.aps.lt (L/E/R).
www.dasan.de/klaipeda/ (D).

Palanga

Palanga (Polangen) mit seinen etwa 22 000 Einwohnern ist das populärste Seebad Litauens. Neben dem eigentlichen Palanga gehören heute die eingemeindeten Vororte Nemirsata, Vanagupė, Kunigiškiai, Manciškiai und Šventoji zu Groß-Palanga, das sich somit auf etwa 25 Kilometern am Ostseestrand entlangzieht. Dank in den 50er Jahren erschlossener brom-, kalzium- und magnesiumhaltiger Quellen zieht es seitdem auch als Heilbad über die Badesaison im Sommer hinaus Gäste an.

Die ersten Siedlungsüberreste des baltischen Stammes der Kuren sind nach archäologischen Schätzungen etwa 5000 Jahre alt. Vermutlich um die erste Jahrtausendwende befand sich auf dem heutigen Birutė-Berg ein heidnisches Heiligtum, wo der Hohepriester mit den jungfräulichen Priesterinnen das Feuer hütete. Die ersten verbürgten Fakten stammen aus dem Jahr 1161, als hier das Heer des dänischen Königs landete und Palanga erstmals in der historischen Chronik des Schwertbruderordens auftaucht. In der Auseinandersetzung mit dem Deutschen Orden im Süden und dem Livländischen Rittern im Norden verteidigten die Litauer den schmalen Landstreifen um Palanga, wo sich bei Šventoji über lange

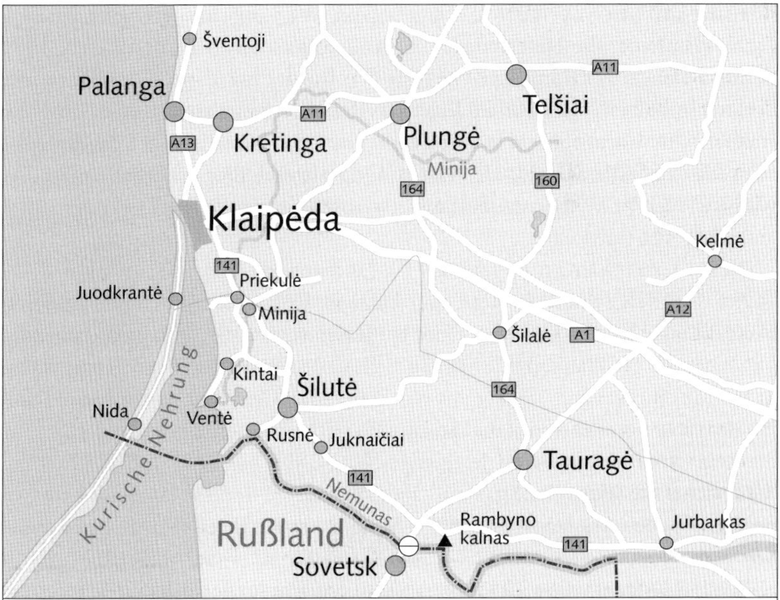

Ostseeküste, Haff und Memelland

An der neuen Mole in Palanga

Jahre der einzige Ostseehafen Litauens befand. Im 17. Jahrhundert begannen englische Kaufleute, die Hafenanlagen auch für Überseeschiffe auszubauen. 1639 bekam Palanga das Handelsprivileg für den Handel mit Riga, Königsberg und Danzig. Im selben Jahr erhielten Juden das Recht, sich hier anzusiedeln. Doch die Handelsblüte war nicht von langer Dauer. Nach den Verwüstungen im russisch-schwedischen Krieg wurde der Hafen 1705 zugeschüttet. Im 18. Jahrhundert wurde wieder die Fischerei zum Haupterwerbszweig, der Palanga 1791 immerhin das Stadtrecht einbrachte.

Neues Leben kam zu Beginn des 19. Jahrhunderts an die Ostseeküste. 1824 kaufte Graf Tiškevičius de facto ganz Palanga. Er ließ den Hafen erneuern und baute die erste Landungsbrücke. Doch der Hafen versandete, dafür wurde aber die Landebrücke als Flaniermeile für die Badegäste immer populärer. Dem neuen Trend folgend, begann Tiškevičius das Bade- und Kurwesen zu entwickeln und mit dem Bau von Pensionen und Sanatorien reiche Litauer, Russen und Polen für die neue Sommerfrische zu begeistern. Von 1897 bis 1902 ließ die Familie Tiškevičius im Süden der Stadt auf einer künstlichen Terasse ein Schloß im Stil des Historismus errichten, das nun den Mittelpunkt des gesellschaftlichen Lebens der Stadt bildete.

Als die Grafenfamilie 1940 ins Ausland emigrierte, gehörten ihr neben dem Schloß samt Park etwa zwei Drittel aller Häuser in Palanga. Es folgte die Enteignung, aus dem Schloßpark wurde der Botanische Garten, das Schloß wurde zum Domizil des Bernsteinmuseums. Innerhalb der Sowjetzeit avancierte Palanga zu einem der populärsten Kurorte des Landes und wurde mit unzähligen – zumeist leider betonklotzartigen – neuen Ferienheimen ausgebaut. Mit der Unabhängigkeit brach auch das Kurwesen zusammen. Doch nach einigen verwaisten Som-

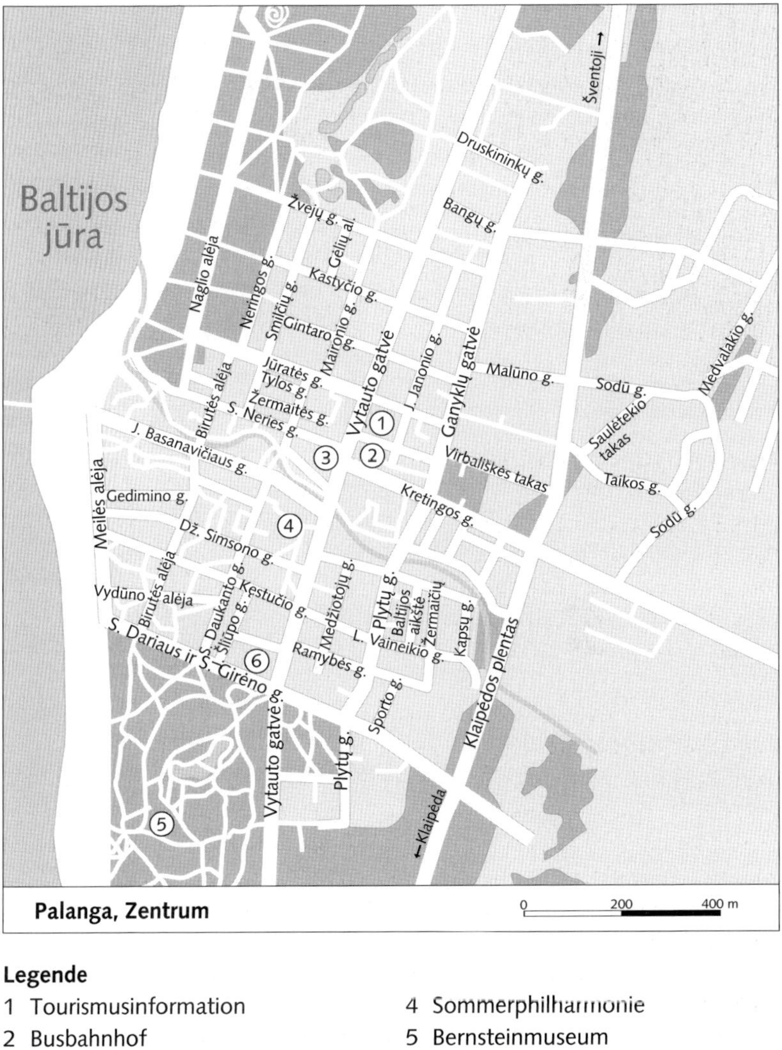

Palanga, Zentrum

Legende

1 Tourismusinformation
2 Busbahnhof
3 Maria-Himmelfahrts-Kirche
4 Sommerphilharmonie
5 Bernsteinmuseum
6 Heimatmuseum

mern boomte Palanga in den letzten Jahren wieder und kann sich heute über einen Mangel an Gästen und Touristen nicht beklagen. Eine Besonderheit besteht darin, daß das Stadtzentrum im Sommer weitestgehend autofrei ist. Viele Straßen sind

Vor einem Café in Palanga

für Autos gesperrt, öffentliche Parkplätze sind Mangelware, und wer trotzdem fahren möchte, muß einen entsprechenden Passagierschein erwerben oder sich aber für teures Geld ›entkrallen‹ lassen.

Ein Rundgang durch Palanga

Die wichtigste und wohl am häufigsten besuchte Sehenswürdigkeit Palangas ist sicherlich sein schier endloser, heller, feinkörniger Sandstrand. An einigen, ausgeschilderten Strandabschnitten ist auch FKK – allerdings getrennt für Damen und Herren – erlaubt. Gut sichtbar ist hier auch die neue Landungsbrücke.

Auf dem neuen Pier bummelt man am Tage und genießt abends den Sonnenuntergang. Die erste über 600 Meter lange Holzmole wurde noch im 19. Jahrhundert erbaut, als Graf Tiškevičius hier seinen Hafen plante. Auch damals war sie bereits nach rechts abgewinkelt. Die Unbilden der Natur zogen das Bauwerk aber vor allem in den Jahren 1923, 1968 und 1993 sehr stark in Mitleidenschaft, so daß 1993 eine Reparatur nicht mehr möglich war. So entstand in den letzten Jahren eine neue Stahl-Beton-Konstruktion mit Holzdielen, die seit 1998 wieder den Besuchern den Ausflug auf die Ostsee ermöglicht. Die Landungsbrücke ist zugleich die Weiterführung der Basanavičius gatvė. Sie durchzieht Palanga in ost-westlicher Richtung und ist zugleich die Vergnügungsmeile des Ortes. An der Landungsbrücke versinnbildlicht ein Springbrunnen die ›Legende von Jūratė und Kąstytis‹.

Parallel zum Flüßchen Rąžė bietet die schattige Allee Gaststätten und Kneipen, Spielsalons und Souvenirstände und somit herzlich wenig Romantik, sondern alle Attribute einer lauten Bummelmeile. Daneben gibt es aber eine Reihe alter Fachwerkhäuser und historischer Holzvillen, wie unter der Hausnummer 39 die Villa Meeresauge ›Jūros akis‹, eine Mineralwasser-Bar (Hausnummer 48) und eine interessante Kunstgalerie (Dailės galerija, Nr. 10–12) mit großer Auswahl an Bernsteinschmuck.

Die Allee mündet in die Hauptstraße Palangas, die, nach Vytautos benannt, den Ort von Norden nach Süden durchzieht. An dieser Kreuzung treffen sich die Straßenhändler jeglicher Couleur und bieten von Sonnenbrillen über Strohhüte und Bernsteinketten bis hin zu Ölgemälden so gut wie alles feil. Der Platz wird vom Kirchturm der 1908 erbauten, neugotischen Maria-Himmelfahrts-Kirche (Vytauto gatvė) überragt, die auf Betreiben von Graf Tiškevičius vom deutschen Architekten E. Strandmann entworfen wurde und im Innern mit vielfältigen Holzschnitzereien und Marmorskulpturen aufwartet. Gegenüber befindet sich ein kleiner Park mit einem Denkmal für die Opfer des Zweiten Weltkrieges. In Richtung Norden eröffnet sich die Geschäftsmeile Palangas mit Geschäften, Cafés und Hotels.

Durch die Neries gatvė, wo sich auch ein großes Hallenbad befindet, oder durch die Jūratė gatvė gelangt man linker Hand ebenfalls wieder zum Strand. Rechter Hand gelangt man zum von der Hauptstraße etwas versteckten Busbahnhof und zum Markt. Mit zunehmender Entfernung werden die Häuser weniger. Man gelangt zum Rummelplatz und nach etwa drei Kilometern schließlich zu den Hotelkomplexen Linas und Vanagupė. Als Spaziergänger ohne Rummelambitionen sollte man aber spätestens an der Žvejų gatvė in Richtung Strand abbiegen und die beschauliche Naglio-Allee im Kiefernwald am Strand in Richtung Norden entlangwandern.

Im südlich des Flüßchen Rąžė gelegenen älteren Teil der Stadt bietet ein Spaziergang durch die Vytauto gatvė und ihre Nebenstraßen oder am Strand entlang in Richtung Botanischer Garten seine Reize. Auf der Vytautos gatvė von der Maria-Himmelfahrts-Kirche in Richtung Süden gibt es – etwas versteckt – auf der linken Seite einen gut sortierten Buchladen (Vytauto 84) und das größte Kino der Stadt. Rechts befindet sich die Sommerphilharmonie, ein Konzertsaal, der allerdings eine Rundumerneuerung dringend nötig hat, und das Kurhaus. Als architektonisches Denkmal gilt die alte, 1827 eröffnete Stadtapotheke in einem gelben Holzhaus (Vytauto 33). Ein Stück weiter folgt eine kleine Kunstgalerie ›Namelis‹, hinter der sich etwas versetzt das Jonas-Sliupas-Museum befindet. An der nächsten Kreuzung beginnt rechts der Botanische Garten, in dem sich das sehenswerte Bernsteinmuseum befindet.

Das Bernsteinmuseum im Botanischen Garten

Eglė – die Natternkönigin

In einer Fischersfamilie lebten zwölf Söhne und drei Töchter. Die jüngste Tochter trug den Namen Eglė. Als sie sich eines Abends nach dem Baden im Meer anziehen wollten, erblickte die Jüngste im Ärmel ihres Kleides eine Natter. Die Älteste wollte die Natter mit einem Stock erschlagen, doch diese sprach: »Bitte, liebe Eglė, gib mir Dein Wort, daß Du mich heiraten wirst, und ich krieche selbst heraus.« Eglė begann zu weinen, doch sie gab ihr Wort. Nach drei Tagen kamen Nattern auf den Hof der Eltern, um die Braut laut ihrem Versprechen abzuholen. Die Familie weinte um Eglė, doch sie mußte einwilligen. Am Meer erwartete Eglė ein schöner Jüngling mit dem Namen Žilvinas, was Uferweide bedeutet. Er war die verzauberte Natter aus dem Ärmel.

Eglė lebte glücklich mit Žilvinas und gebar ihm drei Söhne und eine Tochter, die die Namen Ažuolas (Eiche), Beržas (Birke), Uosis (Esche) und Drebule (Espe) erhielten. Eines Tages fragte der älteste Sohn nach Eglės Eltern, und Eglė bat Žilvinas, diese besuchen zu dürfen. Doch er gab ihr als Bedingung zuerst drei Aufgaben zur Lösung. Sie sollte Seide aufspinnen. Sie spann, und es nahm kein Ende, bis ihr eine alte Frau riet, die Seide ins Feuer zu werfen. Sie sollte ein Paar eiserne Schuhe abtragen, da riet ihr die Alte wieder, die Schuhe ins Feuer zu werfen, und in drei Tagen waren sie abgetragen. Sie sollte Brot auf Vorrat backen, doch alle Töpfe und Schüsseln waren verschwunden. Wieder half ihr die Alte.

Nun konnten sie reisen. Sie sollten nicht länger als neun Tage ausbleiben und bei ihrer Rückkehr am Ufer rufen: Žilvinas, Žilvinas, Milch soll schäumen, wenn du lebst, Blut soll schäumen, wenn du tot bist. Diese Worte sollten sie als ihr Geheimnis hüten. Die Freude im Elternhaus war so groß, daß die neun Tage wie im Fluge vergingen und sie Eglė nicht zurücklassen wollten. Eglės Brüder wollten Žilvinas am Strand rufen und umbringen. Die Söhne verrieten ihr Geheimnis nicht, doch als sie die Tochter mit Ruten bedrohten, verriet sie alles. Sofort liefen alle zwölf Brüder zum Strand, wo sie Eglės Mann riefen und ermordeten. Als Eglė am Strand nach Žilvinas rief, schäumte das Blut, und seine Stimme erzählte ihr alles. Eglė weinte und sprach zu ihren Kindern: »Tochter Espe, friste dein Leben in Zittern und Beben. Ihr Söhne, werdet zu starken Bäumen und trotzt dem Wetter und dem Waldesraunen. Ich, eure Mutter, werde zur Tanne, zu spitzen Nadeln mein Haar.«

Und so geschah es. Sie wurde zur Tanne, ihre Tochter zur zittrigen Espe und die Söhne als Eiche, Birke und Esche zu den stärksten Bäumen der litauischen Wälder.

Neben dem Bernsteinmuseum lohnt auch der Botanische Garten selbst einen Spaziergang. Der französische Gartenarchitekt E. André zauberte zwischen 1897 und 1907 aus einem bis dahin versumpften Wald eine dem neuen Tiškevičius-Schloß adäquate Parkanlage. 1960 wurde daraus dank umfangreicher Neupflanzungen, eines Rosariums und mehrerer Gewächshäuser für tropische Pflanzen ein Botanischer Garten. In der Nähe des Eingangs steht die Märchenplastik der Natternkönigin Eglė. Mitten im Park – südwestlich des Schloßes – erhebt sich eine über 20 Meter hohe Düne, die bereits vor langen Jahren ein heidnisches Heiligtum war und dank der Liebeslegende von Fürst Kęstutis und Priesterin Birutė deren Namen trägt. Die kleine Backsteinkapelle auf dem Birutė-Hügel (Birutės kalnas) stammt aus dem Jahr 1869. Die Holzskulptur ›An Dich, Birutė‹ als Symbol der Liebe und Treue symbolisierenden Heiligen am Fuße des Hügels entstand 1965.

Palanga ist vor allem im Sommer auch – nicht zuletzt aufgrund der relativen Autofreiheit – eine Domäne für Radfahrer. Vor allem in Richtung Norden wird auf den Waldwegen viel geradelt. Im Stadtzentrum gibt es mehrere Fahrradverleihe: Vytauto 67, Vytauto 116, Smilčių 11.

Museen

Der bedeutendste Anziehungspunkt für Besucher Palangas ist das Bernsteinmuseum. Es befindet sich seit 1963 im 1897 erbauten Schloß des Grafen Tiškevičius und bietet mit seiner Sammlung von über 25 000 Bernsteinstücken, von denen etwa 4500 in der Ausstellung zu sehen sind, einen einzigartigen Überblick über die Entstehung, die Vielfalt und die künstlerischen Möglichkeiten des baltischen Goldes. Die Sammlung der Grafenfamilie bildete auch den Grundstock für das Museum. Im ersten Saal geht es um die Geschichte des Schlosses. In den folgenden sechs Sälen wird die Entstehung des Bernsteins beleuchtet. Es folgen Kopien des Bernsteinschatzes von Juodkrantė und in vier Sälen Meisterwerke des Kunsthandwerks und der Juwelierkunst einschließlich einer Werkstatt zur Bernsteinbearbeitung. Das Schloß steht auf einer künstliche Terrasse und wird von einem Springbrunnen und einer segnenden Christus-Skulptur umrahmt (Mo Ruhetag, Vytauto 17, Tel. 5 35 01).

Im Dr.-Jonas-Silupas-Museum wird an den litauischen Sprachwissenschaftler Jonas Silupas (1861–1944) erinnert, der nach seiner Emigration nach Amerika nach Litauen zurückkehrte. Von ihm stammt das erste Buch zur Literaturgeschichte Litauens. In diesem Haus lebte er von 1933 bis 1939, als er Bürgermeister von Palanga war. Da das Museum gleichzeitig als Heimatmuseum dient, ist eine kleine Exposition der Geschichte Palangas gewidmet (Mo und Di Ruhetage, Vytauto 23, Tel. 5 45 59).

Vorwahl: 0 03 70/4 60.
Postleitzahl: 00001.
Hauptpostamt: Vytauto 53, Tel. 4 88 71, hier ist auch der Fahrkartenschalter der Eisenbahn.
Bank: Hansabankas, Jūratės 12, Tel. 0 03 70/5/2 68 44 44.
Geldautomat: Vytauto 98.
Tourismusinformation: Kretingos 1, Tel. 4 88 11.

Tel. 5 17 77, 5 33 33.

Der Flughafen liegt etwa sechs Kilometer nördlich der Stadt. Er ist mit der Buslinie 2 zu erreichen. (Liepojos 1, Tel. 5 20 20), Stadtbüro der Lithuanian Airlines: Vytauto 94a, Tel. 5 22 34.
Im Sommerhalbjahr landen die Flugzeuge zwischen Vilnius und Berlin, Hannover sowie Frankfurt in Palanga. Internationale Flüge mit entsprechenden Anschlußmöglichkeiten gehen auch in Richtung Hamburg, Stockholm, Aarhus, Billund und Kristiansand. Ein Hin- und Rückflug von Hamburg nach Palanga kostet mit SAS oder Lithuanian Airlines ab ca. 350 Euro, die Flugzeit beträgt knapp 2 Stunden, www.palanga-airport.lt.

A 13 von Klaipėda, an der ausgeschilderte Ausfahrt gelangt man über einen Linksbogen auf der Kretingos gatvė zum Stadtzentrum.

Palanga ist nicht an das Eisenbahnnetz angebunden. Die nächsten Bahnhöfe befinden sich in Kretinga bzw. in Klaipėda.
Der Busbahnhof liegt zentral und bietet neben je zehn Non-Stop-Verbindungen nach Kaunas und Vilnius, viele andere Linien ins Umland.
Täglich fährt ein Bus nach Moskau und zwei nach Riga und Kaliningrad (Kretingos 1, Tel. 5 33 33).

Das Angebot an Unterkünften von luxuriös bis primitiv ist ebenso wie die Preisskala sehr weitgefächert.
Zu den besten neuen Hotels zählen das noble ›Du Broliai‹ mit zwei – wie der Name verspricht – ›Bruder‹-Häusern in unterschiedlichen Stadtteilen (DZ 400 bis 800 Lt., Vytauto 160, Tel. 4 00 40).
An der Hauptstraße Vytauto liegen das populäre ›Tauras‹ (DZ 160 bis 360 Lt., Vytauto gatvė 116, Tel. 491 11) und das teurere ›Žalias Namas‹ (DZ 300 bis 450 Lt., Vytauto 97, Tel. 5 33 03).
Die heute häufig von der litauischen Regierung genutzte ehemalige Breschnew-Villa ›Auska‹ befindet sich südlich des Botanischen Gartens (DZ 550 Lt., Vytauto 11, Tel. 4 83 32).
Im ›Žilvinas‹ hat man die Wahl zwischen einer Pension und hölzernen Ferienhäusern (DZ 290 bis 480 Lt. Kestučio 26, Tel. 4 83 32). Das preiswerteste dieser Angebote ist das ›Vyturys‹ (DZ 140 Lt., Darius ir Girėnas 20, Tel. 4 83 32).
Eine weitestgehend noch echt sowjetische Alternative ist der Ferienkomplex ›Linas‹ mit verschie-

denen Hochhausblocks im Norden der Stadt (DZ 70 bis 140 Lt., Vytauto 155 Tel. 5 61 05).
Etwas besser ist das ›Vanagaupė‹ (DZ 100 bis 200 Lt., Vanagaupė 31, Tel. 3 11 99).
Bed-&-Breakfest-Varianten werden über Litinterp in Klaipėda angeboten, die in Palanga kein eigenes Büro unterhalten Tel. 0 03 70/46/ 41 06 44.
Populär ist auch nach wie vor die private Zimmer- oder Bettenvermietung. Am Busbahnhof oder auch an der Einfallstraße von der Autobahn stehen die privaten ›Anbieter‹ auf der Suche nach Kunden. Die preiswerten zimmer- oder auch bettenweise angebotenen Übernachtungsmöglichkeiten für den sehr kleinen Geldbeutel lassen aber zumeist nennenswerten Komfort vermissen.
In der Basanavičius gatvė befindet sich eine Gaststätte neben der nächsten, so daß man hier gut auf Erkundungs- bzw. Kneipentour gehen kann. Am einen Ende sollte man das typisch litauische Restaurant ›Molinis Ąsotis‹ (Nr. 8, Tel. 4 02 08) sowie am anderen Ende das Aquarium genannte Café ›Perlas‹ (Nr. 56) nicht auslassen.
Die besten Restaurants der Stadt bieten die beiden Hotels ›Du Broliai‹. Litauische Küche bekommt man im ›Pusu paunksneje‹ (Darius ir Girėnas 25, Tel. 4 90 80).
Litauischen Sekt gibt es in der Sektbar ›Alita‹, die von Litauens gleichnamigem Sekthersteller Nummer eins aus Alytus eingerichet wurde und der dafür sorgt, daß seine Marken hier nicht zu kurz kommen (Kretingos 54, Tel. 4 00 11).
Die besten Fischgerichte gibt es in Strandnähe im ›Voveraitė‹ (Mielės a. 24, Tel. 5 25 33).
www.palanga.lt (L/E/R).
www.palangatic.lt (L/E/R).

Šventoji

Šventoji liegt etwa zwölf Kilometer nördlich von Palanga hinter dem Flughafen und gehört verwaltungsmäßig seit 1980 zu Palanga. Der Ortsname leitet sich aus dem Namen eines kleinen Flusses ab, der nordöstlich entspringt und sich durch den etwa 2000 Einwohner zählenden Ort schlängelt. Šventoji war ursprünglich eine Fischersiedlung. An diese Tradition knüpft das jährlich im Juli hier stattfindende Fischerfest an, und bis heute ist der Fluß ein beliebtes Angelrevier. Nördlich des Ortes gibt es einen kleinen Grenzübergang nach Lettland.

Šventoji hat einen ähnlich schönen Strand wie Palanga zu bieten, die Ortschaften sind dennoch sehr unterschiedlich. Nicht ohne Erfolg bemühte sich

Im Bernsteinmuseum von Palanga

Palanga immer, doch zumindest einen Hauch von Exklusivität zu erhalten. Šventoji hingegen wurde zu Sowjetzeiten zum Inbegriff für den Ostsee-Urlaub mit den etwas geringeren Ansprüchen. Dabei kann die Siedlung Šventoji auf eine lange Geschichte zurückblicken. Sie wurde erstmalig 1584 erwähnt, als englische Kaufleute eine Lizenz zum Ausbau des Hafens erhielten. Doch der Hafen wurde um 1700 wieder zerstört, und der Ort blieb unbedeutend.

Heute gibt es einige zu Sowjetzeiten entstandene, einfache Herbergen. Viele Bungalow-Siedlungen sind ebenso wie die Mole und die stadtberühmte Hängebrücke in einem recht erbärmlichen Zustand. Man hofft, irgendwann den Hafen wieder aufbauen zu können, um den Ort für Wassersportler attraktiver zu machen, aber es ist fraglich, ob diese Pläne jemals Aussicht auf Realisierung haben. Bekannt ist die 1982 in den Dünen an der Mole als Blickfang aufgestellte Plastik ›Fischerstöchter‹ – drei ihren Vätern zuwinkende Mädchen.

Zwischen Šventoji und der lettischen Grenze wurde in den letzten Jahren auch der neue Ölhafen Butingė errichtet, der Litauen mit seinen erheblichen Raffenerie-Kapazitäten in Mažeikiai vom russischen Ölhahn unabhängig machen und auch neue Exportmöglichkeiten erschließen soll. Šventojis Strand ist durch diesen neuen Blickfang aber mit Sicherheit nicht attraktiver geworden.

Etwa auf halbem Wege zwischen Palanga und Šventoji gibt es eine Windsurf-Station, an der man auch Bretter ausleihen kann.

Das Memelland

Das Memelland ist historisch gesehen der nördlich des gleichnamigen Flusses gelegene Landstrich der preußischen Provinz Ostpreußen. Der ungefähr 30 bis 40 Kilometer breite Landstreifen hatte mit den Dörfern Nemirsate (Nimmersatt) und Smalininkai (Schmalleningen) seine größte Ausdehnung in Richtung Norden und Osten. Über Jahrhunderte Bestandteil des Deutschen Reiches, wurde seine Abtrennung von Deutschland 1919 im Versailler Vertrag festgeschrieben. Heute ist der Landstrich ein Teil Litauens, wobei er unter der historischen Bezeichnung Kleinlitauen (Mažoji Lietuva) zu den Verwaltungsbezirken Klaipėda und Tauragė gehört.
1226 zog der Deutsche Orden erstmalig gegen die Prußen. An der Mündung der Memel begann man mit dem Bau einer Burg – der Grundstock der späteren Stadt Memel, des heutigen Klaipėda. Der Fluß Memel bildete die Trennlinie für die Interessensphären des Deutschen und des Livländischen Ritterordens. Als diese Linie nach der Vereinigung beider Orden im Jahre 1328 nach Norden verlagert wurde, erhielt dieses Gebiet die Bezeichnung Memelland. 1422 wurden im Friedensvertrag vom Melno-See die Grenzen Ostpreußens festgelegt, die unter der Ordensherrschaft, der polnischer Lehnshoheit, dem preußischen König und später dem Deutschen Reich bis 1919 gültig blieben. Dabei kam Polangen, das heutige Palanga, zu Litauen, daß so einen Zugang zur Ostsee erhielt. Bereits im 14. Jahrhundert entstand

Die Memel (Nemunas) nahe des Rambyno Kalnas

auch die Mischung der Bevölkerung. Vor der offiziellen Christianisierung Litauens (1387) zum Christentum übergetretene Litauer und von den Kreuzrittern angesiedelte Bauern aus deutschen Landstrichen vermischten sich mit den Kuren und Prußen, zu denen noch Polen und Juden kamen. Sie bildeten bis in das 20. Jahrhundert hinein die für das Memelland typische multikulturelle Mischung. Bei den Volkszählungen 1905 und 1925 bekannten sich jeweils knapp unter 50 Prozent der Bevölkerung als Deutsche beziehungsweise Litauer.

Nach dem Ersten Weltkrieg meldeten sowohl Polen als auch Litauen Ansprüche auf das Memelgebiet an. Zunächst wurde das Memelland Mandatsgebiet des Völkerbundes, wobei Frankreich treuhänderisch die Verwaltung übernahm. Das neue unabhängige Litauen, gebeutelt durch den Verlust seiner südöstlichen Gebiete um Vilnius an Polen, forcierte ab November 1921 seine Ansprüche auf die Küstenregion. Im Januar 1923 schuf Litauen vollendete Tatsachen: Freischärler unter Jonas Polovinskas-Budrys eroberten Memel und übernahmen die Verwaltung. Die Franzosen leisteten keinen Widerstand und zogen im Februar 1923 ab. Mit der Konvention über das Memelgebiet vom 8. Mai 1924 erhielt Litauen mit mehreren Autonomie-Auflagen die volle Souveränität für das Gebiet. Deutschland akzeptierte diese Regelung zunächst im Jahre 1928 in einem bilateralen Vertrag. In den 30er Jahren begann mit dem Streben nach einer Revision des Versailler Vertrages auch eine Zuspitzung der Auseinandersetzungen um das Memelland. 1938 verschärften sich die litauisch-polnischen Beziehungen, und Litauen war um eine Verbesserung des Verhältnisses zu Deutschland bemüht. Bei den Wahlen im Memelland im Dezember 1938 errang die von den Nazis unter der Parole ›Heim ins Reich‹ gesteuerte Einheitsliste der deutschen Parteien 87 Prozent der Stimmen. Ungeachtet internationaler Einwände erzwang Hitler per Ultimatum die Abtretung des Memellandes gegen einen auf 99 Jahre gewährten Anspruch auf einen Freihafen in Memel. Wie im geheimen Zusatzprotokoll des Deutsch-Sowjetischen Vertrages vom August 1939 festgeschrieben, okkupierte die Sowjetunion 1940 Litauen. Das Memelland blieb als Bestandteil Deutschlands bis Ende 1944 von den Kriegswirren verschont, im Januar erreichte die Rote Armee bei ihrem Vormarsch nach Westen dieses Gebiet. Die Mehrheit der deutschen Bevölkerung war zu diesem Zeitpunkt bereits unter großen Opfern nach Westen geflohen. Die verbliebenen Deutschen und einige Rückkehrer wurden zwangseingebürgert, die deutsche Sprache wurde verboten. Am 7. April 1948 wurde das Memelland offiziell in die Litauische SSR als Bestandteil der Sowjetunion eingegliedert und ist auch seit der Unabhängigkeit 1990 untrennbarer Bestandteil Litauens.

Šilutė und Umgebung

Im Jahre 1511 erhielt der Gastwirt Johann Georg Talat für seinen ›Krug auf der Heide‹ die Schankerlaubnis. Hier hielt man auch Markt, und alsbald ließen sich die ersten Händler nieder; es entstanden vier Dörfer (Šilokarčema – Heydekrug, Verdaine – Werden, Žibai – Schibben, Cintjoniškes – Zintjonischken) in der unmittelbaren Umgebung, die 1910 unter dem Namen Heydekrug zusammengelegt wurden. Nach dem Ersten Weltkrieg gab es in Heydekrug eine starke prolitauische Bewegung. Am 9. Januar 1923 forderte das ›Komitee zur Rettung Kleinlitauens‹ den Anschluß an Litauen, die dann im selben Jahr auf umstrittene Art und Weise erfolgte. Im selben Jahr entschied man sich auch für den Namen Šilutė als Vereinfachung von Šilokarčema (Šilas für Heide und Karčiama für Gasthof). Am 22. März 1939 holte Hitler Heydekrug ›heim ins Reich‹, indem er Litauen die vertragliche Abtretung des Memellandes abpreßte. Das Stadtrecht wurde 1941 verliehen. Mit dem Einzug der Roten Armee am 10. Oktober 1944 wurde der Ort wieder zu Šilutė.

In der Abstellkammer des Šilutėr Heimatmuseums

Die erste Kirche im Ort – ein evangelisches Gotteshaus – wurde 1566 geweiht, eine katholische Kirche folgte aufgrund der Zuwanderung katholischer Litauer erst knapp 300 Jahre später. Bereits 1588 entstand die erste Schule, 1718 kam die Post, doch Heydekrug war in Ostpreußen vor allem für seinen Wochenmarkt berühmt. Aus Memel, Nidden, Tilsit und Königsberg kamen die Händler hierher, um ihre Waren feilzubieten. Heute ist Šilutė nach Klaipėda mit 23 000 Einwohnern die zweitgrößte Stadt des Memellandes. Es präsentiert sich als beschauliches Städtchen, in dem man noch viele deutsche Spuren findet.

Die zentrale Straße Šilutės ist die Lietuvininkų gatvė. Das Zentrum liegt zwischen dem Bahnhof und dem Fluß Šyša. Hier befinden sich viele Geschäfte, Verwaltungsgebäude und die meisten Sehenswürdigkeiten der Stadt. An der Šyša-Brücke erinnert die große freie Fläche an die alten Marktzeiten. Linker Hand ist bereits die 1926 errichtete evangelische Kirche mit ihrem 50 Meter hohen Glockenturm zu sehen. ›Eine feste Burg ist unser Gott‹ ziert als Inschrift in Deutsch das Portal. Für die deutsche Gemeinde finden seit 1989 auch wieder Gottesdienste in deutscher Sprache statt. Vorbei am Feuerwehrdepot gelangt man

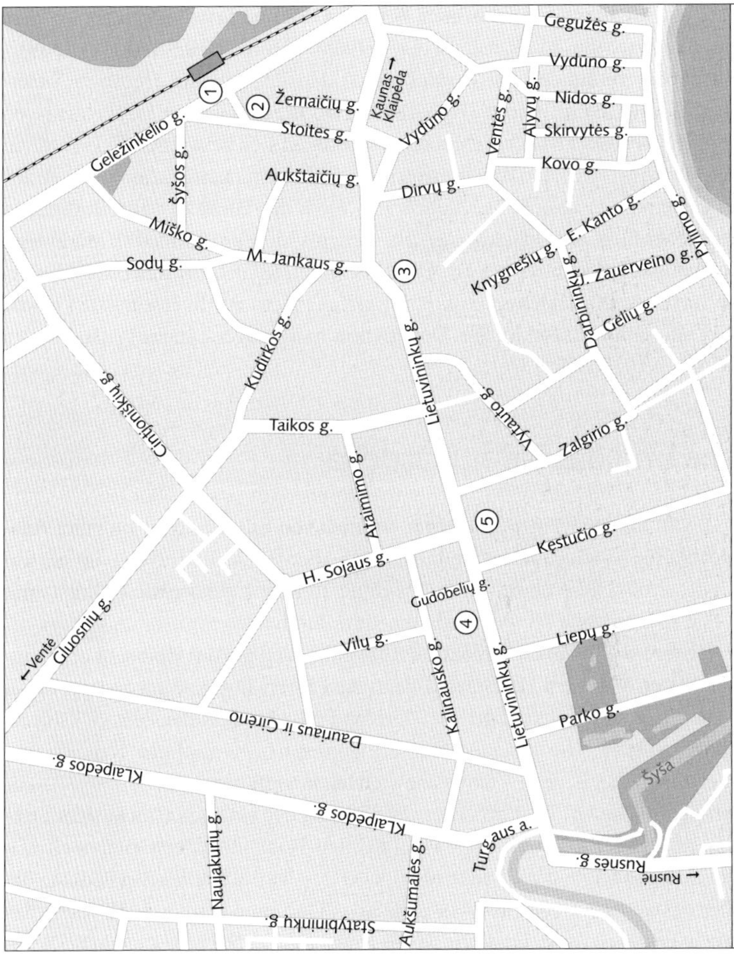

Šilutė, Zentrum

Legende

1 Bahnhof
2 Busbahnhof
3 Tourismusinformation
4 evangelische Kirche
5 Heimatmuseum

rechts zum Heimatkundemuseum. Es folgen Geschäfte aller Art, gegenüber ein Kaufhaus, das Hotel ›Nemunas‹ und schließlich das Amtsgericht.

Das vom deutschen Gutsbesitzer Hugo Scheu (1845 – 1937) mit seiner Antiquitätensammlung Ende des vergangenen Jahrhunderts gegründete Heimatmuseum zeigt heute altes Mobilar, alte Landkarten, eine Fotoausstellung zur Stadtgeschichte und kleinlitauische Trachten. Auf dem Hof und in zwei Schuppen stehen weitere Exponate (So, Mo Ruhetage, Lietuvininkų 36, Tel. 0 03 70/4 41/6 22 09).

Untrennbar verbunden mit Heydekrug ist der Schriftsteller Hermann Sudermann (1857 – 1928). In seinem Geburtshaus im drei Kilometer nordöstlich von Šilutė gelegenen Dorf Macikai (Matzicken) befindet sich heute im Erdgeschoß ein kleines Museum (Hermano Ziudermano memorialinis muziejus), das vor allem aus einem Gedenkraum besteht, der Leben und Werk des Dichters vorstellt (So, Mo Ruhetage, Macikai, am Ortseingang). Ein weiteres Museum erinnert in Macikai an das ehemalige Konzentrationslager. Die Nazis richteten in einer litauischen Kaserne ein Lager zur Internierung von Kriegsgefangenen ein. Später nutzten es die Sowjets als Sammellager für die Deportation mißliebiger Litauer nach Sibirien (So, Mo Ruhetage, Macikai).

Rusnė und das Nemunasdelta

Rusnė (Ruß) liegt etwa acht Kilometer westlich von Šilutė und ist ein guter Ausgangspunkt für Ausflüge in das Nemunasdelta. Hier teilt sich der Nemunas in zwei Mündungsarme. Diese umfassen das gesamte zu Rusnė gehörende Flußdelta mit einer Fläche von etwa 43 Quadratkilometern. Sie heißen Atmata und Skyrvytė, wobei letztere im Süden die Grenze zu Rußland bildet. Da das Delta nur etwa eineinhalb Meter über dem Haffspiegel liegt, sind Überschwemmungen ungeachtet eines ausgebauten Deichsystems vor allem im Frühjahr die Regel. Das Gelände ist vielerorts sumpfig. Die feuchten Wiesen werden von unzähligen Kanälen und Schotterwegen durchzogen – man kann sich leicht verfahren.

Der eigentliche Ort liegt im Osten der Insel an der einzigen Brücke zum Festland. Diese Brücke war 1914 eingeweiht worden. Nach ihrer Zerstörung im Zweiten Weltkrieg erfolgte der Wiederaufbau aber erst 1974. Die Fischersiedlung hat eine fast 600jährige Tradition. 1419 erhielt das Dorf eine Kirche, 1448 wurde das Krugrecht gewährt. Diese Tradition wurde auch literarisch verewigt. ›Auf der rechten Seite kommt nun Ruß, der große Herrenort, in dem so viel getrunken wird wie nirgends auf der Welt. Vor dem Rußner Wasserpunsch fürchten sich ja selbst die Herren von der Regierung.‹ So formulierte Herrmann Sudermann in seiner ›Reise nach Tilsit‹. Der Marktplatz des Dorfes wird durch die gewaltige Backsteinkirche geprägt. Das 1809 geweihte evangelische Gotteshaus wird seit 1989 restauriert, so daß dort – zwar unter provisorischen Bedingungen – wieder Gottesdienste stattfinden können. Von Interesse ist vor allem die Fischergasse (Žvejų gatvė) mit ihren alten Fischerhäusern, die um 1900 errichtet wurden und teilweise noch ihre originalen, mit ortstypischen Reitersymbolen verzierten Schilfrohrdächer haben.

Bei Ausflügen in das Delta strahlt die Landschaft eine einzigartige Gelassenheit und Ruhe aus. Wanderungen oder Auto- bzw. Radtouren durch die Fluß- und Wiesenlandschaft bieten ein ungetrübtes Naturerlebnis. Interessante Zielpunkte sind dabei mehrere Aussichtstürme unmittelbar am Haffufer, die den Blick bis zur Kurischen Nehrung eröffnen. Wenn man etwa acht Kilometer dem Ufer der Atmata folgt, gelangt man nach Uostadvaris. Hier befindet sich eine historische Pumpstation aus dem Jahre 1907, die das überschüssige Wasser aus dem Delta in den Fluß pumpte, mittlerweile aber durch die daneben befindliche, moderne Pumpstation abgelöst wurde. Die alte Station steht unter Denkmalschutz und ist heute ein Hydrotechnisches Museum (Mo, Di Ruhetage, Uostvario 28, Tel. 58151). Auch der daneben stehende alte Leuchtturm steht unter Denkmalschutz. Bis zur Haffmündung beträgt die Entfernung von hier noch einen Kilometer. Interessante Einblicke in die Lebensart der hier lebenden Menschen bietet das von Kazimieras Banis betriebene Ethnographie-Museum (Etnografine sodyba-muziejus). Aus einem alten Fischergehöft mit Wohnhaus, Scheune und Schuppen entstand mit viel Engagement und Eigeninitiative ein sehenswertes Kleinod über die Völkerkunde und die Ökologie des Deltas (Skirvytėlės 8, Tel. 58169). Im Nebenhaus befindet sich eine kleine Pension (Gästehaus Knapkis, Skirvytėlės 9, Tel. 58142).

Im Nemunasdelta

Die Reise nach Tilsit

Wilwischken liegt am Haff. Ganz dicht am Haff liegt Wilwischken. Und wenn man von dem großen Wasser her in den Parwefluß einbiegen will, muß man so nah an den Häusern vorbei, daß man Lust bekommt, ihnen vom Kahn aus mit ein paar Zwiebeln – es können auch Geibrüben sein – die Fenster einzuschmeißen.

Um die schönen, blanken Fenster wäre es freilich schade. Denn Wilwischken ist ein sauberes Dorf und ein reiches Dorf. Seine Einwohner betreiben neben der Haff- und der Flußfischerei einträgliche Acker- und Gartenwirtschaft, und die Zwiebeln von Wilwischken sind berühmt.

Die stattlichste Wirtschaft von allen ist die, die an der Mündung der Parwe gleichsam die scharfe Ecke bildet, und sie gehört dem Ansas Balczus.

Der Ansas Balczus ist nicht etwa ein gewöhnlicher Fischer, der bei jedem Raubfang sein Teil einscharren muß und nie genug kriegt, der am Montagabend seine Barsche in Heydekrug unterm Preis ausbietet und am Dienstagnachmittag betrunken heimfährt; der Ansas Balczus ist beinahe schon ein Herr, der mit den Deutschen deutsch spricht wie ein Deutscher, der sich sein Glas Grog süßt wie ein Deutscher und der sich bei seinen Prozessen so gut zu verteidigen weiß, daß er die Anwaltskosten sparen kann.

Er hat sich auch eine feine Frau genommen, der Ansas Balczus. Sie stammt aus Minge und ist die Tochter von dem reichen Jaksztat, dem die großen Haffwiesen gehören. Daß er die Indre Jaksztat bekommen würde, hätte keiner geglaubt, denn um die rissen sich alle, und sie ging so blaß und sanft an ihnen vorbei, als ob sie eine Sonnentochter gewesen ware.

Nun hat er sie aber und kann stolz auf sie sein. Sie hat ihm drei hübsche Kinder geboren, und sie sorgt für die Wirtschaft, als wäre sie mit der Laime, der freundlichen Göttin, im Bunde. Ihre Butter wird ihr von den Händlern schon weggerissen, wenn sie noch in der Milch steckt, ihr Johannisbeerwein ist der kräftigste weit und breit, und im Brautwinkel stehen seit vorigen Weihnachten zwei rote Plüschsessel. Man erzählt sich sogar, daß sie der kleinen Elske, wenn sie sieben Jahre alt sein wird, ein Klavier kaufen will. Und dabei geht sie noch ebenso sanft und blaß ihres Wegs, wie sie es als Mädchen getan hat, und wird so rot wie ein Nelkenbeet, wenn man sie anspricht. So ist die Indre Balczus. Und wenn ich der Ansas wäre, ich würde meine Hände zum Himmel heben, morgens und abends, daß sie meine Frau ist und keine andere.

Und so war es auch früher, aber seit die Busze als Magd ins Haus gekommen ist, hat es sich sehr verändert.

Herrman Sudermann

So sehr verändert, daß die Nachbarfrauen schon lange die Köpfe zusammenstecken, wenn von dem Hof des Balczus Schimpfen und Weinen herüberschallt.
Das Schimpfen kommt von dem Ansas. Die Stimme kennt ein jeder. Aber weinen tut nicht die Indre wenn sie's tut, so nur ganz leis und in der Nacht –, es sind die drei Kinder, die da weinen über all das Üble, das ihre Mutter erleiden muß. Und manchmal mischt sich auch ein Lachen darein, ein gar nicht gutes Lachen, hart wie Glas und schadenfroh wie Hähergeschrei.
Der Teufel hat diese Busze ins Haus gebracht. Wenn sie nicht selbst eine Besitzerstochter wäre und als solche stolzen und hoffärtigen Sinnes, hätte sie so viel Schaden gar nicht anrichten können. Warum muß die überhaupt dienen gehen mit ihren blinkernden Achataugen und dem Fleisch wie von Apfelblüten? Wer weiß, wie vielen die schon die Köpfe verdreht hat! Aber sie nimmt sie und läßt sie laufen, und wenn sie irgendwo einen ganz verrückt gemacht hat, dann lacht sie und geht in einen anderen Dienst.
Hier in dem Hause des Balczus sitzt sie nun als das leibhaftige Gegenteil der stillen und sanftmütigen Frau. Singt und schmeißt und rumort vom Morgenstern an bis in die späte Nacht, schafft für dreie und wird schon aufgebracht, wenn man ihr nur sagt, sie möchte sich schonen. Seit nun gar der Wirt bei ihr in der Kammer gewesen ist, kennt sie überhaupt keinen Spaß mehr. Es ist ein Elend, mitanzusehen, wie sie die Herrschaft mehr und mehr an sich reißt, und er ist schwach und tut, was sie will.
Sonst kommt das wohl in Wirtschaften vor, wo die Frau arm eingezogen ist oder kränklichen Leibes und darum die Dinge gehen läßt, wie sie gehen. Aber der Indre gegenüber, dem reichen Jaksztat seiner schönen Tochter, die bloß zu fein und zu hochgeboren ist, um sich mit so einem Biest auflegen zu können, da versteht man die Welt nicht mehr. (…)

aus: Herrman Sudermann, ›Die Reise nach Tilsit und andere Litauische Geschichten‹, 1917

Priekulė

Auf halber Höhe zwischen Šilutė und Klaipėda befindet sich die am Fluß Minija gelegene Kleinstadt Priekulė (Prökuls) mit etwa 2200 Einwohnern. Im Gegensatz zum dörflichen Charakter der anderen Orte vermitteln die Hauptstraßen (Klaipėdos gatvė, Turgaus gatvė) durchaus kleinstädtisches Flair. Da das Städtchen im letzten Krieg nicht zerstört wurde, hat sich das Kleinstadtbild einen Teil seines alten ostpreußischen Reizes bewahren können.

Zu Beginn des 16. Jahrhunderts erhielt der Schankwirt Lukas Preckol am Ufer der Minge eine Kruglizenz und wurde so zum Ursprung und Namensgeber des Ortes, der 1548 schon auf einer Landkarte auftauchte. Hier befand sich ab 1865 auch eine bekannte Druckerei für litauische Bücher, die dann aus Ostpreußen in das zaristische Rußland geschmuggelt wurden.

In Priekule gibt es ein Museum für die Schriftstellerin Eva Simonaityte (1897–1978), deren Thema vor allem die Litauer im Memelland waren. Ihr Alterswohnsitz erinnert heute als Museum an die ›Chronistin der Klaipėdaer Gegend‹ (Ievos Simonaitytes memorialinis muziejus, So, Mo Ruhetage, Vingio 11, Tel. 54247).

Minija

Minija (Minge), 22 Kilometer von Šilutė entfernt gelegen, war lange Jahre ein langsam verfallendes Fischerdorf an beiden Ufern des gleichnamigen Flußes. Es ist auch besser mit dem Boot als mit dem Auto zu erreichen. Dank der Häuser unmittelbar am Ufer vermittelt das Dorf den zwar vielzitierten, aber doch stark übertriebenen Hauch von Venedig. Aber in den letzten Jahren wurde Minija vor allem von örtlichen Künstlern wiederentdeckt und entwickelt sich derzeit zur Sommerfrische der kleinlitauischen Bohème.

Kintai

Das romantische Fischerdorf zwischen Haff und Kiefernwäldern entstand um 1540 und verdankt seinen Namen dem hier siedelnden Bauern Benedikt Kinten. Der Wald wurde damals angelegt, um das Dorf vor den kräftigen Winden zu schützen. Heute leben hier etwa 1000 Menschen. Berühmt wurde das Dorf durch seinen Fischmarkt, seine Kirche und seine litauische Schule. Der Fischmarkt ist Vergangenheit, die in den 80er Jahren restaurierte Kirche ist aber ebenso wie der etwa zwei Kilometer südlich des Dorfes befindliche Friedhof zu besichtigen. Um 1700 trugen die Kintener Bauern und Fischer die Überreste der neun Kilometer entfernten Windenburg ab und errichteten aus diesen Steinen ihre Kirche. Auch die erste Schule wurde bereits 1705 eröffnet. Heute ist sie ein Museum für den Schriftsteller Vydūnas (Wilhelm Storost, 1868–1953), der in Kintai von 1888 bis 1912 als Lehrer tätig war (Vyduno muziejus, So, Mo Ruhetage, Tel. 0 03 70/4 41/4 73 79).

Juknaičiai

Der Wasserturm von Juknaičiai

Dieses ›etwas andere Dorf‹, das ehemalige Jugnaten, ist durch seine Rolle als Musterdorf für den erfolgreichen sozialistischen Aufbau der Landwirtschaft bekannt geworden. Das Sowchos genannte Staatsgut trug damals noch den Ehrennamen ›25. Parteitag der KPdSU‹. Etwa zehn Kilometer südöstlich von Šilutė an der F 141 gelegen, ist es vor allem dank seines originellen Wasserturms nicht zu verfehlen. Die erfolgreich auf Rinder- und Geflügelzucht spezialisierte Genossenschaft setzte auf die Projekte junger Architekten und gestaltete ein durchaus beeindruckendes Gemeinwesen aus Reihenhäusern und Wohnblocks, das sich einschließlich seiner Infrastruktur harmonisch in die Landschaft einpaßt. Heute leben etwa 1000 Einwohner in Juknaičiai. Neben dem kirchturmähnlichen Wasserturm sind mehrere Skulpturen in den Grünanlagen des Dorfes und das 1986 erbaute originelle Hotel einschließlich Wintergarten sehenswert. Letzteres ist auch als Unterkunft sehr zu empfehlen (Hotel-Sanatorium ›Juknaičiai‹, DZ 200 Lt., Beržų 3, Tel. 5 88 63).

Ventė

Die Landzunge im Haff ist heute ein Natur- und Vogelschutzgebiet, das sich an der Vogeltrasse gen Süden als Rastplatz außergewöhnlicher Popularität erfreut. Vor allem im Oktober kann man hier kaum vorstellbare Mengen von Vögeln im Vorbeiziehen und beim Rastmachen beobachten. Die Ornithologische Station besteht seit 1929, eine kleine Ausstellung gibt Auskunft über die Tätigkeit der Vogelwarte. Hier werden jährlich über 50 000 Vögel beringt. Mit den riesigen Fangnetzen im Freigelände werden die Vögel gefangen, gekennzeichnet und wieder freigelassen. Im Schatten des alten Leuchtturms aus dem Jahre 1863 auf der Spitze der Landzunge ist die Vogelwarte nicht zu verfehlen. Kap Ventė oder die Windenburgische Ecke gilt bei den Seeleuten aufgrund vieler Untiefen und Sandbänke als eines der schwierigsten Terrains im Kurischen Haff.

Das alte Fischerdorf Ventė (Windenburg) mit ca. 150 Einwohnern liegt 24 Kilometer von Šilutė entfernt. Es war im 14. Jahrhundert neben der Windenburg des Deutschen Ordens entstanden. Doch nach der Schlacht bei Tannnenberg wurde die Burg aufgegeben und verfiel. Um 1700 holten sich die Bauern aus Kintai die verbliebenen Steine für ihren Kirchenneubau. Es gibt in Ventė auch ein kleines Gästehaus mit einem sehr guten Restaurant (Ventė, Tel. 0 03 70/4 41/6 85 25).

Vorwahl: 0 03 70/4 41.
Postleitzahl: 99001.
Hauptpostamt: Lietuvininkų g. 23.
Bank: Hansabankas, Lietuvininkų 55, Tel. 0 03 70/5/2 68 44 44.
Geldautomat: Lietuvininkų 54.
Tourismusinformation: Lietuvininkų 72 bzw. 36 (im Museum), Tel. 7 71 13.

Tel. 5 44 45.

Šilutė liegt 50 Kilometer südlich von Klaipėda und ist über die F 141 zu erreichen. Diese führt dann über Jurbarkas entlang des Nemunas weiter bis nach Kaunas (ca. 150 km).

Šilutė liegt an der Bahnstrecke zwischen Klaipėda und Sovjetsk (Tilsit). Es gibt eine Zugverbindung nach Klaipėda (Geležinkelio 4, Tel. 6 22 57).

Es gibt Buslinien nach Klaipėda, Taurage und Kaunas (Stoites 1, Tel. 7 77 79).

Zentral gelegen ist das Hotel ›Nemunas‹, das es als ›Deims Hotel‹ schon vor dem Krieg gab (DZ 60 bis 200 Lt., Lietuvininkų 70, Tel. 5 23 45).
Für Entspannung suchende Reisende ist im 25 Kilometer entfernten Švėkšna auch das ›Vilkenu Malunas‹ zu empfehlen, eine zum Hotel umgebaute Mühle mit vielen Freizeitangeboten (DZ 130 bis 260 Lt., in Švėkšna Richtung Žemaičių Naumiestis abbiegen, Tel. 4 83 17).
Ähnliches bietet im 13 Kilometer von Šilutė entfernten Žemaičių Naumiestis auch das Laigebų-Seehotel (DZ 150 bis 250 Lt., Tel. 5 97 35).

Mehrere Gaststätten laden im Stadtzentrum zum Verweilen ein, zum Beispiel ›Madona‹ (Lietuvininkų 1, Tel. 5 48 01), ›Gilija‹ (Vytauto 17, Tel. 5 25 72) und ›Zveju Uzeiga‹ (Parko 3, Tel. 5 21 95).

www.silute.lt (L/E).
www.silute.de (D).

www.litauen-info.de

Vor zehn Jahren wußte Hans Joachim Kaiser aus Tauberbischofsheim über Litauen genau so viel wie über das Internet: nichts. Litauen hatte bereits seine Unabhängigkeit wiedererlangt. Das Internet existierte noch nicht. Doch mit dem Aufkommen des World Wide Web begann sich der technikinteressierte Designer sofort zunächst privat und später auch beruflich dafür zu interessieren. Litauen hatte es da zunächst noch etwas schwerer, in sein Blickfeld zu gelangen. Doch dank einer neuen Kollegin in dem Maschinenbauunternehmen, in dem er beschäftigt ist, änderte sich das sehr schnell: Teisute Stanaityte aus dem litauischen Vievis war 1997 für ein mehrmonatiges Praktikum nach Deutschland angereist. Am letzten Tag ihres Aufenthalts wurden noch schnell die E-Mail-Adressen ausgetauscht. Und so kam, was kommen mußte: die berühmten ›e-m@ils für dich‹ wurden für beide unentbehrlich, aus Sympathie wurde Liebe und Litauen für den Badenser ein Thema. Seine erste Reise in baltische terra incognita hat ihn dann 1999 in vielerlei Hinsicht mehr als angenehm überrascht. Gar nicht weit weg, so schön und doch so unbekannt. Es entstand die Idee, dieses sehenswerte Land in Deutschland und im neuen Medium ein bißchen bekannter zu machen. Zunächst wurde mit www.kaiser.lt eine litauische Domäne besetzt, wo ein Überblick über litauische Webseiten präsentiert wurde. Doch das stark steigende Interesse und die sehr positive Resonanz ließen das Projekt wachsen und wachsen. So wurde aus dem privaten Geheimtip die neue Internetseite www.litauen-info.de – mittlerweile eine feste Institution für alle, die im Web aktuelle Informationen über die größte baltische Republik suchen und sich über Land und Leute sachkundig machen bzw. in den Foren Erfahrungen austauschen möchten.

Litauens Berliner Botschaft kürte sie zur offiziellen Informationsseite, das Fernsehen berichtete bereits darüber. In Tauberbischofsheim, wo Teisute und Hans Joachim Kaiser heute glücklich verheiratet leben, schätzt man mittlerweile, daß die Seite 2005 wohl über 150 000 Besucher pro Jahr haben wird (2002 knapp 135 000). Die beiden Zahlen korrelieren verblüffend mit Ergebnis und Prognose der litauischen Fremdenverkehrsstatistik hinsichtlich der Besucherzahl aus Deutschland. Nicht zuletzt dank Familie Kaiser sind es in den letzten Jahren deutlich mehr geworden, Tendenz weiter steigend.

Tauragė

Turm der alten Zollstation Tauragė

Tauragė mit seinen ungefähr 36000 Einwohnern ist heute eine Bezirksstadt an der Via Baltica und auch unter seinem deutschen Namen Tauroggen bekannt, da der Ort von 1687 bis 1793 zu Preußen gehörte. Erstmals erwähnt wurde Tauragė am Handelsweg zwischen Königsberg und Riga im Zusammenhang mit der Weihung der ersten Kirche im Jahre 1507. Bereits 60 Jahre später folgte eine lutherische Kirche; heute gilt die Gegend als eines der Zentren des Protestantismus im ansonsten katholischen Litauen.

Berühmt wurde Tauragė aber durch die Ereignisse im Dezember 1812, als der Ort bereits zu Rußland gehörte. Die berühmte Konvention von Tauroggen wurde am 30. Dezember 1812 zwischen dem preußischen Generalleutnant Johann David Yorck von Wartenburg und dem im Dienste des russischen Zaren stehenden Generalmajor Hans Karl Friedrich von Diebitsch beziehungsweise Ivan Ivanovitsch Diebitsch-Zabalkanskiy in der Mühle von Požerunai (Poscherun) südlich von Tauroggen geschlossen. Der preußische General wandte sich auf eigene Faust mit seinem 20000-Mann-Heer von Napoleon ab und schlug sich auf die Seite Rußlands. Die alte Mühle existiert heute nicht mehr. Nur ein 1976 errichteter, buchförmiger Gedenkstein mit Inschriften in Litauisch und Russisch erinnert heute noch an dieses historische Ereignis. Die Stadt selbst war und blieb ein Provinznest. Im Jahre 1915 erfolgte der Anschluß an die Eisenbahnlinie. In beiden Weltkriegen wurde der Ort stark in Mitleidenschaft gezogen.

Das Zentrum der Stadt zieht sich um die Kreuzung der Darius ir Girėno gatvė und der Vytauto gatvė, deren Bauten überwiegend nach dem Zweiten Weltkrieg entstanden sind. Auffällig ist ein festungsähnlicher, neugotischer Bau im Stadtzentrum mit vier gewaltigen, runden Ecktürmen. Dabei handelt es sich aber nicht um eine mittelalterliche Burg, sonder um eine im 19. Jahrhundert errichtete Zollstation samt Gefängnis zur Unterbringung der Schmuggler. Besonders die sogenannten Bücherschmuggler, die nach dem Verbot der litauischen Sprache aus Ostpreußen litauisch editierte Bücher ins zaristische Rußland brachten, wurden hier in das Gefängnis gesteckt. Heute befindet sich in der Festung eine Fachhochschule sowie im dem Krankenhaus zugewandten Flügel das durch den Innenhof zugängliche Heimatmuseum. Gut zwei Kilometer nördlich davon, noch ein ganzes Stück hinter dem Busbahnhof, liegt ein interessanter deutsch-russischer Soldatenfriedhof, der an die Opfer der tragischen Seiten der Stadtgeschichte erinnert (Darius ir Girėnas 74). Auf der Vytauto gatvė befindet sich die katholische Dreifaltigkeitskirche. Rechter Hand gelangt man dann über die Respublikos gatvė zur schon sichtbaren größten lutheranischen Kirche von Tauragė.

Im Widerstandsmuseum in Tauragė

Das Heimatmuseum (Tauragės Santakos muziejus) besteht seit 1992. In einer kleinen Ethnographie-Ausstellung wird das Leben in Niederlitauen und Kleinlitauen (Memelland) im vergangenen Jahrhundert dargestellt. Daneben sind Volkskunst, Musikinstrumente und Zeugnisse des Bücherschmuggels zu besichtigen (Sa, So Ruhetage, Darius ir Girėnas 5, Tel. 62031). Im Keller der früheren KGB-Kreiszentrale, die heute die örtliche Krankenkasse beherbergt, haben Enthusiasten aus dem Widerstand in drei Räumen ein kleines Museum eingerichtet, das an die Leiden der Litauer nach der sowjetischen Okkupation und die in diesem Gebäude ermordeten Opfer erinnert (Sa, So Ruhetage, Presidento 38, Tel. 61258).

Rambyno kalnas

Etwa 40 Kilometer südlich von Tauragė, unmittelbar am Nemunas, erhebt sich auf der litauischen Seite des Ufers der heilige Berg Rambynas (Rambyno kalnas), ein sagenumwobenes Heiligtum der Litauer. Heute ragt der Berg noch 46 Meter in die Höhe. Die Legenden berichten, daß er früher mindestens doppelt so hoch war. Doch die Nemunas-Biegung an seinem Fuße unterspült ihn vor allem während des Hochwassers im Frühjahr. 1835 und 1878 sollen große Teile des Berges aufgrund der Unterspülung in den Fluß gebrochen sein. Im Altertum befand sich hier ein heidnischer Kultort mit einem Altarstein. Auch die Chronik der Kreuzritter erwähnt einen heiligen Hain vom Rambynas. Auch nach der Christianisierung Litauens pilgerten die Menschen hierher, um die alten Götter durch Opfergaben zu ehren. Seit dem Ende des 19. Jahrhunderts finden hier wie im ganzen Lande alljährlich große Sommersonnenwendefeiern statt. Das Entzünden des Johannesfeuers mit Volksfesten, Musik, Gesang, Tanz und vielfältigen Bräuchen soll die kürzeste Nacht des Jahres auch zur lustigsten Nacht des Jahres werden lassen. Johannes Bobrowski beschrieb das Fest an diesem Ort sehr einfühlsam in seinen ›Litauischen Clavieren‹.

Zu anderen Zeiten des Jahres ist der Rambynas nur ein symbolträchtiger Ort, der als Freifläche im Wald mit zwei Findlingen und entsprechenden Inschriften leicht aufzufinden ist. Er bietet aber von der Bergkuppe einen herrlichen Blick auf den sich durch die Landschaft windenden Nemunas und die auf der russischen Seite am Horizont erkennbare Stadt Sovjetsk (Tilsit). Auf der F 141, etwas östlich der Kreuzung mit der A 12, ist der Weg zum Rambynas beziehungsweise zum in unmittelbarer Nachbarschaft gelegenen Dorf Bitėnai ausgeschildert. Von den beiden Abfahrten an der Fernverkehrsstraße sind es jeweils knappe vier Kilometer.

Vorwahl: 0 03 70/4 46.
Postleitzahl: 72001.
Hauptpostamt: Darius ir Girėnas 16, Tel. 5 14 44.
Bank: Hansabankas, Vaižganto 60, Tel. 0 03 70/5/2 68 44 44.
Geldautomat: Bažnyčių 9.
Tourismusinformation: Vytauto 60, Tel. 6 14 04.

Tauragė liegt an der Via Baltica A12. Die Entfernungen zur russischen Grenze in Sovjetsk beträgt 28 Kilometer und zur Kreuzung mit der Autobahn Vilnius–Klaipėda betragen 37 Kilometer.

Der Bahnhof liegt in der Tremtinių kelias 25, Tel. 6 18 37.

Es gibt tägliche Busverbindungen nach Vilnius, Kaunas und Jurbarkas (Darius ir Girėnas 38, Tel. 6 11 14).

Das einzige Hotel der Stadt trägt auch den Namen der Stadt und ist deutlich kleiner, als es von außen scheint, da es nur die vierte Etage des Gebäudes mit der entsprechenden Reklame belegt (DZ 100 Lt., Vytauto 70, Tel. 5 13 45).

Empfehlenswert für litauische Küche ist das einfache ›Juruona‹ (Vytauto 44, Tel. 5 31 86).

www.taurage.lt (L).
www.taurageregion.com (E).

Litauische Claviere

Die Tassen sind grün, die Kaffeekanne ist blau, die Milchkanne weiß, der Teller mit dem Fladen gelb und rot. Frau Plattner hat alles selber heraufgebracht, auf einem braunen Tablett. Der Herr Lehrer hat Besuch aus der Stadt.
Da bleibt man noch ein Weilchen in der Tür stehen, das Tablett angewinkelt gegen den Leib, spricht über das Dorf und über die Stadt, über diese vielen Unterschiede, man kennt das ja alles, und daß sie so offen zu Tage treten, und von dem Fest morgen.
Da können wir morgen hier zumachen, morgen, den Reibach morgen hat der Wythe morgen allein.
Wythe ist der Bittehner Gastwirt.
Und ob es Gawehn gewußt hat oder nicht, Voigt jedenfalls ist im Bilde. Morgen hat der Vaterländische Frauenverein sein Jahresfest: in Bittehnen, und morgen feiern die Litauer ihren Vytautas: auf dem Rombinus. Das sind zwei grundverschiedene Dinge, und es liegen ja auch zweihundert Meter Wiese dazwischen, da kann man sich lagern, da fahren die Wagen auf, da können die Kinder spielen, da geht man hinüber, vom Gasthof zum Berg, umgekehrt auch, auf dem Berg gibt es nichts: ein finsterer Fichtenwald, der sich die Abhänge hinunter nach Norden und Nordwesten in die Ebene fortsetzt, weg vom Strom, der sich von Süden gegen den Berg drängt. Ganz oben auf dem Rombinus, in der Mitte einer kleinen Lichtung: der Stein, der Opferstein dieses gewissen Perkunos, welcher donnern kann, wie man sagt, ein heiliger Stein mit den dazu gehörigen eingehauenen Ablaufrinnen, schwarz und grau.
Hier oben, umringt von den Fichten, sieht man vielleicht, zwischen den Stämmen hindurch, das Licht, wie es über dem Strom steht, den Strom sieht man nicht, Fetzen Licht, weil der Wind vom Stromtal her einfährt in den Hügelwald und die trockenen Äste wegbricht und der Wald auf dieser Seite überhaupt immer dünner wird, weil der Strom sich hinein-wühlt in den Berg, ihn unterspült und aushöhlt und die mit Bäumen und Sträuchern nachstürzende Erde hinter sich herreißt. Nur den Himmel, den hat man über sich, ein kreisrundes Stück.
Voigt weiß es, Gawehn erfährt es, Frau Plattner ist gegangen, Lehrer Potschka sagt: Das Wetter, mir scheint, wird so bleiben. Gawehn sagt: Sie haben hier ein schönes Dorf.
Das kann man leicht sagen, wenn man, wie Gawehn, aus Potschkas Zimmerfenster über den verwilderten Gutspark blickt. Das Zimmer liegt nach der Hofseite, also nach dem Gut hin. Voigt sagt: Ein bißchen laut.
Das Fenster ist offen, und man hört ein paar durchdringende Stimmen,

man versteht fast, worum es in Plattners Saal unten geht.
Mein braves und getreues Volk.
Eine scharfe Stimme, eine ganze Handvoll Töne über ihrer natürlichen Lage, ein ganz schöner Lufttausch ist da in Betrieb gesetzt, über einer ganz gehörigen Atemstütze.
Muß ein gewaltiges Weib sein.
Gawehn redet nur vor sich hin, denn geschult wird das nicht sein können, das Organ, hier auf dem Lande, obwohl: man weiß es ja nicht. Und Potschka sagt zur Erklärung: Frau Fröhlich. Obwohl: was erklärt das schon? Jetzt unten, im Sprechchor:

Wir kommen hereingetreten,
Laub auf der Linden,
mit Singen und mit Beten,
Laub auf der Linden.

Und jetzt wieder die Stimme: Mein getreues Volk. Diesmal wie mit einem runden Bogen gesprochen, mit vorgeneigtem Oberkörper wie vom Pferd herunter. Es muß aber anders kommen, wie aus einer Karosse gewinkt über ein Spitzentuch hin. Und das wird nun unten erklärt und probiert. Es sind zwei, drei Männerstimmen zu hören, das ein wenig schrille Organ immer dazwischen aber jetzt leiser.
Hier oben sagt Voigt: Da haben Sie etwas durchgemacht.
Er meint, die Proben, die da unten seit Wochen im Gange sind, wie man sich denken kann.
Na ja das ist wohl das letzte Mal.
Und jetzt fängt der Chor an zu singen, da weiß man doch was gespielt wird: Die armen, aber treuen Landeskinder Preußisch-Litauens huldigen ihrer Königin, der betrüblichen Luise, die man nach ihrem Tode so geliebt hat, Tatort Tilsit, Zeit: Juli 1807. Das ist ein Schauspiel vom Oberlehrer Brühfisch, mit dem man schon aufwächst, als Luisenbraut und Jungfrau, mit diesem Schauspiel, im Luisenbund wie im Frauenverein. Frauenländischer Vaterverein, sagt mißmutig Voigt. Mit mehrfach wechselnder Betonung, die letzten beiden Silben ganz breit auf e. (…)

aus: Johannes Bobrowski, ›Litauische Claviere‹, 1965

Das Grundthema in den Werken Johannes Bobrowskis sind die Deutschen und ihre Nachbarn im östlichen Europa. Als Sohn eines Eisenbahnbeamten 1917 in Tilsit geboren, verbrachte der junge Bobrowski einige Zeit im litauischen Memelland. Später zog die Familie nach Königsberg um. Nach dem Abitur 1937 studierte er Kunstgeschichte, wurde aber gleich darauf zum Arbeitsdienst und dann zur Wehrmacht eingezogen. Nach 1949 arbeitete er als Lektor im Ostberliner Kinderbuchverlag, später im Union Verlag. Er starb im Jahre 1965.
Neben vielen Gedichten veröffentlichte er die Romane ›Litauische Claviere‹ und ›Levins Mühle‹.

Die Kurische Nehrung

Die Kurische Nehrung (Kuršių nerija) ist eine schmale, etwa 100 Kilometer lange Landzunge, die das Kurische Haff (Kuršių marios) gegen die Ostsee abschließt und heute etwa zu gleichen Teilen zu Rußland und zu Litauen gehört. Sie ist eine in Europa einzigartige Landschaft, die auf einer zwischen 500 und 3800 Metern schwankenden Breite eine Mischung aus herrlichen Sandstränden und tiefen Kiefernwäldern, gigantischen Dünen und netten Dörfern bietet.

Nach der letzten Eiszeit hatte sich am Rande der Ostsee eine Inselkette von Endmoränenhügeln gebildet, aus der, langsam vom Winde erweht, eine Landzunge entstand. Durch den ständigen Westwind wuchsen auch am Ostseestrand schnell gewaltige Dünen aus den angewehten Sandmengen, während im Inneren der Landzungen Wälder entstanden. Gleichzeitig verhinderte der Nemunas mit seiner das entstehende Haff auffüllenden Strömung ein Zusammenwachsen mit dem Festland am nördlichen Ende der Nehrung. Die heutige Landschaft und die vielzitierten Wanderdünen der Nehrung sind allerdings dem aus heutiger Sicht ökologisch verantwortungslosen Handeln im 16. und 17. Jahrhundert geschuldet. Archäologische Funde belegen, daß bereits vor über 7000 Jahren Menschen die Nehrung besiedelten und als Fischer viele Jahrhunderte hier ihr Auskommen hatten. Die Wälder boten Schutz vor dem Wind und dem Sand. Doch im 16. Jahrhundert begann man mit umfangreichen Rodungen; vor allem die Schweden, die die Nehrung zeitweise erobert hatten, fällten den Wald gnadenlos, und die Dünen begannen unter dem Westwind zu wandern und alles unter sich zu begraben. Insgesamt 14 Siedlungen mußten in den folgenden Jahrhunderten von ihren Bewohnern aufgegeben werden. Manche Dörfer zogen sogar zweimal um und wurden dennoch wieder vom Sand eingeholt. Erst im 19. Jahrhundert begann man den Wald wieder aufzuforsten, um ein ökologisches Gleichgewicht herzustellen. Die heute den größten Teil der Nehrung bedeckenden Kiefernwälder stammen größtenteils aus der zweiten Hälfte des 19. Jahrhunderts. An einigen Stellen erhielt man aber auch die Dünenlandschaft, die heute, golden in der Sonne glänzend, dem Landstrich einen Hauch von Sahara verleiht. Die Nehrung gehört seit drei Jahren zum von der UNESCO anerkannten Weltkulturerbe.

Der litauische Teil der Kurischen Nehrung ist 53 Kilometer lang. Wenn man mit der neuen Autofähre übersetzt, gelangt man über die 36 Meter über dem Meeresspiegel befindliche Hagenshöhe (Hageno kopa) zur eigentlichen Nehrungsstraße. Nach rechts in Richtung Norden gelangt man zum Klaipėdaer Jachtklub und weiter nach Smyltinė, wo nach drei Kilometern auf dem Platz an der alten Fähre die Straße endet. Hier beginnt die Nehrungsstraße. Die Entfernungen auf den Straßensteinen an der F 167 beziehen sich auf diesen Punkt. Weiter nördlich befin-

den sich das Naturparkmuseum, das Meeresmuseum und das Delphinarium, die man zu Fuß erreichen kann. Dieser kleine Teil der Nehrung gehört zu Klaipėda, während die restlichen vier Orte Juodkrantė, Pervalka, Preila und Nida 1961 zur Gemeinde Neringa zusammengelegt wurden.

Von der neuen Fähre in Richtung Süden schlängelt sich die Nehrungsstraße in Richtung Kaliningrad. Die gut asphaltierte Straße ist aber vergleichsweise schmal und für Radfahrer sicher nicht allzu empfehlenswert. Weitestgehend parallel dazu laufen der Fuchsweg und der Mittelweg, die als Forst- und Wanderwege über etwa 15 Kilometer bis kurz vor Juodkrantė führen. Ab Pervalka gibt es dann wieder Alternativen für Radfahrer. Nach etwa zwei Kilometern zweigt ein Weg zu einem Aussichtspunkt ab, von wo man den Blick auf Klaipėda und vor allem auf den unmittelbar gegenüber gelegenen Fährhafen genießen kann. Südlich des Hafens befindet sich hier die flachste Stelle des Haffes. Aus dem Wasser ragt eine ›Schweinerücken‹ (Kiaulės nugara) genannte Insel empor.

Hinter Kilometerstein sieben erheben sich drei segelartige Holzstelen, deren Spitzen von Kurenwimpeln geziert werden. Diese Symbole der Hafffischer trifft man hier wie überall an der Haffküste. Mit der Fischereiverordnung von 1845 mußten die Fischer die Herkunft ihrer Kähne kenntlich machen, jedes Dorf bekam sein Zeichen. Die Farbgebung war ebenfalls vorgeschrieben: für die Nehrungsdörfer schwarz-

Nida aus der Luft

weiß und für die Dörfer am Ostufer des Haffes rot-weiß sowie blau-gelb für die Dörfer im Süden. In der weiteren Ausgestaltung waren der Phantasie keine Grenzen gesetzt, so daß die originellen kleinen Kunstwerke bald nicht mehr nur die Segelspitzen verzierten, sondern in den unterschiedlichsten Variationen zum Symbol dieses Landstriches wurden. Die damals entstandenen Wimpelzeichen der Nehrungsdörfer findet man heute auch im Wappen von Neringa wieder.

Bei Kilometer acht erreicht man in Alksnynė an der Ampelschranke den Kontrollpunkt des Nationalparkes Kurische Nehrung, wo die Maut für den Besuch des Naturparks zu entrichten ist. Die Preise betragen pro Person 3 Lt., Auto 15 Lt., Motorrad 7 Lt. und Wohnwagen 100 Lt. Die Maut wird nur in einer Richtung erhoben und gilt für 24 Stunden. Innerhalb dieses Zeitraums kann man die Mautstelle wiederholt in beide Richtungen kostenlos passieren. Später ist bei der Passage die Maut erneut zu entrichten. Etwa 500 Meter weiter erinnert ein 1967 geschaffenes Denkmal in Form eines in Stein gehauenen trauernden Antlitzes an die schweren Kämpfe am Ende des zweiten Weltkrieges Anfang 1945.

Bei Kilometer 16 erreicht man Juodkrantė, das sich auf knapp vier Kilometern am Haff entlangzieht. Kurz hinter dem Ort geht es bergauf. Hinter dem Gipfel des 45 Meter hohen Reiherberges befinden sich im Abstand von 400 Metern auf beiden Seiten der Straße Parkplätze, wo jeweils ausgebaute Wege zu einer Aussichtsplattform führen. Im Westen hat man einen schönen Blick auf den Kiefernwald und die Ostsee. Im Osten öffnet sich der Blick auf das Haff und das nördliche Dünengelände, das sich auf etwa neun Kilometern Länge am zumeist steilen Haffufer erstreckt. Die teilweise bewachsenen Dünen erreichen hier eine Höhe von bis zu 50 Metern.

Auf den folgenden Parkplätzen entlang der Straße sind Wanderungen auf der Nehrung und zu den Dünen untersagt, denn hier befindet sich eines der Naturschutzgebiete des Naturparks. Eine Möglichkeit zum Erklimmen der Dünen bietet sich am Negelnschen Berg (Naglių kalnas) über einen Holzsteg am Parkplatz bei Kilometer 31. Die Dünen begruben hier das Dorf Negeln an drei verschiedenen

Kurenwimpel auf einem Straßenschild in Nida

Standorten. Nach jedem Umzug wurde es vom Sand wieder eingeholt, bis es Ende des 18. Jahrhunderts gänzlich von der Karte verschwand.

Etwa bei Kilometer 31 erreicht die Nehrung mit dreieinhalb Kilometern ihre größte Breite. Zwei Kilometer weiter zweigt die Straße zum Fischerdorf Pervalka (Perwelk) ab. Es entstand 1844 auf einem in das Haff ragenden Landvorsprung als Neugründung der vom Sand bedrohten und dann verschütteten Dörfer Agilos (Negeln) und Karvaciai (Karwaiten). Letzteres war der Geburtsort von Ludwig Rhesa, dem Erforscher des litauischen Liedgutes, an den seit 1975 eine Holzstele am Ortseingang von Pervalka erinnert.

Viele alte Fischerhäuser stehen unter Denkmalschutz. Pervalka ist ein geeigneter Ausgangspunkt für Wanderungen zu den Dünen am Negelnschen Berg. Um ihn zu erreichen, wandert man etwa vier Kilometer direkt am Haffufer entlang. In Richtung Süden besteht ein alter Forstweg in Richtung Preila und weiter nach Nida. Die knapp 20 Kilometer eignen sich vor allem gut für Radtouren. In dieser Gegend leben noch einige Elche, die man aber in freier Wildbahn kaum zu Gesicht bekommen dürfte. Auf der Nehrungsstraße folgt bei Kilometer 38 die Abzweigung zum Dorf Preila (Preil). Preil wurde ein Jahr vor Perwelk ebenfalls von vor dem Sand flüchtenden Fischern aus Negeln begründet. Es gibt zwar mehrere Pensionen, aber Preila ist heute genau so wie Pervalka ein ruhiges, von den Touristen noch kaum erschlossenes Örtchen. Zwischen Preila und Nida führt der Weg auf der Haffseite am Wetzekrugsberg (Vecekrugo kalnas) entlang. Mit 67 Metern über dem Meeresspiegel bildet er die höchste Erhebung der Kurischen Nehrung.

Nida beginnt kurz vor dem Kilometerstein 45 und hat drei Einfahrten. Rechter Hand gibt es viele Parkplätze für die Strandhungrigen. Hier ist der Ostsee vor dem Haff eindeutig der Vorzug zu geben, während Angler eher am beziehungsweise im Haff auf ihre Kosten kommen werden. Von den etwa 1600 Quadratkilomtern Wasseroberfläche des sehr fischreichen Haffs gehört etwa ein Drittel zu Litauen. Das Wasser ist allerdings trübe und schmutzig. Beim Baden sollte man es meiden und sich auf den herrlichen Ostseestrand beschränken. In Nida sind in Richtung Ortszentrum die mittlere und die südliche Einfahrt zu empfehlen. Die nördliche Einfahrt führt zum Flughafen und zum Stadtteil Skruzdynė, wo sich das Thomas-Mann-Haus befindet. Kurz hinter Kilometer 46 biegt die mittlere Zufahrt nach Nida ab. Hier gelangt man vorbei an mehreren Hotelanlagen in die Kuverto gatvė. Linker Hand befindet sich der kleine Waldfriedhof, auf dem auch David Kuwert und sein Sohn Georg ihre letzten Ruhestätten fanden. Diese beiden hatten sich um die Wiederaufforstung der Nehrung verdient gemacht.

Hinter Kilometer 47 kommt die südliche Ortseinfahrt nach Nida, die in die Taikos gatvė mündet. 200 Meter weiter folgt der erste litauische Grenzposten. Danach befindet man sich noch etwa zweieinhalb Kilometer auf litauischen Hoheitsgebiet, bevor man den eigentlichen Grenzübergang erreicht.

Die Sage von der Riesin Neringa

Vor vielen, vielen Jahren lebte am Ostseestrand die Riesin Neringa – eine schöne Jungfrau mit goldblonden Zöpfen. Sie war so groß, daß sie ohne zu schwimmen von einer Insel zur anderen waten konnte. Neringa mochte die Fischer und half ihnen, wo sie nur konnte. Sie trieb ihnen die Fische in die Netze und zog in Seenot geratene Fischerboote sicher an Land.
Der Ruf ihrer Schönheit und Güte lockte viele Freier an, aber niemand konnte ihre Bedingungen erfüllen. Dies gelang nur Naglis, dem Herrn der Burg zu Ventė. Doch die Hochzeit erzürnte den Wellengott Bangputys. Neringa hatte einen Bräutigam gewählt, ohne ihn zu fragen. In seiner Rage brachte er am Tage der Hochzeit riesige Wellen und Sturmfluten über die Ostsee. Dreizehn Tage schienen im Sturm See und Himmel ineinander zu fließen. Die Burg Ventė ward zerstört, und die Gefahr für die Menschen am Ostseestrand wuchs. Da beschloß Neringa, einen rettenden Wall vor der Küste zu errichten. In ihrer Schürze schleppte sie den Sand vom Festland ins Meer, um ihn zu einem 100 Kilometer langen Schutzwall aufzuschütten. Die Sandzunge sollte die Küste vor dem Haß des Wellengottes schützen. So entstanden die Nehrung und das Haff. Die Fischer konnten sich wieder ihrem Tagewerk zuwenden, die Hochzeit von Neringa und Naglis ward gefeiert, und aus Dankbarkeit benannten die Leute die neue Landzunge nach ihrer Retterin Neringa.

Blick über die Nehrung am Naglių Kalnas

Juodkrantė

Juodkrantė (Schwarzort) ist der wahrscheinlich älteste Ort der Nehrung. Da es im Schutze des bereits 1429 erwähnten ursprünglichen Hochwaldes errichtet wurde, hat es die Zeit der Wanderdünen unbeschadet überstanden. 1525 wird es in der Chronik des Deutschen Ordens als ›einträgliches Dorf‹ charakterisiert. 1669 wurde die Lizenz zum Bau eines Amtskruges erteilt, der später auch als Poststation auf der Strecke zwischen Königsberg und St. Petersburg diente. Als 1774 die Bewohner des Dorfes Karwaiten ihr von den Dünen versandetes Dorf aufgaben, siedelten sie sich im sicheren Schwarzort an. Die wörtliche Übersetzung des litauischen Namens – joudas krantas – bedeutet schwarze Küste. Heute bemüht sich Juodkrantė, als Touristenzentrum mit Nida zwar nicht gleichzuziehen, aber doch zumindesten den Anschluß nicht ganz zu verlieren. In der Vergangenheit galt es als verschlafenes Fischerdorf und als Alternative zum lebendigen Kurortbetrieb in Nida. Heute versucht der Ort mit seinen etwa 700 Einwohnern, den Tourismusbetrieb auszubauen und gleichzeitig seine Beschaulichkeit zu bewahren.

Berühmtheit erlangte Juodkrantė in der zweiten Hälfte des vergangenen Jahrhunderts durch den Bernsteinabbau im Haff. Erstmals 1855 stieß man beim Vertiefen der Fahrrinne vor Schwarzort auf Bernstein. Fünf Jahre später erhielt die von den Memeler Kaufleuten Friedrich Wilhelm Stantien und Moritz Becker gegründete Firma Stantien & Becker eine Lizenz zur Bernsteinförderung. Dafür übernahm sie neben einer mehr symbolischen Lizenzgebühr von fünf Talern pro Bagger und Arbeitstag das Ausbaggern und die Instandhaltung der Fahrrinne auf eigene Rechnung. Hauptfundgebiet war eine etwa 650 Meter vom Haffufer entfernte Sandbank. Die industrielle Förderung des baltischen Goldes brachte Schwarzort goldene Jahre, was dem Dorf den Spitznamen eines ›preußischen Kaliforniens‹ einbrachte.

In der Nähe wurde auch ein aus insgesamt 434 einzelnen Stücken bestehender Bernsteinschatz gefunden. Die etwa 4000 Jahre alten Schmuckstücke, Amulette und Knöpfe sowie Menschen- und Tierfiguren aus Rohbernstein kamen damals in das Preußische Museum nach Königsberg. In den Kriegswirren ging ein großer Teil allerdings verloren. Das Gros der Sammlung ist heute im Geologiemuseum der Universität Göttingen untergebracht, Gipsabgüsse aller Stücke befinden sich im Armeemuseum in Kaunas, und einige nachgefertigte Kopien sind im Bernsteinmuseum von Palanga zu besichtigen.

Die Einwohnerzahl des Ortes verdoppelte sich damals in wenigen Jahren. Bereits im ersten Jahr wurden 50 Arbeiter eingestellt, später stieg ihre Zahl auf fast 600. Dampfbagger kamen zum Einsatz, und am noch heute zu findenden alten Hafen entstand eine für die Nehrung gigantische Industrieanlage. Maschinenwerkstatt, Gießerei, Baracken, Wohnhäuser und eine eigene Schule wurden errichtet.

Den bereits 1864 geförderten 18 Tonnen folgten im Folgejahr 26 Tonnen, und im Rekordjahr 1883 barg man über 75 Tonnen des begehrten Harzsteins. Danach ging der Abbau zurück, und die Förderanlagen wurden ins südlichere Palmnicken verlagert. Der Ort, etwa 50 Kilometer westlich von Königsberg gelegen, gilt unter seinem heutigen Namen Jantarny als Bernsteinhauptstadt der Welt.

Zur selben Zeit entwickelte sich Schwarzort auch zu einem Seebad, das vor allem die gehobene Gesellschaft von Memel und Tilsit schätzte. Eine Uferpromenade, Kurkonzerte, eine Warmbadeanstalt sowie Gasthäuser und Pensionen lockten die Erholungssuchenden an. Die treibende Kraft dieser Entwicklung war der Kaufmann Eduard Stellmacher, der 1865 den Dorfkrug ›Am Schwarzen Ort‹ und große Liegenschaften in seiner Umgebung erwarb, wo vor allem nach 1880 viele stattliche Häuser aus Holz und Stein errichtet wurden, die teilweise noch heute im Villenviertel von Juodkrantė zu besichtigen sind.

Der schmale Ort erstreckt sich über knapp vier Kilometer entlang des Haffufers. Von Nida kommend, sieht man zunächst rechter Hand die Fischernetze der Haffischer und einige Fischerhäuser. Danach verläuft die Hauptstraße, die Liudviko Rėzos gatvė, direkt am Haffufer. Hier ist schon die 1885 eingeweihte Backsteinkirche zu sehen, die erst seit 1989 wieder der evangelischen Gemeinde gehört. Es finden aber auch katholische Gottesdienste statt. Nach dem Zweiten Weltkrieg befand sich zunächst ein Lager für Baumaterialien in der Kirche, von 1976 bis 1989 residierte hier ein Puppentheater-Museum. Vor der Kirche steht eine gewaltige, hölzerne Christusskulptur.

Stürmische Badefreuden in der Ostsee

Fischverkauf in Juodkrantė

Gegenüber der Kirche befindet sich in einem blauen Fischerhaus ein Souvenirladen mit einem ausgezeichneten, deutschsprachigen Buchangebot über Litauen, das Memelland und seine Geschichte (L. Rėzos 13, Tel. 5 33 57). Ein Stückchen weiter beginnt gegenüber der Hotelanlage ›Ąžoulynas‹ am Ufer die 1995 neu als Geh- und Radweg in den klassischen Farben gepflasterte Strandpromenade, die sich über zwei Kilometer erstreckt. 1997 wurde sie durch Steinskulpturen aufgelockert, die während eines internationalen Bildhauerseminars zum Thema ›Erde und Wasser‹ entstanden.

Linker Hand stehen die Fischerhäuser in Reih und Glied. Einige haben im Garten kleine Cafés und Gaststätten eröffnet oder bieten aus dem eigenen Fang Frisch- und Räucherfisch (›žuvis‹) an. Etwas weiter gelangt man zur wohl markantesten Sehenswürdigkeit von Juodkrantė, dem sogenannten Hexenberg. Die südliche von zwei hohen Dünen war schon immer sagenumwoben. Hier feierte man das Johannisfest zur sommerlichen Sonnenwende. Doch Ende der 70er Jahre entstand die Idee, dem Mysterium Gestalt zu verleihen. Man lud aus ganz Litauen Holzschnitzer ein, für den Weg um den Hexenberg (Raganų kalnas) Holzfiguren zu gestalten. Das Ergebnis ist ein phantastisches Freiluftmuseum. Ein Spaziergang durch den Waldrundweg entlang der über 80 bizarren Gestalten aus der litauischen Märchen- und Sagenwelt ist für Erwachsene wie Kinder ein mystisches Abenteuer und ein großer Spaß zugleich. Am Anfang steht der ›Märchenerzähler‹, es folgt die ›Geburt Neringas‹. Das ›Hexentor‹ kann durchschritten werden, der ›Thron des Teufels‹

lädt zum Verweilen ein. Bekannte Märchen, wie ›Eglė, die Natternkönigin‹ oder ›Jūratė und Kastytis‹ wurden in Holz geschnitzt. Die Inschrift am auf dem Pfahl sitzenden Hahn verkündet: ›Mit dem ersten Hahnenschrei verschwanden alle Geister...‹ Empfohlen werden Exkursionen bei Vollmond, aber auch am Tage ist der Spaziergang ein unvergeßliches Erlebnis (Museumschild ›Muziejus‹ und Parkplatz an der Hauptstraße, auf halber Höhe zwischen Hafen und Kirche, Eintritt frei).

Auf der Höhe der neu angelegten Bootsanlegestelle befindet sich linker Hand das sogenannte Villenviertel, wo sich mehrere interessante Gebäude aus dem vorigen Jahrhundert wie auch die meisten Geschäfte und öffentlichen Einrichtungen des Ortes befinden. Das heutige Kurhaus war ursprünglich die Villa ›Flora‹. Die neueren Ferienheime ›Gintaras‹ und ›Smilga‹ entstanden auf den Fundamenten des Hotels ›Kurischer Hof‹. Villa ›Monbijou‹, Villa ›Elisabeth‹ und Villa ›Waldfrieden‹ beherbergen heute das Kulturhaus, die Poliklinik und ein Botanisches Institut (alle Kalno gatvė). Den nördlichen Abschluß des Viertels bildet der örtliche Friedhof, wo sich sowohl litauische als auch deutsche Gräber befinden. In Richtung Klaipėda gelangt man nach knapp einem Kilometer zum ehemaligen Gewerbegebiet der Bernsteinförderung mit dem damals angelegten Hafen.

Der Ostseestrand ist durch mehrere asphaltierte Wanderwege zu erreichen, die alle etwa eineinhalb Kilometer durch den Kiefernwald führen. Sie beginnen im Ort am Hexenhügel oder im Villenviertel.

Vorwahl: 0 03 70/4 69.
Postleitzahl: 93017.
Post: Kalno 5a, Tel. 5 32 22.
Geldautomat: Rėzos 54, Hotel ›Ąžuolynas‹.

›Ąžoulynas‹ (Eichenwald), Die Hotelanlage mit 200 Betten bietet Zimmer und Appartments mit allem Komfort, Sauna, Boots- und Fahrradverleih, Ausflugsangebote, Varieté und Freilichtbühne und ist das beste Haus am Platz. (DZ 230 bis 440 Lt., Rėzos 54, Tel. 5 33 10 und 5 33 18).
›Eglių Slėnos‹ (Tannental), ebenfalls ein modernes, ansprechendes Hotel mit gutem Service und 100 Betten, (DZ 220 bis 250 Lt., Ievos Kalno 28, Tel. 5 31 70, www.egliuslenis.lt).
›Santauta‹, einfaches Hotel mit 194 Betten in vergleichsweise kleinen Zimmern, schlechtes Preis-Leistungs-Verhältnis, (DZ 160 Lt., Kalno 36, Tel. 5 31 67).

›Ąžoulynas‹ das beste Restaurant im Ort gehört zum gleichnamigen Hotel und ist auch öffentlich zugänglich.
Unter den kleinen Gartencafés seien Zvejone (Rėzos 30) und Pamario Takas (Rėzos 42) erwähnt.

www.neringainfo.lt (L/E/D/R).

Jūratė und Kastytis

In Litauen erzählt man sich folgende Legende von der Entstehung des Bernsteins:
Vor langer Zeit lebte der Fischerjüngling Kastytis an der Ostseeküste. Er war schön und stark und brachte seine Netze weiter als alle anderen auf das Meer hinaus. Dabei erblickte ihn die Meerjungfrau Jūratė, die Tochter des Meeresgottes, und verliebte sich sogleich in den schönen Jüngling. Sie lockte ihn in die verwunschenen Gemächer ihres Bernsteinschlosses auf dem Meeresgrund, wo beide heimlich Hochzeit hielten. Es war den Töchtern der Götter jedoch verboten, sich mit Sterblichen zu vermählen. Als der Göttervater Perkunas von der Hochzeit erfuhr, war er sehr erzürnt. Wutentbrannt versenkte er den jungen Fischer in seinem Boot und schmiedete ihn an einen Felsen auf dem Meeresgrund. Dann schleuderte er seinen Donnerkeil auf Jūratės Bernsteinschloß, so daß dieses in tausend Stücke zerbarst. Seither tragen die Wellen die Bruchstücke des Bernsteins an den Ostseestrand. Die brüchigen Stücke sind die Trümmer des Schlosses, und die glatten Steine sind die versteinerten Tränen Jūratės, die sie ihrem geliebten Kastytis nachweint.
Die Sage von Jūratė und Kastytis war bereits in vielfältiger Weise Gegenstand künstlerischen Schaffens in Litauen. Der Volkskundler, Ethnograph und Literaturhistoriker Liudvikas Adomas Jucevicius schrieb sie 1842 auf und veröffentlichte sie in Polnisch. Der litauische Dichter Maironis bearbeitete den Stoff in den 30er Jahren als Gedicht, Juozas Gruodis komponierte ein Balett. In den 50er Jahren entstand der sowjetische Trickfilm ›Jantarnyj zamok‹ (Bernsteinschloß). 1972 wurde in Chicago eine Oper von Kazimieras Viktoras Banaitis uraufgeführt. Im August 2002 wurde zum 750. Jubiläum der Stadt Klaipėda die Rockoper ›Jūratė ir Kastytis – Legendos tesinys‹ (Jūratė und Kastytis – Fortsetzung der Sage) von Rokas Radzevicius uraufgeführt.

›Der Fischer im Kurischen Haff‹, Skulptur auf dem Hexenhügel in Juodkrantė

Nida

Nida (Nidden) ist das Verwaltungszentrum von Neringa und das touristische Zentrum der Nehrung. So wie sich wohl die Nehrung zum Sylt des Baltikums entwickeln wird, dürfte Nida sein Westerland werden. Auf etwa 2500 Einwohner kommt in der Ferienzeit ein Vielfaches an Feriengästen.

Bereits 1385 wurde Noiden erstmals in den Wegbeschreibungen des Deutschen Ordens etwa drei Kilometer südlich seines heutigen Standortes – heute unmittelbar südlich der litauisch-russischen Grenze – erwähnt. Das Krugrecht wurde dem Dorf bereits 1529 gewährt. In ihrer Geschichte zog die Ortschaft angesichts der drohenden Verschüttung durch die riesigen Wanderdünen mehrmals um. Erstmals um 1675 und nochmals nach 1730 zog man gen Norden um, so daß Nida heute auch die ehemaligen Dörfer Skruzdynė (Ameisenhaufen) und Purvynė umfaßt. Doch auch zu Beginn des 19. Jahrhunderts war die Bedrohung durch die Dünen am neuen Standort nicht gebannt. Eine Expertenkommission aus Danzig schlug vor, durch großflächige Baumanpflanzungen das Vordringen der Sanddünen zu verhindern. Diese rettende Idee setzten vor allem der damalige Nidaer Postmeister Gottlieb David Kuwert (1743–1827) und sein Sohn Georg David in die Tat um. David Kuwert begann als erster, seinen Hof samt der Poststation zu schützen, indem er die Dünen durch ihre Bepflanzung vom weiteren ›Wandern‹ abzuhalten versuchte. Doch noch viele Jahre vergingen, bis sich am Ende des 19. Jahrhunderts die Landschaft endgültig verfestigte und die Wanderdünen besiegt waren.

Typischer Dachgiebel

Die ersten Urlauber entdeckten Nida bald nach der Jahrhundertwende, als Juodkrantė bereits ein populärer Erholungsort war. 1915 zählte man immerhin 477 Kurgäste. Doch vor allem in den 20er und 30er Jahren wurde Nidden als Sommerfrische vieler Künstler immer bekannter und beliebter.

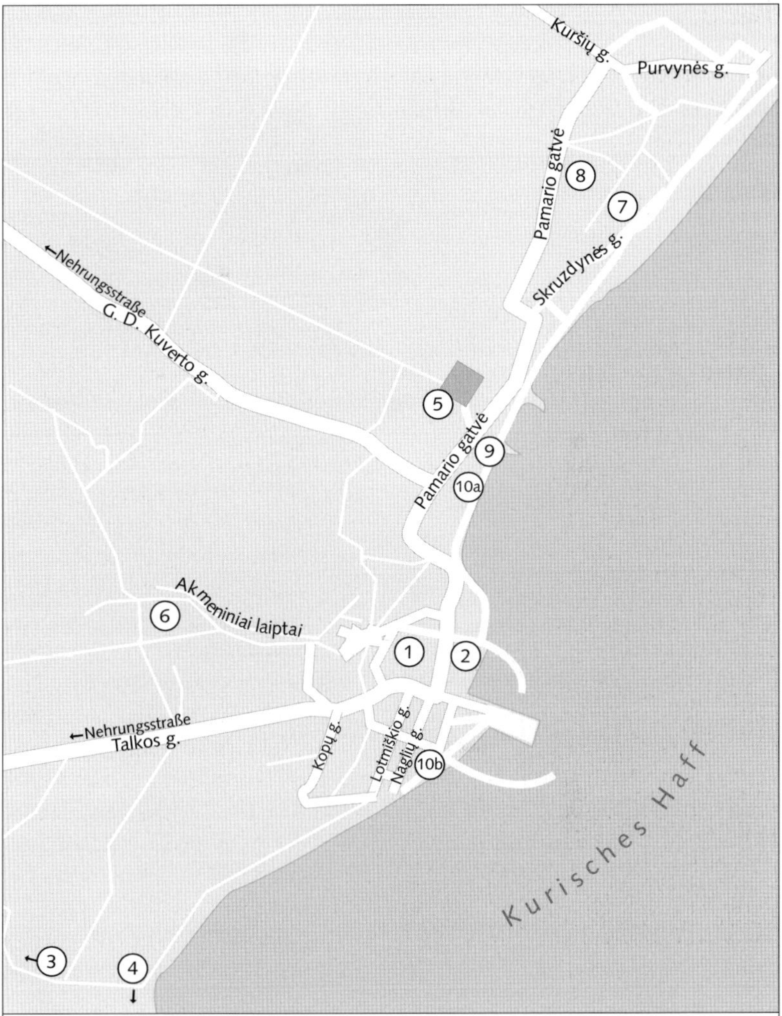

Nida

Legende

1 Tourismusinformation
2 Bushaltestelle
3 Parnidderer Düne
4 Große Düne
5 Fischerkirche
6 Leuchturm
7 Thomas-Mann-Haus
8 Heimatkundemuseum
9 Bernsteinmuseum
10 a/b Fischermuseum

Die Dorfkirche von Nida

Insbesondere in den 70er und 80er Jahren wurde Nida sowohl touristisch als auch städtebaulich ausgebaut. Dementsprechend findet der Besucher neben der alten, reizvollen Holzhausarchitektur viele Neubauten aus dieser Zeit. Im Unterschied zum lieblosen Standard sowjetischen Plattenbauarchitektur hat man hier nicht ohne Erfolg versucht, die Gebäude harmonisch in die Landschaft einzupassen, was – mit Ausnahme des ehemaligen Partei-Sanatoriums ›Ruta‹ – auch durchaus gelang.

Ein Rundgang durch Nida

Im Unterschied zu den anderen sehr schmalen Orten Neringas ist Nida enger mit den bewaldeten Höhen und den am südlichen Stadtrand gelegenen Dünen verwachsen. Das Zentrum der Stadt bildet der modern gestaltete Rathausplatz an der Kreuzung der am Haff verlaufenden Pamario gatvė und der zur Ostsee führenden Taikos gatvė. Sowohl das Rathaus als auch verschiedene Straßenschilder werden durch die traditionellen Kurenwimpel verziert. Vor dem Rathaus öffnet sich der Blick zum Hafen. Erstmalig als Fischereihafen um 1885/86 angelegt, teilt das auf das Haff vorgeschobene Hafengebäude das Hafenbecken in den von jeweils halbrunden Molen abgegrenzten Jachthafen und Fischereihafen. Vom Fischereikutter bis zum historisch rekonstruierten Kurenkahn sowie vom Tragflächenboot bis zur Segeljacht sind hier Boote aller Art anzutreffen.

Im Stadtbild fallen viele schöne alte Fischerhäuser auf. Sie sind fast ausschließlich in den drei typischen Farben Blau, Weiß und Braun gehalten. Diese Farben symbolisieren den Himmel, den Sand und die Erde. Mit Schilfrohr gedeckte Dächer und verzierende Schnitzereien an den Fenstern und am Giebel sind ebenfalls sehr typisch. Vom Rathausplatz in Richtung Süden versetzt ein Spaziergang am Ufer oder durch die parallelen Straßen Naglių gatvė bzw. Lotmiškio gatvė den Flaneur in eine Bilderbuchlandschaft. Der Reiz wird zusätzlich durch den Ausblick auf einen gigantischen Sandberg verstärkt: südlich von Nida schließt sich dem Ort die ›litauische Sahara‹ an. Damit ist Europas höchste Düne gemeint, die aus einer so malerischen wie bizarren Sandlandschaft hervorragt.

Zu Fuß folgt man der Naglių gatvė und gelangt dann am Strand zu einem Holzsteg, der bis zur Spitze der etwa 50 Meter hohen Parniddener Düne führt. Mit dem Auto kommt man relativ nah an diese Düne heran, wenn man an der Taikos gatvė in Höhe des bewachten Parkplatzes abbiegt und der Straße am Campingplatz vorbei bis zu einem Parkplatz folgt. Auf dem Plateau steht jetzt eine mit heidnischen Ornamenten verzierte Sonnenuhr. Von dort bietet sich ein phantastischer Panoramablick. Am Haff ragt weiter südlich die Große Düne (Didžioju kopa) mit noch etwa 70 Metern Höhe empor, unübertroffen in Europa. Kurz dahinter beginnt der russische Teil der Nehrung.

Wer weiter in Richtung Südwest ins Nehrungsinnere den Hang herunterwandert, gelangt in das ›Tal der Toten‹, das manchmal auch ›Tal des Schweigens‹ genannt wird. Im Mittelalter befand sich hier der Pestfriedhof. Nach dem deutsch-französischen Krieg 1870/71 befand sich hier ein Internierungslager für französische Kriegsgefangene, die an der Bepflanzung der Dünen mitarbeiten mußten. Ein Kreuz neueren Datums am Hang erinnert an die Selbstverbrennung des Bildhauers Rimas Dugintis, der hier im Mai 1990 aus Protest gegen die neuen Grenzen den Freitod wählte. Spaziergänge in Richtung Süden sollten nicht allzu sehr ausgedehnt werden, da es nur etwa drei Kilometer bis zur russischen Grenze sind. In mehreren Fällen verzögerte sich die Rückkehr von Wanderern wegen mehrstündiger Verhöre in der russischen Grenzwache erheblich.

Wenn man vom Rathausplatz in Richtung Norden schaut, hat man die Wahl zwischen der geschäftigen Pamario gatvė und der beschaulichen Uferpromenade. Geschäfte, Kioske, Straßenhändler und Cafés laden zu einem Besuch der Bummelmeile ein. An der nächsten Biegung fällt das traditionsreiche Hotel ›Jūratė‹ ins Auge. Die Legende von Jūratė und Kastytis beschreibt ein reizvoller Skulpturenbrunnen im Hof der Hotelanlage. Seine Legenden schöpft das Hotel aber vor allem aus der Zeit, als es noch ›Zur Königin Luise‹ hieß. Davor stand hier der ›Niddener Krug‹, wo die preußische Königin auf der Flucht vor Napoleon übernachtete.

Nach der nächsten Biegung sieht man bereits linker Hand auf einer bewaldeten Anhöhe die dörfliche Fischerkirche (Pamario 43). Das evangelische Gotteshaus wurde 1888 erbaut und 1992 aus Spenden ehemaliger deutscher Niddener restauriert. Heute werden aber auch katholische Gottesdienste abgehalten, und im Sommer tritt immer montagabends der örtliche Frauenchor auf. Der Friedhof hinter der Kirche ist ebenfalls einen Besuch wert. Interessant sind die nur im Kurland zu findenden hölzernen Grabtafeln. Krikstas genannt, wurden sie aus Eichenholz für die Männer und aus Lindenholz für die Frauen gefertigt. Sie stehen am Fußende des Grabes und stellen nicht nur Kreuze, sondern auch Pferdeköpfe oder Vögel, damals ein Sinnbild des Leides, dar. Der Maler Lovis Corinth verewigte neben anderen Niddener Motiven auch den Friedhof 1893 auf einem seiner berühmten Gemälde.

Gegenüber am Haff verbirgt sich hinter dem Hotel ›Niddener Sand‹ der legendäre Gasthof von Hermann Blode, der in den 20er und 30er Jahre eine populäre Sommerfrische für Künstler wie Max Pechstein, Ernst Mollenhauer oder Gret Palucca und Heinz Rühmann war. Die Landschaft mit ihren einzigartigen Motiven lockte vor allem Maler an, die von dem Hotelier und Mäzen Blode zu einer regelrechten Künstlerkolonie zusammengefaßt wurden. Hier war auch Thomas

Umkleidekabine am Strand von Nida

Mann abgestiegen, als er sich 1930 zum Bau eines eigenen Sommerhauses entschloß. Dieses befindet sich noch etwas weiter nördlich auf der Höhe des sogenannten Schwiegermutterberges, an dessen Westhang das neue Heimatkundemuseum entstand.

Der 27 Meter hohe Leuchtturm (Švyturys) auf dem 51 Meter über dem Meeresspiegel liegenden Bärenberg (Urbo kalnas) kann auf eine bereits 125 Jahre währende Tradition zurückblicken. Der heutige Turm wurde nach dem Zweiten Weltkrieg erbaut und bietet einen wunderbaren Blick auf Nehrung, Haff und Ostsee. Man muß allerdings Glück haben, daß der Leuchtturmwärter anwesend ist und das Erklimmen des Turms gestattet. Die beliebtesten Wege zum Ostseestrand sind die Taikos gatvė und die Kuverto gatvė, zwischen beiden gibt es noch verschiedene Schleichwege.

Museen

Das Thomas-Mann-Haus ist ein in den für die Nehrung typischen Farben gehaltenes einfaches, rotbraunes mit Schilfdach gedecktes Holzhaus mit sich am blauen Giebel kreuzenden Pferdeköpfen.

Angetan von der einzigartigen Landschaft und dank des Nobelpreises mit dem nötigen Geld ausgestattet, entschloß er sich zum Bau eines Sommerhauses mit dem dann vielgerühmten ›italienischen Blick‹ auf das Haff: »Die Farbenpracht ist unvergleichlich, wenn der Osthimmel das Feuerwerk des westlichen widerspiegelt. Diese Farbenpracht ist unbeschreiblich. Zarteste Pastellfarben in Blau und Rosa, und der federnde Boden ist geschmückt mit den feinen Wellenlinien, die der Wind hineinzeichnet.« Der Schriftsteller verbrachte in diesem Haus die drei Sommer zwischen 1930 und 1932, arbeitete an ›Joseph und seine Brüder‹ und verfaßte zahlreiche Essays. Nach seiner Emigration aus Nazi-Deutschland im Jahre 1933 kam er nicht mehr nach Nidden. Nach der Angliederung des Memellandes wurde das Haus konfisziert und zu einem Jagdhaus für Hermann Göring umgebaut, der es aber nie besuchte. Nach dem Krieg verkam das Haus zusehends und sollte schon abgerissen werden, bis man sich in den 60er Jahren zur Rekonstruktion und Eröffnung einer Gedenkstätte durchrang. 1995/96 wurde die Gedenkstätte erneut restrauriert – mit deutschen und litauischen Geldern – und die Dauerausstellung ›Thomas Manns Leben und Werk‹ eröffnet. Alljährlich im Juli findet ein kleines Thomas-Mann-Festival mit Lesungen und Musikabenden statt, das vom gleichnamigen, seit 1995 im Museum bestehenden Kulturzentrum veranstaltet wird (Sommer ohne Ruhetag, Winter Montag Ruhetag, Eintritt 1 Lt., Skruzdynės 17, Tel. 8 11 79, www.mann.lt).

Holzschnitzerei am Wanderweg bei Pervelka

Das Heimatmuseum

Das neue Heimatkundemuseum befindet sich am Westhang des Schwiegermutterberges und zeigt die Entwicklung der Kurischen Nehrung (Mo, Di Ruhetage, Pamario 53, Tel. 52372). An die Fischereitradition und das harte Leben der Fischer erinnern die allerdings nur von Mai bis September geöffneten Filialen: das Fischereimuseum (Kuverto 2) und das Ethnografische Fischerhaus, das man an den davorstehenden Kurenkänen erkennt (Naglių 4).Im Fischermuseum dokumentieren Fischereiutensilien und alte Fotos das schwere Leben der Fischer am Haff (Mai bis September; Montag, Dienstag Ruhetage, Kuverto 2).

Das einzige private Museum Nidas, das der Gründer Kaziemiras Mizgirio als Mischung aus Museum und Verkaufsgalerie betreibt, ist das Bernsteinmuseum. Es gibt auch eine noch größere Dependence in der Altstadt von Vilnius. Alles was Sie schon immer über Bernstein wissen wollten und sich in anderen Museen nicht zu fragen trauten, wird Ihnen hier erläutert (Mitte April bis September geöffnet, Pamario 20, Tel. 52573, www.ambergallery.lt (L/E).

Im Hafen stehen auch mehrere Segeljachten, die im Sommer bei gutem Wetter nach Fahrplan zu kleinen Segeltörns auslaufen oder die man stunden- oder tageweise für Ausflüge anmieten kann: ›Neringa‹ (Tel. 290/369 19), ›Monte‹ (Tel. 28781179). Das im Hafen liegende Tragflächenboot legt bei entsprechender Nachfrage ab.

Vorwahl: 0 03 70/4 69.
Postleitzahl: 93012.
Bank: Hansabankas, Taikos 5, Tel. 0 03 70/5/2 68 44 44.
Geldautomat: Ecke Pamario/Taikos.
Post: Taikos 13, Tel. 5 26 47.
Tourismusinformation: Taikos 4, Tel. 5 23 45, Fax 5 23 38.
Führungen in Nida und auf der Kurischen Nehrung kann man über das Reisebüro im Hotel ›Jūratė‹, Pamario 3, Tel. 5 12 10, buchen.

Auf der die Kurische Nehrung durchziehenden Fernverkehrsstraße 167 sind es 48 Kilometer von Nida bis zur Fähre in Klaipėda. Am südlichen Stadtrand befindet sich der litauisch-russische Grenzübergang, wo die Straße weiter nach Kaliningrad führt. Im Stadtzentrum ist Parken ein Problem. Es empfiehlt sich, die gebührenpflichtigen Parkplätze zu nutzen, da so gut wie alle andere Parkmöglichkeiten für die Anwohner reserviert sind und der örtliche ›Krallendienst‹ ständig auf Tour ist. Kostenlose Parkmöglichkeiten gibt es an der Nehrungsstraße auf der Seite zum Strand.

Die Bushaltestelle befindet sich gegenüber dem Rathaus. In der Saison fahren fast stündlich Busse nach Smyltinė/Klaipėda. Routentaxis fahren, sobald alle Plätze besetzt sind (Naglių 18, Tel. 5 28 59).

Es gibt einen kleinen Flughafen nordöstlich von Nida. Der Ausbau der Landebahn in den Jahren 1998 und 1999 war Gegenstand harter Auseinandersetzungen mit Umweltschützern und wurde inzwischen abgeschlossen. Über künftige Linienflüge liegen noch keine Informationen vor.

Schön auf der Höhe der bewaldeten Dünen auf halbem Weg zwischen Ort und Ostseestrand liegt das ›Auksinės Kopos‹ (Goldene Dünen) mit schönen Zimmern und umfangreichem Service einschl. öffentlichem Swimmingpool (DZ 170 bis 290 Lt., Kuverto 17, Tel. 5 23 87).
In ähnlich guter Waldlage in Leuchtturmnähe befindet sich das allerdings noch recht sowjetische ›Urbo Kalnas‹ (DZ 210 Lt., Taikos 32, Tel. 5 24 28).
Im Ortszentrum stößt man zuerst auf den zehn kleinere Gebäude umfassenden Hotelkomplex ›Jūratė‹, dessen Hauptgebäude einst das Hotel ›Königin Luise‹ war. Heute ist man auf deutsche Heimattouristen spezialisiert (DZ 140 bis 260 Lt., Pamario 3, Tel. 5 23 00).
Eine traditionsreiche Adresse ist ebenfalls das Hotel ›Nidos Smiltė‹ (Niddener Sand). Das ehemalige Hermann-Blode-Hotel war in der 20er und 30er Jahren ein beliebter Künstlertreffpunkt. Mit Haffblick wurde es 1996/97 komplett renoviert (im DZ 50 bis 190 Lt. pro Person, Skruzdynės 2, Tel. 5 22 21, www.smilte.lt). Unter dem selben

Management befindet sich unweit davon die aus den drei modernisierten Fischerhäusern ›Heimat‹, ›Strand‹ und ›Waldesruh‹ bestehende Hotelanlage ›Nidos Pušynas‹ (Niddener Kiefernwald, Purvynės 3, Tel. 5 22 21).
Empfehlenswert ist auch das vergleichsweise neue ›Linėja‹ (DZ 220 bis 380 Lt., Taikos 18, Tel. 5 23 90).
Neu ist auch das ›Skalva‹, ein gemütliches Hotel am nördlichen Stadtrand am Haff gelegen, das auch von deutschen Reisegruppen genutzt wird (DZ 240 Lt., Pamario, Richtung Flughafen,Tel. 5 25 01).
In Nida gibt es auch viele Privatunterkünfte, die über das Touristikzentrum zu buchen sind. Die Preise für Ferienwohnungen und Fremdenzimmer schwanken zwischen 25 und 150 Lt. pro Person. Viele Vermieter sprechen auch Deutsch: A. Sturienė (Pamario 21/1, Tel. 5 29 91), A. Feser (Pamario 35/7, Tel. 5 21 35) und R. Saputienė (Kopų 15/4, Tel. 5 23 45). Im Sommer empfiehlt sich rechtzeitige Buchung mit Anzahlung oder eine rechtzeitige Anreise, da vor allem am Wochenende die Nachfrage groß ist.
Viele Vermieter sind nicht sehr verbindlich und vermieten eventuell bei zahlungskräftigeren Interessenten anderweitig. Wenn man aber erst mal da und nicht all zu wählerisch ist, kommen nach mehreren hilfsbereiten Telefonaten dann wieder neue Angebote.
Die ›Exklusivität‹ der Nehrung zeigt sich dabei beispielsweise auch darin, daß es die Vermieter nicht nötig haben, sich beispielsweise wie in Palanga an der Ortseinfahrt oder am Busbahnhof für ihre potentiellen Mieter zu präsentieren.

Der 2002 in Nida entstandene Campingplatz ist derzeit der beste Platz des Landes. Er liegt zwischen der die Nehrung durchziehenden Hauptstraße und der Hohen Düne. Er ist ab der letzten Abfahrt Nida ausgeschildert. Die Preise betragen pro Nacht 15 Lt. pro Person, 10 Lt. pro PKW, 10 Lt. pro Zelt und 50 Lt. pro Caravan (Taikos 45a, Tel. 5 20 45, www.kempingas.lt).

Die Gaststätte ›Eserinė‹ als reetgedeckter Rundbau mit großen Fensterfronten und Terrasse bietet nicht nur gute Küche, sondern auch den besten Blick direkt auf die Dünen (Naglių 2, Tel. 5 27 57).
In der unmittelbaren Nachbarschaft expandiert mit Sommergarten das ›Seklyčia‹ (Lotmiskio 1, Tel. 5 00 00).
Am Haff kann man einheimische Küche im ›Laume‹ genießen (Pamario 24/3a, Tel. 5 23 35).
Für Nichtraucher ist das ›Židinys‹ (Kopų 1c, Tel. 5 11 23) zu empfehlen.

www.neringainfo.lt (L/E/D/R).
www.neringa.lt

Mein Sommerhaus

(...) Die Kurische Nehrung ist der schmale Landstreifen zwischen Memel und Königsberg, zwischen dem Kurischen Haff und der Ostsee. Das Haff hat Süßwasser, das auch durch eine kleine Verbindung mit der Ostsee bei Memel nicht beeinträchtigt wird, und birgt Süßwasserfische. Der Landstreifen ist ca. 96 km lang und so schmal, daß man ihn in 20 Minuten oder einer halben Stunde bequem vom Haff zur See überqueren kann. Es ist sandig, waldig und sumpfig. Meine Worte können Ihnen keine Vorstellung von der eigenartigen Primitivität und dem großartigen Reiz des Landes geben. Ich möchte mich hier auf Wilhelm von Humboldt berufen, der dort war, und speziell von Nidden so erfüllt war, daß er erklärte, man müsse diese Gegend gesehen haben, wie man Italien oder Spanien gesehen haben müsse (›wenn einem nicht ein Bild in der Seele fehlen soll‹).
Bei meiner Beschreibung will ich mich nun ganz einfach an die Himmelsrichtungen halten. Jede zeigt eine Sehenswürdigkeit, die die Fremden anzieht.
Wir sind im Sommer immer gern an die See gegangen, und man empfahl uns da eines Tages, die samländische Küste zu besuchen. Wir waren schon einige Wochen in Rauschen. Dies ist ein ziemlich triviales Ostseebad, wie es viele gibt, und wir sehnten uns nach etwas anderem. Man schlug uns vor, die Nehrung zu besuchen. Gut, wir fuhren also für einige Tage nach Nidden auf der Kurischen Nehrung und waren so erfüllt von der Landschaft, daß wir beschlossen, dort Hütten zu bauen, wie es in der Bibel heißt. Dies ist zwar bei uns nichts Neues, denn wir beschließen es phantasieweise fast überall, sei es bei St. Moritz oder Assuan. Aber diesmal war es ernster. Der Eindruck war tief. Man findet einen erstaunlich südlichen Einschlag. Das Wasser des Haffs ist im Sommer bei blauem Himmel tiefblau. Es wirkt wie das Mittelmeer. Es gibt dort eine Kiefernart, Pinien ähnlich. Die weiße Küste ist schön geschwungen, man könnte glauben, in Nordafrika zu sein. Wir faßten einen Hügel am Haff ins Auge und begannen mit einem Bauplatz zu kokettieren. Als wir abreisten, hatten wir uns soweit gebunden, daß wir nicht mehr zurückgekonnt hätten, selbst wenn wir gewollt hätten.
Durch Vermittlung Einheimischer kam ein Pachtvertrag mit der Litauischen Forstverwaltung zustande, eine Memeler Architektenfirma wurde engagiert, uns so bauten wir brieflich ein Holzhaus. Alles war furchtbar einfach, nur Holz und Schleiflack. Als der nächste Sommer kam, stand das Haus fix und fertig da. Wir kamen an und saßen auf der Veranda unseres Häuschens, als ob es immer schon so gewesen wäre.
Im Osten über dem Haff steigt morgens die Sonne auf. Das Haff ist das

Hauptarbeitsgebiet der Fischersleute. Im Fischerdorf findet man an den Häusern vielfach ein besonders leuchtendes Blau, das sogenannte Niddener Blau, das für Zäune und Zierrat benützt wird. Alle Häuser, auch das unsere, sind mit Stroh- und Schilfdächern gedeckt und haben am Giebel die heidnischen gekreuzten Pfereköpfe – Genauso machte man es bei unserem Haus. Es ist ein Holzhaus mit Schilfdach und am blauen Giebel zwei gekreuzte Pferdeköpfe. – Unten ist eine offene Veranda, dahinter liegt das Eßzimmer. Alles andere sind Schlafzimmer. Nur eines im ersten Stock ist für mich als Arbeitszimmer eingerichtet. Von hier habe ich einen weiten Blick über das Wasser bis zur ostpreußischen Küste, die man aber nur sehr selten sehen kann.

Wie ich schon sagte, ist das Haff das Hauptarbeitsgebiet der Fischer. Jeden Nachmittag sieht man ihre kleine Segelflottille, wenn das Wetter es nur irgend erlaubt, hinausfahren. Sie fischen nur nachts und kehren morgens zurück mit Hechten, Zandern. Schollen und Aale kommen aus der Ostsee. Mit russisch anmutenden Wägelchen werden sie von ihren Frauen mitsamt der Beute abgeholt. Der Menschenschlag ist unschön, aber sehr freundlich. Er hat starken slawischen Einschlag mit starken Backenknochen, blauen wäßrigen Augen. Sie sind dreisprachig und sprechen deutsch, litauisch und kurisch. Wenn sie deutsch sprechen, wirken sie wiederum sehr russisch. Litauisch und Kurisch sind sehr eigentümliche Sprachen. (…)

Im Süden liegen die großen Dünen, ein wirklich sehr merkwürdiges Naturphänomen. Sie gehören zu den Hauptsehenswürdigkeiten für die Fremden und haben wohl Humbolt hauptsächlich zu seiner Äußerung veranlaßt. Sie sind wohl eine halbe Stunde von unserem Häuschen entfernt, auf einem sehr reizvollen Weg zu erreichen vorbei an einer Bucht, die wir Portofino genannt haben.

Die ungeheueren Sandwände der Dünen bei List auf Sylt? Man muß sie sich verfünffacht denken, man glaubt in der Sahara zu sein. Der Eindruck ist elementarisch und fast beklemmend, weniger wenn man sich auf den Höhen befindet und beide Meere sieht, als in den tiefen eingeschlossenen Gegenden. Alles ist weglos, nur Sand, Sand und Himmel. Immer wieder überkommt mich hier der Eindruck des Elementarischen, wie ihn sonst nur das Hochgebirge und die Wüste hervorruft. (…)

Der eigenartige Charakter dieses Landstriches hat nichts Einschmeichelndes, er ist nicht schön im konzilianten Sinne, aber er kann einem ans Herz wachsen, davon kann ich ein Lied singen und habe es heute versucht. (…)

aus: Thomas Mann, ›Mein Sommerhaus‹, Vortrag am 1. Dezember 1931 vor dem Rotary Club München

»Fleißig ist hier die Erde:
auf dem Sandhügel
läßt sie sowohl Brot als
Gräben mit Kreuzen
wachsen. (...)
Schön ist die Erde hier:
hinter jedem Hügel,
hinter jedem Wald,
hinter jedem kleinen
See ist sie dieselbe und
zugleich die andere.«

Justinas Marcinkevičius

Der Nordwesten – Niederlitauen

Šiauliai

Šiauliai hat etwa 150 000 Einwohner und ist heute als viertgrößte Stadt des Landes vor allem als Industriezentrum und Verkehrsknotenpunkt bekannt. Viele assoziieren mit der Stadt aber auch den unweit Šiauliais gelegenen Berg der Kreuze. In den beiden Weltkriegen wurde Šiauliai stark zerstört. Nach dem Ersten Weltkireg war die Stadt zu zwei Dritteln, am Ende des Zweiten Weltkrieges sogar zu über 80 Prozent zerstört. Daher bestimmen heute mit wenigen Ausnahmen Bauten aus der Nachkriegszeit das Stadtbild. Nichtsdestotrotz hinterläßt die Stadt einen sympathischen Eindruck, da an vielen Ecken der Einheitsarchitektur die Liebe zum Detail und zu unkonventioneller Herangehensweise zu spüren ist, was die Šiauliaier ihren Stadtvätern hoch anrechnen.

Zur Bedeutung des Ortsnamens gibt es zwei passenden Erklärungen. Šiauliai kommt entweder vom Wort Šaule, was Sonne bedeutet oder vom Wort Šaulys, was Schütze bedeutet. Beides paßt, denn der Anlaß der erstmaligen Erwähnung des Ortes war eine Sonnen- oder besser Sternstunde für Litauens Schützen. Am 22. September 1236 wurde hier den Kreuzrittern des Schwertbruderordens eine

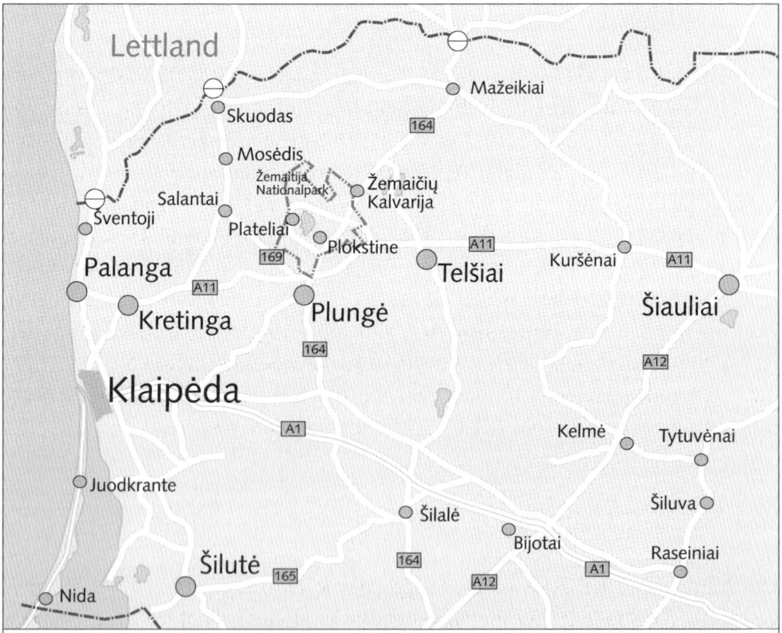

Der Nordwesten – Niederlitauen

Bankgeheimnis auf litauisch: Affen vor einer Sparkassenfiliale in Šiauliai

vernichtende Niederlage bereitet. Die Siedlung Šiauliai entwickelte sich dann im 15. Jahrhundert um eine Holzkirche herum. Handwerk und Handel gediehen, doch schon damals litt Šiauliai unter den Zerstörungen im schwedisch-russischen Krieg genauso wie später unter Napoleons Vormarsch und Rückzug gen Moskau.

Ende des 18. Jahrhunderts siedelten sich Weber aus Schlesien an, die Textilindustrie begann sich zu entwickeln. Mit dem Eisenbahnanschluß 1871 folgte ein industrieller Boom, zur Jahrhundertwende lebten bereits 16 000 Menschen in der Stadt. Nach dem Zweiten Weltkrieg erfolgte die weitere Profilierung zu einem Zentrum der Industrie. So wurden unter anderem Bekleidung, Schuhe, Fahrräder, Radio- und Fernsehelektronik für den gesamten sowjetischen Markt produziert. Da die Elektronikwerke auch Hochtechnologie für militärische Zwecke herstellten, war Šiauliai zu sowjetischer Zeit bis 1987 für Ausländer gesperrt.

Ein Rundgang durch Šiauliai

Der Mittelpunkt der Stadt ist die langgezogene Fußgängerzone in der Vilniaus gatvė. Als die Straße 1976 zum Fußgängerboulevard umgebaut wurde, entstanden die vielen originellen Ladenschilder, witzigen Standbilder und Wandgemälde, die

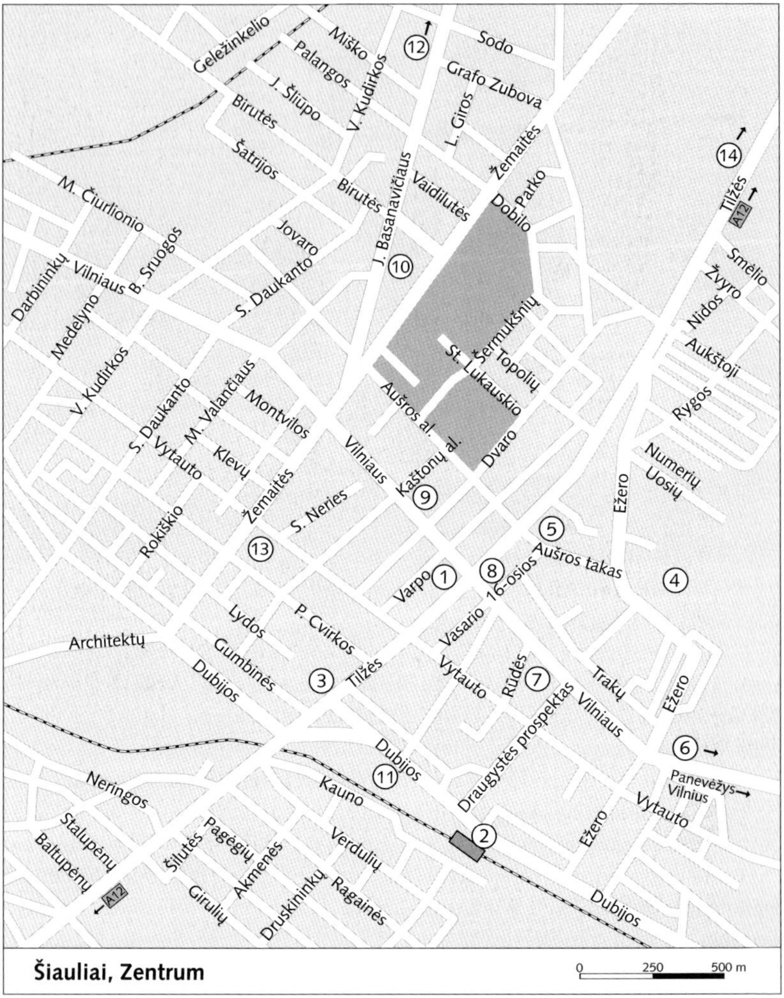

Šiauliai, Zentrum

Legende

1 Tourismusinformation
2 Bahnhof
3 Busbahnhof
4 Sonnenuhr
5 Peter-und-Pauls-Kirche
6 Katzenmuseum
7 Fahrradmuseum
8 Museum für Radio und Fernsehen
9 Fotografiemuseum
10 Heimatkundemuseum
11 Eisenbahnmuseum
12 Feuerwehrmuseum
13 Kanalisationsmuseum
14 Berg der Kreuze

die triste Architektur auflockern und beim Bummeln ins Auge fallen. Hier befinden sich viele Geschäfte und Cafés und auch die meisten Museen der Stadt. Viele Bänke und gepflegte Blumenrabatten runden den angenehmen Eindruck von dieser Flaniermeile ab. Die Hauptstraße der Stadt ist die Tilžės gatvė, sozusagen der lokale Abschnitt der Via Baltica. Hier gelangt man in Richtung Nordosten am Schauspielhaus (Tilžės 155, Tel. 524963) vorbei zum Rathausplatz, der ganz im Zeichen der gewaltigen Peter-und-Pauls-Kirche (Šv. Petro ir Povilo bažnyčia) steht. Ihr sechsgeschossiger Glockenturm ist mit über siebzig Metern der zweithöchste Kirchturm Litauens. Der Glockenturm wurde Mitte des 19. Jahrhunderts vor die bereits aus dem 17. Jahrhundert stammende schneeweiße Renaissancekirche gesetzt und dient heute auch als Eingangsportal. Die innen eher schlichte Kirche erhielt 1995 eine neue Orgel. Zwei Straßenecken weiter auf der Aušros gatvė befindet sich die Philharmonie (Aušros 15, Tel. 524457).

Vergoldeter Schütze auf der Sonnenuhr

Hinter der Kirche gelangt man am abfallenden Hügel zu einer weiteren Sehenswürdigkeit, dem Platz der Sonnenuhr mit dem überdimensionierten Zeitmesser, der als größte Sonnenuhr der Welt in der Mitte einer amphitheaterähnlichen Parkanlage steht. Der vergoldete Bogenschütze auf der 21 Meter in die Höhe ragenden Sonnenuhrstele verkörpert den Bezug zu Šiauliai also wieder in doppelter Hinsicht, die Motive der Sonne und des Schützen sind hier vereint. Der Platz und die Sonnenuhr entstanden 1986 anläßlich des 750jährigen Jubiläums des Sieges über die Kreuzritter.

Wenn man der Tilžės gatvė in südwestlicher Richtung folgt, gelangt man am Kaufhaus und am Busbahnhof vorbei zur Eisenbahnbrücke, die den Blick auf den Bahnhof und die alte russisch-orthodoxe Kirche eröffnet.

Museen

Die Museumslandschaft der Stadt ist erstaunlich vielfältig und originell, zuweilen geradezu skurril. Im in einer Schule untergebrachten Katzenmuseum (Katinų muziejus) beispielsweise begrüßen Sie die Katzen Mikis und File zu einer Exkursion durch weltweiten Katzennippes. Katzengemälde und -fotos, Katzenfiguren und lobpreisende Gedichte locken die Katzenliebhaber aus dem ganzen Land an (Mo, Di Ruhetage, Žuvininkų 18, Tel. 52 38 83).

Daneben gibt es eine ganze Reihe von Museen, die die Geschichte des Industriestandortes der Stadt Šiauliai widerspiegeln. Das interessanteste ist dabei das Fahrradmuseum (Dviračių muziejus), da sich in der Stadt die größte Fahrradfabrik des Baltikums befindet. Hier kann man anschaulich die Entwicklung des Fahrrades vom ›Imperial Trumpf‹ aus dem Jahre 1816 bis in die Gegenwart und anhand fast aller Modelle ›made in Šiauliai‹ und auch vieler anderer Räder nachvollziehen (Mo Ruhetag, Vilniaus 139, Tel. 52 43 95).

Die örtliche Fernsehfabrik präsentiert ihre Geschichte anhand alter Plattenspieler, Musiktruhen und Fernsehgeräte im Museum für Radio und Fernsehen (Radijo ir Televizijos muziejus, Mo Ruhetag, Vilniaus 174, Tel. 52 43 99).

Im Fotografiemuseum (Fotografijos muziejus) gibt es zwei Ausstellungen: im Obergeschoß eine Dauerexposition über die Geschichte der Fotografie in Litauen und im Erdgeschoß interessante Wechselausstellungen litauischer Fotografen (Mo Ruhetag, Vilniaus 140, Tel. 52 43 96).

In der Fußgängerzone von Šiauliai

Das bereits 1923 gegründete örtliche Heimatkundemuseum (Šiauliai ›Aušros‹ muziejus) ist eines der größten seiner Art in Litauen. Es bietet Ausstellungen über Ur- und Frühgeschichte, Stadtgeschichte, regionale Trachten, Handwerkstraditionen und neuerdings auch über Litauen in den Jahren seiner Unabhängigkeit (Mo Ruhetag, Vytauto 89 und Aušros a. 47, Tel. 52 43 96).

Es gibt noch weitere Betriebsmuseen: das Eisenbahnmuseum, dessen Prunstück neben Eisenbahnutensilien und Exponaten zur Bahnhofsgeschichte eine von den Sowjets im Winterkrieg 1940 gegen Finnland erbeutete finnische Dampflok aus den 30er Jahren ist (Sa, So Ruhetage, Dubijos 44, Tel. 39 36 84); das Feuerwehrmuseum, wo man neben einer sehr bescheidenen historischen Exposition auch die heutige Feuerwache besichtigen kann (Sa, So Ruhetage, Basanavičiaus 89, Tel. 39 79 11); und – wohl einzigartig – das Kanalisationsmuseum, das im Erdgeschoß des städtischen Wasserturms ein Fotoausstellung zur Entwicklung der Šiauliauer Wasserbetriebe zu Beginn des Jahrhunderts zeigt (Sa, So Ruhetage, Vytauto 103, Tel. 59 22 57).

Der Berg der Kreuze

Eine der beeindruckendsten Sehenswürdigkeiten Litauens befindet sich etwa zwölf Kilometer von Šiauliai entfernt an der Via Baltica in Richtung Norden. An der Hauptstraße gibt ein Wegweiser ›Kryžių kalnas‹ die Richtung zum dann noch etwa zwei Kilometer entfernten Berg der Kreuze an.

Eigentlich ist es eher ein Hügel am Ufer des Flüßchens Kulpė, um dessen ursprüngliche Bedeutung für die hier lebenden Menschen als Heiligtum oder Kultort sich verschiedene Legenden ranken. Im 14. Jahrhundert soll hier laut der Livländischen Chronik eine Burg gestanden haben, von der aber keine Überreste mehr vorhanden sind. Die ersten Kreuze tauchten im 19. Jahrhundert auf. Nach der Niederschlagung des Aufstandes gegen die russische Vorherrschaft im Jahr 1831 begannen die Menschen, auf dem Berg mehrere Kreuze für ihre ums Leben gekommenen Nächsten aufzustellen. Nach dem nächsten erfolglosen Aufstand 1863 folgte eine zweite Welle neuer Kreuze. Ende des 19. Jahrhunderts belief sich ihre Zahl auf etwa 120. Die dritte Welle begann in den 50er Jahren des 20. Jahrhunderts, als die ersten in den 40er Jahren nach Sibirien deportierten Litauer zurückkehren durften und mit den gestifteten Kreuzen an ihre im Gulag umgekommenen Angehörigen und Freunde erinnern wollten. Derart nationalchristlicher Symbolismus war der Sowjetmacht natürlich ein Dorn im Auge. Der Besuch der Kreuze galt als suspekt, und 1961 wurden sie von Bulldozern dem Erdboden gleichgemacht. Doch unverzüglich tauchten neue Kreuze auf, die 1975 erneut zerstört wurden.

Auf dem Berg der Kreuze

Mit der Unabhängigkeitsbewegung ab 1988 wurden erneut Kreuze aufgestellt – mehr als je zuvor. Der Berg wurde mit seinen Kreuzen zu einem Symbol für den unerschütterlichen Glauben der Litauer an ihre Traditionen und ihre Zukunft. Heute begibt man sich in ein Meer von Kreuzen in allen Variationen und Größen. Der ursprüngliche Hügel bildet die Spitze der sich ausbreitenden Kreuzesflut, die heute nach vorsichtigen Schätzungen auf die Ziffer 100 000 zuwächst. »Das Volk, das so beharrlich und fromm zum Berg geht, um ein Kreuz aufzustellen, glaubt an das Leben und an die Wiedergeburt«, sagte Papst Johannes Paul II. im Juli 1990. Im September 1993 besuchte er den Berg der Kreuze und hielt in dem linker Hand sichtbaren, damals extra zum Papstbesuch errichteten Altarpavillon eine Messe.

Vorwahl: 0 03 70/41. Postleitzahl: 76001. Post: Aušros a. 42, Tel. 52 37 40. Bank: Hansabankas, Vilniaus 225, Tel. 0 03 70/5/2 68 44 44. Geldautomat: Vilniaus 189. Tourismusinformation: Vilniaus 213, Tel. 52 31 10. Šiauliai verfügt über eine sehr interessante Internetseite (www.siauliai.lt).

TAXI Tel. 500 800.

Šiauliai liegt an der Via Baltica A 12. Von der Kreuzung über die Autobahn A 1 Vilnius–Klaipėda sind es 68 Kilometer in Richtung Norden.

Von Vilnius bietet sich die Strecke über die Autobahn A 2 nach Panevėžys und weiter über die Fernverkehrsstraße A 9 bis Šiauliai an.

Es gibt Zugverbindungen nach Vilnius (7 x tgl.), Klaipėda (über Telšiai, Plungė und Kretinga, 6 x tgl.) Kaunas (2 x tgl.) sowie nach Panevėžys und Riga (1 x tgl.) (Dubijos 44, Tel. 39 34 45).

Die Buslinien nach Vilnius, Kaunas und Panevėžys werden zwölfmal täglich befahren. Weitere Linien gehen nach Telšiai und an die Küste, nach Biržai und auch nach Lettland (Tilžės 109, Tel. 52 34 02).

Das größte und auch akzeptabelste Hotel der Stadt ist das ›Šiauliai‹. Zentral am Ende der Fußgängerzone gelegen. (Draugystės pr. 25, Tel. 43 73 33, DZ 100 bis 130 Lt.).
Empfehlenswert sind auch einige neue Hotels wie das ›Saulininkas‹ (DZ 140 bis 180 Lt., St. Lukausko 5a, Tel. 43 65 55) oder das ›Vaivorykste‹ (DZ 150 bis 280 Lt., Gytarių 25, Tel. 41 61 24). Etwas abseits in Richtung Bahnhof befindet sich das preiswertere ›Salduve‹ (DZ 40 bis 160 Lt., Donelaičio 70, Tel. 55 35 93).

Im nördlichen Vorort Sutkunai befindet sich der Campingplatz ›Grazina‹ mit 20 Caravan-Stellplätzen, einem

Zeltplatz sowie einer Pension. Die Preise betragen pro Nacht 15 Lt. pro Person und 15 Lt. pro Caravan bzw. Auto (Tel. 39 99 70).

In der Fußgängrzone gibt es mehrere Cafés und Restaurants wie die schnelle Pizzeria ›Bella Italia‹ (Vilniaus 167), das etwas anspruchsvollere ›Akropolis‹ (Vilniaus 173, Tel. 42 76 50) mit dem angeschlossenen vegetarischen Tages-Café ›Valerijonas‹. Empfehlen kann man auch das Café ›Edenas‹ (Tilžės 121) oder das Theatercafé ›Prie Teatro‹ (Tilžės gatvė 151).

Für Fans von Country-Musik ist das ›Juone Pastuoge‹ (Aušros 31a) mit schönem Innenhof eine gute Wahl.

www.sauliai.lt (L/E). Internetcafé ›Undo‹ (Vytauto 111, Tel. 43 19 61).

Telšiai

Telšiai mit seinen 35 000 Einwohnern ist heute Bezirkshauptstadt, sozusagen die Hauptstadt Niederlitauens. Die auf mehreren Hügeln am Fluß Durbinis und am malerischen Mastis-See gelegene Stadt wurde 1398 in der Chronik des Deutschen Ordens als ›Talsen‹ erstmals urkundlich erwähnt. Die Legende berichtet vom žemaitischen Riesen Telsys (der Fröhliche), der die Stadt gegründet haben soll. In den folgenden Jahrhunderten entwickelte sie sich zur Hauptstadt Niederlitauens, in der sich die Glaubensfürsten, die Adelsversammlung und die Gerichtsbarkeit des Gebietes ansiedelten.

Auf dem zentralen Hügel im Stadtzentrum prägt der Bischofsdom die Silhouette. Zwischen 1762 und 1794 im Stil des späten Barock erbaut, ist der Dom dem heiligen Antonio von Padua (1195–1231), einem italienischen Volksprediger gewidmet, der bereits ein Jahr nach seinem Tod heiliggesprochen wurde (Šv. Antano Paduviecio Kathedra). Das Innenleben der Kirche zeigt sich in einer Mischung barocker und klassizistischer Stilelemente.

Der Bischofspalast wurde 1929 nach Entwürfen des litauischen Architekten Vladimiras Dubemus, der auch das Militärmuseum in Kaunas entwarf, eingeweiht. Telšiai war und ist – wie auch im Stadtwappen ersichtlich – eines der religiösen Zentren Litauens. Das hier ansässige Priesterseminar kann bereits auf eine über 250jährige Tradition zurückblicken. Telšiai war, wenn auch mit Unterbrechungen von 1863 bis 1927 und unter dem Sowjetstern von 1946 bis 1989, immer ein Wallfahrtsort für den Priesternachwuchs. Der Ort hatte auch eine große jüdische Gemeinde, die teilweise über 50 Prozent der Einwohnerzahl ausmachte. Davon zeugten auch zwei Synagogen sowie zwischen 1873 und 1940 die hier ansässige große Rabbiner-Schule.

Die Hauptstraße der Stadt bildet die sie von in Ost-West-Richtung durchziehende Respublikos gatvė, die sich zwischen dem Domhügel und dem See entlangschlängelt. Am in eine weitflächige Allee ausgedehnten Marktplatz fällt vor dem Rathaus ein freistehender Glockenturm ins Auge. Wenn man in Telšiai einen Treffpunkt ausmacht, so ist dies meist der originelle Turm.

Das Heimatmuseum (Žemaicių muziejus ›Alka‹) gehört zu den besten Museen Litauens. Hier wirkte unter dem Namen ›Alka‹ der Verband der Historiker und Künstler Niederlitauens, der das Museum 1932 gründete. Neben einer umfangreichen Sammlung litauischer und europäischer Malerei, unter anderem ›Die Verehrung der Könige‹ von Lucas Cranach d. Ä., bietet es einen umfassenden Überblick der Archäologie, Geschichte, Ethnographie sowie Fauna und Flora Niederlitauens (Mo, Di Ruhetage, Muziejaus 31, Tel. 7 02 82, http://zam.mch.mii.lt). In der selben Straße befindet sich ein kleiner Laden der örtlichen Kunstgewerbeschule (Muziejaus 20). In der Kęstučio 3 befindet sich eine kleine Kunstgalerie (Tel. 5 47 79).

Außerdem gibt es ein Freilichtmuseum im Stadtpark, wo man sich auf drei Gehöften einschließlich einer Schmiede, einer Windmühle und eines Heuboden-Theaters einen Eindruck vom früheren Leben auf dem niederlitauischen Lande verschaffen kann (Mai bis September, Mo, Di Ruhetage, Parko 8a, Tel. 7 00 01).

Vorwahl: 0 03 70/4 44. Postleitzahl: 87001. Hauptpostamt: Sedos 1, Tel. 7 44 44. Bank: Hansabankas, Turgaus 15a, Tel. 0 03 70/5/2 68 44 44. Geldautomat: Respublikos 39. Tourismusinformation: im Gewerbezentrum, Žemaitės 14, Tel. 5 22 29. Hier kann man den Katalog (L/E/D) ›Urlaub auf dem Lande im Bezirk Telšiai‹ bestellen und Objekte buchen.

Tel. 5 30 00.

Die A 11 Šiauliai–Ostseeküste bildet die Nordtangente von Telšiai.

Der Bahnhof liegt im Norden der Stadt (Stoties 35, Tel. 5 37 57). Die Stadt liegt an der Bahnstrecke Klaipėda–Šiauliai. Es gibt Verbindungen an die Küste (6 x tgl.) sowie über Šiauliai nach Vilnius (3 x tgl.) und Kaunas (2 x tgl.).

Am zentral gelegenen Busbahnhof gibt es Verbindungen nach Klaipėda, Palanga, Šiauliai, Mažeikiai und Varniai (Respublikos 48, Tel. 5 33 33).

Bei geringer Auswahl ist das Hotel ›Telšiai‹ zu empfehlen, DZ 110 Lt., Kęstučio 21, Tel. 5 32 92. Das zentral gelegene Hotel ›Roneta‹ ist zwar etwas besser, aber auch deutlich teurer (DZ 200 bis 280 Lt. Respublikos 59, Tel. 5 35 97).

An der Hauptstraße liegt die recht einfache Gaststätte

›Medziotojų uzeiga‹ (Respublikos 25, Tel. 51531). Empfehlenswerter ist das Restaurant ›Gotika‹ (Turgaus a. 19a, Tel. 51665).

Kelmė

Die Einwohnerzahl der Kreisstadt beträgt heute 12000. Der Ort hat seinen Ursprung in der Burg Kymel, die erstmalig 1294 in den Chroniken der Kreuzritter erwähnt wurde. Kelmė wurde über Jahrhunderte durch das ansässige Fürstengeschlecht der Gruszewskius geprägt. Im gut erhaltenen alten Gutsschloß befindet sich heute das Heimatkundemuseum (Kelmes krašto muziejus, So Ruhetag, Dvaro gatvė 5, Tel. 61065). Nach dem Bau der Straße zwischen Königsberg und St. Petersburg wurde der Kelmėr Pferdemarkt berühmt. In den beiden Weltkriegen wurde Kelmė stark zerstört, so daß es sich heute als vergleichsweise junge Stadt mit zwei sehenswerten alten Kirchen präsentiert. Mit der Annahme des Christentums durch die Niederlitauer entstand Anfang des 15. Jahrhunderts die erste Kirche. Die heute die Silhouette der Stadt prägende protestantische Reformationskirche (Darius ir Girėnas gatvė) stammt aus dem 17. Jahrhundert. Die parallel zur Via Baltica verlaufende Hauptstraße, wo sich die protestantische Kirche befindet, ist die Vytauto Didžiojo gatvė. Hinter dem Rathaus breitet sich der Laisvės-gyneju-Platz aus, an dem das örtliche Theater (Laisvės gyneju a. 1, Tel. 61312) steht.

Vorwahl: 00370/427.
Postleitzahl: 86001.
Hauptpostamt: Vytauto Didžiojo 86, Tel. 61444.
Bank: Hansabankas, Birutės gatvė 4, Tel. 00370/5/2684444.
Geldautomat: Vytauto Didžioja am Kaufhaus.
Tourismusinformation: Vytauto Didžiojo 58, Tel. 69052.

Kelmė liegt östlich der Via Baltica. Die Hauptstraße der Stadt verläuft sozusagen parallel zur Trasse.

Es gibt Busverbindungen nach Šiauliai, Kaunas, Tytuvėnai und in die Umgebung (Putvinskio 3, Tel. 61333).

Es gibt in Tytuvėnai ein ansprechendes, neu eröffnetes Hotel mit 13 Zimmern (›Samana‹, DZ 150 bis 180 Lt., Taikos 2, Tel. 56249).

Am See von Tytuvenai befindet sich der Campingplatz ›Sedula‹ mit 50 Caravanplätzen. Die Preise betragen pro Nacht 15 Lt. pro Person, 10 Lt. pro Caravan und 2 Lt. pro Auto (Tel. 56795).

www.kelme.lt/turizmas/index.html (L/E).

Tytuvėnai

Das Kloster Tytuvenai

Der im 14. Jahrhundert erstmals erwähnte Ort ist vor allem wegen des Bernhardinerklosters bekannt. Die Marienkirche und das Kloster entstanden in der ersten Hälfte des 17. Jahrhunderts am Ufer des Bridvaisis-Sees. Es erlebte zwar auch eine wechselvolle Geschichte, so beispielsweise seine langjährige Schließung nach dem Aufstand 1863 oder seine Durststrecke zu Zeiten der Sowjetunion, aber es blieb immer in seiner ursprünglichen architektonischen Gestalt erhalten. Seit einigen Jahren ist die grundlegende wie sorgfältige Restaurierung des Klosters und der Kirche in vollem Gange.

Die dreischiffige Marienkirche sowie das angrenzende Klostergebäude wurden zwischen 1614 und 1639 im Stil der Renaissance errichtet. Dabei kamen aber vor allem im Klostergebäude auch Gotik-Elemente wie die Spitzbogenfenster ins Spiel. Die Stilmischung setzte sich fort, als etwa 120 Jahre später der Eingang mit seinen zwei viergeschossigen Türmen mit eindrucksvollen Ornamenten im Stile des späten Barock angebaut wurde. Im Anschluß daran entstanden um 1775 mit Fresken geschmückte Arkadengänge, die einen knapp 1000 Quadratmeter großen, fast quadratischen Hof mit einer kleinen Kapelle umschließen. Im Innenleben der Kirche dominiert hingegen der Rokoko-Stil. Daneben kann man sich in Tytuvėnai noch ein kleines Forst-Museum anschauen (Miskininkų gatvė 6, Tel. 5 66 51). Im sich zwischen dem Gilius-See und dem Bridvaisis-See weitflächig ausbreitenden Ort Tytuvėnai leben heute etwa 3200 Einwohner. An beiden landschaftlich schön gelegenen Seen befinden sich Biwak-Plätze. Von Kelmė sind es bis Tytuvėnai etwa 20 Kilometer über die F 157. Von der Autobahn Vilnius–Klaipėda/Abfahrt Raseiniai sind es etwa 35 Kilometer über die F 146 und die F 148. Man kann einen Umweg über Lioliai machen, wo sich die schöne hölzerne Barockkirche der Jünger St. Simon und Judas befindet, die im Jahre 1768 errichtet wurde und eines der markantesten

Beispiele der Holzkirchenarchitektur Litauens ist. Lioliai liegt 15 Kilometer südwestlich von Tytuvėnai an der Straße von Raseiniai nach Kelmė.

Šiluva

Šiluva ist ein bedeutender Wallfahrtsort der Marienverehrung in Litauen. Im Jahre 1607 soll einem Hirtenjungen eine weinende Frau mit ihrem Kind im Arm erschienen sein. Auf die Frage nach dem Grund ihres Leides, antwortete sie, daß auf diesem Roggenfeld die Menschen früher ihrem Sohn gehuldigt hätten, und entschwand. Das Erlebnis des Hirtenjungen wurde schnell Dorfgespräch, und die Alten erinnerten sich an die um 1540 auf diesem Feld wegen Baufälligkeit abgerissene Holzkirche. Aufgrund der Marienerscheinung erwarb der Pfarrer das Land und ließ 1625 eine achteckige Kapelle errichten, die in den Folgejahren mehrmals durch größere Kapellen ersetzt wurde. Die heutige weiße Kapelle wurde von 1903 bis 1924 errichtet und präsentiert sich im für Kirchenbauten ungewöhnlichen Jugendstil als eindrucksvoll verzierter Koloß. Daneben befindet sich im Dorf noch die in den Jahren 1760 bis 1775 errichtete spätbarocke Maria-Geburts-Kirche, die mit ihren roten Ziegelwänden, dem weißen Portal und barockem Innenleben einen Besuch lohnt. Im September 1993 besuchte Papst Johannes Paul II. während seiner Litauenreise Šiluva. Anfang Oktober finden hier alljährlich Ablaß-Messen statt, die Gläubige aus dem ganzen Lande anziehen.

Bijotai

In dem kleinen Dorf unweit der Autobahn Kaunas–Klaipėda befindet sich das erste und zugleich sehr originelle Museum Litauens. Es wurde 1812 eröffnet und ist eine typische Kuriosität Litauens: es befindet sich in oder besser ist ein Baubliai (Rohrdommel) genannter, pilzartig mit einem Dach überdeckter Baumstamm. Der Volksdichter und Märchensammler Dionizas Poška (1765–1830) ließ sich 1790 in diesem Dorf nieder. Er kam auf die Idee, den Stamm einer tausendjährigen Eiche auszuhöhlen, um darin einen Arbeits- und Ausstellungsraum einzurichten. Mit Tür und Fenster versehen und mit einem Strohdach bedeckt, wurde aus dem Stamm mit einem Umfang von über zwölf Metern ein kleiner Pavillon. Später fügte er noch einen zweiten, allerdings kleineren Baubliai hinzu. Heute werden beide Stämme aber durch 1971 errichtete Glaspavillons vor Wind und Wetter geschützt. Die ausgeschilderte Abfahrt Bijotai befindet sich an der Autobahn, sieben Kilometer westlich der Kreuzung der A 1 und der A 12. Nach ungefähr zwei Kilometern nach rechts in Richtung Girdiškė abbiegen.

Kretinga

Kretinga hat den Ruf einer Schlechtwetteralternative für alle Sonnensucher, die sich an Palangas Ostseestrand aufhalten. Zu Unrecht – die Stadt lohnt in jedem Fall einen Besuch unabhängig von der Wetterlage und hat dem Besucher einiges zu bieten. Erstmalige Erwähnung findet Kretinga in der livländischen Ordenschronik unter der Jahreszahl 1260, als die niederlitauischen Žemaiten hier eine Schüttburg vom Schwertbrüderorden gewinnen konnten. Drei Jahre später endete ein Versuch des Deutschen Ordens, die Burg zu erobern, im Fiasko. Der an der

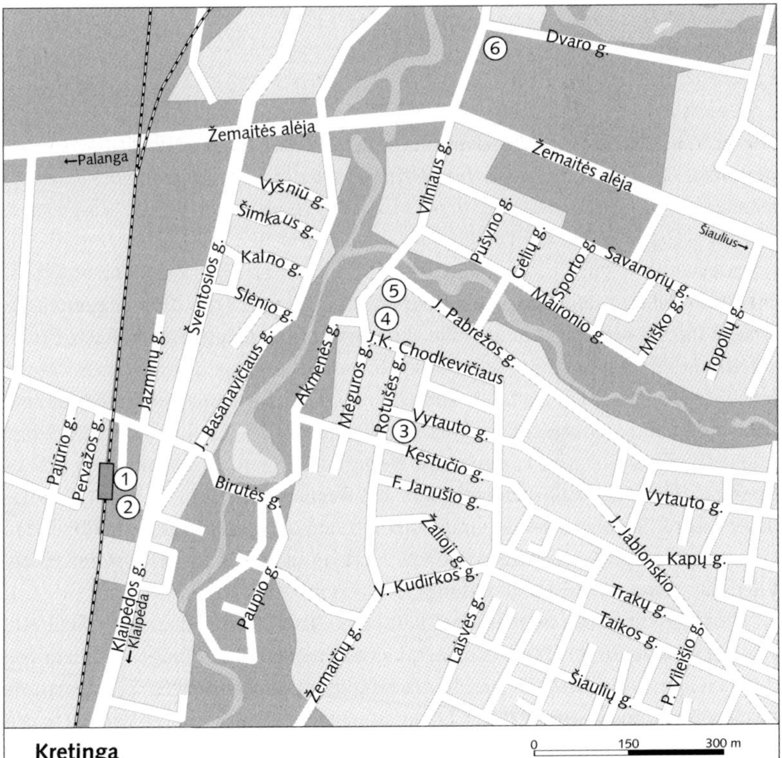

Kretinga

Legende

1 Bahnhof
2 Busbahnhof
3 Tourismusinformation
4 Maria-Offenbarungs-Kirche
5 Franziskanerkloster
6 Schloß (Heimatkundemuseum)

Das Schloß von Kretinga mit seiner Orangerie ist Sitz des Heimatkunde-museums

Spitze des Heeres stehende Komtur der Memelburg geriet den Verteidigern in die Hände, die ihn bei lebendigem Leibe verbrannten. Das zeigte bei den Kreuzrittern offensichtlich Wirkung, da sie ihre Expansionsbestrebungen künftig in Richtung Hochlitauen verlegten. So blieb Žemaitija als Keil zwischen den im Süden und den im Norden angrenzenden Ordensprovinzen. Im 16. Jahrhundert hatte Sigismund II., Großfürst von Litauen und König von Polen, in Kretinga ein großes Landgut, das in der Folgezeit mehrfach den Besitzer wechselte. Nach der Besitznahme durch Rußland wurde Graf Potocki der Eigentümer, der es 1806 an den Günstling der Zarin, den Grafen Subow, verkaufte. Später erwarb es Graf Tiškevičius für seine ›Schlössersammlung‹.

Heute leben in der netten Kreisstadt etwa 20 000 Einwohner. Das Stadtbild wird südlich der Fernverkehrsstraße A 11 von Palanga nach Plungė vor allem von der weit sichtbaren katholischen Maria-Offenbarungs-Kirche geprägt. Sie wurde 1617 geweiht und präsentiert sich heute nach einem grundlegenden Umbau in den Jahren 1908 bis 1941 als Mischung verschiedenster Baustile. In unmittelbarer Nachbarschaft befindet sich das ebenfalls seit dem 17. Jahrhundert hier ansässige Franziskanerkloster (www.pranciskonai.kretinga.lm.lt). Von der A 11 gelangt man über die Vilniaus gatvė zum weiträumigen Marktplatz und der zumeist aus dem 19. Jahrhundert stammenden Altstadt. Vorbei an zwei eindrucksvollen Friedhöfen, erhebt sich nach einer kleinen Schlucht die Kloster und Kirche umgrenzende

Steinmauer. Am Eingang steht ein 1993 errichtetes Denkmal für den Franziskanermönch Jurgis Pabreza (1771–1849), der sich auch Verdienste bei der Erforschung der litauischen Volkskunst erwarb. Das Unabhängigkeitsdenkmal auf dem Marktplatz stammt ursprünglich aus den 30er Jahren. Es fiel aber 1948 der neuen Moskauer Abhängigkeit zum Opfer und wurde 1990 wiederhergestellt.

Das alte Kretingaer Schloß befindet sich am anderen Ende der Stadt, ebenfalls an der Vilniaus gatvė. Der im 19. Jahrhundert von Subow gebaute und von Tiškevičius umgebaute Herrschaftssitz beherbergt heute neben einer Fachschule das örtliche Heimatkundemuseum mit seinem in Litauen einzigartigen Wintergarten. Im Rahmen einer grundlegenden Renovierung des Schlosses um 1900 ließ Graf Tiškevičius eine halbrunde Orangerie anbauen, die um die Jahrhundertwende eine lokale Sensation war. Doch nach dem Ersten Weltkrieg, in dem das Gebäude von Brand und Plünderung heimgesucht wurde, dauerte es fast 70 Jahre, bis seine Pracht 1987 im alten Glanz wieder erblühte. Im Wintergarten breitet sich heute wieder auf drei Etagen samt Wasserfall und Teich die ganze Vielfalt der tropischen Pflanzenwelt aus. Im Heimatkundemuseum finden sich auf drei Etagen eine Gemäldegalerie und Ausstellungen über Kretingas Historie sowie die litauischen Holzschnitztraditionen vom Barock bis in die Gegenwart (Mo, Di Ruhetage, Vilniaus 20, Tel. 5 35 05).

Nasrenai

Das kleine Dorf nordöstlich von Kretinga ist vor allem als Geburtsort von Motiejus Valančius (1801–1875) bekannt. Sein Antlitz ziert heute den Zwei-Lt.-Schein. In seinem neben der ursprünglichen Klete wiederaufgebauten Geburtshaus befindet sich heute ein kleines Museum (Mo, Di Ruhetage). Die Figur vor dem Museum zeigt den typisch žemaitischen Schneider Palangos Juzė, die bekannteste Literaturgestalt von Valančius. Vor allem aber war er ab 1850 der Bischof der Provinz und setzte sich gegen die russischen Autoritäten für den Fortbestand der litauischen Kultur und Sprache ein. Daneben war er ein überzeugter Antialkoholiker, weshalb auch heute Litauens in den 80er Jahren gegründeter ›Verein für die Nüchternheit‹ seinen Namen trägt.

Salantai

Die nordöstlich von Kretinga auf mehreren Hügeln gelegene Kleinstadt mit etwa 2200 Einwohnern wird vom Fluß Salantas durchzogen, der sich hier an einem Wehr staut. Auf dem höchsten Punkt des Ortes wurde zwischen 1906 und 1910 die neogotische Maria-Himmelfahrts-Kirche errichtet. Die beiden Kirchtürme in ihrem roten Backstein sind vom flachen Lande in der Umgebung bereits weit sichtbar. Die Entwürfe stammen von K. E. Straudmann, der auch die Kirche von Palanga errichtete. Die Kanzel und ihre drei Altäre sind sehenswerte Holzschnitzarbeiten.

Orvydas Garten

Eine der bizarrsten Sehenswürdigkeiten Litauens ist Orvydas Garten (Orvydo Sodyba), der auch Orvydas Absurditäten-Museum genannt wird. Auch wenn sein Kultcharakter mittlerweile durch die touristische Vermarktung ein bißchen leidet, beeindruckt die Ursprünglichkeit der Verbindung von Natur und bildhauerischer Kreativität. Auf dem Gelände des selbstgeschaffenen Stein- und Naturparks lebt und produziert sich seit vielen Jahren die Einsiedlerfamilie Orvydas. Den Grundstein legte Kazys Orvydas, der als Steinmetz in Salantai viele in der litauischen Tradition symbolträchtige Grabsteine schuf. Als solche politisch unerwünschten Symbole in den 60er Jahren zerstört wurden, gelang es ihm, viele dieser Steine in seinem auf Wald und Wiesen entstehenden ›Garten‹ zu retten. Die entscheidenden Impulse für das heutige Antlitz des Gartens hat jedoch sein Sohn Vilius Orvydas (1952–1992) gegeben. Als tiefgläubiger Eremit gestaltete er den Garten als surreale Sammlung versteinerten Glaubens an seinen Gott und seine Heimat. Hunderte von Stein-, Marmor- und Holzplastiken, Kreuzen, Figuren einschließlich eines alten Panzers und einer Rakete wirken, als ob sie aus einer anderen Welt stammen und sind doch zugleich irgendwie typisch für das eigenbrötlerische Litauen. Kurz vor seinem plötzlichen Tod trat Vilius Orvydas dem Orden der Franziskaner bei. Heute leben seine Brüder hier und gestalten den Garten weiter. Der Besuch ist ein ungewöhnliches Erlebnis, das man in jedem Fall in sein Reiseprogramm aufnehmen sollte. Orvydas Garten liegt etwa vier Kilometer südöstlich von Salantai unweit der F 169 nach Plungė. Die Abfahrt ist mit ›Orvydo Sodyba‹ ausgeschildert.

Mosėdis

Mosėdis wurde bereits 1253 erstmals erwähnt und hat heute ungefähr 1200 Einwohner. Bekannt ist der Ort aber vor allem für seine Steine. Im örtlichen Gesteinsmuseum samt seinem riesigen ›steinigen‹ Garten sind – gut sortiert – unzählige Findlinge und Steine zu bewundern. Die Exponate wurden während der Eiszeit von Gletschern hierhergebracht. Die Bauern empfanden die Steine als Plage und

In ›Orvydas Garten‹

nannten sie auch ›Samen des Teufels‹. Ganz anderer Auffassung war der Dorfarzt Dr. Vaclovas Intas, der seit 1957 die einzigartige Sammlung von Steinen und Findlingen aufbaute. Intas faszinierte die Vielfalt der Formen, Größe und Farbe der Steine. Was als kleiner Steingarten vor dem eigenen Haus (Akmenų gatvė) begann, ist heute eine große Parkanlage im Zentrum des dadurch landesweit bekannt gewordenen Ortes. Hier finden sich heute weit über 5000 Findlinge aus allen drei baltischen Staaten sowie aus Schweden und Finnland, sortiert nach Herkunft sowie Größe und harmonisch in die Landschaft eingepaßt. Die größten Brocken kommen dabei auf bis zu zehn Tonnen Gewicht. Als Orientierung für den Besucher dient eine alte Wassermühle am durch Mosėdis fließenden Fluß Bartuva, die, liebevoll restauriert, seit 1979 das Steinmuseum beherbergt und als Ausgangspunkt für die Spaziergänge durch die ›Steinalleen‹ dient (Unikalių Akmenų muziejus, im Winter nur am Wochenende geöffnet, Salantų 2, Tel. 16/5 62 90).

Daneben gibt es im Ort noch eine sehenswerte Barockkirche – vom Steinmuseum auf dem angrenzenden Hügel gut sichtbar. Die 1783 erbaute, weiße Erzengel-Michael-Kirche (Arkangelo Mykolo bažnyčia) ist mit dem großen Portal zwischen ihren beiden Türmen sehr eindrucksvoll.

Vorwahl: 0 03 70/4 45.
Postleitzahl: 97001.
Hauptpostamt: Rotušės a. 10, Tel. 7 85 41.
Bank: Hansabankas, Rotušės a. 6, Tel. 0 03 70/5/2 68 44 44.
Geldautomat: Savanorių 45.
Tourismusinformation: Vilniaus 20, Tel. 7 76 12.

Kretinga ist von Palanga über die nach Šiauliai führende A 11 oder von Klaipėda über die F 168 zu erreichen.

Kretinga liegt an der Strecke Klaipėda–Šiauliai (Stoties 1, Tel. 5 11 97)

Neben Busverbindungen nach Palanga, Klaipėda, Plungė, Telšiai und Šiauliai verkehren im Halbstundentakt Routentaxis nach Palanga (Šventosios 1, Tel. 7 90 01).

Vor Ort gibt es zwei Hotels. Am Marktplatz befindet sich das ›Gelme‹ (DZ 80 bis 160 Lt., Žemaičių 3, Tel. 7 69 31).
Für Erholungssuchende gibt es in der Umgebung noch andere Möglichkeiten: Pension ›Vienkiemis‹, am Ortsausgang Richtung Nasrenai (DZ 200 Lt., Tel. 7 75 97).

Eines der nobelsten und das wohl exotischste Restaurant Litauens ist das ›Pas Grafa‹ im Wintergarten des alten Schloßes. Der Zugang erfolgt durch das Museum. Am Wochenende ist das Restaurant häufig durch Hochzeitsgesellschaften ausgebucht (Mo Ruhetag, Vilniaus 20, Tel. 5 13 66).

www.kretinga.lt (L).

Das Thomas-Mann-Haus in Nida; Blick auf Nida vom Haff aus
Im Hafen von Klaipėda; Skulptur an der Uferpromenade von Juodkrantė

17

ŽALGIRIS

Plungė

Die Stadt hieß ursprünglich nach einem Gutshof Gadinga und bekam ihren heutigen Namen erst im 17. Jahrhundert. Im Jahre 1792 erhielt der Ort das Stadtrecht. Während Telšiai das politische und geistige Zentrum Niederlitauens war, befand sich der wirtschaftliche Mittelpunkt der Provinz in Plungė. Bis heute ist Plungė vor allem durch das Textilunternehmen ›Minija‹ berühmt, dem führenden Produzenten für Kunstgewerbe aus Leinenstoffen. Derzeit leben in der nordlitauischen Kreisstadt rund 25 000 Einwohner. Zum Kreis Plungė gehört der Niederlitauische Nationalpark um den Plateliai-See. Seit 1993 besteht eine Städtepartnerschaft mit Menden im Sauerland.

Der heilige Florian vor dem Rathaus von Plungė

Am alten Marktplatz treffen sich die nach Darius und Girėnas benannte Nord-Süd-Achse und die nach Westen führende Vytauto gatvė sowie in Richtung Osten die in die Telšių gatvė mündende Fußgängerzone. Hier befindet sich der moderne städtische Kulturpalast und das Kaufhaus Plungės.

Am Ende der Vytauto gatvė erhebt sich gewaltig mit ihren zwei Türmen die Johanneskirche (Šv. Jono Kriksytojo bažnyčia). Die erste Kirche wurde hier 1617 erbaut, der jetzige Backsteinbau wurde 1933 nach 30jähriger Bauzeit eingeweiht. Auf dem Weg zur Kirche steht auf der rechten Seite das Rathaus und davor eine bunte, originelle, dem heiligen Florian gewidmete Stele. Hier beginnt die Freiheitsallee, an deren Ende das Freiheitsdenkmal vor der Stadtbibliothek steht.

Musikanten am Hexenhügel auf der Kurischen Nehrung
In ›Orvydas Garten‹ bei Salantai; Im Nemunas-Delta

Im Norden trennt der Fluß Babrungas das Stadtzentrum vom sehenswerten Stadtpark mit seinem Schloß, in dem sich heute das Niederlitauische Kunstmuseum (Žemaičių dailės muziejus) befindet. Es öffnete erstmals 1994 seine Pforten in einem der schönsten Schloßbauten Litauens. In einen großen Park eingebettet, ließ Graf Mykolas Oginski 1879 dieses neoklassizistische Schloß errichten. Zunächst befand sich hier die erste Musikschule Litauens, die auch Mikalojus Čiurlionis um die Jahrhundertwende besuchte. Heute sind hier Arbeiten vor allem niederlitaui-

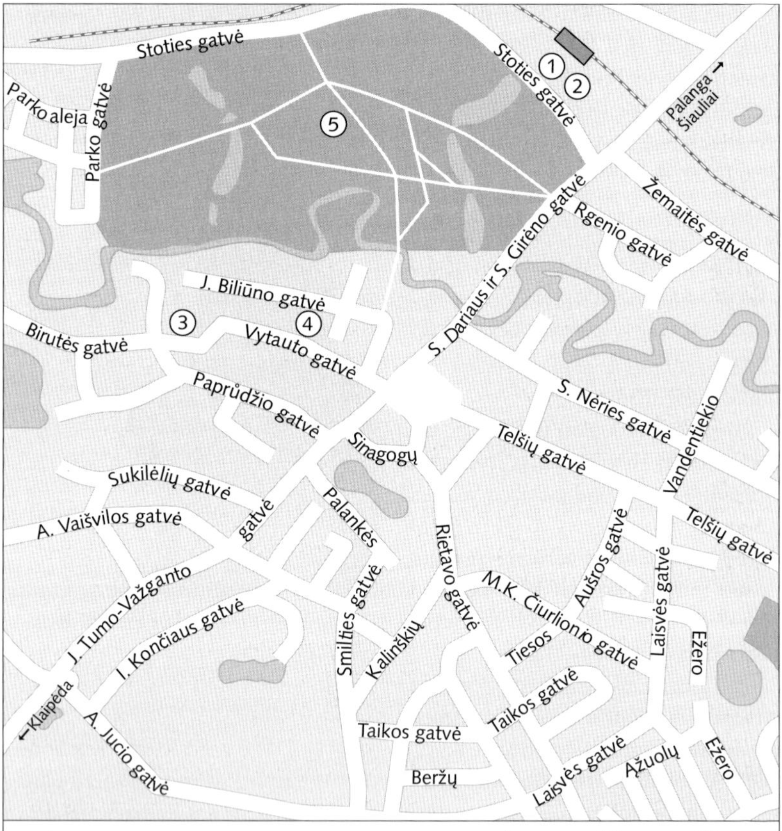

Plungė, Zentrum

Legende

1 Bahnhof
2 Busbahnhof
3 Johanneskirche
4 Rathaus
5 Niederlitauisches Kunstmuseum

scher Künstler sowie zwei heimatkundliche Ausstellungen zur Geschichte und zur Ethnographie der Gegend untergebracht (Mo, Di Ruhetage, Parko 1, Tel. 5 24 92). Ein Raum erinnert an Čiurlionis' Aufenthalt in der Stadt. Geplant ist außerdem eine Ausstellung über das Fürstengeschlecht Oginski. Der großzügige Park wird von sieben miteinander verbundenen Teichen durchzogen. Neben dem neugotischen Pferdestall und einem originellen Gärtnerhaus ist noch die dem Gott Perkunas gewidmete Donnereiche mit einer Höhe von 28 Metern und einem Stammumfang von sechs Metern sehenswert.

Gut 20 Kilometer nordöstlich von Plungė liegt auf dem Weg in den Žemaitija-Nationalpark das 1000 Einwohner zählende Städtchen Alsėdžiai. Es wurde seit 1253 in den Chroniken der Kreuzritter erwähnt. Im 16. Jahrhundert entstand um den Gutshof eine größere Siedlung. Die sternförmige Anlage des Ortskerns und der Baustil der Gebäude wurden seit dem 19. Jahrhundert nicht mehr verändert. Die hölzerne Kirche und der Glockenturm stammen aus dem 18. Jahrhundert.

Vorwahl: 0 03 70/4 48. Postleitzahl: 90001. Hauptpostamt: Darius ir Girėnas 2, Tel. 7 17 01. Bank: Hansabankas, Minijos g. 4–1, Tel. 0 03 70/5/2 68 44 44. Geldautomat: Minijos 4.

Tel. 5 55 55.

Plungė liegt drei Kilometer südlich der A 11 Palanga–Šiauliai. Von der Autobahn Vilnius–Klaipėda ist die Stadt von Vilnius über die F 164, Abfahrt Rietavas, bzw. von Klaipėda über die F 166, Abfahrt Vėžaičiai, zu erreichen.

Die Stadt liegt an der Bahnstrecke zwischen der Ostseeküste und Šiauliai. Es gibt je sechs Züge tgl. nach Klaipėda und Šiauliai, davon drei weiter nach Vilnius (Stoties 2, Tel. 7 14 58).

Es gibt je sechs tägliche Busverbindungen nach Klaipėda, Palanga und Telšiai sowie drei Busse nach Mosėdis (Darius ir Girėnas 29, Tel. 5 23 33).

Es gibt ein einfaches Hotel im Stadtzentrum, das ›Beržas‹ (DZ 80 Lt., Telšių 2, Tel. 5 68 40). Die Erholungsheime im Žemaitija-Nationalpark (siehe dort) oder das Gästehaus der Landwirtschaftsschule in Rietavas (Ivinskio 2, Tel. 6 84 71) sind die nächsten empfehlenswerten Möglichkeiten.

Im Stadtzentrum laden zwei kleine Gaststätten zum Verweilen ein: ›Gojus‹ (Vaišvilos 17, Tel. 5 20 24) und ›Audronė‹ (Vytauto 11, Tel. 7 24 95) sowie an der Fußgängerzone die Cafés ›Kauke‹ (im Theater, Senamiesčio a. 3, Tel. 2 95 93) und ›Saltukas‹ (Telšių 19, Tel. 7 21 90).

www.plunge.lt (L).

Im Nationalpark Žemaitija

Im Jahr 1991 gegründet, ist der Niederlitauische Nationalpark (Žemaitijos Nacionalinis Parkas) der jüngste Park Litauens. Den Mittelpunkt des 22 000 Hektar großen Nationalparks bildet der von hügeligen Wäldern umgebene Plateliai-See mit seinen Inseln, die etwa 40 Prozent der Parkfläche ausmachen. Etwa 25 kleinere Seen, Bäche und einige Sümpfe vervollständigen das Bild der Landschaft, die von den tauenden Gletschern vor etwa 15 000 Jahren geformt wurde. Der große See bedeckt eine Fläche von 1200 Hektar und erreicht eine Tiefe von bis zu 46 Metern. Im Park leben über 170 Vogelarten, darunter auch die sehr seltenen Polartaucher und Wanderfalken.

Plateliai

Plateliai ist ein romantisch am gleichnamigen See gelegenes Dorf mit etwa 800 Einwohnern und sozusagen die Hauptstadt des Parkes. Hier hat auch die Verwaltung des Nationalparkes ihren Sitz. Als Wehrdorf wurde der Ort bereits im 14. Jahrhundert erwähnt. Von Beginn des 18. Jahrhunderts bis zur Vertreibung 1940 lebte hier auf einem Gut die französische Adelsfamilie Choisel. Das von ihnen errichtete Gutshaus überdauerte aber den Zweiten Weltkrieg nicht.

Jachtclub am Plateliai-See

Auf dem Kreuzweg bei Kalvarija

Am Ortsrand liegt der See, von dessen insgesamt sieben Inseln besonders die Burginsel mit den Überresten alter Wehranlagen als Ausflugsziel populär ist. Während früher noch eine Holzbrücke die Insel mit dem Festland verband, ist sie heute nur über das Wasser zu erreichen. Der See ist auch bei Wassersportlern sehr beliebt, Ruder-, Tret- und Segelboote schaukeln im örtlichen Jachtklub auf dem Wasser. Die malerische, waldreiche Umgebung lädt mit ihren Fichten und Kiefern auch zu Spaziergängen oder Radtouren ein. Eine landestypische Holzkirche aus dem 18. Jahrhundert – ockerfarben und den beiden Heiligen Petrus und Paulus gewidmet – ist am Dorfplatz zu besichtigen. Hier erinnert auch ein 1928 errichtetes Monument an den damaligen 10. Jahrestag der Unabhängigkeit. Im Nachbardorf Beržoras ist eine ähnliche blaue Holzkirche dem heiligen Stanislaus geweiht.

Žemaičių Kalvarija

Der Niederlitauische Kalvarienberg samt dem dazugehörigen Dorf Kalvarija liegt westlich der F 164 von Plungė nach Mažeikai; die Entfernung bis Plungė beträgt etwa 25 Kilometer. Hier befindet sich eines der Zentren des litauischen Katholizismus. Das Dorf liegt am Fluß Varduva und trug zur Sowjetzeit zwischen 1964 und 1989 auch den Namen des Flusses, um den religiösen Hintergrund wenigstens aus dem Namen zu verbannen.

Ursprünglich hieß der Ort Gardai und wurde bereits 1253 erstmals in den Chroniken erwähnt. Im 17. Jahrhundert kamen unter dem späteren Vilniusser Bischof Jurgis Tiškevičius Dominikanermönche hierher und machten das Dorf mit einem Kalvarienberg zum Wallfahrtsort. Solche Kreuzwege, die an die verschiedenen Stationen von Jesu Leidensweg zum Totenberg erinnerten, entstanden zu dieser Zeit vielerorts. Gardai war der erste Kreuzweg auf dem Gebiet Litauens und ist heute auch der einzige Wallfahrtsort dieser Art im Lande, obwohl andere Prozessionsorte durch den Wieder- oder Neuaufbau der Kapellen im Entstehen begriffen sind. Auf einer knapp fünf Kilometer langen, hügeligen Strecke erinnern insgesamt 19 schlichte Kapellen an die einzelnen Stationen des Kreuzweges. Ausgangs- und Endpunkt ist die gewaltige weiße Kirche der Heimsuchung der heiligen Mutter Maria (Šv. Mergelis Marijos Aosilankymos bažnyčia). Ursprünglich 1632 erbaut, wurde sie in ihrer heutigen Form als zweitürmige Basilika zwischen 1780 und 1785 ausgebaut. In der Kirche hängt ein angeblich wundertätiges Madonnenbild, das ein Dominikanerpater um 1650 von Rom nach Litauen gebracht hatte. Die Pilgerzahlen nahmen in den letzten Jahren wieder deutlich zu. Die Prozessionen finden alljährlich zum Fest Maria Heimsuchung in der ersten Julihälfte statt. Es findet auch eine Prozession von Plateliai nach Kalvarija statt. Papst Johannes Paul II. besuchte diesen Ort während seines Aufenthaltes in Litauen ebenfalls.

In den unterirdischen Räumen der Abschußrampe

Plokstine

Im tiefen Wald ist eine bizarre Erinnerung an den Kalten Krieg zu begutachten. Unter dem Stichwort ›Militärische Ausstellung‹ sind heute südöstlich des Plateliai-Sees in der Nähe des Dorfes Plokstine die – allerdings ziemlich verrotteten – Überreste der ersten unterirdischen Raketenstartrampen der ehemaligen Sowjetunion zu besichtigen. Mitten im Wald errichtete man von 1960 bis 1962 vier unterirdische Startrampen, die von Dezember 1962 bis Juni 1978 mit Nuklearraketen der Kategorie R 12 bestückt waren. Die Raketen mit einer Reichweite von über 2000 Kilometern waren damals auf die Bundesrepublik, Großbritannien, Spanien und die Türkei gerichtet. Ein Besuch des umzäunten Geländes ist nur mit Führung (in Englisch oder Russisch) möglich, die die Mitarbeiter der naheliegenden Herberge auf Zuruf oder Anruf der Nationalpark-Verwaltung durchführen. Die unterirdische Exkursion führt durch das gesamte Labyrinth der Rampen bis hin zum 27 Meter tiefen Raketenschacht. Diese eindrucksvolle ›Ausstellung‹ ist über eine etwa fünf Kilometer lange Forststraße zu erreichen, die etwa auf halber Höhe zwischen der F 164 und Plateliai von der Straße nach Norden abzweigt.

Vorwahl: 0 03 70/4 48.
Postleitzahl : 90036.
Post: Plateliai, Didžioji 5, Tel. 4 91 40.
Bank: Hansabankas, Plateliai, Didžioji 5, Tel. 0 03 70/5/2 68 44 44.
Tourismusinformation: in der Nationalpark-Verwaltung in Plateliai, Didžioji 10, Tel. 4 93 37; Info-Zentrum: Didžioji 8, Tel. 4 92 31.

Wenn man Plungė auf der F 164 in Richtung Norden verläßt, kreuzt man nach drei Kilometern die A 11 Palanga–Šiauliai. Nach fünf Kilometern zweigt links die kürzeste Verbindung in Richtung Plokstine und Plateliai ab. Nach weiteren neun Kilometern auf der F 164 kann man den Plateliai-See nördlich umfahren und nach sieben Kilometern sieht man links die Kirche von Žemaičių Kalvarija.

Es gibt zwei täglich Busverbindungen von Plateliai nach Plungė.

Die besten Herbergen im Parkgebiet sind die Betriebsferienheime ›Šaltinėlis‹ am nördlichen Ortsrand von Plateliai (DZ 50 bis 60 Lt., Tel. 4 83 15) und das ›Linų Audiniai‹ im Dorf Paplatelė (DZ 50 bis 80 Lt., Tel. 4 71 21). Auch die zur ehemaligen Raketenbasis gehörenden Quartiere werden seit 1992 zu einer einfachen Touristenherberge ausgebaut (12 Lt. pro Person, Tel. 4 94 22, 4 93 61). Daneben gibt es Ferienwohnungen über die Nationalpark-Verwaltung und einfache Campingmöglichkeiten u. a. am örtlichen Jachtklub, wo sich auch die einzige Gaststätte befindet.

Immerzu andere
Stimmen, immerfort
andere Klänge: /
Distelfinken und
Waldlaubsänger und
Zeisige, Drosseln, /
Eichelhäher und Elstern
jeder mit eignen
Gesängen (...) /
Alle jedoch übertrifft im
Gesang der Nachtigall
Stimme: (...) /
Immer dringt es zum
Herzen – wie die Dainos
von Litaun...

Antanas Baranauskas,
›Der Hain von Anykščiai‹

Der Nordosten – Oberlitauen

Panevėžys

Panevėžys ist heute die fünftgrößte Stadt Litauens. Zwar ist ihre Lage am Ufer der Nevėžis reizvoll, doch der Ort kann hinsichtlich seiner touristischen Attraktivität keinen vorderen Platz beanspruchen. Bereits 1503 erstmals urkundlich als vom litauischen Großfürsten Aleksandras verschenktes Dorfgut erwähnt, blieb Panevėžys über Jahrhunderte ein kleines Dorf. Zum Städtchen wurde es erst im 19. Jahrhundert durch den Zusammenschluß der drei Gemeinden Alt- und Neu-Panevėžys sowie Mikolajavas. Mit dem Bau der Eisenbahn vom lettischen Daugavpils nach Memel beschleunigte sich die Entwicklung und ließ die Stadt zu einem wichtigen Industriestandort des Landes werden. Nach dem Zweiten Weltkrieg wurde die Industrieansiedlung unter dem Sowjetstern noch weiter forciert, so daß die Einwohnerzahl in den letzten 50 Jahren von 30 000 auf über 130 000

Der Nordosten – Oberlitauen

Die Kunstgalerie von Panevėžys

anstieg. Betriebe der Glas- und Möbelindustrie, der Textilindustrie sowie des Maschinenbaus bestimmen auch nach der Unabhängigkeit die Wirtschaft der Stadt. In ihrer Umgebung dominiert seit vielen Jahren der Flachsanbau. Ungeachtet des Industrie-Images hat Panevėžys aber auch den Ruf einer Kulturstadt, der vor allem durch die Technische Hochschule und vielfältige Kultureinrichtungen bestimmt wird.

Ein Rundgang durch Panevėžys

Den Kern des Stadtzentrums südlich des Flusses bildet die zwar kurze, aber breite Laisvės alėja, wo die sachliche Blockarchitektur der 60er und 70er Jahre dominiert. Zuvor hatte man den historischen Stadtkern größtenteils abgerissen, um für die sozialistische Industriestadt ein adäquates Stadtzentrum zu schaffen. Dank der schönen Bäume ist das Ergebnis, zumindest in der warmen Jahreszeit, recht ansehnlich. Interessant ist das Rathaus, eine originelle Mischung aus alter Fassade und modernen Anbauten, das am Südende der Laisvės alėja steht. In den Nebenstraßen schlägt bis etwa zur Vilnius gatvė der Puls der Stadt. Hier befinden sich neben der Stadtverwaltung die Theater, Kinos und Museen, die Geschäfte und Cafés.

Panevėžys, Zentrum

Legende

1 Bahnhof
2 Busbahnhof
3 Rathaus
4 Theater
5 Peter-und-Pauls-Kirche
6 Kathedrale des Christenkönigs
7 Dreieinigkeitskirche
8 Heimatkundemuseum
9 Kunstgalerie

Zwischen der Laisvės alėja und der Uferpromenade an der Nevėžis befindet sich das Theater. Das Schauspielhaus von Panevėžys hat eine lange Tradition. Es trägt den Namen von Jouzas Miltinis, der es 1925 gründete und es zu Sowjetzeiten zur auch international anerkannten, besten litauischen Sprechbühne gemacht hatte. Heute führt hier Donatas Banionis das Regiezepter. Litauens Schauspieler-Ikone ist dank großer DEFA-Hauptrollen (z. B. 1971 in ›Goya‹) auch in Deutschland kein Unbekannter (Laisvės 5, Tel. 58 46 14). Daneben gibt es ein darbendes Musiktheater (Nepriklausomybės 8, Tel. 58 46 70) und ein lebendiges Puppentheater, das alljährlich im Sommer mit einem alten Fuhrwerk auf Tour über die Dörfer geht und deshalb auch das ›Kutschentheater‹ heißt (Respublikos 30, Tel. 46 05 33).

An der Uferpromenade wurde ein kleiner Boulevard gestaltet. Abstrakte Skulpturen schmücken die Grünanlage. Am Fluß zieht sich ein kleiner Stausee entlang, auf dem man um eine stattliche Fontäne herum Tretboot fahren kann. Am anderen Ufer erhebt sich die um 1880 erbaute, neobarocke Peter- und Pauls-Kirche (Šv. Petro ir Povilo bažnyčia, Smėlynės 10a, Tel. 46 39 60, www.omnitel.net/parapija). Seit 1927 ist die Stadt Bischofssitz.

Es gibt außer der Peter-und-Pauls-Kirche im Stadtzentrum noch andere interessante Kirchen aus verschiedenen Epochen. Die bedeutendste ist zweifelsohne die Kathedrale des Christenkönigs (Kristaus Karaliaus katedra), die für den neuen Bischof zwischen 1930 und 1933 erbaut wurde (Katedros gatvė). Die älteste Kirche der Stadt ist die klassizistische Dreieinigkeitskirche (Šv. Trejybės bažnyčia) aus dem Jahre 1803 (Varsario 16-osios).

Die Stadt hat auch einige Museen zu bieten. Im Heimatkundemuseum findet man neben dem lokalhistorischen Teil die umfangreichste Schmetterlingssammlung Litauens (So und Mo Ruhetage, Varsario 16-osios 23, Tel. 46 19 73). Eine Filiale des Museums befindet sich noch im ältesten, aus dem Jahre 1614 stammenden Haus der Stadt (geöffnet Di bis Do, Kranto 21). Die örtliche Kunstgalerie hat sich überregional einen Namen gemacht und zeigt zeitgenössische, vor allem bildende Kunst Oberlitauens. Alljährlich findet hier ein internationales Keramikersymposium statt (Mo, Di Ruhetage, Respublikos 3, Tel. 58 48 80).

Dem für die Gegend typischen Flachsanbau ist ein eigenes kleines Museum in einer alten Windmühle gewidmet, das sich im Dorf Ėriškiai befindet. Am besten zu erreichen über das zwölf Kilometer entfernte Dorf Upytė und dann weitere sieben Kilometer bis nach Ėriškiai.

i Vorwahl: 0 03 70/45.
Postleitzahl: 53001.
Hauptpostamt: Respublikos 60, Tel. 46 44 45.
Bank: Hansabankas, Laisvės a. 18, Tel. 0 03 70/5/2 68 44 44.
Geldautomat: Laisvės a. 5, Smėlynės (an der Nevėžis-Brücke).

Tel. 51 11 11.

Panevėžys liegt an der Via Baltica. Sieben Kilometer südlich kreuzt sie die Autobahn A 2 nach Vilnius.

Der im Norden der Stadt befindliche Bahnhof bietet Zugverbindungen nach Šiauliai, Daugavpils und Anykščiai. Hier fährt auch die einzige Schmalspurbahn Litauens noch im regulären Linienbetrieb. Sie verbindet Panevėžys und Anykščiai zweimal täglich, was aber im Gegensatz zur Weiterführung von Anykščiai zum Rubikiai-See touristisch in keiner Weise ausgeschlachtet wird. Die Fahrt dauert eindreiviertel Stunden. (S. Kerbedžio 9, Tel. 46 36 15).

Der sehr zentral gelegene Busbahnhof bietet stündliche Busverbindungen nach Vilnius und Kaunas sowie seltener nach Šiauliai, Klaipėda, Biržai und Riga (Savanorių 5, Tel. 46 33 33).

›Panevėžys‹. Das zentral an der Fußgängerzone gelegene elfstöckige Hotel gilt als das erste Haus am Platze mit einem Restaurant und drei Bars. Durchaus akzeptabel, einige Etagen sind bereits renoviert (DZ 160 bis 400 Lt., Laisvės a. 26, Tel. 50 16 01).

In der Fußgängerzone befindet sich das gemütliche Restaurant ›Senvagė‹ (Laisvės a. 3, Tel. 58 69 30) und am Theater das moderne ›Teatro‹ (Laisvės a. 5). Ein zwar nicht zentral gelegenes, aber sehr gutes Restaurant ist das ›Vakarinė Zara‹ mit europäischer und litauischer Küche (Darius ir Girėnas 4, Tel. 51 81 65). Gleiches gilt für das an der Straße in Richtung Autobahn gelegene, stilvoll in einer rekonstruierten Mühle untergebrachte ›Malunas‹ (Ramygalos 121a, Tel. 0 03 70/ 6 80/8 93 27). Ein gutes Chinarestaurant, das ›Kinų‹, befindet sich in der Stotis 25.

www.panevezys.sav.lt (L/E). www.pava.lt (L). www.panevezysregion.com (E).

Rokiškis

Die heute 12 000 Einwohner zählende Kreisstadt im Norden Litauens wurde erstmalig 1499 erwähnt und erhielt bereits 1516 das Stadtrecht. Der Legende nach wurden in der Gegend oft und gern Hasen (Kiškis) gejagt und der Ort dementsprechend benannt. Wirtschaftlich entwickelte sich die Stadt aber erst mit dem Flachsanbau im 18. Jahrhundert. In dieser Zeit prägte das Fürstenhaus Tyzenhausen mit einem prächtigen Gutspalast und einem gigantischen Marktplatz das Antlitz des

Ortes. Der Leinenmarkt war im ganzen Baltikum und darüber hinaus bekannt. Heute ist Rokiškis wirtschaftlich in Litauen neben der Leinenherstellung durch seine Ölmühle und seine Käserei bekannt. Aber auch kulturell setzt der Ort mit seinem sehr schönen Museum im alten Tyzenhausen-Palast, einem Schauspielhaus sowie einem Theater- und einem Humorfestival überregionale Akzente.

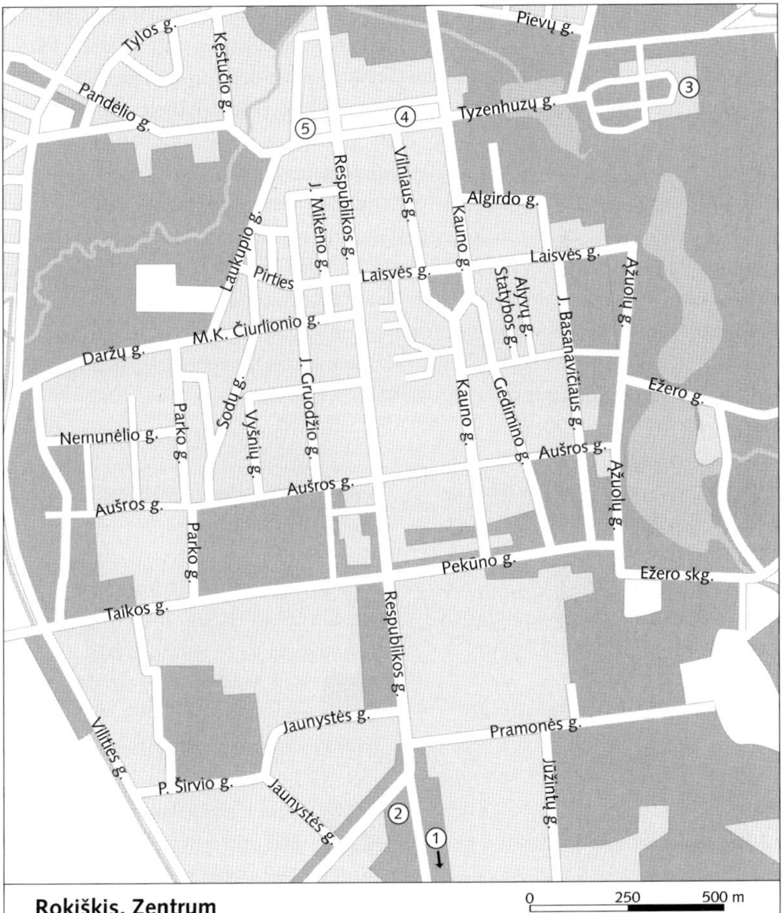

Rokiškis, Zentrum

Legende

1 Bahnhof
2 Busbahnhof
3 Heimatkundemuseum
4 Marktplatz
5 Matthias-Kirche

Das Zentrum bildet der riesige Marktplatz, der den Namen Unabhängigkeitsplatz trägt. Ihn durchzieht die zentrale Nord-Süd-Achse der Stadt die Respublikos gatvė, die als Hauptgeschäftsstraße in Richtung Süden am Theatergebäude vorbei zum Bahnhof führt. Am Westrand des Marktes erhebt sich hinter dem 1931 errichteten Unabhängigkeitsdenkmal die originelle protetantische Matthias-Kirche (Sv. Mato Evangelisto bažnyčia). Zwischen 1868 und 1883 neogotisch aus rotem Backstein erbaut, besteht sie aus einem gewaltigem Kirchenschiff mit einem sehr schmalen, 60 Meter hohen Kirchturm. In der Krypta befindet sich auch die Familiengruft der Tyzenhausens. Unter den Gebäuden, die den Marktplatz einrahmen, befinden sich mehrere ansprechend rekonstruierte Bürgerhäuser. In Richtung Osten eröffnet sich über eine knapp 1000 Meter lange Fußgängerallee der Weg zum alten Herrenhaus und jetzigen Heimatkundemuseum des Ortes. Der ursprünglich 1801 erbaute klassizistische Schloßkomplex wurde zu Beginn des 20. Jahrhunderts, dem eklektizisitischen Zeitgeschmack folgend, um- und ausgebaut. Das Heimatkundemuseum (Tel. 5 22 61) übernahm die Gebäude 1952 und präsentiert eine sehenswerte ethnographische und historische Sammlung. Während im rechten Seitenflügel wechselnde Kunstaustellungen ihren Platz finden, beeindruckt im linken Seitengebäude die einzigartige Holzschnitzkunst des ehemaligen Museumsangestellten Lionginas Sepka (1907–1985).

Vorwahl: 0 03 70/4 58. Postleitzahl: 42001. Postamt: Respublikos g. 92, Tel. 7 14 44. Bank: Hansabankas, Nepriklausomybės pl. 27, Tel. 0 03 70/5/ 2 68 44 44. Geldautomat: Nepriklausomybės a. 27.

Rokiškis ist 158 Kilometer von Vilnius und 165 Kilometer von Kaunas entfernt und über Ukmergė und Anykščiai zu erreichen.

Der Ort liegt an der Bahnstrecke zwischen Panevėžys und dem lettischen Daugavpils. Der Bahnhof liegt am südlichen Stadtrand (Stoties g. 4, Tel. 5 10 83).

Der Busbahnhof liegt auf halber Strecke zwischen dem Zentrum und dem Bahnhof. Es gibt täglich Verbindungen nach Vilnius, Utena und Panevėžys (Panevėžio g. 1, Tel. 5 29 82).

Am Marktplatz befindet sich das Hotel ›Rokiškis‹ (DZ 100 Lt., Nepriklausomybės a. 25, Tel. 5 23 45).

Neben dem Restaurant ›Pagunda‹ in der Hauptstraße (Respublikos g. 45a, Tel. 3 32 34) sind das Café ›Senas Grafas‹ am Markt (Nepriklausomybės a. 3, Tel. 3 87 83) und die Pizzeria aus der Kette ›Yellow submarine‹ (Respublikos 113, Tel. 3 39 59) zu empfehlen.

Utena

Utena hat als Kreisstadt heute ungefähr 36 000 Einwohner. Der bedeutende Industriestandort ist aber vor allem als Sitz der örtlichen Brauerei bekannt, deren populäre Marke ›Utenos‹ in ganz Litauen anzutreffen ist. Das große Gewerbegebiet kann aber noch mit vielen anderen Industriezweigen aufwarten. Der Charme des Ortes selbst wird vor allem durch den großen, in seiner Mitte befindlichen Dauniškis-See bestimmt. Ansonsten hält sich Utenas touristische Anziehungskraft in Grenzen. Ganz anders als seine Umgebung, denn südlich, nördlich und östlich der Stadt laden die vielen Seen, Wälder und Dörfer Oberlitauens zur Erholung ein.

Die Hauptstraße ist die Utena in west-östlicher Richtung durchziehende Basanavičiaus gatvė. Am westlichen Ortsausgang befindet sich die alte Poststation, wo der Legende nach sowohl Zar Alexander I. als auch Honoré de Balzac Station gemacht haben sollen. In Höhe der Brücke über das Flüßchen Krašuona gelangt man südlich der Hauptstraße zum Utenio aikštė, wo sich neben dem Rathaus, gegenüber der neu erbauten Medizinischen Fachschule, in einem unscheinbaren Eckhaus auch das örtliche Heimatkundemuseum befindet. Es bietet auf drei Etagen eine Bildergalerie, Exponate zu Fauna und Flora sowie eine ethnographische Sammlung (Utenos kraštotyros muziejus, Mo und Di Ruhetage, Utenio a. 1,

Das Heimatmuseum von Utena

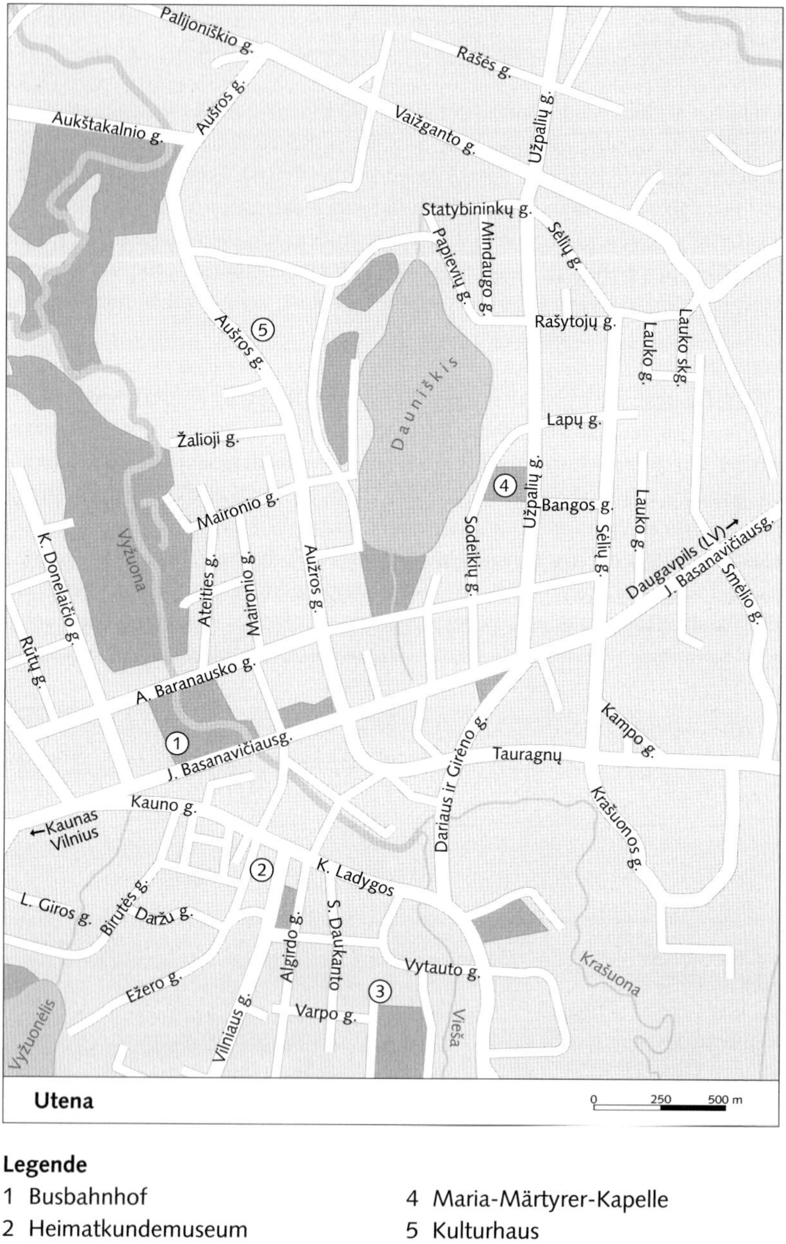

Legende

1 Busbahnhof
2 Heimatkundemuseum
3 Christi-Himmelfahrts-Kirche
4 Maria-Märtyrer-Kapelle
5 Kulturhaus

Tel. 61634). Hier, im älteren Teil der Stadt, gelangt man zur eindrucksvollen Christi-Himmelfahrts-Kirche. Die von einem Friedhof umgebene rote Backsteinkirche wurde von 1882 bis 1884 an der Stelle einer abgebrannten Holzkirche erbaut.

Nördlich der Basanavičius gatvė führt die Aušros gatvė in das modernere Zentrum. Ein Hotel, das Utenaer Kulturhaus und verschiedene Geschäfte und Cafés sind hier zu finden. Weiter nördlich erinnert ein markanter Findling mit seinem Relief an das Gründungsjahr des Ortes : 1261. Wenn man am See spazieren geht, erblickt man am anderen Ufer einen weißen Kirchenneubau, die 1992 von zwei Exillitauern gestiftete Maria-Märtyrer-Kapelle.

Sirutėnai

Das Dorf wurde durch das vom Bildhauer Valentinas Simonelis in einem ›Altanka‹ genannten, runden roten Backsteinturm eröffnete private Glockenmuseum bekannt. Als die sowjetische Kulturbürokratie in den 60er Jahren auf dem Lande begann, Kirchenreliquien als antikommunistischen Schnickschnack zu verbannen, begann Simonelis über Land zu fahren und in ganz Litauen etwa 300 Glokken unterschiedlichster Größe und Klangfarbe einzusammeln und sie so vor der drohenden Zerstörung zu bewahren. Heute ist diese Sammlung im Turm zu bewundern. Es gibt aber leider keine festen Öffnungszeiten, so daß man ein wenig Glück braucht, den Herren des Turmes zu Hause anzutreffen. Aus Utena heraus fährt man auf der Užpalių gatvė ungefähr fünf Kilometer in Richtung Sudeikiai (Tel. 47434).

Vorwahl: 00370/389. Postleitzahl: 28001. Hauptpostamt: Basanavičiaus 5, Tel. 61043. Bank: Hansabankas, Baranausko 19, Tel. 00370/5/ 2684444. Geldautomat: Maironio 12.

Tel. 55500.

Utena ist am besten von Vilnius über die gut ausgebaute A14 zu erreichen. Die Entfernung zwischen beiden Städten beträgt etwa 90 Kilometer.

Es besteht eine stündliche Busverbindung nach Vilnius sowie Linien nach Molėtai, Sirutėniai sowie dreimal täglich nach Daugavpils in Lettland (Barahausko 7, Tel. 61740).

Zum Verweilen lädt das Café ›Malunas‹ (Molėtų 16, Tel. 55366) ein.

www.utenainfo.lt (L/E/R). www.utena.lt (L).

Molėtai

Molėtai liegt etwa 50 Kilometer nördlich von Vilnius mitten in einer herrlichen Seenplatte. Im Stadtgebiet bildet der aus dem naheliegenden Siesartissee kommende Fluß gleichen Namens drei miteinander verbundene Seen. Die Kreisstadt zählt heute etwa 7000 Einwohner und kann bereits auf eine lange Geschichte zurückblicken. Mit der beginnenden Christianisierung Litauens wurden 1387 der Kirche umfangreiche Länderein geschenkt, wobei auch das Gut Molėtai erstmals Erwähnung fand. Die Hauptstraße ist die Vilnius gatvė, zur F 101 (Vilnius–Utėna) gelangt man auch über die Inturkės gatvė. Das Zentrum befindet sich nördlich der Seen um die Kreuzung der beiden Straßen herum. Hier sieht man bereits die weiße Peter-und-Pauls-Kirche (Šv. Apastalu Petro ir Povilo bažnyčia), die 1905 im neo-

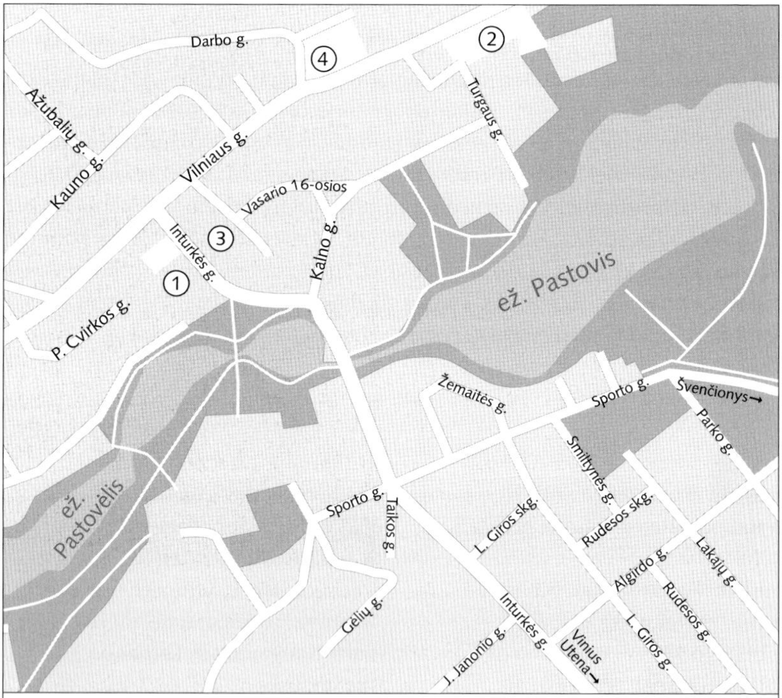

Molėtai

0 250 500 m

Legende

1 Tourismusinformation
2 Busbahnhof
3 Heimatkundemuseum
4 Peter-und-Pauls-Kirche

barocken Stil errichtet wurde. In dieser Richtung gelangt man zum Markt und zum Busbahnhof.

Neben der Touristeninformation befindet sich das Heimatkundemuseum (Molėtų krašto muziejus). Es wurde 1991 gegründet und formiert sich sozusagen noch – mit kleinen Ausstellungen zu Ethnographie, Numismatik und historischen Fotos (Sa und So Ruhetage, Inturkės gatvė 4, Tel. 51187).

Sehenswert sind das Ethnokosmologische Museum und das Observatorium (Lietuvos etnokosmologijos muziejus) im Dorf Kulinoys (Tel. 45444, www.itpa.lt/mao (L/E). Der futuristische, an eine Raketenstartrampe erinnernde Bau wurde zwischen 1988 und 1990 mit einer Höhe von 45 Metern errichtet. Das Museum beleuchtet das Phänomen Weltall aus den unterschiedlichsten Blickwinkeln von Astronomie bis Inspiration. Der Besuch ist nur in Verbindung mit einer etwa 90-minütigen Führung möglich, die in der Regel dreimal täglich stattfindet. Führungen in Englisch oder Russisch sind möglich, sollten aber telefonisch vorbestellt werden. Von der Höhe des Turms kann man auch eine phantastische Aussicht auf die Umgebung genießen. Das in unmittelbarer Nachbarschaft befindliche Astronomische Observatorium hat zwei 1,65 Meter und 0,65 Meter große Teleskope und ist das bedeutendste seiner Art im Baltikum. Im Hauptgebäude werden auch insgesamt 15 Gästezimmer vermietet, die nicht nur für Hobby-Astronomen interessant sind. Es gibt drei herrliche Seen und für Wintersportfans einen Skihang in der unmittelbaren Umgebung. Die Abzweigung von der F 101 etwa zehn Kilometer nördlich von Molėtai ist ausgeschildert. Ab da beträgt die Entfernung etwa vier Kilometer.

Das Ethnokosmologische Museum

Vorwahl: 0 03 70/3 83
Postleitzahl: 33001.
Postamt: Vilniaus 43, Tel. 5 14 44.
Bank: Hansabankas, Cvirkos 16, Tel. 0 03 70/5/2 68 44 44.
Geldautomat: Vilniaus g., am Marktplatz.
Tourismusinformation: Inturkės 4, Tel. 5 11 87, vermittelt Übernachtungen in der Umgebung.

Molėtai liegt drei Kilometer westlich der F 101 Vilnius–Utena an der F 115 in Richtung Ukmergė.

Der Busbahnhof befindet sich im Nordosten des Ortes. Es gibt zwölf Busverbindungen täglich nach Vilnius und Utena, sowie drei Busverbindungen nach Ignalina und Panevėžys (Vilniaus 2, Tel. 5 13 33).

Molėtai selbst verfügt nicht mehr über ein eigenes Hotel, aber in den umliegenden Dörfern gibt es an den malerischen Seen viele einfache Erholungsheime und Herbergen. Zum Beispiel das ›Eserinis‹ im Dorf Poviliskiai (DZ 70 Lt., Tel. 5 60 33), das ›Ruta‹ in Kimeile (Tel. 5 17 29) oder das ›Papartis‹ in Padebruse (Tel. 5 21 20). Das Observatorium im Dorf Kulionys vermietet Gästezimmer (Tel. 4 54 23). An vielen der Seen gibt es auch einfache Zeltplätze.

Landestypische Gerichte findet man im Café ›Lelija‹ (Vilniaus 48a, Tel. 5 28 25).

www.sav.moletai.lt (L).www.moletai.lt (L).

Badespaß am See bei Molėtai

Das Kernkraftwerk Ignalina

Im Länderdreieck Litauen, Lettland und Weißrußland befindet sich am Ufer des Drūkšiai-Sees das noch zu Zeiten der Sowjetunion errichtete Kernkraftwerk Ignalina (Ignalinos Atominė Elektrinė) – seit seiner Errichtung ein in vielerlei Hinsicht außerordentlich brisanter Zankapfel. Einerseits ticken mit den zwei Reaktoren der Tschernobyl-Klasse in der herrlichen Wald- und Seenlandschaft nicht nur eine große Anzahl die Sicherheit überwachender Geigerzähler, sondern auch eine ökologische und politische Zeitbombe, da die Risiken der Kernenergie in dieser Reaktorklasse besonders kritisch zu sehen sind und die Einigung über eine Schließung von Ignalina der strittigste Punkt in den Beitrittsverhandlungen zwischen Litauen und der Europäischen Union war. Andererseits werden hier durchschnittlich 85 Prozent des litauischen Energieaufkommens produziert, ohne daß die Kraftwerksleistung ausgeschöpft wird. Durch den geplanten Bau einer Hochspannungsleitung zwischen Polen und Litauen ergeben sich außerdem neue Exportmöglichkeiten, und auch deutsche Stromversorger geben sich bereits Ignalinas Klinke in die Hand. Litauen steht mit diesem Anteil von Atomstrom an der gesamten Energieproduktion weltweit an der Spitze, und die Erschließung alternativer Energieerzeugung bedeutet neben den erheblichen Investitionskosten eine Verdopplung des Strompreises.

Ignalina war als Standort bereits bei seiner Errichtung umstritten. Die Bedrohung für die Natur rief schon in den 70er Jahren die Umweltschützer auf den Plan. So hatte man in Vilnius bei der Gründung des ersten Nationalparkes Aukštaitija den Hintergedanken, die Errichtung des hier geplanten Kernkraftwerkes zu verhindern. Doch in der sowjetischen Kommandowirtschaft bestanden kaum Aussichten auf Erfolg, die Moskauer Atombürokraten verlegten den Standort an den etwas nordöstlicher gelegenen Drūkšiai-See und begannen mit dem Bau der ersten zwei von insgesamt sechs geplanten Reaktoren. Im Dezember 1983 ging der erste RBMK-1500-Block ans Netz, im Sommer 1987 der zweite.

RBMK-Reaktoren sind im Unterschied zu den für die in anderen osteuropäischen Ländern typischen Druckwasser-Reaktoren (Abkürzung WWER) graphitmoderierte Druckröhren-Siedewasser-Reaktoren. Insgesamt wurden von dieser Klasse in der Sowjetunion 17 Reaktoren errichtet, von denen heute noch 13 in Betrieb sind: elf in Rußland und die besagten beiden Blöcke in Ignalina. Sie weisen als die letzten Blöcke ihrer Baureihe eine höhere Leistung und auch eine verbesserte Sicherheit vor allem in den Abschaltsystemen auf. Litauen investierte in den 90er Jahren nochmals – teilweise mit internationaler finanzieller Unterstützung und vor allem schwedischem und britischem Know how – etwa 100 Millionen US-Dollar in die Sicherheit des Kraftwerkes.

Daher gilt Ignalina nicht zuletzt aufgrund der zusätzlichen Investitionen in die Sicherheit und einer bislang in Osteuropa einzigartigen, 1995 von westlichen Fachleuten vorgenommenen umfassenden Sicherheitsbewertung nach westlichen Standards heute als sicher. Umstritten waren jedoch lange Jahre die Perspektiven. Nach etwa 25 Jahren Betriebsdauer schließen sich die Zwischenräume zwischen dem Graphitkern und den Brennstoffleitungen, so daß der Reaktorkern und die Druckröhren ersetzt werden müssen. 1994 hatte sich Litauen verpflichtet, dieses ›Rechanneling‹ genannte Ersetzen nicht vorzunehmen und den Reaktor dann stillzulegen. Da aber keine genaue Frist vereinbart worden war, blieb lange unklar, ob die Stillegung nun genau nach 25 Jahren, demnach 2007 und 2012 erfolgen sollte. Im Rahmen der Beitrittsgespräche mit der EU, in denen die Ignalina-Abschaltung immer ein Thema war, hat man sich nun auf die Schließung des ersten Reaktors für 2005 und – wenn die zugesagten westlichen Finanzhilfen entsprechend umgesetzt werden – 2009 für den zweiten Reaktor geeignet. Wie Litauen danach sein Energieproblem lösen will, ist aber noch unklar.

Eine Abkehr vom Atomstrom gilt aber derzeit als unwahrscheinlich. Da man in Visaginas über die entsprechende Infrastruktur verfügt und es sowohl in der Umgebung als auch generell in Litauen kaum Vorbehalte gegen die Kernenergie gibt, wird man sich – nicht zuletzt dank der Unterstützung Frankreichs innerhalb der EU – wohl zum Bau eines neuen Kernkraftwerkes auf der Basis westlicher Technologie entschließen.

Obwohl nach der gleichnamigen Kreisstadt benannt, beträgt die Entfernung vom Kraftwerk Ignalina zur Stadt Ignalina fast 50 Kilometer. Die nächstgelegene, speziell im Zusammenhang mit dem Kraftwerksbau entstandene Stadt ist das 15 Kilometer entfernte Visaginas.

Wer sich ein eigenes Urteil vor Ort bilden möchte, kann dies problemlos tun, da das Kraftwerk sehr um eine transparente Öffentlichkeitsarbeit bemüht ist. Am Eingang gibt es seit Juli 1995 ein Informationszentrum mit Publikationen und einer Filmvorführung (auch in Englisch und Russisch), das jährlich etwa 5000 Besucher zählt (Tel. 0 03 70/ 386/2 99 11, 2 97 19, www.iae.lt (L/E/R).

Man erreicht das Kraftwerk auf der F 102 von Vilnius über Ignalina bis Dūkštas, wo man auf die F 113 nach Visaginas abbiegt und dann 22 Kilometer der Ausschilderung ›Ignalinos AE‹ folgt.

Sorgt für Konflikte: das Atomkraftwerk Ignalina

Visaginas

Mit der Gründung im Jahre 1975 und dem zwei Jahre später erteilten Stadtrecht ist Visaginas heute die jüngste und die ›sowjetischste‹ Stadt Litauens. Ursprünglich nach dem KP-Funktionär Antanas Sniečkus benannt, wurde sie 1991 in Visaginas umbenannt. Für die Erbauer und Betreiber des Kernkraftwerkes Ignalina seinerzeit als sozialistische Mustersiedlung in waldreicher Umgebung errichtet, ist ihre Perspektive heute ähnlich der von Ignalina selbst mit vielen Fragezeichen behaftet. Der friedfertige Kranich, der das Stadtwappen schmückt und sich schwebend als Skulptur vor der Stadtverwaltung findet, hat also durchaus seine Tücken.

Gleichzeitig spiegelt der Ort auch heute noch den Charakter der damaligen sowjetischen Atomwirtschaft wider, die mit dem neuen Kraftwerk auch die entsprechenden Kader an den Standort delegierte und dafür eine neue Stadt aus dem Waldboden stampfte. Heute gilt Visaginas damit fast als russische Enklave, denn nur ungefähr 15 Prozent der etwa 33 000 Einwohner sind Litauer, während knapp 80 Prozent aus Rußland oder der Ukraine stammen und damals als Fachleute mit

In Visaginas

dem Kraftwerksbau nach Litauen kamen. Es ist die einzige Stadt Litauens, wo man auch heute noch zweisprachige (litauisch und russisch) Hinweisschilder findet. Die Stadt hat sich bis heute keine anderen Standbeine schaffen können – das Kernkraftwerk ist immer noch de facto der einzige Arbeitgeber.

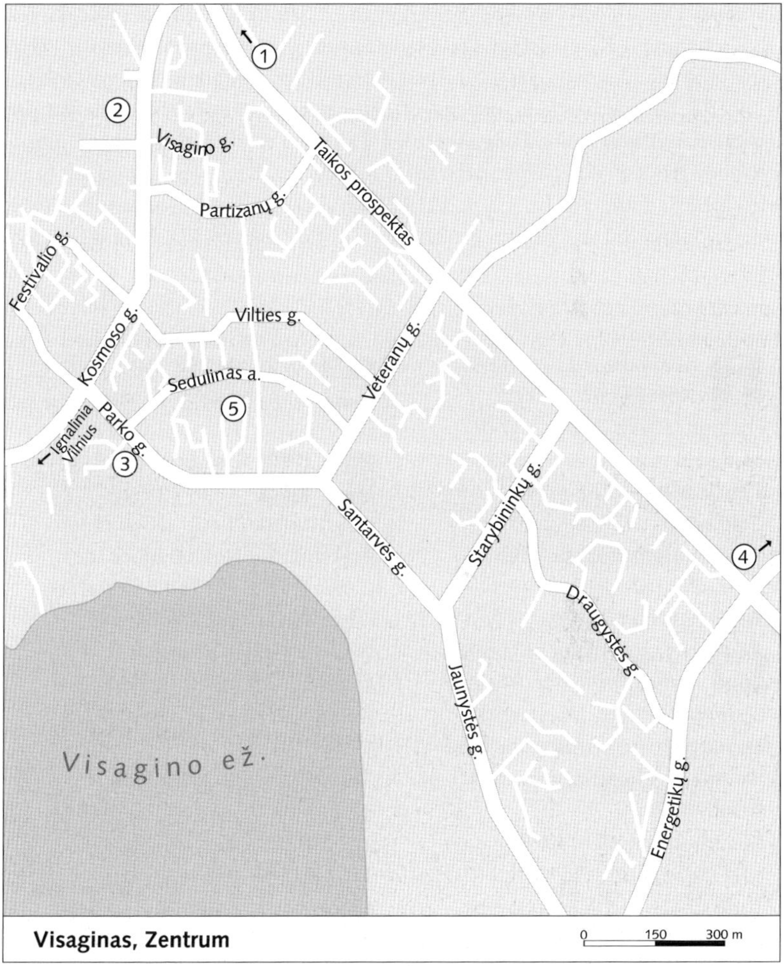

Visaginas, Zentrum

Legende

1 Bahnhof
2 Busbahnhof
3 Rathaus und Tourismusinformation
4 Kernkraftwerk
5 Heimatmuseum

Visaginas ist eine in den Fichtenwald gebaute, moderne Neubausiedlung. Der Wald umgibt im Westen und Norden die Stadt, und auch zwischen den Neubauten blieben viele Bäume erhalten. Im Süden breitet sich der gleichnamige See aus. Sehenswürdig ist weniger die durchaus harmonisch in die Natur integrierte Stadt als vielmehr ihre herrliche wald- und seenreiche Umgebung, über der allerdings das Damoklesschwert der beiden etwa 15 Kilometer entfernten Reaktoren der Tschernobyl-Klasse hängt. Das Stadtzentrum von Visaginas bilden die Parko gatvė und die Veteranų gatvė. Im von diesen beiden Straßen begrenzten Neubauviertel befinden sich die meisten öffentlichen und kulturellen Einrichtungen der Stadt und eine kleine Fußgängerzone. Dort gibt es auch ein kleines Heimatmuseum, das von den Heldentaten beim Aufbau des Kraftwerkes und der Stadt berichtet (Sedulinos a. 14/3, Tel. 31142). Im Zwei-Jahres-Rhythmus findet seit einigen Jahren im August ein großes Festival für Country-Musik und Folklore statt.

Vorwahl: 00370/386.
Postleitzahl: 31001.
Postamt: Parko 7, Tel. 31706.
Bank: Hansabankas, Veteranų 5, Tel. 00370/5/2684444.
Geldautomat: Veteranų 5.
Tourismusinformation: Kulturhaus ›Draugystė‹, Parko 7, Tel. 31865.

Visaginas liegt an der Eisenbahnstrecke von Vilnius über das lettische Daugavpils bis nach St. Petersburg, die internationalen Expreßzüge halten jedoch nicht.
Es gibt täglich mehrere Regionalzüge auf der Strecke Vilnius–Turmantas an der lettischen Grenze.
Der Bahnhof liegt nördlich der Stadt (Pasmalvio 1, Tel. 32616).

Es gibt täglich zwei Verbindungen nach Vilnius (Kosmoso).

Das Hotel ›Aukštaitija‹ ist als einziges Hotel der Stadt mit 130 Zimmern ein schlichter Neubaublock, der in seiner Preisliste mit unterschiedlichen Preisen für Litauer und GUS-Ausländer einerseits und anderen Ausländern andererseits wenig Vertrauen erweckt (DZ 190 Lt., Veteranų 9, Tel. 74858). Neben dem gleichnamigen Restaurant im Hotel (Tel. 34614) ist noch das Cafés ›Perlas‹ (Vilties 1, Tel. 60154) zu empfehlen.

www.visaginas.lt (L/E/R).
www.sugardas.lt (L/R).

Zarasai

Die Stadt Zarasai liegt im äußersten Nordosten Litauens, nur wenige Kilometer von der lettischen Grenze entfernt. Der Landstrich ist ein herrliches Wald- und Wasserparadies mit über 300 Seen. Auch Zarasai selbst ist malerisch von drei Seen umgeben, deren größter mit 372 Hektar Fläche und vier Inseln der Stadt auch den Namen gab. Heute leben in der Bezirksstadt 9200 Einwohner.

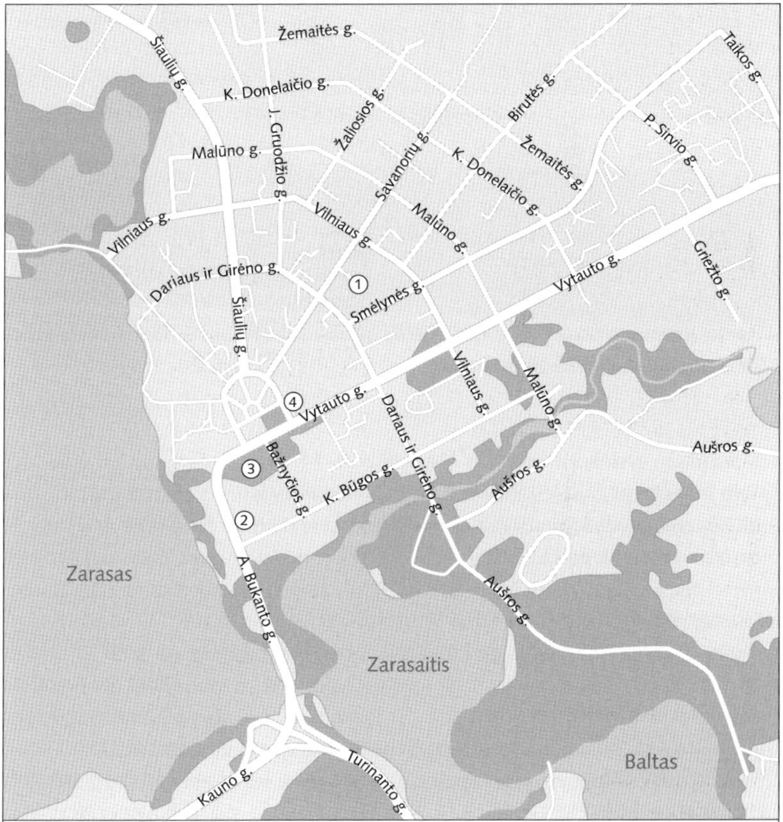

Zarasai

Legende

1 Busbahnhof

2 Heimatkundemuseum

3 Kirche

4 Kulturpalast

Das Heimatkundemuseum in Zarasai

Erstmalig erwähnt wurde der Ortsname im 14. Jahrhundert, als auf einer der Inseln im See ein zum Vilniusser Bistum gehörendes Kloster errichtet wurde und am Ufer eine Siedlung entstand. In seiner Geschichte hieß der Ort auch Ossersee, Novoalexandrovsk und Ezerenai, seit 1929 aber wieder amtlich Zarasai. Die Stadt entwickelte sich vor allem Mitte des 19. Jahrhunderts, als die hier entlangführende Straße von St. Petersburg nach Warschau ausgebaut wurde. Die entsprechende Eisenbahnlinie folgte einige Jahre später und verläuft aber etwa 20 Kilometer weiter westlich. Aus dieser Zeit stammt auch der Plan, der das Bild der Stadt bis heute prägt. Ein kleiner Park als zentraler Platz, von dem aus strahlenförmig sechs Straßen zwischen den die Stadt umgebenden Seen gezogen wurden. Der Obelisk im Stadtpark erinnert an den damaligen Straßenbau. Rund um den nach dem örtlichen Volksstamm der Sėliai benannten Platz säumen sich die Ämter: Rathaus, Post, Polizei und Touristeninfo.

Zwischen Post und Restaurant gelangt man zur größten Insel auf dem See, wo der Strand zum Baden einlädt. Stolz sind die Zarasaier auf den modernen, 1992 erbauten Kulturpalast (Sėlių a. 22, Tel. 51433). Geprägt wird der Sėliai-Platz aber in erster Linie durch die an der Südseite stehende Kirche der heiligen Maria

(Mergeles Maria bažnyčia) mit ihren beiden 30 Meter hohen Türmen. Sie wurde 1674 im Stil des Neobarock errichtet und 1878 und 1906 aus- und umgebaut. Auf der abfallenden Straße fährt man bald zwischen zwei Seen entlang. Zuvor lohnt auf der linken Seite aber ein Stop im örtlichen Heimatkundemuseum. Es verfügt sowohl über eine naturkundliche als auch eine historische Sammlung, die den Zeitraum von 1800 bis 1940 umfaßt. Eine Dauerausstellung ist dem Maler Mikas Sileikis gewidmet, der nach seiner Kindheit in die USA auswanderte und dem Museum eine Galerie seiner Werke vermachte (Mo, Di Ruhetage, Bukanto g. 21/1, Tel. 525 96).

Stelmužė

Die bekannteste Sehenswürdigkeit in der Umgebung von Zarasai ist die größte Eiche Litauens im Grenzdorf Stelmužė. Das Alter des 23 Meter hohen Baums wird auf mindestens 2 000 Jahre geschätzt. Der Umfang des Stammes beträgt elf Meter, der Durchmesser dreieinhalb Meter. Um noch lange zu leben, kommt die Eiche aber seit 1955 nicht mehr ohne ein Stützgerüst aus. Unmittelbar daneben befindet sich eine der ältesten und schönsten Holzkirchen des Landes. Die Kirche des Heiligen Kreuzes wurde um 1650 ohne einen Nagel errichtet. Sehenswert sind im Kirchenschiff die mit geschnitzten Tiefenreliefs als Holzfiguren geschmückte Kanzlei mitsamt dem Altar. Im 18. Jahrhundert wurde ein zweistu-

Seenlandschaft bei Zarasai

figer Glockenturm errichtet. Seit 1963 ist die Kirche Museum (Tel. 5 24 56). Man gelangt nach Stelmužė, wenn man Zarasai auf der L 117 in Richtung Rokiškes verlässt. Vom Abzweig Stelmužė sind es knapp zehn Kilometer über eine kurvenreiche, hügelige Schotterstraße.

Die älteste Eiche Litauens steht in Stelmužė

Dusetos

Das nicht weniger malerisch am Sartaisee gelegene Dorf mit gut 1 000 Einwohnern ist ein litauisches Eldorado für Pferdeliebhaber und beherbergt ein großes Gestüt (Didziadvaris, Tel. 56505). Pferdezucht hat in dem 1519 erstmalig erwähnten Ort eine lange Tradition. Viele Besucher kommen vor allem im Winter, wenn auf dem Eis des Sartaisees Schlittenkutschfahrten möglich sind. Am ersten Sonntag im Februar wird, wenn die Temperaturen es zulassen, auf dem Eis des Sees eine Trabrennbahn abgesteckt und ein traditionelles Pferderennen auf dem Eis veranstaltet. An Sehenswürdigkeiten gibt es im Ort eine zwischen 1888 gebaute Backsteinkirche, ein Heimatkundemuseum (Vytauto 56, Tel. 56531) und eine Kunstgalerie (K. Bugos g. 31a, Tel. 56878). Die Entfernung von Zarasai beträgt 35 km, die Abzweigung ist zur L 179 an der A6 ausgeschildert.

Salakas

Das Dorf Salakas zählt 650 Einwohner und liegt 18 Kilometer von Zarasai entfernt am Luodissee. Sehenswert ist die Feldsteinkirche. Bekannt ist der Ort aber vor allem als Ausgangspunkt für Kanutouren auf den Seen der Umgebung. Im Nachbardorf Tiltiskes befindet sich in einer Wassermühle am Fluß Sventoji ein von dem Technikfreak Algimantas Žilenas Anfang der 90er Jahre eröffnetes Energetik-Museum, wo neben der Live-Erklärung der Funktionsweise der Wassermühle eine Ausstellung in 17 Abteilungen über die Mühle und die verschiedenen Varianten der Energieerzeugung informiert (Tel. 45572). Ab der Abfahrt Birzunai von der L 179 ist der Weg ausgeschildert.

Vorwahl: 0 03 70/3 85.
Postleitzahl: 32001.
Tourismus-Information: Sėlių a. 22, Tel. 51230.
Hauptpostamt: Sėlių a. 16/1, Tel. 51444.
Bank: Hansabankas, Sėlių 20/2, Tel. 0 03 70/5/2 68 44 44.
Geldautomat: Vytauto g. 1.

Zarasai liegt im äußersten Nordosten des Landes, an der A6 etwa drei Kilometer vor der lettischen Grenze. Die Entfernung nach Vilnius über Utena beträgt 140 Kilometer.

Savanorių 7, Tel. 51333.

Das einzige Hotel der Stadt ist das ›Zaraso Vilnis‹ (DZ 90 Lt., Bukanto g. 7, Tel. 30505).

Café ›Aleksas‹ (Dariaus ir Girėno 18a, Tel. 53767).

www.degesa.lt (L/E/R).

Anykščiai

Die heute 13 000 Einwohner zählende Kreisstadt liegt am Zusammenfluß der beiden Flüsse Šventoji und Anykšta. Die Stadt gilt auch als das ›Weimar Litauens‹, denn mehrere bedeutende Literaten des Landes – Antanas Baranauskas, Jonas Biliūnas, Antanas Vienuolis-Žukauskas – sind mit diesem Landstrich eng verbunden. Die Geschichte der Stadt reicht bis in das 15. Jahrhundert zurück, und bereits 1516 erhielt Anykščiai das Stadtrecht. Doch durch zahlreiche Brände und Seuchen verlor die Stadt in den folgenden Jahren sowohl ihre Einwohner als auch das Stadtrecht. Erst wieder in der Mitte des 19. Jahrhunderts erlangte der Ort mehr Gewicht. Mit dem Anschluß an das Eisenbahnnetz 1898 wurde auch die wirtschaftliche Entwicklung verbessert, wovon der in dieser Zeit vorgenommene Kirchenneubau zeugt. Das Stadtrecht wurde Anykščiai aber erst 1936 zum zweiten Mal gewährt.

Anykščiai hat mit 80 Metern Höhe die beiden höchsten Kirchtürme des Landes. Sie gehören zur 1899 bis 1909 im Stil der Neogotik erbauten Matthäuskirche (Šv. Mato bažnyčia). Sie befindet sich am östlichen Ufer des Flußes Šventoji, wo sich auch das Stadtzentrum ausbreitet.

Zu beiden Seiten der wichtigsten Stadtbrücke erinnern zwei Denkmäler an die beiden der Stadt verbundenen großen Literaten Litauens: Antanas Baranauskas (1835–1902) und Antanas Žukauskas (1882–1902). Letzterer schrieb unter dem

Die Matthäuskirche von Anykščiai

Pseudonym Vienuolis, so daß häufig der Doppelname verwendet wird. Das Museum, das an beide erinnert, befindet sich im Stadtteil am anderen Ufer des Flusses.

Das wohl bekannteste Werk von Antanas Baranauskas ist sein Gedicht ›Der Hain von Anykščiai‹. Es gilt als Hohelied auf die Natur Litauens. Die Wälder

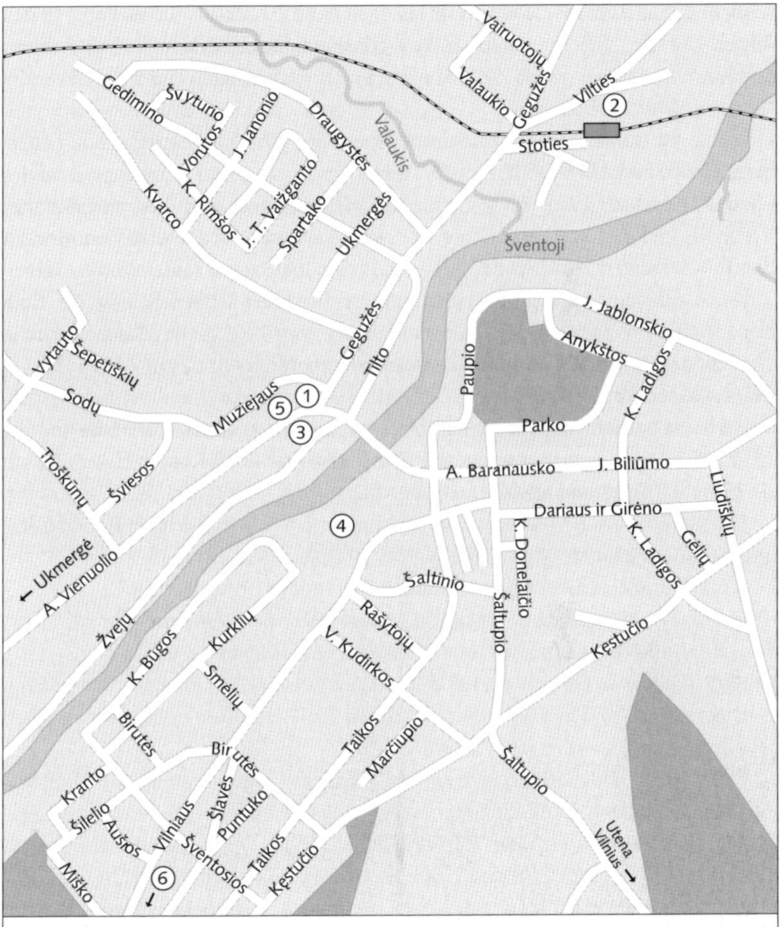

Anykščiai, Zentrum

Legende

1 Tourismusinformation
2 Bahnhof
3 Busbahnhof
4 Matthäuskirche
5 Baranauskas-Museum
6 Hain von Anykščiai

haben für Litauer noch immer eine mystische Bedeutung. In den Hainen wurde das Ewige Feuer gehütet. Sie waren die Tempel der heidnischen Mythen und genossen eine hohe Wertschätzung. Baranauskas beschreibt in seinem Gedicht aber gleichzeitig auch die Bedrohung der Naturschönheit durch den Menschen am Beispiel des Abholzens der örtlichen Wälder durch die geldgierigen Holzhändler und schließt mit einer nicht gerade optimistischen Note. Er schrieb dieses Poem in den Jahren 1858 bis 1859 in einem ›Klete‹ genannten Speicherhaus während seiner Sommerferien in Anykščiai. Solche typischen Bauten dienten damals als Vorratskammer oder Gästehaus.

Heute ist Baranauskas' Klete durch einen Glaspavillon geschützt und beherbergt ein kleines Museum für den Dichter. Es war das erste Literaturmuseum des Landes und wurde 1922 von seinem Großneffen eröffnet, dem Literaten Antanas Vienuolis-Žukauskas. Dieser baute 1925 sein Haus anstelle des alten Gehöftes der Familie Baranauskas neben der Klete und lebte hier bis zu seinem Tode. Seinen selbst angelegten Apfelgarten bestimmte er zu seiner letzten Ruhestätte. Sein Haus wurde ein eigenständiges Museum, bevor man 1962 beide Museen vereinte (A. Baranausko ir A. Vienuolio-Žukausko memorialinis muziejus, Vienuolio 4, Tel. 5 80 15, 5 29 12). Der dritte Literaturklassiker von Anykščiai ist Jonas Biliūnas, der im benachbarten Dorf Niūronys lebte. Dort erinnert sein Haus und ein 1959 errichteter Obelisk mit einem Reliefporträt auf der höchsten Erhebung am südöstlichen Stadtrand an ihn (J. Biliūno kapas).

Das Stadtzentrum von Anykščiai bestimmen vor allem die nach Baranauskas und Biliūnas benannte Weiterführung der Brücke sowie die südlich parallel verlaufende Darius ir Girėnas gatvė. Südlich der Straße befindet sich die größte Spirituosenfabrik des Landes, ›Anykščių Vynas‹, die vor allem durch ihre Kräuter- und Honigliköre bekannt ist und hier auch ein kleines ›Degustations‹-Café betreibt (Darius ir Girėnas 8, Tel. 5 02 33). Weiter in Richtung Norden gelangt man vorbei am in den 70er Jahren erbauten Kulturzentrum zum beschaulichen Stadtpark.

Südlich der Stadt befindet sich an den Ufern des Flußes Šventoji das ›Hain von Anykščiai‹ genannte Landschaftsschutzgebiet, das wieder aufgeforstet wurde. Das Waldgebiet erstreckt sich auf 150 000 Hektar. Viele Wege sind durch liebevoll geschnitzte Holzfiguren gesäumt. Eine besondere Sehenswürdigkeit ist der ebenfalls mystisch angehauchte gigantische Granitblock namens ›Puntukas‹. Der mit einem Gewicht von 265 Tonnen riesige Findling wurde durch seine Ausmaße – 6,9 mal 6,7 mal 5,7 Meter – und das den beiden Atlantikfliegern Darius und Girėnas gewidmete Relief bekannt, das der Bildhauer B. Pundzius 1943 in einem halben Jahr einmeißelte. Bis 1957 galt ›Puntukas‹ als der größte Stein Litauens, wurde jedoch dann von einem bei Barstyciai im Nationalpark Žemaitija gefundenen Findling mit den Ausmaßen 13,4 x 7,4 x 3,6 Meter übertroffen. Man erreicht die Lichtung des Puntukas, wenn man vom Stadtzentrum die Vilniaus gatvė aus der Stadt herausfährt, nach knapp fünf Kilometern.

Niūronys

Das Dorf Niūronys liegt sechs Kilometer nördlich von Anykščiai. Es ist ein Anlaufpunkt für Pferdeliebhaber, denn hier befindet sich neben einem Gestüt auch das einzige Pferdemuseum (Arklio muziejus, Tel. 5 17 22) des Landes, das 1978 vom örtlichen Agronomen Petras Vasinauskas (1906–1995) eröffnet wurde. Neben den berühmten Pferdehalftern an der Wand wird Pferdegeschirr und alles, was mit Pferden zusammenhängt, ausgestellt. Reiten und Kutschfahrten sind möglich. Niūronys ist auch der Geburtsort des Schriftstellers Jonas Biliūnas (1879–1907). Er schrieb vor allem Erzählungen und Märchen. Seine bekannteste Erzählung ›Kropffisch‹ wurde auch ins Deutsche übersetzt. In seinem Geburtshaus befindet sich seit 1960 ein Museum; landestypische Holzskulpturen zeigen seine literarischen Helden (Jono Biliūno memorialinis muziejus, Tel. 5 17 22).

Vorwahl: 0 03 70/3 81.
Postleitzahl: 29001.
Postamt: Biliūno 5, Tel. 5 94 44.
Bank: Hansabankas, Biliūno 11, Tel. 0 03 70/5/2 68 44 44.
Geldautomat: Liudiškių 14.
Tourismusinformation: Vienuolio 4, Tel. 5 80 15.

Anykščiai ist von Vilnius oder Kaunas über Ukmergė auf der A 2 bzw. A 6 zu erreichen, von der A 6 aus erreicht man Anykščiai über die F 120 Richtung Rokiškis nach 36 Kilometern.

Es gibt eine Schmalspurbahn nach Panevėžys bzw. nach Rubikiai mit zwei täglichen Verbindungen (Vilties 1, Tel. 5 80 15).

Vom zentral gelegenen Busbahnhof verkehren täglich sechs Busse nach Panevėžys sowie je zwei nach Vilnius und Kaunas und je vier nach Utena und Molėtai; Vienuolio 1, Tel. 5 13 33.

Im Zentrum liegt das Hotel ›Puntukas‹ (DZ 75 Lt., Baranausko 15, Tel. 5 13 45).
Im Hain von Anykščiai gibt es eine einfache Herberge mit einem Appartement, das ›Šilelis‹ (DZ 25, Appartement 120 Lt., Vilniaus 80, Tel. 5 88 85).

Neben dem Restaurant ›Puntukas‹ (Baranausko 12, Tel. 5 12 49), bieten Cafés wie das ›Krantas‹ (Šeimyniškėlių 5, Tel. 5 32 28), das ›Žiburys‹ (Statybininkų 11, Tel. 5 31 54) oder das ›Nykštys‹ (Baranausko 10, Tel. 5 17 74) eine einfache Küche.

www.anyksciai.lt (L).

Der Hain von Anykščiai

O wie schön rauscht ruhig der Wald, nicht nur Wohlgeruch hauchend,
Rauscht und braust und tönt fröhlich mit vielen klingenden Stimmen.
Aber um Mitternacht ist es so still, daß du hörst, wie ein junges Blautt, auch ein zartes Blütchen auf einem Zweig sich entfaltet,
Hörst wie der Bäume heilige Sprache flüstert durchs Astwerk,
Wie die Sterne erschauern, kalt auf die Erde der Tau fällt.
Da gehen die düstern Gefühle alle im Herzen zur Ruhe,
In der Stille, gefaßt, im Gebet steigt die Seele zum Himmel.
Doch beim erwachenden Tag, wenn im Osten mählich das Licht schwillt.
Und die Häpter der Gräser taubedeckt nieder sich neigen,
Dann erwacht auch der Hain, die tiefe Stille zerrinnt ihm,
Und er beginnt allmählich die heilige Sprache des Tages.
Aber was raschelt denn dort? – Ein Windhauch bewegte ein Blättchen,
Dort im Nestchen, soeben erwacht, da regt sich ein Vöglein.
Was knackt denn dort? – Ein Wolf ists, der wittert den Tag schon,
Hastet nach nächtlichem Jagen rasch vorbei an Gebüschen,
Da rennt ein Fuchs in den Bau, im Gebiß eine Junggans,
Dort läuft eilig ein Dachs, der aus seinem Schlupfwinkel rauskroch,
Da hüpft fröhlich ein munteres Reh durch des Kiefernwalds Stämme.
(...)
Da kam der Kutschenmeister gefahren, den Hain zu beschauen,
Gräben am Weg ließ er ausheben, setzte Wärter im Wald ein,
Auch verbot er das Weiden, das Pilzesammeln im Walde,
Selber verkaufte er Holz im geheimen, er schlugs in den Nächten.
(...)
So sind die Berge nun kahl, nur mit Stubben besät noch geblieben,
Oft mit Tränen begossen und in Gesängen besungen.
Unvollendet blieb auch das Lied: denn das Herz packte Schmerzen,
Düster ward da die Seele und schwer und fand nimmer Ruhe.
Denn die gleiche Macht, die frevelnd die Wälder zernagte,
Überfiel auch die Seele, das Herz ... und brach auch dies Lied ab.

aus: Antanas Baranauskas, ›Der Hain von Anykščiai‹, 1859

Biržai

Biržai ist eine Kreisstadt im Nordosten Litauens unweit der lettischen Grenze. Sie liegt am Zusammenfluß der beiden Flüsse Agluona und Apaščia, die hier einen etwa vier Quadratkilometer großen Stausee namens Širvėna bilden. Heute leben etwa 16 000 Einwohner in der Stadt. Die Geschichte von Biržai ist eng mit der Geschichte zweier polnisch-litauischer Fürstengeschlechter verbunden: Radvila und Tiškevičius. Litauens Herrscher Žygimantas Augustas heiratete 1547 heimlich Barbora Radvila, die nicht zum Hochadel gehörte. Die Ehe endete tragisch, da Žygimantas 1548 nach seiner Krönung zum König Polens gegen den Widerstand der Krakauer Würdenträger drei Jahre später die Krönung seiner Frau durchsetzte und sie in der darauffolgenden Nacht vergiftet wurde. Als Brautpreis hatte er aber den Radvilas umfangreiche Ländereien im Nordosten des Landes vermacht.

In Biržai errichtete der Neffe Barboras, Karolis Radvila, von 1575 bis 1589 am Ufer der Flusses Agluona eine Festung an der Nordgrenze Litauens. Durch einen künstlichen Staudamm entstand der Širvėna-See. Da die Radvilas entschiedene Anhänger der Reformation waren, wurde Biržai neben Kėdainiai zu einer der Hochburgen des Protestantismus im katholischen Litauen. 1625 wurde die Festung durch die Schweden zerstört und zwischen 1662 und 1669 wieder auf- und weiter ausgebaut. Doch bereits 1704 wurde sie wieder von den Schweden erobert und gesprengt. Doch zuvor, im Jahre 1701, wurde in der Biržaier Festung Geschichte geschrieben oder besser unterschrieben. Zar Peter der Große und Sachsens König August der Starke, der zu dieser Zeit auch König von Polen und Großherzog von Litauen war, besiegelten hier ihr für Sachsen allerdings nicht sehr erfolgreiches Bündnis gegen Schweden.

Im 18. Jahrhundert verlor mit dem Fürstengeschlecht der Radvilas auch Biržai seine Bedeutung. Die verfallende Stadt verlor zu Beginn des 19. Jahrhunderts ihre Stadtrechte und wurde 1818 vom Adelsgeschlecht Tiškevičius erworben. Diese interessierten sich allerdings nicht für die Festung, sondern errichteten am Nordufer des Širvėna-Sees zwischen 1849 und 1862 ihre neue Residenz. Das in einen Landschaftspark eingebettete Astravas-Palais wurde im Stil des Klassizismus erbaut.

Im 19. Jahrhundert erlebte die Stadt einen neuen Aufschwung. Vor allem die Textilindustrie, das Druckgewerbe und Brauereien bestimmten die Entwicklung und sind bis heute prägend in der Region. Es gibt sieben kleine Brauereien in der näheren Umgebung, und vor allem das örtliche Starkbier ist berühmt-berüchtigt. Es gibt sogar ein Theaterstück über einen Biržaier Bierbrauer, in dem die Eigenschaften des örtlichen Gerstensaftes wie folgt beschrieben werden: ›2 Gläser –

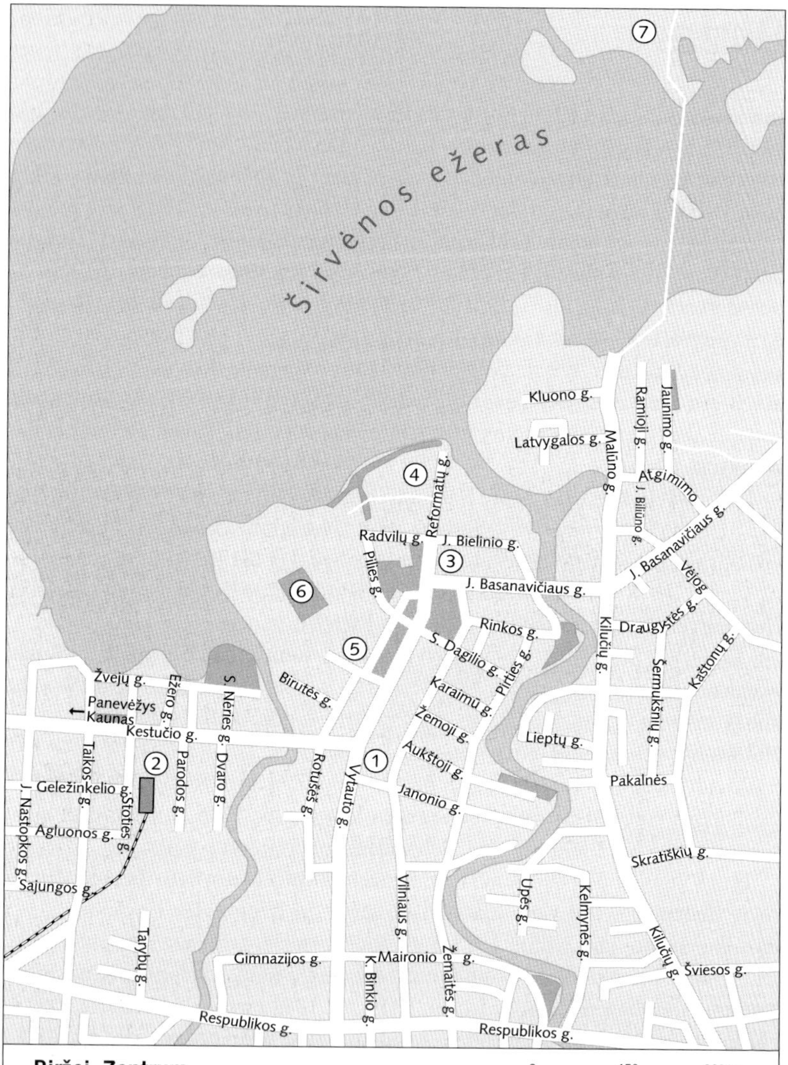

Biržai, Zentrum

Legende

1 Tourismusinformation
2 Bahnhof
3 Busbahnhof
4 Reformationskirche
5 St.-Johannis-Kirche
6 Festung
7 Astravas-Palais

Gesang, 4 Gläser – Kopfstände, 6 Gläser – Handgreiflichkeiten, 7 Gläser – bittere Tränen und 8 Gläser – tödliches Schweigen.‹ Im 14 Kilometer entfernten Dorf Butautai unmittelbar an der lettischen Grenze gibt es in einer solchen kleinen Brauerei auch ein kleines Bier-Museum einschließlich entsprechender Verkostung (Tel. 318 83, 3 33 97).

Die Vytauto gatvė ist die Hauptgeschäftsstraße der Stadt. Weit sichtbar erheben sich hier auch die beiden bedeutendsten Kirchen. Am Ufer des Sees steht die zwischen 1865 und 1874 errichtete backsteinrote neogotische Reformationskirche (Evangelikų reformatų bažnyčia). Die weiße neobarocke St.-Johannis-Kirche wurde von 1857 bis 1861 erbaut und weist den Weg zur Festung. Das Schloßgebäude in der Mitte der Festungsanlage stammt mit dieser Fassade ursprünglich aus dem 17. Jahrhundert. Während der zweistöckige Mittelbau mit seinen Arkaden der Renaissance zuzuordnen ist, stammen die Seitenflügel des Gebäudes aus

Originelle Werbung für eine Werkstatt in Biržai

dem frühen Barock. Die Burg wurde von 1978 bis 1985 aufwendig rekonstruiert und beherbergt heute neben der Stadtbibliothek das Heimatmuseum (Biržų krašto muziejus ›Sėla‹). Das Museum ist gleichzeitig auch das Archiv der Evangelischen Kirche in Litauen. Die Austellungen zeigen neben der Kirchengeschichte mit der ersten litauischen Bibel aus dem Jahre 1563 Exponate zur Ur- und Frühgeschichte, eine Münz- und eine Instrumentensammlung sowie eine Fotoausstellung zur Stadtgeschichte (Mo und Di Ruhetag, Radvilos 3, Tel. 33390).

Der Weg zum Astravas-Palais führt um den See in Richtung Norden oder auf einem reizvollen Spaziergang über die längste Fußgängerbrücke des Landes, die den See an seiner schmalsten Stelle überquert. Vom Stadtzentrum aus biegt man vor dem Busbahnhof in die Basanavičiaus gatvė ab und dann hinter der Flußbrücke nach links in die Maluno gatvė ein, die direkt zur Brücke führt. Der in eine Parkanlage eingebettete einstöckige Palast mit einem Turm in der Mitte dient heute der örtlichen Textilfabrik als Verwaltung. In den rekonstruierten repräsentativen Räumen des Schlosses finden Konzerte und Ausstellungen statt. Bemerkenswert sind auch die beiden Löwen vor dem Portal des Palastes. Nachdem die Originale seinerzeit von Biržai nach Kaunas gebracht worden waren, um dort vor dem Militärmuseum zu ›wachen‹, nehmen heute originalgetreue Kopien den Wachplatz ein.

Vorwahl: 00370/450. Postleitzahl: 41001.
Postamt: Vytauto 23, Tel. 51444.
Bank: Hansabankas, Vytauto 22, Tel. 00370/5/2684444.
Ein Internetcafé gibt es in der Vytauto g. 41.
Tourismusinformation: Janonio g. 2, Tel. 33496.

Man fährt von Panevėžys auf der A 10 in Richtung Norden. Nach etwa 50 Kilometern, hinter Pasvalys, zweigt rechts die F 125 in Richtung Biržai ab. Von der Abzweigung beträgt die Entfernung noch 20 Kilometer.

Es verkehren stündlich Busse nach Panevėžys und dreimal täglich nach Vilnius, Kaunas und Šiauliai. Basanavičiaus 1, Tel. 31333.

Als das beste Hotel der Stadt wird das ›Biržai‹ genannt. (DZ 400 Lt., Vytauto 26, Tel. 31431). Empfehlenswerter und preiswerter ist das Hotel ›Tyla‹ (DZ 280 Lt., Tylas 2, Tel. 31191).

Nicht nach dem Indianerstamm, sondern dem gleichnamigen Fluß ist das ›Apaščia‹ benannt (Vytauto 61, Tel. 32545). Das ›Stumbras‹ ist eine rustikale Landgaststätte (Rotušės 22, Tel. 31557), und auch das Café ›Jovaras‹ ist eine ›vollwertige‹ Gaststätte (Kęstučio 1).

www.birzai.lt (L/E).

Im Nationalpark Aukštaitija

Litauens erster Nationalpark entstand bereits 1974, die anderen Nationalparks folgten erst mit der Unabhängigkeit des Landes. Er ist etwa 300 Quadratkilometer groß und umfaßt die von vielen Seen und Wäldern überzogenen Hügel des oberlitauischen Hochlandes. Aukštaitija bedeutet Hochland und ist auch das Synonym für Oberlitauen – den Nordosten des Landes. Im flachen Litauen ist Hochland allerdings ein relativer Begriff: die Hügel erreichen eine Höhe von fast 300 Meter. Die Gletscher der letzten Eiszeit gestalteten hier durch den Wechsel der Moränenhügel und der Schmelzwasserseen diese wunderschöne Landschaft. In den Wäldern überwiegen Kiefern, aber auch Birken, Fichten, Erlen und Eichen sind anzutreffen. Viele seltene Pflanzen finden sich hier: Zwergbirken, Moosglöckchen, Korallenwurz oder Kornrade. Insgesamt zählt man über 700 Pflanzenarten, von denen 45 zu den vom Aussterben bedrohten Pflanzen gehören. Da alle Bodenarten innerhalb des Parks anzutreffen sind, findet man hier auch einen nahezu vollständigen Querschnitt durch die Flora und Fauna Litauens. Fast ein Sechstel des Gebiets machen die knapp 100 Seen aus, so daß man hier auch manchmal vom Seen-Park spricht. Über 30 Flüsse und Bäche verbinden die Seen miteinander und ließen es zu einem beliebten Gebiet für Ruder- und Paddelfreunde werden.

Aber der Nationalpark und seine Umgebung besteht nicht nur aus Wald und Wasser – auch einige touristisch interessante Ortschaften finden sich hier.

Ignalina

Der Name wurde vor allem zum Begriff für das gleichnamige litauische Kernkraftwerk, das man hier allerdings vergeblich sucht – es befindet sich etwa 50 Kilometer nordöstlich. Die heute 8200 Einwohner zählende Kreisstadt ist das Tor zum Nationalpark Aukštaitija, der an der westlichen Stadtgrenze beginnt. Die Stadt selbst entstand mit dem Bau der Eisenbahnlinie Vilnius – St. Petersburg und bietet keine nennenswerten Sehenswürdigkeiten. Da hier im Winter die höchste Wahrscheinlichkeit für ›Ski und Rodel gut‹ besteht, hat sie sich zum bescheidenen Wintersportzentrum des Landes entwickelt.

Švenčionys

Die etwa 6000 Einwohner zählende Kreisstadt liegt südöstlich des Nationalparkes. Erstmalig im 13. Jahrhundert erwähnt, rückte sie zu Beginn des 15. Jahrhun-

Blick vom Ladakalnis auf die Seenlandschaft des Nationalparks

derts in das Blickfeld des Großfürsten Vytautas, der hier einen Gutshof und eine Kirche errichten ließ. Heute ist Švenčionys als Kräuterküche des Landes bekannt. Die örtliche, bereits 1883 gegründete Fabrik produziert vor allem Heilkräuterpräparate. Das Heimatkundemuseum (Adutiskio gatvė 2) ist leider seit mehreren Jahren geschlossen. Sehenswert ist die auffällig blau-weiß gestreifte orthodoxe Kirche.

Palūšė

Palūšė wurde erstmals 1681 in den Chroniken erwähnt. Der Ortsname läßt sich etwa mit ›beim Luchs‹ übersetzen. Am Lusiai-See gelegen, war es früher der bedeutendste Ort in der Gegend und ist vor allem für seine zwischen 1747 und 1757 errichtete Holzkirche mit ihrem separaten Glockenturm bekannt. Die äußerlich schlichte St. Josephs-Kirche gilt mit ihren barocken Verzierungen im Inneren als die schönste Holzkirche des Landes und ist nicht zufällig auch auf dem Ein-Lt.-Schein abgebildet. Jonas Petrauskas, einer der Anführer des Aufstandes von 1863, war zuvor Organist in Palūšė. Mit dem Bau der Eisenbahn von Vilnius nach St. Petersburg verlor Palūšė seine Bedeutung. Mit 150 Einwohnern ist es heute das größte Dorf im Parkgebiet und von den Auflugs- und Unterkunftsmöglichkeiten her der attraktivste Ort. Hier befindet sich auch die Verwaltung des Nationalparkes, die 1993 aus dem am anderen Ufer des Sees gelegenen Meironys hierher zog. Erholungssuchenden hilft man hier gern weiter.

Ginučiai

Auf dem Schüttberg von Ginučiai befand sich einst die Burg Linkmena, die allerdings 1373 von den Kreuzrittern zerstört wurde, so daß Ginučiai heute nur noch als Aussichtsort von Interesse ist. Noch besser ist die Aussicht auf die umliegenden Seen und Hügel nur vom 155 Meter hohen Ladakalnis. Angeblich soll der Ausblick in einer Bewertungsskala für Naturschönheiten in Litauen noch vor den Dünen der Kurischen Nehrung auf Platz eins stehen. In Ginučiai kann man eine zum Museum und zur Herberge ausgebaute alte Wassermühle besichtigen und im Mühlenbach ein erfrischendes Bad nehmen.

Strazdai

Strazdai und Šuminai liegen nördlich des Baluošo-Sees. Der herrliche See mit seinen sieben Inseln bedeckt eine Fläche von 400 Hektar. Auf der größten dieser Inseln, Ilgasale, befindet sich wiederum ein See, der zum Inbegriff der Seenlandschaft wurde. Die beiden Siedlungen wurden 1783 und 1784 erstmalig erwähnt und sind durch eine Brücke über den Fluß Buka voneinander getrennt. Sie gelten heute als sogenannte ethnographische Dörfer und sind unter Denkmalschutz gestellt. Da eine Dorfstraße fehlt, nennt man diesen lockeren Verbund der einzelnen Höfe auch Streudorf. In Strazdai findet man auch noch eine früher weit verbreitete Rauchkate, wo der Rauch nicht durch einen Schornstein, sondern durch einen als Räucherkammer dienenden offenen Abzug nach draußen gelangt. Am Südufer des Baluošo-Sees befindet sich das Dorf Trainiškes, in dem neben den alten Bauernkaten auch eine tausendjährige Eiche mit einem Stammumfang von sechs Metern zu bestaunen ist. Südlich von Trainiskis gibt es ein für den Tourismus gesperrtes Naturschutzgebiet.

Vaišnoriskė

Ein weiteres ethnographisches Streudorf ist Vaišnoriskė. Das erste Gehöft entstand hier um 1765; bekannt wurde das Dorf für seine Bienenzucht. Der riesige Lindenbaum in der Ortsmitte steht auch als Symbol für den sehr beliebten Lin-

Im Imkereimuseum in Stripeikiai

denblütenhonig aus Vaišnoriskė. Vom Dorf aus kann man nicht nach Norden und Osten gehen, da sich hier auf etwa 40 Quadratkilometern der als Naturschutzgebiet gekennzeichnete sumpfige Ažvinčiai-Forst erstreckt.

Stripeikiai

Das Dorf ist für sein originelles und sehenswertes Imkerei-Museum bekannt. In einem aus drei Holzhäusern bestehenden Gehöft erfährt man von den ersten ausgehöhlten Baumstämmen bis zur modernen Imkerei alles über die Bienenzucht, die in Litauen eine lange Tradition hat, Kostproben eingeschlossen. Daneben sind viele typische Holzschnitzereien zu sehen, deren größte dem Bienengott Babila gewidmet ist.

Tauragnai

Der bereits außerhalb des Parkes gelegene Ort Tauragnai ist vor allem durch seinen gleichnamigen See bekannt. Der sich über zehn Kilometer langstreckende Tauragnai-See ist zugleich mit einer Wassertiefe von über 60 Metern der tiefste

See Litauens. Der Ortsname leitet sich von Tauragas für Büffelhorn ab. Nach der Legende sollen zwei sprechende Büffel die Stelle am See als Siedlungsort empfohlen haben. Eine zweite Geschichte erklärt den Ortsnamen aus der ähnlichen Form des Sees. Im Ort gibt es ein kleines Heimatmuseum mit einer Fotoausstellung über die örtlichen Berühmtheiten (Tel. 3 23 21).

Vorwahl: Palūšė und Ignalina 0 03 70/3 86; Švenčionys 0 03 70/3 87.
Postleitzahl: Švenčionys 18001; Ignalina 30001; Palūšė 30021.
Postamt: Ignalina, Laisvės 4, Tel. 5 23 36; Švenčionys, Vilniaus 18, Tel. 6 63 44; Palūšė, Tel. 4 74 34.
Bank: Hansabankas Ignalina, Ateities 9, Tel. 0 03 70/5/2 68 44 44; Hansabankas Švenčionys, Lentupio 3, Tel. 0 03 70/5/2 68 44 44.
Tourismusinformation: Die Nationalparkverwaltung einschließlich Bungalowsiedlung, Restaurant, Verleihstation und Tourenorganisation befindet sich in Palūšė (Tel. 5 28 91). Es werden auch geführte Paddel- und Zelttouren angeboten (z. B. vier Tage für 155 Lt., fünf Tage für 210 Lt.).

Man erreicht den Nationalpark von Vilnius über die F 102. Man kann in Švenčionys auf die F 111 in Richtung Utena abbiegen, die in Kaltanėnai die Molėtai und Ignalina verbindende F 114 kreuzt.

Die Bahnstrecke Vilnius–Daugavpils verläuft durch Ignalina (Geležinkelio 19, Tel. 5 29 75) und das zehn Kilometer von Švenčionys entfernte Švenčioneliai (Priestocio 22, Tel. 3 13 78).

Ignalina (Geležinkelio 8, Tel. 5 23 33) und Švenčionys (Stoties 11, Tel. 5 13 33) liegen an der zweimal täglich befahrenen Buslinie zwischen Vilnius und Visaginas. Im Park gibt es nur drei tägliche Busverbindungen von Ignalina über Palūšė nach Antalksnė sowie vier zwischen Tauragnai und Utena.

Ein einfaches Hotel gibt es in Ignalina (›Gavaitis‹, DZ 50 Lt., Atgimino 37, Tel. 0 03 70/6 99/9 78 44). Neben der Nationalparkverwaltung in Palūšė liegt eine Bungalowsiedlung (DZ 30 bis 125 Lt., Tel. 5 28 91). In Ginučiai gibt es zwei Herbergen an der alten Wassermühle (›Maximovas‹, 10 bis 50 Lt. pro Person, Tel. 4 74 78). Daneben gibt es im Park mehrere Camping- bzw. Biwakplätze.

In Ignalina ist das ›Laukinuke‹ (Ateities 43, Tel. 5 21 81) und in Švenčionys das ›Beržuvis‹ (Vilniaus 8, Tel. 5 12 01) zu empfehlen.
Im Park betreiben die Parkverwaltung in Palūšė und ›Maximovas‹ in Ginučiai Gaststätten.

www.is.lt/ignalina (L/E).

»Ägypten ist durch seine Pyramiden in der ganzen Welt bekannt, die Litauer werden es durch ihre Lieder sein.«

Wilhelm Falkenhain

Der Süden – Suvalkija und Dzūkija

Alytus

Alytus ist das Zentrum des Dzūkija genannten Landstriches im Süden Litauens und mit 77 000 Einwohnern der sechstgrößte Ort des Landes. Die Stadt liegt am Nemunas, der in der Geschichte häufig ein Grenzfluß war und in diesen Zeiten die Stadt in zwei zu unterschiedlichen Ländern gehörende Teile teilte. Die Geschichte des Ortes begann um 1340, als Fürst Kęstutis hier am rechten Nemunasufer eine Schüttburg gegen die Kreuzritter errichten ließ. Der Friedensvertrag zwischen der Litauisch-Polnischen Union und dem Deutschen Orden aus dem Jahre 1422 teilte die Stadt erstmalig. Das Stadtrecht wurde Alytus 1581 verliehen. Ab 1795 verlief hier die Grenze zwischen Preußen und Rußland; vor dem Zweiten Weltkrieg teilte der Fluß die Stadt in eine litauische und eine polnische Hälfte.

Im Zweiten Weltkrieg wurde die Stadt stark zerstört. Die beiden dann unter dem Sowjetstern wiedervereinten Stadtteile Alytus I am rechten Ufer und Alytus II am linken Ufer wurden aber erst 1960 durch die Wiedererrichtung der im Krieg zerstörten Brücke miteinander verbunden. Alytus ist heute eines der industriellen Zentren Litauens, dessen touristische Attraktivität sich dadurch in Grenzen hält. Das bekannteste Unternehmen der Stadt ist der Sekt- und Spirituosenhersteller ›Alita‹, dessen Erzeugnisse überall in Litauen Marktführer sind (www.alita.lt).

Der Süden – Suvalki und Dzūkija

In Alytus

Alytus gilt auch als litauisches Eldorado für alle Freunde der Fliegerei (Segelflug, Ballonfahren) mit entsprechenden Angeboten für Touristen. Neben dem Aeroklub von Alytus (Miškininkų 3, Tel. 7 96 89) gibt es im 15 Kilometer entfernten Dorf Nemunaitis einen Aeroklub mit angeschlossenem Hotel (Tel. 0 03 70/6 11/2 09 11).

Das Stadtzentrum befindet sich am linken Nemunas-Ufer in Alytus II. Die Hauptstraße ist die Weiterführung der Nemunas-Brücke, die Vilnius gatvė, die im weiteren Verlauf Pulko gatvė heißt. Die Abzweigung über die Jotvingių gatvė führt in die neuen Stadtbezirke. Gegenüber erheben sich an der kleinen Fußgängerzone in der Rotušės alėja das Rathaus und das Schauspielhaus (Rotušės a. 2, Tel. 7 55 40). Der kleine Boulevard kreuzt dann die Dariaus ir Girėno gatvė, die nach Süden zum Stadtpark und nach Norden wieder zur Vilnius gatvė zurückführt. Rechter Hand befinden sich dort das Heimatmuseum und die Schutzengelkirche (Šv. Angelų Sargų bažnyčia). Sie wurde um 1830 erbaut und ist mit ihrem sehr farbenprächtigen Altar heute die bedeutendste Kirche der Stadt (Savanorių 14, Tel. 5 39 54). Die älteste Kirche der Stadt befindet sich abseits des Zentrums am anderen Flußufer des Nemunas. Ursprünglich wurde die St.-Ludwigs-Kirche (Šv. Liudviko bažnyčia) bereits 1524 erbaut, dann aber mehrfach neu errichtet (Panemuninkėlių 6).

Alytus ist bekannt für seine originellen, teilweise beweglichen Metallskulpturen, die sich vor allem im neuen Stadtpark, dem Jaunimo parkas, befinden und einen Parkspaziergang lohnen. Weitere Skulpturen in der Stadt sind die Siegesgöt-

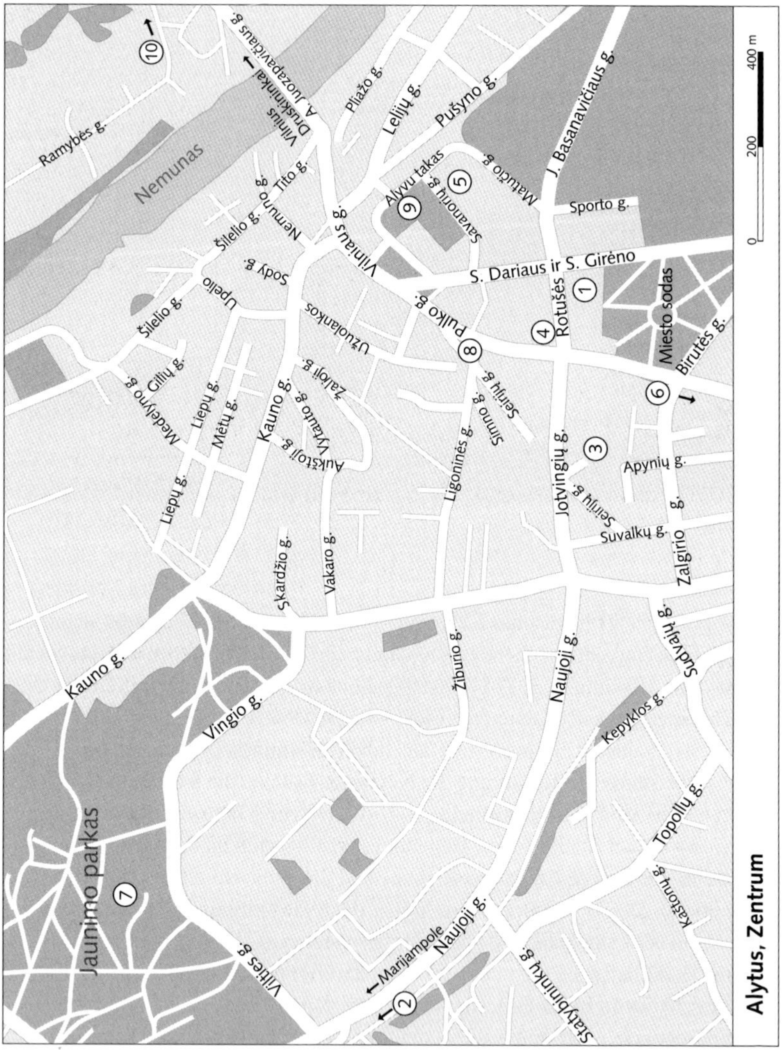

Legende

1 Tourismusinformation
2 Bahnhof
3 Busbahnhof
4 Schauspielhaus
5 Heimatmuseum
6 Museum zur Nationalgeschichte
7 Park der Jugend
8 Skulptur ›Patrimpas‹
9 Schutzengelkirche
10 St.-Ludwigs-Kirche

tin ›Nikė‹ im alten Stadtpark, der Gott der Bauern ›Patrimpas‹ an der Ecke Pulko gatvė/Ligoninės gatvė oder ›Jaunyste‹ (Kauno gatvė). Daneben gibt es in der Stadt auch einige Museen. Im 1935 gegründeten Heimatkundemuseum (Alytaus kraštotory muziejus) gibt es unter anderem Exponate zur Archäologie und Ethnographie der Dzūkija-Gegend, zur Geschichte der Fotografie sowie eine Münzsammlung zu besichtigen (Mo, Di Ruhetage, Savanorių 6, Tel. 5 19 90). Neu eröffnet wurde das Museum zur Nationalgeschichte (Musų tautos istorines atminties muziejus, Mo, Di Ruhetage, Ulono 14, Tel. 2 17 22). Zwei weitere Museen erinnern an die lokalen Schriftsteller Antanas Jonynas (Liskiavos 17, Tel. 5 21 51) und Anzelmas Matulevičius (Matučio 8, Tel. 5 31 72).

Vorwahl: 0 03 70/3 15.
Postleitzahl: 62001.
Postamt: Pulko 12, Tel. 5 14 44.
Bank: Hansabankas, Dariaus ir Girėnas 13, Tel. 0 03 70/5/2 68 44 44.
Geldautomat: Pulko 12.
Tourismusinformation: Rotušės a. 14a, Tel. 5 20 10.

TAXI Tel. 3 34 33.

Man erreicht Alytus von der Via Baltica ab Kalvarija über die F 131 (64 km) oder von Kaunas über die F 130 (80 km). Von Vilnius fährt man am besten über die A 4 Richtung Gardinas (Grodno) und biegt dann hinter Valkininkai auf die F 128 ab.

Alytus ist die Endstation der Bahnlinie Kaunas–Marijampolė–Alytus. Der Bahnhof liegt am westlichen Stadtrand (Stoties 12, Tel. 3 44 24).

Vom zentral gelegenen Busbahnhof gibt es täglich 12 bis 15 Verbindungen nach Vilnius sowie zwei Busse nach Marijampolė (Jotvingių 5, Tel. 5 23 33).

Das ›Alytupis‹ ist ein gutes und günstiges Hotel außerhalb des Stadtzentrums in Richtung Bahnhof (DZ 60 bis 120 Lt., Ulonų 33a, Tel. 5 32 49). Eine Alternative im Zentrum ist das recht familiäre ›Senas Namas‹ (DZ 120 Lt., Užuolankes 24, Tel. 5 16 43) oder das ›Dzūkija‹ (DZ 100 bis 120 Lt., Pulko 14, Tel. 5 20 02).

Im Café ›Skrydis‹ befindet sich eine Kunstgalerie, in der man Stadtführungen ordern kann (Vilniaus 13, Tel. 5 11 67). Im Stadtzentrum gibt es noch das Theater-Café (Teatro kavinė, Rotušės a. 2, Tel. 5 17 09), direkt daneben das italienisch angehauchte ›Palermo‹ (Rotušės a. 2a, Tel. 5 18 75), das ›Vaidila‹ (Rotušės a. 12, Tel. 5 61 92) und das ›Uldukas‹ (Pulko 5, Tel. 5 15 00).

www.alytus.aps.lt (L/E).

Marijampolė

Um 1750 kamen Mönche in die Gegend und errichteten eine Holzkirche mitsamt einem Kloster. Die entstehende Siedlung erhielt 1792 von König Stanislaus August mit dem Magdeburger Stadtrecht den Namen Marijampolė. Von 1955 bis 1989 hieß die Stadt nach einem Mitbegründer der litauischen KP Kapsukas. Mit rund 50 000 Einwohnern ist sie Hauptstadt des an Polen angrenzenden Landstriches Suvalkija. Das Stadtbild prägen vor allem Bauten aus der Nachkriegszeit, da die Stadt im Zweiten Weltkrieg stark zerstört wurde. Marijampolė ist eines der

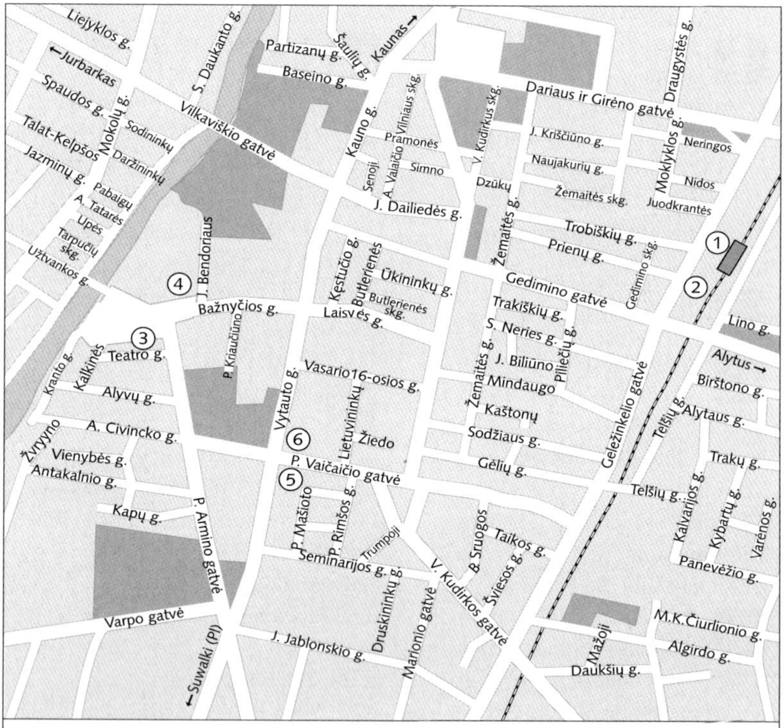

Marijampolė

Legende

1 Bahnhof
2 Busbahnhof
3 Schauspielhaus
4 Mariannenkloster mit Basilika
5 Vincent-und-Pauls-Kirche
6 Museum für Stadtgeschichte

wichtigsten Industriezentren Litauens, vor allem durch Textil- und Druckindustrie sowie die Verarbeitung landwirtschaftlicher Erzeugnisse geprägt. Es besteht seit 1989 eine Städtepartnerschaft mit Bergisch Gladbach.

Die Via Baltica durchzieht als Nord-Süd-Magistrale die Stadt und bildet zugleich die Hauptstraße von Marijampolė. Südlich des Basanavičiaus-Platzes ist sie nach Großfürst Vytautas benannt, nördlich davon heißt sie Kauno gatvė. Süd-

Der Bahnhof von Marijampolė

lich des Platzes erstreckt sich das Stadtzentrum. Auf der Gedimino gatvė gelangt man zum imposanten Bahnhofsgebäude. Über die Bažnyčios gatvė gelangt man zum Marktplatz am Ufer des die Stadt durchziehenden Flusses Šešupė. Am Markplatz befindet sich das städtische Schauspielhaus (Municipalinis dramos teatras, Armino 2, Tel. 5 34 59). Hier steht eine 1824 erbaute, klassizistische Basilika (Mažoji bazilika) mit zwei Kirchtürmen (Bendoriaus 1). Daneben befindet sich das alte Mariannenkloster (Bendoriaus 3). Die zweite bedeutende Kirche der Stadt ist die neogotische, den beiden Heiligen Vincent und Paul gewidmete Backsteinkirche (Šv. Vincento Pauliecio bažnyčia) in der Hauptstraße. Sie stammt aus dem 19. Jahrhundert (Vytauto 31a).

In der Stadt gibt es mehrere Museen. Das umfangreiche Heimatkundemuseum von Marijampolė (Vytauto 29, Tel. 5 45 75) besteht seit 1933 und zeigt heute an verschiedenen Standorten in der Stadt verschiedene Expositionen: Stadtgeschichte (So, Mo Ruhetage, Vytauto 31), Deportation und Widerstand (Mo, Di Ruhetage, Vytauto 29), die wohl in ganz Litauen ausführlichste und beste Ausstellung über die Deportationen und den Widerstand der ›Waldbrüder, sowie zwei Austellungen, die an den Schriftsteller Vincas Mykolaitis-Putinas und den Komponisten Jonas Bendorius erinnern (So, Mo Ruhetage, Bendoriaus 1 bzw. 3). Das 1992 etablierte Religionsmuseum soll in Kürze ebenfalls seine Pforten für Besucher öffnen (Naujakurių 6, Tel. 5 06 08).

Vorwahl: 0 03 70/3 43.
Postleitzahl: 68001.
Postamt: Basanavičiaus 9, Tel. 9 24 44.
Bank: Hansabankas, Laisvės 4, Tel. 0 03 70/5/2 68 44 44.
Geldautomat: Basanavičiaus 15.

Tel. 7 11 11, 7 77 77.

Marijampolė liegt an der Via Baltica A 6 zwischen Kaunas und der polnischen Grenze.

Das interessante Bahnhofsgebäude wurde samt Turm 1924 im Jugendstil errichtet und liegt relativ zentral. Die hier verlaufende Strecke verbindet Kaunas und Alytus (Stoties 2, Tel. 9 15 20).

Es gibt Verbindungen nach Vilnius (10 x tgl.), Kaunas (2 x) und Alytus (2 x) (Stoties 26).

Die neuen Hotels ›Žilina‹ (DZ 150 Lt., Giros 41, Tel. 5 57 49) und ›Arvi‹ (DZ 200 Lt., Kudirkos 24, Tel. 9 77 78) sind gut und originell gestaltet. Eine Alternative ist das Motel ›Mariresta‹ (Stoties 51, Tel. 7 14 48).

Im Stadtzentrum gibt es einige Cafés, wie das ›Keta‹ (Gedimino 14, Tel. 5 22 64), das ›Panda‹ (Gedimino 14a) oder das ›Sedula‹ (Vytauto 28, Tel. 5 29 26).

www.marijampole.aps.lt (L/E).
www.marijampole.lt (L).

Druskininkai

Nahe dem Dreiländereck Litauen-Polen-Weißrußland befindet sich umgeben von Fichten- und Kiefernwäldern Druskininkai, der größte und bekannteste Kurort Litauens. Neben seiner unvergleichlichen Luft, die er dem etwa 50 000 Hektar großen Waldgebiet in seiner Umgebung verdankt, erlangte er seine Bekanntheit aber in erster Linie aufgrund der Mineralquellen. Sie gehören zu den Natrium-

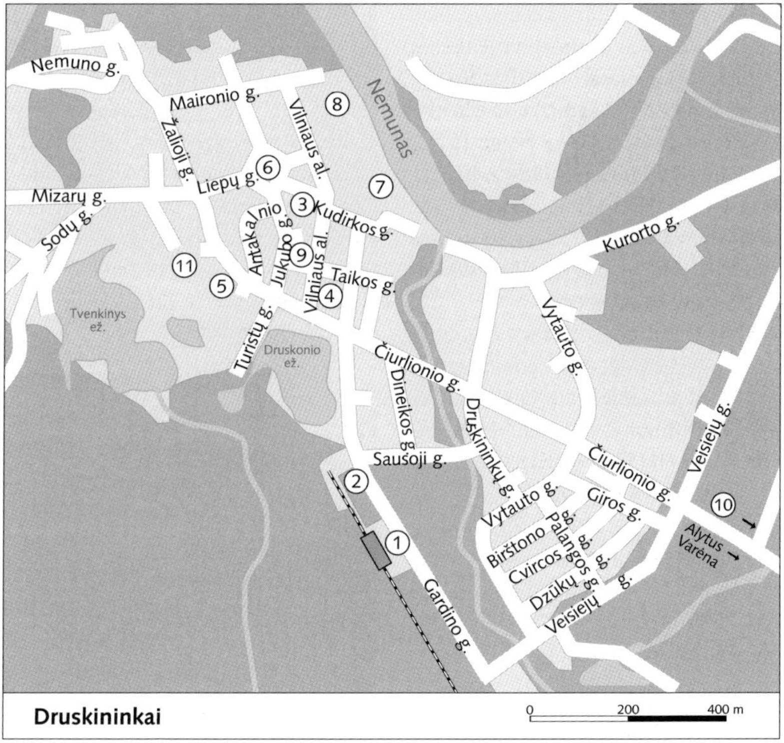

Druskininkai

Legende

1 Bahnhof
2 Busbahnhof
3 Rathaus (Tourismusinforrmation)
4 Marienkirche
5 Čiurlionis-Museum
6 russisch-orthodoxe Kirche
7 Kurpark
8 Balneophysiotherapeutisches Zentrum
9 Jakob-Lipschitz-Museum
10 Forstmuseum
11 Jonynas-Galerie

Kalzium-Chloriden und kommen mit einem Salzgehalt zwischen 4 und 54 Gramm pro Liter an die Oberfläche, so daß sowohl für die innere als auch die äußere Anwendung alle Abstufungen vorhanden sind und Druskininkai sowohl für die Schnabeltasse als auch die Heilbadewanne zum Inbegriff für alle Kurinteressenten wurde.

Der Name der Stadt hat seinen Ursprung auch im litauischen Wort für Salz: druska. Die Legende über die Entstehung der salzhaltigen Quellen verweist auf das südlich der Stadt gelegene Raigardas-Tal. Dort befand sich ein Dorf, dessen Bewohner zu großem Reichtum gelangt waren und darüber die Götter vergaßen. Das erzürnte den Donnergott Perkunas so sehr, daß er dieses litauische Sodom in der Erde versinken ließ und den einzigen Ausgang mit dem heute in der Nähe des Dorfes Švendubrė zu besichtigendem ›Teufelsstein‹ verbaute. Die salzigen Tränen der Eingeschlossenen versetzen seither das Quellwasser der Gegend mit Mineralien.

›Der Badende‹ in Bad Druskininkai

Den Status eines Kurortes, in etwa zu vergleichen mit der Verleihung des Titels ›Bad‹, erhielt die Ortschaft bereits 1794 durch den damaligen König von Polen und Großherzog von Litauen, Stanislaus August. Ihm war zu Ohren gekommen, daß hier ein gewisser Dr. Sūrutis seine Patienten durch Bäder in Mineralwassertonnen heilte. Doch erst 1835 erschien in der Universität Vilnius die erste wissenschaftliche Untersuchung, die die Heilkräfte der örtlichen Mineralquellen bestätigte und den Aufbau eines Heilbades empfahl. Drei Jahre später eröffnete das erste Sanatorium seine Pforten, fünf weitere Jahre danach wurden schon 2000 Kurgäste gezählt. In den Folgejahren entwickelte sich Druskininkai zu einem der populärsten Kurbäder vor allem für die Beamten des Zarenreiches. In der Zeit der ersten litauischen Unabhängigkeit von 1920 bis 1939 gehörte Druskininkai zu Polen. Josef Piłsudski, autokratischer Staatschef Polens, pflegte in dieser Zeit hier zu kuren. Nach der sowjetischen Annexion ging das Gebiet zunächst an Weißrußland und dann wieder an Litauen. Nach der 1990 erlangten Unabhängigkeit meldete Weißrußland zwar Ansprüche auf dieses Gebiet an, sah aber dann wohl die Erfolglosigkeit dieses Ansinnens ein. Zu den heute 22 000 Einwohnern gesellen sich in der Saison nochmals gleichzeitig bis zu 4000 Kurgäste und Erholungssuchende, die nicht nur aus Litauen, sondern in starkem Maße auch aus Polen und vereinzelt auch bereits aus Deutschland kommen. Zur Zeit laufen Gespräche über eine Städtepartnerschaft mit Bad Langensalza in Thüringen.

Ein Rundgang durch Druskininkai

Die Hauptachse der Stadt bildet die Čiurlionis gatvė. Der Ortskern beginnt westlich des Flüßchens Ratnyčėlė, das hier in den Nemunas mündet, der die Stadt als Schleife nach Norden und Westen abgrenzt. Im Süden endet das Zentrum an Druskonio-See, dessen malerische Uferpromenade ihren schmucklosen Asphalt gerade gegen ein neues Pflasterornament tauscht. Ein entspannender Spaziergang um den See oder eine Bootsfahrt stimmen auf den ruhigen Ort ein. Aus der Ufersilhouette ragt in einer angrenzenden Parkanlage die neugotische, der heiligen Maria gewidmete Backsteinkirche hervor. Erbaut zu Ende des 19. Jahrhunderts, als Čiurlionis' Vater hier auch seine Organistenstelle bekam, erlangte sie durch einen Umbau in den Jahren 1922 bis 1931 ihre heutige Gestalt.

Das ›Balneophysiotherapeutische Zentrum‹

Auf der Čiurlionis gatvė gelangt man an einer Biegung gegenüber der Feuerwache zum Čiurlionis-Museum. In diesen Gebäuden verbrachte Litauens Nationalkünstler viele Jahre seiner Kindheit und Jugend. Der Straße folgend, gelangt man zur rechts abzweigenden Maironio gatvė, die fast bis zur am Flußufer verlaufenden Vilniaus alėja führt. Hier vermischen sich in gemächlicher Ruhe alte Holzhäuser mit neueren Bauten. Von mächtigen Bäumen und manchmal entsprechenden Zäunen eingerahmt, stehen hier viele Sanatorien, Villen und Pensionen. In den Nebenstraßen erhebt sich auf einem ein Straßenkreuz des Viertels bildenden Platz die russisch-orthodoxe Kirche mit ihren sechs Zwiebeltürmchen. Sie wurde 1865 errichtet und sticht durch ihre originelle blauweiße Farbgestaltung hervor. Unweit der Kirche ist das Jakob-Lipschitz-Museum zu finden.

Die breite Vilnius alėja ist der Ausgangspunkt des Kurparks, der sich auf verschiedenen Wegen zum Nemunas hinzieht. An der Vilnius alėja befindet sich das Rathaus, gegenüber ein neues Denkmal für König Mindaugas. In einer wiederum zur russisch-orthodoxen Kirche führenden Querstraße bieten in und um eine Kiosk-Passage – allerdings nicht übermäßig einladend – verschiedene Straßenhändler ihre Souvenirangebote feil. Eine Schiffsanlegestelle lädt im Park zu Dampferfahrten in die Umgebung ein. Hier erhebt sich auch auf einem blumenartigen Grundriß ein bizarres Gebäude aus verschiedenen miteinander verbundenen Rundbauten. Dieses zu Beginn der 80er Jahre erbaute ›Balneophysiotherapeutische Zentrum‹ (Vilniaus a. 13, Tel. 51091) bietet heute Kurbehandlungen aller Art an und ist auch als futuristisches Experiment sowjetischer Architektur von Interesse.

Neben etwas maroden älteren Kuranlagen in der Nachbarschaft gelangt man im Park zu den Mineralwasserquellen. Die in Kurbädern oft anzutreffenden Schnabeltassen-Enthusiasten finden hier ihr Labsal: aus acht Brunnen wird das stark salzhaltige Mineralwasser gewonnen, und in der Trinkhalle kann man die heilenden Quellen – links Dzūkija und rechts Druskininkai – genießen. Übrigens neuerdings streng nach geregelten Öffnungszeiten: von 7 bis 9 Uhr, von 11 bis 14 Uhr und von 16 bis 19.30 Uhr. Unweit der Dampferanlegestelle befindet sich am Fluß die Quelle ›Grožio‹, die dem Unwissenden allerdings eher wie ein Abfluß anmutet.

Im Park finden sich noch mehrere interessante Skulpturen, so am Ende an der Fußgängerbrücke über den Zufluß Ratnyčėlė die Bronzeskulptur eines sitzenden, schönen Mädchens, das den Fluß symbolisieren soll. Die bekannteste Skulptur im Park ist aber ohne Zweifel das Čiurlionis-Denkmal auf Höhe der Kudirko gatvė. Druskininkai ist bekanntlich untrennbar mit Čiurlionis verbunden, der hier seine Kindheit und Jugend verbrachte. Anläßlich seines 100. Geburtstages im Jahre 1975 wurde ein melancholisch-besinnliches, von V. Vildžiūnas geschaffenes Denkmal aus schwarzem Granit im Stadtpark eingeweiht und zu einem unverwechselbaren Wahrzeichen der Stadt.

Wenn man der Kudirkos gatvė wieder in Richtung Marienkirche folgt, fällt das im Stil des ›Balneophysiotherapeutischen Zentrums‹ gebaute kreisrunde Sanatorium ›Pusele‹ ins Auge. An der Kreuzung Kudirkos/Čiurlionis gelangt man geradeaus zum Bahnhof, linker Hand führt die Čiurlionis gatvė als Geschäftsstraße

Holzarchitektur in Druskininkai

mit vielen Läden zum Kulturhaus und zum Kaufhaus. In dieser Richtung befindet sich auch das interessante Forstmuseum.

Museen

Während von Čiurlionis' Geburtshaus in Varėna bedauerlicherweise heute nicht einmal der genaue Standort bekannt ist, so sind die Häuser um das blaue Holzhaus, in das seine Familie im Jahr 1877 zog, heute ein ihm gewidmetes Museum (M. K. Čiurlionio memorialinis muziejus). Es wurde 1963 gegründet und besteht aus insgesamt vier Gebäuden. Zwei zeigen die Einrichtung zu Lebzeiten des Künstlers. Im dritten, seinem Schaffen gewidmeten Haus befinden sich – untermalt mit seiner Musik – Reproduktionen seiner Bilder, Plakate seiner Ausstellungen und Konzerte. Im Eingangsgebäude befindet sich eine Ausstellung zu seiner Biographie. Im Sommer finden im Garten, wo auch eine Čiurlionis-Büste steht, Freiluftkonzerte statt (Mo Ruhetag, Čiurlionio 41, Tel. 5 27 55).

Direkt hinter dem Museum stößt man auf eine kleine Kunstgalerie mit moderner Malerei und einer Verkaufsausstellung (Čiurlionio 37). Hier entlang gelangt man auch zur Jonynas-Galerie. Vytautas Jonynas (1907–1998), der 1946 nach

Das Čiurlionis-Museum

Deutschland und später in die USA auswanderte und als Maler, Glasmosaikmaler und Bildhauer bekannt wurde, schenkte diese Galerie, unter anderem auch mit Entwürfen für deutsche Briefmarken aus den Nachkriegsjahren, seiner Heimat (Mo, Di Ruhetage, Čiurlionio 45, Tel. 5 50 96).

Das Lipschitz-Gedenkmuseum erinnert in einem verschnörkelten alten Holzhaus an den in Druskininkai geborenen jüdischen Bildhauer Jakob Lipschitz (1891–1973), der 1909 nach Frankreich und später in die Vereinigten Staaten auswanderte, und dokumentiert dessen Werk und Leben (Mo und Sa Ruhetage, Eintritt zwei Lt., Šv. Jacubo 17).

Einzigartig in Litauen ist auch eine Kinderkunstgalerie, die Ausstellungen von Kinderzeichnungen zu den unterschiedlichsten Themen organisiert (Kudirkos 7, Tel. 5 38 25).

Wenn man vom Stadtzentrum der Čiurlionio gatvė gut zwei Kilometer in östlicher Richtung zur Fernverkehrsstraße Kaunas–Grodno folgt, findet man linker Hand das einzigartige Forstmuseum (auch ›Echo des Waldes‹ genannt – Girios aidas). Um einen Eichenstamm herum begann man 1971, ein Holzhaus als Waldmuseum zu errichten. Nach einem verheerenden Brand 1992 erstand das Haus zwei Jahre später noch größer und schöner. Auf drei Ebenen erzählen die Exponate über den Wald und seine Pflanzen und Tiere, in der Mitte wächst die Eiche. Eine Umweltbibliothek im Obergeschoß sowie ein kleiner Naturzoo und ein Skulpturenweg ergänzen die Ausstellung (Montag Ruhetag, Čiurlionio 102, Tel. 5 39 01).

Familienfotos im Grūtas-Park

Grūtas

In dem kleinen Grūtas eröffnete nach langwierigen, sogar das Parlament beschäftigenden Streitigkeiten am 1. April 2001 der Park sowjetischer Memorialien und katapultierte das unscheinbare Dorf in die erste Reihe des landesweiten touristischen Interesses, denn 2002 hatte der Grūtas Park bereits über 100 000 Besucher. Der Gründer Viliumas Malinauskas, der seit der Wende mit Waldpilzen ein Vermögen verdiente, hat dafür sogar den alternativen Nobelpreis erhalten. Als er in einer Lagerhalle am Vilniusser Flughafen die geschliffenen Denkmäler der Sowjetzeit sah, kam ihm die Idee, diese in einem neuen Ambiente wieder einem breiten Publikum zugänglich zu machen. Er schloß mit dem Kulturministerium einen Vertrag darüber, dass er diese Skulpturen mietet und sie als Gegenleistung entsprechend konserviert und aufstellen darf. In seinem Heimatdorf Grūtas entwässerte der findige Unternehmer ein sumpfiges Waldgelände, legte entsprechende Wege an und begann, die restaurierten Denkmäler in einem abgezäunten Waldgelände aufzustellenden. Zwei Ausstellungspavillons für eine Exposition über Litauens Geschichte und die politischen Spielregeln unter der sowjetischen Okkupation und sozialistische Kleinkunst sowie am Eingang ein kleiner Güterzug als Symbol für die Art und Weise, wie nach der sowjetischen Annexion Litauens Elite nach Sibirien verschleppt wurde, ergänzen den Park, wo man auf bislang zwei Rundkursen über 80 sowjetische Heldendenkmäler von Lenin,

Dzeržinskij, Stalin etc. sowie deren litauische Genossen Kapsukas, Snieckus u.a. besichtigen kann. Zwar als poststalinistisches Disneyland für Nostalgiker kritisiert, bietet der Park aber doch die Möglichkeit, die Tragik der Geschichte Litauens unter dem roten Stern sowohl ernsthaft als auch locker anzugehen. Diese unverkrampfte Herangehensweise ist sein Erfolgsgeheimnis ist und macht ihn auch nicht nur für am bildhauerischen Schaffen interessierte Ästheten sehenswert. Der Park liegt knapp 1000 Meter östlich der A4 und ist in Grūtas gut ausgeschildert. (Tel. 313/55 511).

Vorwahl: 0 03 70/3 13. Postleitzahl: 66001.
Bank: Hansabankas, Čiurlionio 85 und Kudirkos 33, Tel. 0 03 70/5/ 2 68 44 44.
Geldautomat: Vilniaus a. 18, Čiurlionio 107.
Hauptpostamt: Kudirkos 37, Tel. 5 13 36.
Tourismusinformation: Gardino 3, Tel. 6 08 00, Čiurlionio 65, Tel. 5 17 77.
Es gibt neben der Internetseite der Stadt www.druskininkai.lt eine speziell auf Besucher zugeschnittene Seite vom örtlichen Fremdenverkehrsamt: www.druskonis.lt.

Taxi: Tel. 5 33 93.

Druskininkai liegt westlich der A 4, die Vilnius und das weißrussische Grodno (litauisch Gardinas) verbindet.

Gardino 3, Tel. 5 23 70. Als kurioses Überbleibsel sowjetischer Infrastruktur hatte die Stadt in den 90er Jahren nur internationale Zugverbindungen. Das einzige Gleis aus dem örtlichen Sackbahnhof führte ins weißrussische Grodno. Die Zugreise nach Vilnius durch Weißrußland brachte somit zwei Grenzkontrollen mit sich. Da man mit dem Bus nach Vilnius nur 2,5 Stunden, mit dem Zug aber incl. Grenzabenteuer vier Stunden unterwegs war, hielt sich die Nachfrage in Grenzen. Und angesichts der Tatsache, daß hier in Zukunft zweimal eine Außengrenze der Europäischen Union überschritten werden müsste, hat man die Verbindung nun eingestellt.

Gardino 1, Tel. 5 13 33, fünf Busse täglich nach Vilnius und ins weißrussische Grodno, neun nach Kaunas, je ein Bus nach Warschau und Kaliningrad.

Die beiden besten Hotels sind unter dem Namen ›Galia‹ vereint. In unterschiedlich modern gestalteter Holzhausarchi-

In Orvydas Garten

Dünenlandschaft auf der Kurischen Nehrung; Auf der Promenade in Klaipėda

LIETUVA

Vilnius
Raganiukės teatras
Vilnius
Raganiukės teatras

tektur findet man allen notwendigen Komfort (DZ von 140 bis 190 Lt., Maironio 3, und um die Ecke Dabintos 5, Tel. 6 05 10 und 6 05 14).
Empfehlenswert ist auch das neue Hotel ›Regina‹ (Kosciuskos 3, Tel. 59060, www.regina.lt).
Das ›Druskininkai‹ ist ein großes einfaches Hotel gegenüber der Marienkirche (DZ 80 bis 100 Lt., Kudirkos 43, Tel. 5 25 66).
Zentral gelegen ist ebenfalls das kleinere Hotel ›Eurista‹ (DZ 90 bis 120 Lt., Vilniaus 22, Tel. 5 23 18).
Unabhängig von gewünschten Kurbehandlungen bieten viele Sanatorien auch als Hotel mit Vollverpflegung entsprechende Übernachtungsmöglichkeiten. Die Verpflegung ist einfach und diätorientiert. Mit Tagessätzen pro Person in Doppelzimmern von 60 Lt. für sowjetischen Charme und bis zu 180 Lt. für westlich renovierte Zimmer wird unter dem Strich aber ein ordentliches Preis-Leistungs-Verhältnis geboten. Gegen Bezahlung können auch die preiswerten medizinisch-therapeutischen Angebote (z. B. Massage 12 bis 16 Lt.) genutzt werden. Spezielle Kuren für deutschsprachige Gäste sind nicht im Angebot, aber etwa 40 Prozent der Kurpatienten kommen aus Polen und Rußland.
Den besten Ruf genießt das privatisierte und nicht auf Massenbetrieb ausgelegte Sanatorium ›Draugystė‹ mit modern renovierten Zimmern und zwei kleinen Parkvillen (Kreves 10, Tel. 5 23 78).
Unter den auf Massenbetrieb ausgerichteten Sanatorien sind das für seine Bäder bekannte ›Vilnius‹ (Dineikos 1, Tel. 5 14 54) und das auf unterschiedlichste Heilmassagen spezialisierte ›Lietuva‹ (Kudirkos 45, Tel. 5 28 33) zu empfehlen, beide im Stadtzentrum.

Neben den zu den Galia-Hotels gehörenden Gaststätten bietet ein weiteres Café-Restaurant unter gleichem Namen gute Küche in einem etwas grellen Interrieur (Vilniaus a. 24).
Klassisch überdimensioniert ist das ›Nemunas‹, das jedoch für seine Fischküche geschätzt wird (Fonbergo 5, Tel. 5 10 07).
Auf der Hauptstraße ist das nach dem den Ort durchziehenden Flüßchen benannte Restaurant ›Ratnyčėlė‹ zu empfehlen (Čiurlionio 56).
Etwas abseits am Sonnenweg, aber für seine gute litauische Küche und die originelle Ausstattung bekannt, ist das ›Alka‹ einen Ausflug wert (Viesiejų gatvė 13, Tel. 5 28 49). Der erste, allerdings recht einfache Italiener ist das ›Sicilia‹ (Taikos 9).

Kinderspaß auf der Kurischen Nehrung; Restaurant im Schloß von Kretinga
Am Čiurlionis-Weg

Im Nationalpark Dzūkija

Der rund 56 000 Hektar große Nationalpark befindet sich im Süden des Landes und wurde 1991 gegründet. Hier befinden sich auch ur- und frühgeschichtlich interessante Ausgrabungsorte, wo die ältesten Siedlungsspuren Litauens gefunden wurden. Sie belegen, daß in dieser Gegend bereits um 10 000 vor unserer Zeitrechnung Menschen lebten.

Vier Fünftel des Parkes sind mit vor allem aus Kiefern bestehenden Wäldern bedeckt. Der Boden ist größtenteils sandig, da sich die durch den Westwind aufgewehten Festlanddünen bis hierher erstrecken. Durchzogen wird die Landschaft von unzähligen Flüssen und Bächen, fast 50 Seen sind hier zu finden. Im Süden des Parks gibt es mehrere Hochmoore. Die Zentren des Parkes sind Merkinė mit 1600 und Marcinkonys mit etwa 850 Einwohnern. Südlich von Marcinkonys grenzt das Čepkeliai-Naturschutzgebiet an den Naturpark. In einem knapp 6000 Hektar großen Moorgelände finden viele seltene Vögel wie Moorhühner, Kampfläufer und Kraniche Zuflucht. Insgesamt hat man über 170 Vogelarten gezählt. Exkursionen in das Naturschutzgebiet sind nur in Begleitung von Parkführern erlaubt. Etwa fünf Kilometer südwestlich von Marcinkonys gibt es aber eine zugängliche Aussichtsplattform, die einen schönen Ausblick auf die Natur des Hochmoores gewährt.

Der Zusammenfluß von Merkys und Nemunas bei Merkinė

Man ist dabei, den Park für den naturverträglichen ›Ökotourismus‹ zu erschließen. In der Parkverwaltung bekommt man vielfältige Angebote, etwa Routenvorschläge für Wanderer, Radfahrer und Wasserwanderer. Vor allem auf dem bei Merkinė in den Nemunas fließenden Merkys mit seinen Nebenflüssen Ūla und Grūda sind Boots- und Kanutouren sehr populär.

Dzūkija gilt als die sangesfreudigste Region im Land der Lieder, so daß hier oft Sing- und Chorfeste stattfinden. Die Gegend ist aber auch für ihre kunsthandwerklichen Traditionen bekannt. Im Gebäude der Parkverwaltung befindet sich eine ständige Ausstellung örtlicher Künstler, die sich häufig in Gehöften in den umliegenden Wäldern niederlassen. Handwerke wie das Korbflechten, die Gestaltung von Stoffen und Bändern, das Ziehen von Kerzen und vor allem das Töpfern und Gießen von Keramik sind hier sehr weit verbreitet. Ein markantes Beispiel ist die sehr schöne Schwarztontöpferei der Familie Petraitas auf dem Gehöft Maksimonių, etwa neun Kilometer nordöstlich von Merkinė. Der schwarz-metallische Farbklang nahm hier durch den Eisengehalt des Tones seinen Ursprung und wird heute auch in anderen Gegenden Litauens praktiziert. Viele Künstler betreiben in ihren Gehöften Verkaufsausstellungen und bieten teilweise über die Parkverwaltung auch entsprechende Kurse (zum Beispiel für Töpferei) an.

Merkinė

Merkinė ist ein überaus interessanter Ort mit verblüffend vielschichtigen Sehenswürdigkeiten, die die Natur, Geschichte und Kultur Litauens repräsentieren. Es ist einer der ältesten Orte und eine der ersten Städte Litauens. Vilnius erhielt seine Magdeburger Stadtrechte aus Merkinė. Die ursprüngliche Schüttburg am Nemunas war im 14. Jahrhundert eine der bedeutendsten Verteidigungsanlagen der Litauer gegen die Kreuzritter. Als sie nicht mehr zu halten war, brannten sie die Litauer selbst nieder. Die Überreste sind heute an der Nemunas-Brücke über eine Treppe bequem zu erreichen und bieten einen herrlichen Ausblick auf die Umgebung und insbesondere auf den Zusammenfluß der Flüsse Merkys und Nemunas.

Merkinė lag verkehrsgünstig an den wichtigsten Land- und Wasserwegen und war daher im Mittelalter das Zentrum der Provinz Dzūkija. Die unweit des Marktplatzes gelegene Maria-Himmelfahrt-Kirche wurde ursprünglich 1646 eingeweiht. In der zweiten Hälfte des 19. Jahrhunderts wurde der gotische Kirchenbau im Stile des Barock ausgebaut. Im Kirchenbau auf dem Marktplatz befindet sich hingegen das Heimatkundemuseum (Merkinės kraštotyros muziejus). Es ist in der ehemaligen russisch-orthodoxen Kirche des Ortes untergebracht, gegen deren Heiligkeitsanspruch doch erhebliche Vorbehalte bestehen. Ursprünglich stand hier das Rathaus von Merkinė, das aber in der zweiten Hälfte des 19. Jahrhunderts im Rahmen der Russifizierung durch die Kirche ersetzt wurde. Nach der Unabhängigkeit wurde nun die Kirche unverzüglich zu einem originellen Heimatkundemuseum umfunktioniert. Es bietet eine Ausstellung zur Ur- und Frühgeschichte, der Ethnographie und Geschichte Merkinės. Im makabren Keller des Museums befinden sich – so der Museumsleiter Juozas Kaupinis – ›die Überreste der Sowjetunion‹. Sobald man die mit sowjetischen Fahnen verkleidete Treppe betritt, hört man die sowjetische Nationalhymne, und in der mit Stacheldraht und Leninportraits ausgekleideten Kellerzelle erklingen in russischer Sprache Auszüge aus ›Wolodjas Kindheit‹. Wolodja ist die Koseform von Wladimir (Iljitsch Lenin).

Juozas Kaupinis, der Leiter der beiden originellen Heimatmuseen von Merkinė

Ein paar Schritte entfernt befindet sich als Filiale des Heimatkundemuseums in der ehemaligen KGB-Zentrale des Ortes ein sehr eindrucksvoll an den sowjetischen Terror erinnerndes Museum (beide Museen: Mo, Di Ruhetage, Tel. 0 03 70/3 13/5 71 78). In den Wäldern Džukijas war der Widerstand gegen die sowjetische Okkupation besonders stark. In der Merkinėr KGB-Zentrale wurden in den Nachkriegsjahren über 700 litauische Partisanen umgebracht, deren Leichen dann auf einer Müllhalde am Ortsrand verscharrt wurden. Diese wurde dann zu einem Sportplatz umfunktioniert. Nach der Unabhängigkeit wurde an diesem Ort eine Kapelle zum Gedenken an die Opfer errichtet, die heute bereits von einer Vielzahl von Kreuzen umgeben ist. Das Feld befindet sich nördlich des Marktes hinter der örtlichen Schule.

Marcinkonys

Marcinkonys fand erstmalig 1637 Erwähnung. Mit dem Bau der Eisenbahnstation im Jahre 1862 wurde aus der Förstersiedlung ein richtiges Dorf. Heute zieht es sich beschaulich auf etwa zwei Kilometern vom Bahnhof nordwärts entlang der Hauptstraße, der Miškininkų gatvė. Hier befindet sich die Verwaltung des Dzūkija-Nationalparks, bei der man sich auch anmelden sollte, wenn man Inter esse an dem kleinen Ethnographiemuseum des Ortes hat – es hat keine regelmäßigen Öffnungszeiten. Am Ende der Straße befindet sich eine um 1880 errichtete Holzkirche. Sie ist den Heiligen Simon und Tadeus gewidmet (Šv. Apastalu Simono ir Tado bažnyčia).

Zervynos

Das Dorf Zervynos im Nordosten des Naturparks ist aus zweierlei Sicht von Interesse. Einerseits ist der aus insgesamt 48 Gehöften bestehende Ort als Museumsdorf sozusagen ein Gesamtdenkmal der örtlichen Holzhausarchitektur des 18. und 19. Jahrhunderts. Andererseits ist das am Fluß Ūla gelegene Dorf der beliebteste

Verwaltungsgebäude der Nationalparksverwaltung in Merkinė

Ausgangspunkt für Flußfahrten, die man am besten bei der Parkverwaltung in Merkinė bucht. Von dort wird man dann mit dem Kleinbus nach Zervynos gebracht.

Liškiava

In Liškiava finden sich am Nordufer des Nemunas noch die Überreste einer Wehrburg, mit deren Bau zu Beginn des 15. Jahrhunderts begonnen worden war. Nach der siegreichen Schlacht bei Tannenberg war die geplante Anlage überflüssig geworden, so daß der Bau abgebrochen wurde. Anfang des 18. Jahrhunderts siedelten sich hier Dominikanermönche an, die eine Kirche und ein Kloster errichteten. Im 19. Jahrhundert befand sich im Kloster eine Besserungsanstalt für Priester, die gegen den Zölibat verstoßen hatten. Die spätbarocke Dreieinigkeitskirche mit ihrer achteckigen Mittelkuppel und sieben Rokokoaltären im Inneren (Svc. Trejybės bažnyčia) ist heute noch der Blickfang des Ortes und lohnt einen Besuch.

Vorwahl: 0 03 70/3 10. Postleitzahl: Merkinė 65035; Marcinkonys 65027. Postamt: Merkinė, Nemunaieio 11, Tel. 5 71 12; Marcinkonys, Miškininkų 1, Tel. 4 46 12. Bank: Hansabankas Merkinė, Gardino 1; Tel. 0 03 70/5/2 68 44 44, Hansabankas Marcinkonys, Miškininkų 5, Tel. 0 03 70/5/2 68 44 44.

Die A 4 Vilnius–Druskininkai durchzieht das Gebiet des Naturparks. Merkinė liegt westlich der A 4 unmittelbar an der F 133. Marcinkonys ist nur über einfache Landstraßen von der A 4 (Abzweig südlich der Merkys-Brücke, Entfernung 18 km) oder von Varėna aus zu erreichen (24 km).

Marcinkonys und Zervynos sind mit allen Vorortbahnen zwischen Vilnius und Druskininkai zu erreichen.

Es gibt von Merkinė eine tägliche Busverbindung nach Vinius über Varėna bzw. in die andere Richtung nach Druskininkai.

In Merkinė hat die Parkverwaltung einige Gästezimmer in ihrem Gebäude, die aber zumeist Austausch-Praktikanten vorbehalten bleiben (Vilniaus 1, Tel. 5 72 45). In Marcinkonys betreibt die Parkverwaltung in ihrem Gebäude gleichzeitig ein sehr komfortables Hotel (DZ 120 bis 240 Lt., Miškininkų 61, Tel. 4 46 41). In Zervonys befindet sich eine Jugendherberge (50 Lt. pro Person, Tel. 5 27 20).

In Merkinė ist Selbstverpflegung angesagt, in Mercinkonys kann man Halbpension im Hotel bestellen, und im örtlichen Lebensmittelladen gibt es ein Café.

Varėna

Am Čiurlionis-Weg

Varėna ist heute eine Kreisstadt mit etwa 7000 Einwohnern, die eigentlich aus zwei gleichnamigen fünf Kilometer voneinander entfernten Städten beziehungsweise Stadtteilen besteht: Varėna I (Alt-Varėna) und Varėna II (Neu-Varėna). Varėna I, benannt nach der altlitauischen Jagdgöttin Varėnė, wurde zu Beginn des 15. Jahrhunderts von Großfürst Vytautas als Jagdresidenz begründet. Neu-Varėna entstand 1862 mit dem Bau der Eisenbahnstrecke von Warschau nach St. Petersburg südlich des Flußes Merkys, da man aus Kostengründen eine zweimalige Überbrückung des Flusses zur Einbindung Varėnas scheute. Neu-Varėna erlangte Ende des 19. Jahrhunderts durch den hier errichteten größten Artillerie-Exerzierplatz des russischen Zarenreiches Berühmtheit. Die Kasernen wurden noch bis zu ihrem Abzug 1993 von der Roten Armee genutzt. Zwischen den beiden Weltkriegen war auch das am Grenzfluß Merkys gelegene Varėna Frontstadt, denn Alt-Varėna gehörte zu Litauen und Neu-Varėna zu Polen. Nach dem Zweiten Weltkrieg gehörten beide Orte wieder zu Litauen, und 1980 wurden sie wieder zu einer Gemeinde vereint, so daß auch hier jetzt städtebaulich langsam zusammenwächst, was zusammengehört.

Der touristische Wert der Stadt Varėna hält sich in Grenzen und ausgesprochene Sehenswürdigkeiten gibt es in dieser typischen Kleinstadt eigentlich nicht. Wer in den Wäldern und an den Seen in der Umgebung Urlaub macht und sich ein Städtchen in der Umgebung anschauen möchte, gelangt zwangsläufig nach Varėna. Alt-Varėna beginnt südlich der gleichnamigen Abzweigung an der Fernverkehrsstraße Vilnius-Ladzijai. Die Hauptstraße Vytauto gatvė führt vorbei an einem Einkaufszentrum und der gewaltigen neuen weißen St.-Michael-Kirche

(Šv. Arkangelo Mykolo bažnyčia) gegenüber dem Unabhängigkeitsobelisken zur Brücke über den Fluß Merkys, wo Neu-Varėna zunächst mit Wald und Eigenheimsiedlungen beginnt. Nach einem Badesee und drei Ampelkreuzungen befindet man sich im Zentrum des Ortes mit Rathaus, Kaufhaus, einer kleinen Fußgängerzone mit einer originellen Standuhr und der alten St.-Michael-Holzkirche mit der aufgehenden Sonne über dem Eingang, die auch den Weg in Richtung Bahnhof weist. Museen hat Varėna nicht aufzuweisen, obwohl Alt-Varėna der Geburtsort von Mikalojus K. Čiurlionis (1875–1911) ist, dem bedeutendsten Maler und Komponisten Litauens. Leider ist sein Geburtshaus nicht erhalten. Es fehlen sogar genaue Informationen, wo es exakt stand. Als er zwei Jahre alt war, zog die Familie 1877 nach Drunskininkai. Dieser Umzug war auch der Grund, den Weg von Varėna nach Drunskininkai zum Čiurlionis-Weg auszugestalten.

Der Čiurlionis-Weg

Anläßlich des 100. Geburtstages von Mikolas Čiurlionis entstanden 1975 an der Straße von seinem Geburtsort Varėna nach Drunskininkai, der A 4, insgesamt 22 fast monumentale Holzskulpturen und Ornamentstelen mit lustigen wie ernsten Motiven aus der litauischen Sagen- und Märchenwelt sowie aus den Werken des Künstlers: Der Glöckner, Der Rhythmus der Musik, Žilvinas die Grasnatter, Die Kanklespielerin, Die Jahreszeiten. Dies sind nur einige Beispiele für die Namen der Skulpturen. Bekannt als Čiurlionis-Weg (Čiurlionio kelias), wurden sie zu einem markanten Symbol für Litauens zeitgenössische Holz- und Schnitzkunst. Die Figuren stehen – von Varėna kommend – jeweils auf der rechten Seite der Straße und lohnen auch den einen oder anderen Halt, auch wenn an manchen schon etwas der Zahn der Zeit nagt.

Perloja

Perloja ist ein kleiner, unscheinbarer, an der Čiurlionis-Straße gelegener Ort mit 800 Einwohnern. Nichtsdestotrotz kann er auf eine reiche Geschichte zurückblicken. Das Dorf wurde Ende des 14. Jahrhunderts im Zusammenhang mit seiner Zerstörung durch die Kreuzritter bei Wiegand von Marburg erstmalig erwähnt.

1710 raffte die Pest alle Einwohner dahin, doch bald kamen Neusiedler, so daß der Ort 1792 schließlich Magdeburger Stadtrecht erhielt. Berühmt wurde Perloja aber vor allem als eine Art ›litauisches Schwarzenberg‹. Wie das sächsische Schwarzenberg nach dem Zweiten Weltkrieg befand sich das litauische Dorf nach dem Ersten Weltkrieg zwischen den Fronten und versuchte, den Traum vom unab-

Das Vytautatas-Denkmal in Perloja

hängigen Staatswesen in die Realität umzuwandeln. Die ›Republik Perloja‹ existierte von 1918 bis 1919 und erneut 1919 bis 1923. In den Wirren der Revolutionszeit zog man aus der Furcht, zwischen der Roten Armee, der deutschen Wehrmacht und den polnischen Nationalisten zerrieben zu werden, die Konsequenz, eine eigene Bürgerarmee aufzustellen. Nach einem ersten Erfolg gegen polnische Truppen schlossen sich einige Nachbardörfer an. Man begann mit dem Ausbau des eigenen Staatswesens, das man aus dem verstaatlichten Holzverkauf finanzierte. Im Frühjahr 1919 eroberte Litauen das Gebiet, das aber im Oktober 1919 zur neutralen Zone zwischen Litauen und Polen erklärt wurde, so daß man die Republik erneut ausrief, bis der Völkerbund 1923 die Grenzfrage verbindlich klärte und Perloja durch die Festschreibung des Flußes Merkys als Grenze teilte. Erst 1939 wurde der Ort dann wieder unter litauischer Flagge vereint.

Heute ist Perloja ein normales litauisches Dorf, das aber zwei Sehenswürdigkeiten aus Fronstadtzeiten aufzuweisen hat. Das 1930 errichtete Denkmal für Großfürst Vytautas zeigt ihn, wie er kriegerisch entschlossen in Richtung des damaligen Polen blickt. Die im selben Jahr aus rotem Backstein entstandene, dem heiligen Franz von Assisi geweihte Marienkirche wurde für ihre in den 40er Jahren gemalten Wandfresken berühmt.

Pirčiupiai

An der A 4 befindet sich auf halber Strecke zwischen Vilnius und Varėna das Dorf Pirčiupiai. An der Straße erinnert die Skulptur der versteinerten Mutter an eine der schlimmsten Greueltaten der Nazis in Litauen. Das Dorf wurde am 3. Juni 1944 von den Nazis dem Erdboden gleichgemacht. Als Vergeltung für einen Partisanenanschlag auf einen SS-Transport am Morgen desselben Tages starben damals 119 unschuldige Menschen – 31 Männer, 39 Frauen und 49 Kinder, darunter vier Säuglinge. Die meisten verbrannten – in den Scheunen des Dorfes zusammengepfercht – lebendigen Leibes. Das Mahnmal der versteinerten Mutter als erschüttertem Ausdruck der Trauer und des Entsetzens stammt von dem Bildhauer G. Jakubonis.

Ein Eindruck vieler Gespräche ist, daß sich im Bewußtsein nicht weniger Litauer die Greueltaten der Deutschen vor dem Hintergrund der Untaten unter dem Sowjetstern in gewisser Weise relativieren. Ein Eindruck, den auch der eher vernachlässigte Zustand des – auch irgendwie sowjetischen – Denkmals von Pirčiupiai im Vergleich zu anderen, neuen Gedenkstätten für die Opfer der Stalinherrschaft untermauert. Doch unvergessen bleibt, daß in der Zeit der Naziokkupation Litauens die Besatzer nicht nur im Rahmen der sogenannten ›Endlösung‹ die jüdische Bevölkerung des Landes systematisch ausrotteten, sondern auch unzählige

Seenlandschaft bei Perloja

Litauer den Naziverbrechen zum Opfer fielen.Wie etwa Oradur in Frankreich, Lidice in Tschechien und andere Orte des faschistischen Grauens in Europa steht auch das hierzulande weitestgehend unbekannte Pirčiupiai in Litauen als Sinnbild für die Trauer um die Opfer und als Mahnung für die Verantwortung um ein friedliches Europa in der Zukunft.

Vorwahl: 0 03 70/3 10.
Postleitzahl: 65015.
Hauptpostamt: Vytauto 21/11, Tel. 5 14 44.
Bank: Hansabankas, Vytauto 8, Tel. 0 03 70/5/2 68 44 44.

Alt-Varėna liegt südlich der A 4. Neu-Varėna schließt sich wiederum südlich an.

Der Bahnhof liegt in der Savanorių 3, Tel. 5 32 84.

Der Busbahnhof liegt in der Savanorių 5, Tel. 3 10 33.

In Neu-Varėna gibt es das Hotel ›Alrimta‹ (vormals ›Ekoratas‹, DZ 80 bis 120 Lt., Vasario 16, Tel. 5 11 44).
Auf der Internetseite der Stadt gibt es eine Liste mit Privatvermietern, die Urlaub auf dem Bauernhof anbieten.

Als bestes Restaurant gilt das rustikale und abends laute ›Didysis Kunigaikštis‹ (Vytauto 12, Tel. 5 48 74).

www.varena.lt.

Mikalojus Konstantinas Čiurlionis

Der Name Čiurlionis gilt als Inbegriff für die litauische Nationalkultur. Der bedeutende Komponist und Maler wurde am 10. September 1875 in Varėna geboren. Doch schon bald nach seiner Geburt zog die Familie ins nahegelegene Druskininkai, wo Mikalojus seine Kindheit verbrachte. Die Eltern förderten die früh erkannte musikalische Begabung des Kindes. Die Anregungen der waldreichen Umgebung und der Märchen- und Sagenwelt beeinflußten nachhaltig seine Phantasie. Mit 14 Jahren gelangte er an die erste Musikschule des Landes im westlitauischen Plungė. Fürst Oginski, der Gründer der Musikschule, wurde zum Gönner von Čiurlionis und entsandte ihn nach vier Jahren zum Studium an das Warschauer Konservatorium. In dieser Zeit entstanden bereits die ersten Kompositionen, so auch 1901 eines seiner Hauptwerke, das Poem ›Der Wald‹ (litauisch: Miške).
1901 folgten Studien am Konservatorium in Leipzig. In der folgenden Zeit faszinierten ihn die Möglichkeiten der Bildsprache. Er versuchte, die Gesetze beider Kunstgattungen miteinander zu vermischen: Bilder zu komponieren und Musik zu malen. Čiurlionis lebte in diesen Jahren in Warschau, Vilnius und St. Petersburg. Er trat erstmals 1906 mit seinem Schaffen im Rahmen einer Ausstellung aller Kunstakademien Rußlands in St. Petersburg an eine breite Öffentlichkeit. Es folgten sehr schaffensreiche Jahre. Er engagierte sich in der litauischen Unabhängigkeitsbewegung und lernte die Schriftstellerin Sofija Kymantaitė kennen, die er zum Jahreswechsel 1908 heiratete. Die Ehe verlieh neue künstlerische Impulse, und gemeinsame Projekte wie eine Oper zur litauischen Sage ›Jūratė‹ wurden in Angriff genommen. Doch gleichzeitig belastete die neue Verantwortung. Čiurlionis war nicht in der Lage, aus den eigenen Einkünften das Leben der Familie zu gewährleisten. 1910 kam seine Tochter Danute zur Welt. Doch die Intensität seines Schaffens, der jahrelange gesundheitliche Raubbau und die sich zuspitzenden finanziellen Probleme forderten ihren Tribut. Ab 1910 litt er erkennbar unter Schlaflosigkeit und tiefen Depressionen. Anzeichen psychischer Labilität führen ihn 1911 in das Sanatorium Pustelnikas bei Warschau. Doch nach einer schweren Erkältung verschlechterte sich sein Gesundheitszustand dramatisch. Čiurlionis verstarb am 10. April im Alter von nur 35 Jahren an einer Lungenentzündung.
Nach seinem Tod fanden in Vilnius, Kaunas und St. Petersburg Gedenkausstellungen statt, bereits 1913 eröffnete in Vilnius eine Čiurlionis-Exposition ihre Pforten. Der Nachlaß kam aber dann während des Ersten Weltkrieges nach Moskau und kehrte

erst 1921 nach Litauen zurück. 1925 wurde die Čiurlionis-Galerie eröffnet. Seit 1969 ist fast sein gesamtes Lebenswerk mit wenigen Ausnahmen in einem Sonderflügel des Kunstmuseums in Kaunas zu sehen und auch zu hören.

Čiurlionis mit seiner Frau Sofija Kymantaitė

Er thematisierte sowohl in der Musik als auch in der Malerei vor allem die Natur und das Universum mit starken esoterischen und fast okkultischen Bezügen zur Genesis und der Vergänglichkeit allen Seins.
Er mischte Elemente des Jugendstils, wie beispielsweise vielfältige Ornamente, in den aufkommenden Symbolismus, wo er durch das Ineinanderschieben der Schichten und Räume zu neuen Dimensionen vordrang, die er als Symbol des Einklangs von Natur und Mensch, von Geist und Universum sah. Die sinfonische Dichtung ›Das Meer‹ und die Komposition ›Marius‹ und der Bilderzyklus der Meeressonaten gehören als Inbegriff der künstlerischen Verarbeitung eines Themas in beiden Medien zu den bedeutendsten Werken des Künstlers. Damit traf er den Zeitgeist des beginnenden neuen Jahrhunderts, das den Drang in neue künstlerische Dimensionen postulierte, auf verblüffende Weise. Es gibt hier auch Parallelen zum Schaffen von August Strindberg. ›Dies ist ein neuer geistiger Kontinent, und Čiurlionis wird zweifelsohne sein Columbus sein‹, urteilte später der französische Romancier Romain Rolland.
Ob in Kaunas, Druskininkai, Plungė, Vilnius oder am Weg von Varėna nach Druskininkai – in ganz Litauen werden die Spuren seiner Lebensabschnitte sorgsam gepflegt. Einer der bedeutendsten Forscher und Interpreten des litauischen Nationalkünstlers ist übrigens Vytautas Landsbergis, der Führer der litauischen Unabhängigkeitsbewegung Sajūdis und ehemalige Parlamentspräsident des Landes. Der Musikprofessor und Pianist veröffentlichte zwischen 1965 und 1997 insgesamt acht Bücher über Čiurlionis und sein Schaffen sowie mehrere Konzertaufnahmen.

Das frühere Königsberg war bis 1945 ein einzigartiges architektonisches Juwel. Davon ist heute leider nichts mehr zu spüren. Es bedarf eines erheblichen Spürsinns, um die wenigen erhaltenen Zeugnisse jener Zeit zu finden. Dennoch bietet sich von Litauen aus auch ein Ausflug nach Kaliningrad und in sein Hinterland an.

Ein Ausflug nach Kaliningrad

Kaliningrad

Wer seine Entdeckung Litauens mit einer vor allem an der Küste naheliegenden Entdeckung Königsbergs verbinden möchte, findet hier einige Hinweise für einen Ausflug in das heutige Kaliningrad und seine Umgebung an der Samlandküste sowie zum russischen Teil der Kurischen Nehrung.

Im Potsdamer Abkommen wurde im Sommer 1945 der nördliche Teil Ostpreußens einschließlich der Stadt Königsberg unter sowjetische Verwaltung gestellt. Die UdSSR machte 1946 aus Königsberg Kaliningrad – zu Ehren des verstorbenen ersten sowjetischen Staatsoberhauptes Michail I. Kalinin (1875–1946). Königsberg war weitgehend zerstört, und die ehrwürdige preußische Metropole sollte nach Moskauer Vorstellung auch aus dem Bewußtsein der Menschen getilgt werden. Die Gebiete wurden durch die Armee und Neusiedler aus allen Regionen der Sowjetunion in Besitz genommen. Diese Menschen konnten hier aber nur schwer Heimatgefühle entwickeln, so daß der Landstrich lange Jahre als Provisorium angesehen wurde und nicht zuletzt durch die militärischen Prioritäten auch im Vergleich zu anderen Gebieten der Sowjetunion immer weiter verkam.

Im Kaliningrader Gebiet lebt heute auf einer Fläche von rund 15 000 Quadratkilometern etwa eine Million Menschen, davon über 400 000 in der Stadt Kaliningrad. Durch die Unabhängigkeit Litauens zur russischen Exklave geworden, wandert das Gebiet auf dem schmalen Grad zwischen einer weitreichenden Öffnung nach Westen und der doch gegebenen administrativen Bindung an Moskau. Mit der Osterweiterung der EU wurde es zu einer exotischen Exklave in der sich ostwärts bewegenden Freizügigkeit. Neue Visionen hinsichtlich eines Sonderstatus, eines Freihafens und der schon oft diskutierten Sonderwirtschaftszone bis hin zu Visafreiheit und anderen Fragen werden geäußert. Doch auch alte und neue Sensibilitäten über die Wahrnehmung oder Vernachlässigung der Moskauer Interessen und Verantwortlichkeiten bewegen die Gemüter und verfestigen die Probleme zu einem immer gordischer anmutenden Knoten. Von ›Moskaus Hinterhof an der Ostsee‹ zur ›Baltischen West-Ost-Drehscheibe‹ ist es noch ein weiter Weg, daran ändert auch der Stimmungsaufschwung im Zuge der 750-Jahrfeier 2005 nichts.

Die am Fluß Pregel gelegene Stadt und das Gebiet lagen lange Jahre hinter einem doppelten eisernen Vorhang. Denn bis 1956 durften auch die Bürger der Sowjetunion das Gebiet nur mit einer Sondergenehmigung besuchen. Ausländer haben sogar erst seit 1991 Zugang, was in den ersten Jahren einen Ansturm der sogenannten Nostalgie- und Heimwehtouristen auslöste, die sich auf die Spurensuche in die alte Heimat begaben. Dieser Strom ebbte aber auch schnell wieder ab. In die weitverbreitete Enttäuschung und den Unmut vieler Besucher über den katastrophalen Zustand der Städte und Dörfer mischte sich aber in den letzten Jahren auch ein wachsendes Engagement vieler ehemaliger Ostpreußen, gemeinsam mit den neuen Bewohnern der alten Heimat die Entwicklung zu fördern. Von schon regelmäßigen humanitären Spendenaktionen bis hin zu wirtschaftlichen Joint Ventures beflügelten diese Kontakte und Begegnungen das Verständnis füreinander und für ein Miteinander in den neuen politischen Realitäten.

Ursprünglich siedelten hier die zu den baltischen Stämmen gehörenden Prußen oder Pruzzen. Als die Feindschaft zwischen den heidnischen Prußen und den christianisierten Bewohnern Masowiens im 13. Jahrhundert durch die Kreuzritter ›geschlichtet‹ wurde, eroberten letztere auch eine hölzerne Festung auf einer Anhöhe am Pregel. 1255 errichtete der Deutsche Orden auf diesem Hügel – oder Berg Tvangste – seine eigene Burg, die zu Ehren des den Feldzug anführenden böhmischen Königs Ottokar II. Königsberg genannte wurde und damit zugleich

Der Königsberger Schloßteich um 1880

den Grundstein der Stadtgeschichte legte. Zwischen Burgberg und Pregel entstand zunächst die Burgstadt. Östlich davon gründeten Handwerker um 1300 den Ort Löbenicht. In der Nähe der an der Bernsteinstraße liegenden Furt durch den Pregel gründeten die Kaufleute zur gleichen Zeit auf der von den Prußen Knipaw genannten Insel den Ort Kneiphof. Der Handel florierte, und 1330 begann der 50 Jahre während Bau des Domes.

Das Gebiet gehörte zum Ordensstaat, der Königsberg 1457 nach der Aufgabe der Marienburg zu seiner Residenz machte. Doch das Ende des Ordensstaates zeichnete sich bereits ab, und 1525 wurde Königsberg zur Hauptstadt des Herzogtums Preußen, das sich später durch Personalunion mit Brandenburg vereinigte und seine Hauptstadt von Königsberg in das damals noch unbedeutende Berlin verlegte. 1701 ließ sich Friedrich I. im Königsberger Schloß zum ersten König von Preußen krönen. Damals erfolgte auch der Zusammenschluß von Burgstadt, Löbenicht und Kneiphof zur ›Königlich Preußischen Haupt- und Residenzstadt Königsberg‹, in der zu dieser Zeit ungefähr 30 000 Einwohner lebten.

Die Stadt erlebte ihre Höhen und Tiefen. Eine fast zwei Jahre andauernde Pestepidemie um 1710, ein verheerender Großbrand im Jahre 1764 oder der Durchzug von Napoleons Truppen im Jahre 1807 waren keine Sternstunden für die Stadt.

Zu neuer Blüte gelangte die Pregelstadt um die Mitte des 19. Jahrhunderts. 1853 eröffnete die neue Ostbahn den Eisenbahnverkehr zwischen Berlin und Königsberg. 1861 ließ sich Deutschlands späterer Kaiser Wilhelm I. in Königsberg zum König von Preußen krönen. Der Ausbau des Hafens und des Kanals durch das Haff, die Errichtung der großen Siloanlagen und die Entwicklung der Industrie ließen die Einwohnerzahl zu Beginn des 20. Jahrhunderts auf 250 000 anwachsen. Der Erste Weltkrieg machte Ostpreußen und die Stadt Königsberg mit dem Versailler Vertrag zur Exklave. Doch man setzte Zeichen der Verbundenheit: Königsberg erhielt den ersten Zivilflughafen Deutschlands und wurde mit der Ostmesse als Zentrum des Handels gefördert. Das Ende der Stadt kam in der Endphase des Zweiten Weltkrieges. Im August 1944 fiel die Stadt schweren britischen Bombardements zum Opfer, im Januar 1945 schloß die Rote Armee den Ring um Königsberg. Durch einen Korridor bei Pillau gelang noch vielen Königsbergern die Flucht über die Ostsee, bevor am 9. April nach dreitägigem Sturm auf die nun nahezu völlig zerstörte Stadt die Kapitulation unterzeichnet wurde und gemäß den Vereinbarungen des Potsdamer Abkommens das russische Kapitel in der Geschichte der Stadt seinen Anfang nahm.

Legende

1 Bahnhof (Süd)
2 Bahnhof (Nord)
3 Dom (Kant-Museum)
4 Börse
5 Heimatkundemuseum
6 Bernsteinmuseum
7 Universität
8 Schauspielhaus
9 Rathaus
10 Tierpark
11 Kulturpark
12 Brandenburger Tor
13 Königstor
14 Roßgärter Tor
15 Friedländer Tor
16 Meeresmuseum
17 Bunker-Museum
18 Kunstgalerie

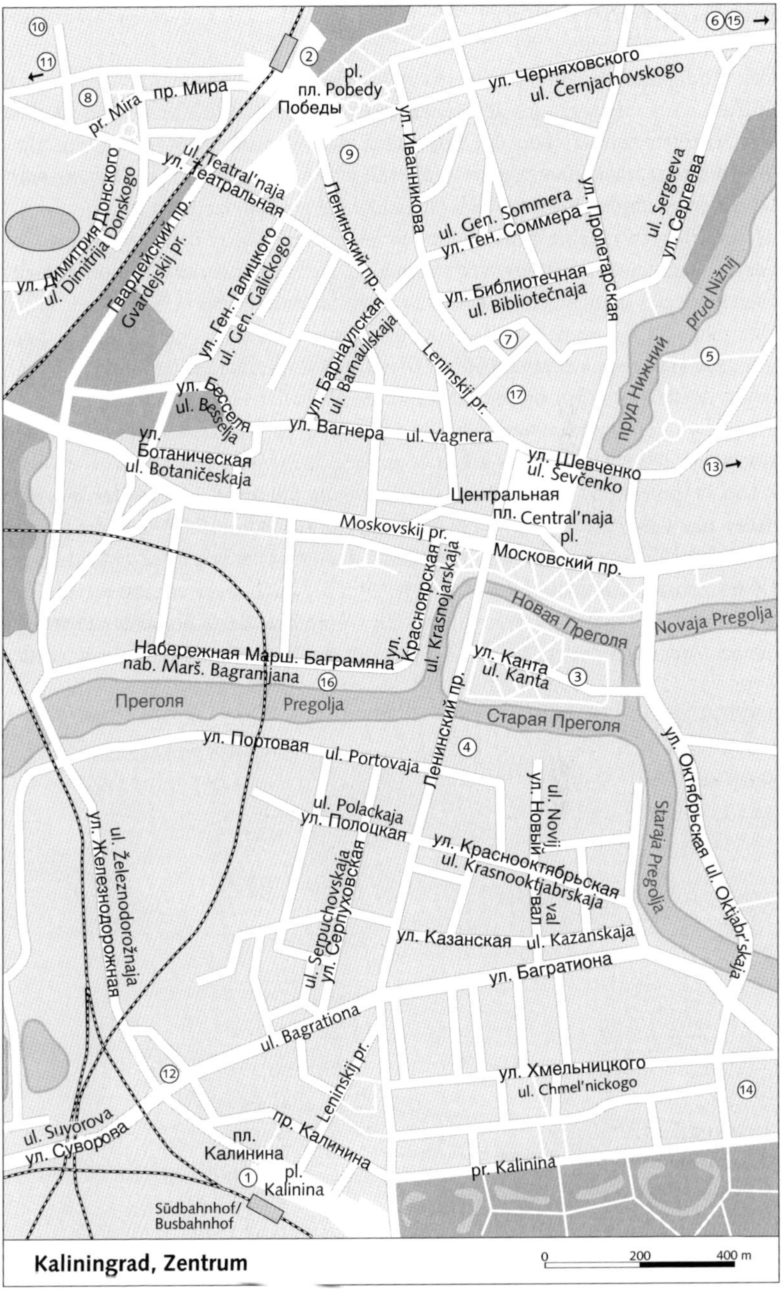

Kaliningrad, Zentrum

Ein Rundgang durch Kaliningrad

Den Mittelpunkt des alten Stadtkerns bildete der Kneiphof auf der von den beiden Flußarmen des Pregel umschlossenen Insel. Doch anstelle eines dichtbebauten Geschäftszentrums erwartet den Besucher heute im Schatten des Domes eine glatte Parkanlage mit kleinen Bäumen und zeitgenössischen Plastiken. Der alte gotische Königsberger Dom, der sich jahrzentelang als mahnende Ruine einsam auf der östlichen Inselhälfte erhob, wurde in seiner Vorkriegsgestalt mit seinem Mittelschiff und einem der ursprünglichen zwei Türme restauriert. Die ursprünglichen Pläne des samländischen Bischofs zum Bau einer Wehrkirche mißfielen dem Deutschen Orden. Den Auflagen, daß die Kirche ›schön und geziemend und bar jeder kriegerischen Verwendbarkeit‹ zu erbauen sei, mußte der Bischof Rechnung tragen, so daß ab 1350 aus der ursprünglichen Basilika eine dreischiffige Hallenkirche wurde. In der Domkrypta wurden alle in Königsberg residierenden Hochmeister des Deutschen Ordens begraben.

Im Dominneren gehen derzeit die Rekonstruktionsarbeiten weiter. Es geht dabei um den Ausbau des Gebäudes als multifunktionale Begegnungsstätte sowohl für Konzerte, Veranstaltungen und evangelische wie russisch-orthodoxe Gottesdienste. Auch das kleine Kant-Museum zog aus der Universität in den Dom um. Daneben gibt es eine Ausstellung zur Geschichte des Kneiphofes. Nachbildungen der ursprünglichen vier Glocken und der Turmuhr wurden bereits instal-

Stadtfest vor dem Dom in Kaliningrad

liert. An der nordöstlichen Ecke des Domes findet man das 1924 errichtete Grabmal des großen Königsberger Sohnes und auch in Rußland hoch geschätzten Philosophen Immanuel Kant (1724–1804). Nach der Eröffnung der Königsberger Albertina-Universtät neben dem Dom fanden alle Professoren der Universität an der Nordmauer des Domes ihre letzte Ruhestätte.

Kant, der zeitlebens in Königsberg wirkte, wurde vor allem durch seine 1781 erschienene ›Kritik der reinen Vernunft‹ bekannt, wo er im Geiste der Aufklärung Erkenntnis und Glauben zu verbinden suchte. Diesem Grab und der Erinnerung an Kant als einen von Karl Marx hoch geschätzten Vordenker seiner Lehre ist es wohl auch zu verdanken, daß die Domruine seinerzeit nicht als Symbol des militaristischen Preußen gesprengt wurde. An der südöstlichen Ecke des Domes erinnert ein Gedenkstein an einen Schüler Kants – den Theologen Julius Rupp (1809–1884), den Großvater der in Königsberg geborenen Käthe Kollwitz. Der Gedenkstein ist eine Nachbildung eines Werkes seiner Enkelin und erinnert an sein Wohnhaus im Schatten des Domes.

Am anderen Ufer des Neuen Pregel stört seit mehr als 30 Jahren eine häßliche Ruine das Auge, auch wenn man zur 750-Jahrfeier versucht hat, sie durch einen neuen Anstrich etwas gefälliger zu machen. Das 22stöckige Gebäude sollte das neue Rathaus werden – oder sowjetischer gesagt das Haus der Räte beziehungsweise Haus des Sowjets. Doch der abgestufte, quadratische Betonturm wurde schon zur Bauzeit baufällig, da er sich, vermutlich aufgrund eines zugeschütteten mittelalterlichen Festungsgrabens, abzusenken begann. Jahrelang bildete der Bau ungewollt symbolträchtig das sowjetische Pendant zur Domruine am anderen Ufer. Er erhebt sich an der Stelle des alten aus der Kreuzritterfestung herausgebauten Königsberger Schlosses einschließlich Krönungskirche, dessen Reste 1968 auf Breschnews Weisung gesprengt worden waren. Seine Umgebung ist aber nichtsdestotrotz heute der von einem quirligen Netz von Kiosken und Verkaufsbuden überzogene Hauptplatz der Stadt.

Die sich östlich bereits als Brücke oder Estakade über den Platz und die beiden Arme des Pregels samt Kneiphof ziehende Magistrale ist die Hauptstraße von Kaliningrad – der Leninprospekt (Ленинский пр.), der das Stadtzentrum zwischen Nord- und Südbahnhof durchzieht. Das sich südlich am Alten Pregel abzeichnende imposante Gebäude ist die alte zwischen 1870 und 1875 im Renaissancestil auf 2000 Pfählen erbaute Börse. Nach ihrer Leuchtreklame zu urteilen, beherbergt sie heute das ›Kulturhaus der Seeleute‹. Da die kulturellen Ansprüche der Seeleute bekanntlich sehr breit gefächert sein können, findet man hier auch vom Gewerbezentrum bis zum Spielcasino so gut wie alles (Leninskij pr. 83). Wenn man dem Leninprospekt weiter in Richtung Süden folgt, gelangt man zum Südbahnhof, der – 1915 bis 1929 erbaut und unzerstört geblieben – heute auch der Hauptbahnhof Kaliningrads ist.

Zurück zum Zentralplatz kann man dem Leninprospekt in Richtung Norden folgen oder östlich einen Spaziergang über die ul. Ševčenko (ул. Шевченко) zum Unter- oder Schloßteich (пруд Нижний) und weiter zum Oberteich machen. Am Ostufer des Unterteiches findet man das sehr interessante Heimatkundemuseum sowie einen an E.T.A. Hoffmann (1776–1822) erinnernden Gedenkstein. Der stattliche Findling befindet sich in etwa an der Stelle, wo sich das Geburtshaus dieses bedeutenden Erzählers der deutschen Romantik befand. An der sich zwischen Unter- und Oberteich durchziehenden ul. Černjachovskogo (ул. Черняховского) gelangt man zu Überresten der ehemaligen Festungsanlagen und zum darin eingebundenen Bernsteinmuseum.

Ober- und Unterteich wurden bereits von den Kreuzrittern als Mühlenteiche angestaut. Insbesondere der Unterteich samt des ihn umgebenden Parks entwickelte sich zu einem populären Erholungsort der Königsberger. Das Westufer war eine der vornehmsten Wohngegenden, dessen Inbegriff das heute die örtliche Landwirtschaftsverwaltung beherbergende Park-Hotel war.

Am Leninprospekt in Richtung Nordwesten folgt an der nächsten Kreuzung rechts der Abzweig zur Universität (www.albertina.ru). Die Königsberger Universität ›Albertina‹ wurde 1544 von Herzog Albrecht von Brandenburg gegründet. Zunächst befand sie sich neben dem Dom, der Umzug in das neue Domizil auf dem damaligen Paradeplatz erfolgte 1861. Wenn auch die Geschichte der Albertina 1944 unterbrochen wurde, so erinnert sich die 1947 neu gegründete Kaliningrader Universität heute wieder verstärkt ihrer Geschichte und Traditionen. Das heutige Universitätsgebäude ist eine nach Kriegsende stark vereinfacht vorgenommene Rekonstruktion des alten Gebäudes. Vor der Universität erinnert ein Denkmal an Immanuel Kant. Es handelt sich dabei um eine von der Publizistin Marion Gräfin Dönhoff gestiftete Bronzekopie des ursprünglich 1864 von Christian Daniel Rauch geschaffenen Bronzestandbildes, von dem nur der Sockel den Krieg überstanden hatte. Diesen hatte zwischenzeitlich eine Ernst-Thälmann-Statue belegt, die 1992 wieder durch Immanuel Kant abgelöst wurde. Im Lapidarium (Sammlung von Steindenkmälern) der Universität erinnert ein 1930 anläßlich eines Sängerfestes gestiftetes Denkmal für Walther von der Vogelweide an den Minnesänger. Gegenüber der Universität befindet sich das Bunker-Museum.

Der Leninprospekt endet am Platz des Sieges (пл. Победы), der früher Hansaplatz hieß. Kurz davor erhebt sich an einer Gabelung ein pathetisch ›Mutter Rußland‹ gewidmetes Monument. Hier zweigt die Theaterstraße ab, die sich hinter der Eisenbahnbrücke am örtlichen Schauspielhaus mit dem Prospekt Mira (пр. Мира) vereint. Am Beginn des Sieges-Platzes befindet sich linker Hand das 1923 erbaute Rathaus, in dem die Stadtverwaltung ihren Sitz hat. Hier befindet sich auch eine Außenstelle der Deutschen Botschaft in Moskau. Im rechten Winkel zum Leninprospekt zweigt an der Südseite des Platzes die ul. Černjachovskij ab,

Imanuel Kant bei seinem täglichen Spaziergang, Lithografie von H. Wolff

die, am Gelände der ehemaligen Ostmesse mit dem heutigen Haus der Technik vorbei, zu den beiden bereits bekannten Teichen und zum Bernsteinmuseum führt. Gegenüber dem Rathaus erhebt sich am ehemaligen Eingang zur Ostmesse noch das sowjetisch-traditionelle Lenindenkmal. Dahinter steht die 2005 geweihte neue Christus-Erlöser-Kathedrale, die als Hauptsitz der russisch-orthodoxen Kirche im Kaliningrader Gebiet dient. Daneben fällt auch das Säulenportal des 1930 erbauten Nordbahnhofes ins Auge. Heute befindet sich das örtliche ›Business Center‹ darin, während sich der eigentliche Bahnhof auf das kleine Gebäude dahinter beschränkt.

In Richtung Westen zweigt der pr. Mira vom Platz ab. Vor dem ehemaligen Landgericht streiten sich seit 1912 in der gleichnamigen Skulptur zwei bronzene Wisente. Hier gelangt man auch zum Schauspielhaus. Ebenfalls 1912 als Luisentheater errichtet, wurde es 1927 – nach Bauhausart erneuert – zum Neuen Schauspielhaus. Nach seiner Zerstörung 1944 wurde es 1960 nach den ursprünglichen Plänen mit einem dem Moskauer Bolschoj-Theater nachempfundenen Portikus wiedereröffnet. Gegenüber dem Theater steht in einer Brunnenanlage ein Denkmal für Friedrich Schiller.

Auf der rechten Seite folgt der örtliche Tierpark, der zwar in Rußland einen guten Namen hat, aber als darbende Sammlung von Gehegen für den Besucher doch eine Enttäuschung ist. 1895 von Hermann Claers begründet, verband er bereits früh das Konzept der Vermischung von Tierpark und Vergnügungspark und wurde schnell zu einem der schönsten und größten Zoos Deutschlands und Europas. Heute ist das aber Erinnerung, wenn der Zoo auch wieder über 400 Tierarten beherbergt. Sein Symbol ist ein Nilpferd, das nach dem Einmarsch der Roten Armee, mit über 40 Wunden auch ein Opfer des Krieges, wieder hochgepäppelt und somit zum Inbegriff des Neuanfangs wurde, da neben ihm nur Hirsche, Dachse und einige Vögel die Schlacht um Königsberg überlebt hatten (pr. Mira 26, www.zoo.kaliningrad.net/).

Am Zoo vorbei gelangt man weiter zum Kosmonautendenkmal, das zu Ehren der drei in Kalingrad geborenen Kosmonauten Aleksej Leonov, Viktor Pazaev und Jurij Romanenko errichtet wurde. Der pr. Mira führt zum städtischen Kulturpark,

Die Börse

Der Schloßteich heute

einem beliebten Vergnügungspark, der sich heute über den einstigen Park Luisenwahl hinaus erstreckt. Der bereits 1796 entstandene Park erhielt seinen Namen nach der Gattin des Stifters, obwohl er in der Folgezeit auch häufig mit der Königin Luise in Verbindung gebracht wurde. Ihr zu Ehren wurde auch 1901 die Luisenkirche geweiht, die zu sowjetischen Zeiten allerdings zum Puppentheater umfunktioniert wurde.

Im Nordwesten Kaliningrads entlang des pr. Pobedy, der die Verlängerung des pr. Mira bildet, findet man die meisten Spuren des alten Königsberg. Im ehemaligen Villenviertel Amalienau, das zu Beginn des 20. Jahrhunderts entstand und im Zweiten Weltkrieg kaum zerstört wurde, sind noch viele stattliche Gebäude erhalten, die derzeit rekonstruiert werden. In der Auferstehungskirche fand auch die evangelische Gemeinde Kaliningrads ihr neues Domizil; hier werden jeweils sonntags um 11 Uhr auch deutschsprachige Gottesdienste abgehalten (pr. Mira 101, Tel. 95 61 12).

Besondere Erwähnung verdienen die teilweise erhaltenen Befestigungsanlagen, die noch heute vielerorts eindrucksvoll das Stadtbild prägen. Der erste Befestigungsring mit seinen Bastionen und Türmen entstand in den Jahren von 1626 bis 1628 während des Schwedenkrieges. Mitte des 19. Jahrhunderts wurden die Anlagen nochmals weiter ausgebaut und insgesamt acht neue gotisch gestaltete Stadttore errichtet. Beispiele sind der heute das Bernsteinmuseum beherbergende Dohnaturm oder der Wrangelturm am Oberteich. Von den Stadttoren sind sechs Tore erhalten geblieben. So hat auch Kaliningrad sein Brandenburger Tor (ul. Bagrationa). Es ist mit seinen beiden Bögen als einziges noch in das Straßennetz eingebunden und kann durchfahren werden. Das Königstor (Ecke ul. Frunze/Litovskij val) ist stark beschädigt. Die drei Sandsteinfiguren an der Fassade sind leider kopflos und sollen von links nach rechts Ottokar II. von Böhmen, König Friedrich I. und Herzog Albrecht von Brandenburg darstellen. Eine Kreuzung weiter südlich (Ecke Moskovskij pr./Litovskij val) befindet sich das restaurierte Sackheimer Tor. Das Roßgärter Tor weist den Weg nach Cranz und erinnert an die Stadtgeschichte, denn außerhalb der Stadtmauer befanden sich Pferdeweiden oder Roßgärten. Heute ist hier in unmittelbarer Nachbarschaft zum Bernsteinmuseum ein Café zu finden. Das Friedländer Tor (Ecke pr. Kalinina/ ul. Dzeržinskogo) wurde selbst zur Heimstatt eines kleinen Museums. Das Friedrichsburgtor (ul. Portovaja) war Bestandteil der gleichnamigen Burgzitadelle zur Kontrolle des Pregellaufes. Heute gehört das Gelände zum Güterbahnhof. Es gibt ein Projekt zur Restaurierung und Einrichtung eines ethnographischen Prußen-Museums.

Museen

Das 1979 eröffnete Bernsteinmuseum ist ohne Zweifel das bedeutendste Museum der Stadt und bietet mit über 8000 Exponaten neben dem Museum im litauischen Palanga die weltweit bedeutendste Bernsteinsammlung. Originell in die Befestigungsanlage eingebaut, zeigt es auf zwei Etagen die Geschichte der Entstehung und Förderung des Bernsteins sowie einzigartige Funde mit seltenen Inklusen und vielfältige kunstgewerbliche Arbeiten von Wandtafelkopien des verschwundenen Bernsteinzimmers bis zu Traktoren und Leninbildern aus baltischem Gold (Mo Ruhetag, pl. Maršala Vasilevskogo 1 (пл. Маршала Василевского), Tel. 46 15 63). Das Heimatkundemuseum bietet einen umfassenden Einblick in die Geschichte der Stadt sowie die Archäologie und Natur des Gebietes. Es befindet sich im in den 80er Jahren nach alten Plänen wieder aufgebauten Gebäude der ehemaligen Stadthalle. In ihrem Eröffnungsjahr 1912 war sie damals mit über 1600 Sitzplätzen der größte Konzertsaal Deutschlands. Einen erschütternden Kontrast zum heutigen Anblick des Stadtzentrums hinterläßt das Modell des alten Kneiphofes, das dort unter anderem zu sehen ist. (Mo Ruhetag, ul. Kliničeskaja 21 (ул. Клиническая), Tel. 45 38 44).

Das Meeresmuseum befindet sich am nördlichen Pregelufer in einem Schiff mit wechselvoller Geschichte. In Bremerhaven gebaut, brachte die ›Mars‹ im Krieg insgesamt 20 000 Menschen aus dem belagerten Königsberg nach Westen. Nach dem Krieg ging das Schiff an die Sowjetunion, und aus dem Kriegsgott ›Mars‹ wurde ein russischer ›Recke‹. Unter diesem Namen – ›Vitjas‹ – befuhr es, mittlerweile zum Expeditionsschiff umgebaut, in den folgenden Jahren alle Weltmeere, bevor es 1990 in Kaliningrad als Museum der Weltmeere mit einer Exposition über die Meeresfauna und -flora endgültig vor Anker ging (Ruhetag letzter Mi im Monat, Petra Velikovo nab. 1 (Petpa Великово наб.), Tel. 43 63 02).

Das Bunker-Museum bietet Einblicke in den Bunker, in dem die Wehrmacht die Verteidigung der Festung Königsberg leitete und am 9. April 1944 kapitulierte. Das Museum heißt auch Lasch-Bunker – nach General Lasch, der im Zimmer 13 die Kapitalution unterzeichnete. Die eindrucksvolle Ausstellung zeigt die Schlacht um Königsberg (Mo Ruhetag, ul. Universitetskaja (ул. Университетская), Tel. 46 05 93).

Das 1974 in der Universität auf ehrenamtlicher Grundlage entstandene kleine Immanuel-Kant-Museum hat seit kurzem in zwei Räumen im Gebäude des Domes ein neues Domizil gefunden (Mo Ruhetag, Ostrov Kanta (остров Канта), Tel. 27 25 83).

Ein interessantes Alltagsmuseum entsteht im Gebäude des Friedländer Tores. Zeugnisse auch der deutschen Vergangenheit vom Hausgerät bis zur Reklametafel werden hier zusammengetragen (ul. Dzeržinskogo (ул. Дзержинского), Besuch nach Anmeldung, Tel. 44 34 55).

In der örtlichen Kunstgalerie ist zeitgenössische Kunst ab 1945 zu besichtigen. Es gibt auch eine Verkaufsausstellung (Mo Ruhetag, Moskovskij pr. 60–62, Tel. 46 71 43). Örtliche Maler stellen ebenfalls im ›Dom Chudožnika‹ aus (Mo Ruhetag, pr. Pobedy 3 (пр. Победы), Tel. 21 05 62).

Zelenogradsk (Cranz, Krantas)

Das alte noble ›Königliche Seebad Cranz‹, 30 Kilometer nördlich von Kaliningrad gelegen, war und ist der beliebsteste Badeort des Samlandes und führt auch im Russischen den Beinamen ›Kurort‹. Ursprünglich hieß das Fischerdorf ›Krantas‹, was ganz banal Küste bedeutet. Seine strategische Lage am Südende der Nehrung brachte bereits die Kreuzritter darauf, hier für die Reisenden im 14. Jahrhundert einen Krug samt Herberge zu erbauen. Obwohl das damals etwa 300 Einwohner zählende Dorf den Titel ›Königliches Seebad‹ in Anlehnung an Königsberg bereits 1816 verliehen bekam, folgte seine Ausgestaltung zum Badeort, dem Trend der Zeit folgend, erst in der Mitte des 19. Jahrhunderts. Ein Kurpark, eine hölzerne Strandpromenade und ein Warmbadehaus zum Erwärmen des kalten Ostseewassers, ein Bootshafen und vor allem 1855 die Eröffnung der Eisenbahnlinie nach Königsberg machten Cranz immer populärer. Nach dem Zweiten Weltkrieg wurde aus dem ostpreußischen Cranz das russische Zelenogradsk, was sich etwa mit ›grünem Städtchen‹ übersetzen läßt. Heute präsentiert es sich als Mischung aus der alten Architektur und der sowjetischen Plattenbauweise. Aus der schmalen Holzpromenade wurde eine breite Betonpromenade, doch der Reiz der alten Bauten wird seit einigen Jahren zunehmend wiederentdeckt und entsprechend rekonstruiert, so daß die stilistische Melange wieder interessanter wird und auch immer

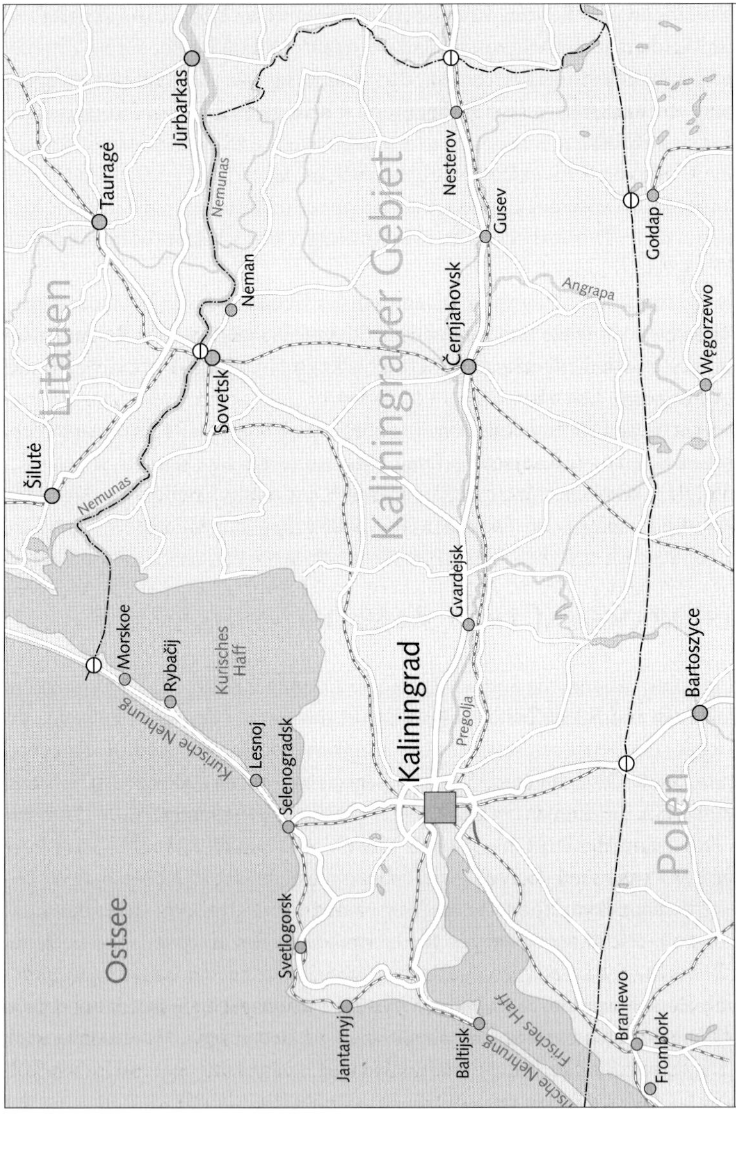

Das Kaliningrader Gebiet

mehr Touristen nach Zelenogradsk kommen. Wann auf die 12 000 Einwohner wie in den besten Zeiten wieder 200 000 Sommergäste kommen, bleibt abzuwarten. Als Übernachtungsmöglichkeiten sind das Hotel ›Baltic Crown‹ (ul. Volodarskogo 8 /ул. Володарского, Tel. 0 07/40 50/3 12 68) oder das Hotel ›Margarita‹ (ul. Pugačeva/ул. Пугачева, Tel. 0 07/40 50/3 13 47) zu empfehlen. Das vor dem Krieg legendäre Hotel ›Königin Luise‹ (ul. Moskovskaja 50/ул. Московская) hat seit einigen Jahren wieder geöffnet (Tel. 0 07/40 50/3 21 64).

Südlich von Zelenogradsk beginnt die neue Umgehungsstraße zur Kurischen Nehrung, die auch den Ausgangspunkt für die Kilometer-Zählung für Fahrten auf die Kurische Nehrung bildet. Knapp vier Kilometer nördlich davon befindet sich die Mautstelle des Nationalparkes Kurische Nehrung.

Lesnoj (Sarkau)

Bei Kilometer 11 gelangt man zum etwa 500 Seelen zählenden Dorf Lesnoj (Les – Wald). Nördlich des Dorfes befindet sich die schmalste Stelle der Nehrung, die in der Vergangenheit mehrfach und letztmalig 1983 durchbrochen und überschwemmt wurde. Hier befindet sich bei Kilometer 15 auch das Museum der Kurischen Nehrung (Musej lesa). Ursprünglich als Datsche für die Kaliningrader KP-Obrigkeit konzipiert, wurde es dann zum Naturkundemuseum oder Waldmuseum umfunktioniert, das heute in fünf Ausstellungsräumen sowohl Fauna und Flora der Region als auch die russischen und deutschen Seiten der Lokalgeschichte beleuchtet (Mo, Di Ruhetage). Übernachten kann man Hotel ›Kurische Nehrung‹ (ul. Central'naja 17/ул. Центральная, Tel. 0 07/40 50/4 82 42).

Rybačij (Rossitten, Rasyte)

Selbst wenn der Ortsname auf den ›Fischer‹ (ryba – Fisch) verweist, so ist doch der ›Vogelfänger‹ die passendere Bezeichnung. In Rossitten eröffnete 1901 die erste Vogelwarte der Welt, die bis 1944 existierte und dann 1956 als Biologische Station der Russischen Akademie der Wissenschaften ihre Tätigkeit wieder aufnahm. Zwischen Rybačij und Lesnoj stehen auf der Haffseite in Höhe des Kilometer 23 etwa 250 Meter lange Netze, wo einige der in Spitzentagen bis zu 500 000 vorbeiziehenden Zugvögel gefangen und dann nach ihrer Beringung wieder freigelassen werden. In Rybačij gibt es im Stationsgebäude hinter der Kirche eine kleine Ausstellung über die Vogelwarte zu besichtigen. Es bestehen auch enge Kontakte zur Vogelwarte Radolfzell in Deutschland, die ihre russischen Kollegen in vielfältiger Weise unterstützt (Tel. 0 07/40 50/2 13 45).

Fischerboote in Rybačij

Bekannt war Rossitten in den 20er und 30er Jahren auch als Zentrum des Segelflugs, wo viele das Fliegen erlernten und auch mehrere Weltrekorde im Dauersegeln aufgestellt wurden. Die starken Aufwinde an den Dünen boten und bieten für den Segelflug ideale Bedingungen, die aber innerhalb des militärischen Sperrgebietes zur Sowjetzeit und des Grenzgebietes in der heutigen Zeit nicht genutzt werden können. Die alte Segelfliegerschule befand sich in Höhe des Kilometers 37. Sie wurde 1945 gesprengt.

Das mit 700 Einwohnern größte Dorf und Sitz der Kreisverwaltung auf der russischen Seite der Nehrung liegt etwas abseits der Hauptverkehrstrasse und ist ein beschauliches Dorf. Es gibt im Ort eine kleine Pension namens ›Vadda‹ mit sieben Zimmern (ul. Stepnaja 9a/ул. Степная, Tel. 0 07/40 50/2 13 86).

Morskoe (Pilkoppen)

Das letzte Dorf, sechs Kilometer vor der litauischen Grenze, ist Morskoe. Hier hat sich über die Jahre am wenigsten verändert, so daß es mit seinen 150 Einwohnern als das ursprünglichste der heute russischen Nehrungsdörfer gilt. Über dem Ort erhebt sich die durch Bewaldung bezwungene Wanderdüne ›Ephas Höhe‹, benannt nach dem Düneninspektor Wilhelm Franz Epha (1828–1904), der hier die Bepflanzung der Dünen leitete. Das Metallkreuz in der Ortsmitte erinnert an den im vorherigen Jahrhundert versandeten Dorffriedhof. Im Dorf befindet sich das Motel ›Dosug‹ (›Досуг‹, Tel. 007/4050/41285).

Svetlogorsk (Rauschen)

Rauschen stand immer im Schatten von Cranz, obwohl es landschaftlich den Vergleich nicht zu scheuen braucht. Der Ort unterteilt sich in Svetlogorsk I, die Wohnviertel in Rauschen selbst, und Svetlogorsk II, das früher unter dem Namen Rauschen-Düne bekannte Kur- und Strandviertel, das für den Erholung suchenden Besucher von Interesse ist. Das Viertel ist den Fußgängern vorbehalten und ertrinkt geradezu im Grün der Alleen und Parkanlagen. Den Mittelpunkt und das Wahrzeichen des Ortes bildet das zu Beginn des 20. Jahrhunderts im Jugendstil erbaute Warmbad mit dem 25 Meter hohen Wasserturm. Am mit einer Aussichtsplattform ausgestatteteten Turm befindet sich eine verschnörkelte Sonnenuhr. Svetlogorsk wurde im Krieg kaum zerstört und konnte so seinen zwar morbiden, aber doch ursprünglichen Charme eines alten Bade- und Kurortes für Patienten mit Herz-Kreislauf-Beschwerden erhalten. Eine kleine Kapelle erinnert an die Opfer einer lange Jahre geheimgehaltenen Flugzeugkatastrophe. Am 16. Mai 1972 war ein Transportflugzeug der Armee auf einen Kindergarten abgestürzt (ul. Lenina 5, ул. Ленина).

Bernsteinverkauf am Strand von Svetlogorsk

Reizvolle Panoramen bietet auch die durch verschiedene Schluchten unterbrochene Steilküste der Ostsee. Man kann über Serpentinenwege oder eine breite Treppe mit der angeblich größten Sonnenuhr Europas zum Strand wandern oder aber die alte Seilbahn oder den für gehbehinderte Sanatoriumsgäste errichteten moderneren Aufzug benutzen.

Als Unterkünfte sind die beiden Sektionen des Hotels ›Rauschen‹ (ul. Lenina 48a (ул. Ленина), Tel. 0 07/40 53/2 15 64, und Kaliningradskij pr. 70b (Калининградский пр.), Tel. 0 07/40 53/2 15 80) zu empfehlen. Daneben befindet sich das einfachere Hotel ›Volna‹ (Kaliningradskij pr. 68b, Tel. 0 07/40 53/3 62 15). In Strandnähe befinden sich das ›Baltika‹ (ul. Vereščagina 8 (ул. Верещагина), Tel. 0 07/40 53/3 62 04) und das teurere ›Russ‹ (ul. Vereščagina 10, Tel. 0 07/40 53/ 7 77 87). Besonders exklusiv ist die Villa ›Lazurnij Bereg‹ (ul. Dinamo 1a (ул. Динамо), Tel. 0 07/40 53/2 15 23).

Jantarnyj (Palmnicken, Palvininkai)

Jantar bedeutet im Russischen Bernstein. Der Ort trägt seinen Namen zu Recht, denn hier werden über 90 Prozent der Weltproduktion des Bernsteins im weltweit einzigen Tagebau gefördert. Eine Tonne Erde enthält nach Spülen, Sieben und Sortieren durchschnittlich ein bis eineinhalb Kilogramm Bernstein. Ende des 19. Jahrhunderts verlagerte sich das Zentrum der industriellen Bernsteinförderung von Schwarzort im heutigen Litauen nach Palmnicken, das zu dieser Zeit einen Boom erlebte, wovon noch einige Gebäude aus dieser Zeit zeugen. Der Tagebau nahm seine Tätigkeit 1913 auf. Heute fördert man hier jährlich etwa 500 Tonnen Bernstein. Für den Besuch des Ortes benötigt man eine Genehmigung, die aber in allen Kalinigrader Hotels und Reisebüros zu bekommen ist.

Baltijsk (Pillau, Piliava)

Baltijsk ist vor allem aufgrund seiner exponierten strategischen Lage von Bedeutung. An der schmalen Durchfahrt zur Ostsee läßt sich der Zugang zum Haff und nach Kaliningrad kontrollieren, so daß sich hier heute Rußlands westlichster und drittgrößter Marinehafen befindet. In Baltijsk leben etwa 28 000 Menschen. Die inoffiziellen Angaben zur Anzahl der hier stationierten Armeeangehörigen schwanken stark und dürfte sich auf etwa 50 000 belaufen.

Das Frische Haff entstand zur gleichen Zeit wie das Kurische Haff. Es erstreckt sich auf etwa 860 Quadratkilometern und bekam seinen Namen vom Fluß Fisching, der bei Uschakovo ins Haff mündet. Im Russischen heißt der Fluß

Am Strand von Svetlogorsk

heute Prochladnaja (der Kühle) und das Haff Kaliningradskij Zaliv (Kaliningrader Bucht). Der Durchlaß an dieser Stelle entstand im 14. Jahrhundert und wertete das unweit gelegene Dorf Velove, aus dem später Pillau wurde, deutlich auf. Der Deutsche Orden errichtete eine ›Pfundbude‹ genannte Mautstelle und kassierte für die Durchfahrt. Um 1900 wurde zwischen der Pillauer Durchfahrt und der Pregelmündung bei Königsberg der 42 Kilometer lange Königsberger Kanal als 6,5 Meter tiefe Fahrrinne durch das flache Haff gezogen.

Traurige Berühmtheit erlangte Pillau zum Ende des Zweiten Weltkrieges als Fluchtpunkt vieler Ostpreußen. Im Winter 1944/45 legten hier die Flüchtlingsschiffe ab, auf denen etwa ein halbe Million Menschen vor der Roten Armee flohen. In den Kämpfen um Königsberg wurde auch Pillau fast völlig zerstört. Als einzige Wahrzeichen blieben der im Jahre 1813 nach Schinkel-Plänen erbaute, 32 Meter hohe Leuchtturm und die alte, von den Schweden im 17. Jahrhundert errichtete Zitadelle erhalten. Ersterer bietet nach 116 Stufen eine herrliche Aussicht. Letztere ist nur von außen zu besichtigen, da hier heute Nachrichteneinheiten der Baltischen Flotte ihren Sitz haben. Die Stadt ist erst seit Anfang der 90er Jahre für die Russen und seit 1995 auch für Ausländer zugänglich. Man benötigt aber einen Passierschein. Am letzten Sonntag im Juli kann man den Ort anläßlich des jährlichen Flottentages zur Flottenparade aber auch ohne die Sondergenehmigung besuchen.

Vorwahl Stadt Kaliningrad: 0 07/40 12.
Postleitzahl Kaliningrad: 236 000, wobei die letzten drei Ziffern zwischen 0 00 und 0 40 variieren.
▸ Visumpflicht: Das Kaliningrader Gebiet ist Bestandteil der Russischen Föderation, so daß Besucher aus Deutschland, Österreich oder der Schweiz ein Visum benötigen.
Deutschland:
Botschaft der Russischen Föderation, Unter den Linden 63–65, 10117 Berlin, Tel. 0 30/2 29 11 10.
Visaabteilung: Behrenstraße 66, 10117 Berlin, Tel. 0 30/2 29 12 07.
Generalkonsulate gibt es in Hamburg, Leipzig und München.
Österreich:
Reisnerstr. 45–47, 1030 Wien, Tel. 02 22/712 12 29.
Schweiz:
Brunnaderstr. 53, 3006 Bern, Tel. 0 31/3 52 05 67.
In Litauen unterhält Rußland neben der Botschaft in Vilnius (Latvių gatvė 53/54, Tel. 72 17 63, 72 38 93) noch ein Konsulat in Klaipėda (Janonio gatvė 24, Tel. 39 31 73).
▸ Tourismusinformation: Es gibt mehrere etablierte Reiseunternehmen. Baltma-Tours (pr. Mira 24, Tel. 21 18 80, www.baltmatours.com) und im Hotel Kaliningrad ›Nocturne‹ (Tel. 53 80 71, www.nocturne.ru). Auch für Kaliningrad gibt es den ›In Your Pocket‹-Führer. Die gedruckte Ausgabe erscheint sehr unregelmäßig, aber die Internetversion ist aktuell und zuverlässig, www.inyourpocket.com.
▸ Hauptpostamt: ul. Leonova 22, Tel. 21 92 70. Im gleichen Gebäude befindet sich auch die Vertretung des Kurierdienstes EMS.
▸ Medien: Bereits im 13. Jahrgang erscheint monatlich der ›Königsberger Express‹ in deutscher Sprache. Ihn gibt es auch im Internet: www.koenigsberger-express.com.
▸ Zeit: Im Kaliningrader Gebiet herrscht die osteuropäische Zeit. Es ist also im Vergleich zu Deutschland und auch zu Litauen hier im Sommer zeitgleich und im Winter immer bereits eine Stunde später und genauso spät wie in Lettland und Estland.
▸ Arbeitsfreie Feiertage: 1./2. Januar–Neujahr, 7. Januar–russisch-orthodoxes Weihnachtsfest, 23. Februar–Tag der Vaterlandsverteidiger, 8. März–Frauentag, 1./2. Mai Tag(e) der Arbeit, 9. Mai–Tag des Sieges, 12. Juni–Tag der Unabhängigkeit, 7. November–Tag der Aussöhnung, 12. Dezember–Tag der Verfassung. Wenn ein Feiertag auf einen Samstag oder Sonntag fällt, ist der nachfolgende Montag ebenfalls arbeitsfrei.

Petrocommercebank, in der ul. Kujbyševa 11 (ул. Куйбышева), Tel. 46 28 46, akzeptiert Kreditkarten, Reiseschecks und Western-Union-Überweisungen.

Der staatliche Taxidienst ist unter Tel. 058 zu erreichen. Es gibt aber auch private Firmen (z. B. Regata, Tel. 51 29 10).

Die Telefonzellen funktionieren zumeist mit Telefonkarten, vereinzelt noch mit Jetons. Anfang 2006 wurden Teile des russischen Vorwahlensystems umgestellt. Die Vorwahl für Kaliningrad aus Deutschland lautet nun 007/4012, für Zelenogradsk und Rybačij 007/4050, für Svetlogorsk 007/4053, für Baltijsk 007/4045 und für Černjachovsk 007/4041. Von Kaliningrad ins Umland wählt man für Zelenogradsk und Rybačij 0-250, für Svetlogorsk 0-253, für Baltijsk 0-245 und für Černjachovsk 0-241.

Es gibt im Kaliningrader Gebiet über 20 Grenzübergänge mit Litauen und Polen, von denen aber die meisten dem kleinen Grenzverkehr vorbehalten sind. Von Litauen empfiehlt sich die Einreise über die Kurische Nehrung oder alternativ über Sovetsk (vormals Tilsit). Von Polen aus empfiehlt sich Bartoszyce–Bagrationowsk, wo aber mit längeren Wartezeiten zu rechnen ist.

Der Flughafen Chrabrovo (Powunden) befindet sich 24 Kilometer nördlich von Kaliningrad und hat ein nationales (Tel. 45 94 26) und ein drei Kilometer entferntes, internationales Terminal (Tel. 44 13 36). Als einzige internationale Airline fliegt SAS fünf mal wöchentlich von Kopenhagen nach Kaliningrad (SAS-Stadtbüro: pl. Pobedy 4, Tel. 55 01 32). Die russische Aeroflot bzw. ihr örtlicher Ableger Kaliningrad-Avia bieten samstags einen Linienflug nach Hannover an. Außerdem fliegen sie täglich nach Moskau und St. Petersburg sowie zweimal bzw. dreimal wöchentlich nach London und Paris.

Kaliningrad hat noch die beiden alten Königsberger Bahnhöfe. Der Nordbahnhof ist heute aber nur noch auf ein kleines Nebengebäude beschränkt und den Vorortzügen vorbehalten; er wird auch häufig als Markt genutzt. Der gesamte Fernverkehr läuft über den Südbahnhof. Interessanterweise gibt es hier neben der landestypischen breiteren Bahnspur auch ein Gleis mit europäischer Spurbreite, so daß den Zügen aus bzw. nach Polen und Deutschland die zeitaufwendige Umstellung an der Grenze erspart bleibt. Die tägliche Zugverbindung nach Berlin-Lichtenberg ist inzwischen von der Deutschen Bundesbahn gestrichen worden. Nach Kaunas beträgt die Fahrzeit vier Stunden.

Der Busbahnhof befindet sich am Südbahnhof. Es gibt wöchentliche Fernbusverbindungen nach Bremerhaven und Essen. Neben den Routen innerhalb des Kaliningrader Gebietes fahren täglich Busse u.a. nach Vilnius, Kaunas (4 x), Klaipėda (4 x), Riga, Tallin, Gdansk (2 x) und Warschau (Tel. 44 36 35, 4 30 40).

Zwischen Deutschland und Kaliningrad gibt es

keine Fährverbindung. Hier ist das 100 Kilometer entfernte litauische Klaipėda der nächste Anlaufpunkt aus Kiel und Mukran (Rügen). Im Sommer fahren täglich zwei Fähren über das Frische Haff nach Elbląg in Polen. Eine Tour dauert zwei Stunden.

Die Hotellandschaft Kaliningrads hat sich in den letzten Jahren deutlich erweitert, www.hotel.kaliningrad.ru (E/R). Empfehlenswert sind die neuen Hotels ›Čajka‹ (ul. Pugačeva 13 (ул. Пугачева), Tel. 21 07 29) und ›Dejma‹ (ul. Tolstikova 15/2 (ул. Толстикова), Tel. 71 00 06). Das Standard-Hotel ist das 1979 erbaute und zentral gelegene ›Kaliningrad‹ (Leninskij pr. 81 (Ленинский пр.), Tel. 35 60 21). Nicht so zentral, aber mit einem besseren Preis-Leistungs-Verhältnis empfiehlt sich das Hotel ›Turist‹ (ul. Aleksandra Nevskogo (ул. Александра Невского), Tel. 35 44 00, 35 45 08). Populär ist das Hotelschiff ›Hansa‹ (nab. Petra Velikogo 1a (наб. Петра Великого), Tel. 43 37 71). Besonders exklusiv ist das vom Ölkonzern Lukoil errichtete ›Comandor‹ (ul. Sčastlivaja 1 (ул. Счастливая), Tel. 34 18 20). Etwas auswärts an einem See liegt das empfehlenswerte Hotel ›Baltica‹ mit 150 Zimmern und einem angeschlossenen Campingplatz (Moskovskij pr. (Московский пр.), Tel. 45 55 30). Preiswert ist das vom örtlichen Busunternehmen Kenig-Avto betriebene Motel (Moskovskij pr. 184, Tel. 46 07 22).

In allen Hotels finden sich ansprechende Restaurants. Empfehlenswert, aber auch nicht billig sind weiterhin das ›Flagman‹ (pl. Pobedy (пл. Победы), im Business Center), das ›Monopol‹ (ul. Frunze 17–21 (ул. Фрунзе), Tel. 23 85 30) oder der ›Kapitanskij Klub‹ (ul. Sergeeva 14 (ул. Сергеева), Tel. 43 31 14). Unweit davon lädt auch das Café ›Otdych‹ in seinen originellen Keller (ul. Černjachovskogo (ул. Чернаяховского), Tel. 43 22 25). Russisch rustikal geht's im ›Razguljaj‹ zu (Sovetskij pr. 13 (Советский пр.), Tel. 21 48 97) Auch die ersten auf internationale Küche ausgerichteten Restaurants sind vertreten: ›Valencia‹ (pl. Pobedy 1, Tel. 433820), ›Italy‹ (Leninskij pr. 27, Tel. 43 07 53) oder ›Francis Drake‹ (Sovetskij pr. 19). Populär sind das ›Vstreča u Maksa‹ oder das neue ›Habana‹) (beide pr. Mira 10/12, Tel. 21 44 73). Das erste Internet-Café ist das ›Kiberda‹ (Komsomol'skaja ul. 87/ (Комсомольская ул.). Preisgünstiges Mittag bieten das Café ›Soljanka‹ (pr. Mira 24, Tel. 27 92 03) und das ›Esenija‹ (pr. Mira 59).

www.koenigsberg.ru (R). www.koenigsberg-kaliningrad.de (D/R). www.hkhamb-ahk-kaliningrad.com (D/R). english.lenta-kaliningrad.ru (E/R).

Reisetips von A bis Z

Anreise mit dem Auto

Wenn man mit dem Auto über Polen nach Litauen fahren möchte, bieten sich zwei polnisch-litauische Grenzübergänge an. Die etwa 800 Kilometer durch Polen können auf der allerdings sehr stark von LKW befahrenen Strecke Frankfurt/Oder–Poznan–Warschau–Suvalki oder auf der angenehmeren Nebenstrecke Frankfurt/Oder–Gorzów–Toruń–Olsztyn–Suwałki absolviert werden. Trotz etwas schlechterer Straßen erscheint die relativ freie Nebenstrecke im Vergleich zur stark befahrenen Haupttrasse empfehlenswerter. Hinter Suwałki hat man die Auswahl zwischen Szypliszki/Kalvarija und Ogrodniki/Lazdijai. Die Meldungen über horrende Wartezeiten aus den vergangenen Jahren gehören für PKW und Busse nach unseren Erfahrungen wohl der Vergangenheit an. Wartezeiten von mehr als einer Stunde drohen nur im Vorfeld litauischer oder polnischer Feiertage. Eine Fahrt über Weißrußland oder das russische Kaliningrader Gebiet bedeutet in jedem Fall einen deutlichen Mehraufwand an Zeit, Geld und Nerven. Man benötigt entsprechende Transitvisa und muß durch einen zusätzlichen Grenzübertritt in jedem Fall mehr Zeit einplanen. Lange Wartezeiten sind vor allem an der litauisch-weißrussischen Grenze in Medininkiai sehr häufig. Beide Grenzübergänge sind seit Mai 2004 EU-Außengrenzen, es ist auf jeden Fall Skepsis angebracht. Auf litauischer Seite passiert man einen Grenzkorridor. Bei der meist gruppenweisen (fünf bis zehn Autos) Einfahrt erhält man einen Zettel, auf dem der Wagen und die Anzahl der einreisenden Personen vermerkt wird. Damit fährt man zum eigentlichen Grenzübergang, wo der Grenzbeamte und der Zöllner ihr Okay durch einen Stempel auf besagtem Zettel und durch die Einreisestempel in den Reisepässen dokumentieren. Wer zuerst beide Stempel hat, fährt zuerst weiter. Der Zettel ist dann beim Verlassen des Korridors abzugeben, man muß ihn also gut aufbewahren. Das Prozedere nimmt etwa 15 bis 20 Minuten in Anspruch.

Anreise mit der Fähre nach Klaipėda

Eine attraktive Alternative zur Autofahrt durch Polen bzw. auch als autofreie Reise sind die Ostseefähren, die Klaipėda mit Saßnitz/Mukran, Travemünde und Kiel verbinden. Die kürzeste Verbindung zwischen Saßnitz und Klaipėda nimmt 18 Stunden in Anspruch und verkehrt dreimal wöchentlich, allerdings nehmen diese Fähren nur wenige Passagiere mit. Informationen gibt es bei DFDS Lisco GmbH, Ostuferhafen 15, 24149 Kiel, Tel. 04 31/2 09 76-4 20, -4 30, Fax 72 09 76-5 55. Die von der selben Firma betriebenen Fähren zwischen Kiel und Klaipėda brauchen 26 bzw. 30 Stunden und verkehren

Im Bahnhof von Vilnius

sechsmal wöchentlich. Die kombinierten Fracht- und Passagierschiffe machen einen sicheren Eindruck. Im Rahmen des ADAC-Fährschifftestes 2005 schnitt die Strecke Kiel–Klaipėda mit dem Gesamturteil ›Gut‹ ab. Die Fähren sind recht gefragt, so daß man unbedingt rechtzeitig buchen sollte.

Anreise mit der Eisenbahn

Ein täglich verkehrender Zug mit Schlafwagen zwischen Berlin und St. Petersburg fährt über Warschau, mit Umsteigemöglichkeit nach Vilnius. Abfahrt in Berlin-Lichtenberg: 21.48 Uhr, Ankunft in Vilnius am nächsten Tag 17.53 Uhr, Retour Abfahrt in Vilnius: 12.00 Uhr, Ankunft in Berlin: nächster Tag 7.24 Uhr. Andere Varianten sind nicht zu empfehlen, da sie teilweise mehr als 30 Stunden benötigen oder über Weißrußland führen, wofür ein Transitvisum nötig ist.

Anreise mit dem Bus

In den letzten Jahren wuchs die Möglichkeit, mit dem Bus aus verschiedenen Städten Deutschlands nach Kaunas und Vilnius zu gelangen, deutlich an. ›BerlinLinienbus‹ bietet fast täglich Fahrten von Stuttgart,München, Frankfurt/M., Nürnberg, Kassel, Köln, Düsseldorf, Essen, Dortmund, Hannover, Bremen, Hamburg und Berlin nach Kaunas und Panevėžys (weiter nach Riga und Tallinn) sowie nach Vilnius an (Tel. 0 30/3 02 52 94). Die Routen werden ebenfalls von ›Eurolines‹ (Tel. Vilnius 2 25 13 77) und ›Varita‹ (Tel. Vilnius 2 73 02 19) befahren und erfreuen sich recht großer Popularität. ›Eurolines‹ gehört zur ›Deutschen Touring‹, eine Resevierung in Deutschland ist unter 0 69/79 03 50 oder 01 80/25 02 54 möglich (www.deutsche-touring.com). Häufig sind die Busse ausgebucht. Eurolines und Varita fahren Bremerhaven (dreimal pro Woche über Berlin–Hamburg–Bremen), Erfurt (einmal pro Woche über Potsdam–Leipzig), Saarbrücken (einmal pro Woche über Dresden–Frankfurt/M.)

Die neuen Jets der litauischen Fluggesellschaft

an. Eine andere Möglichkeit besteht auch über Warschau, von wo täglich mehrere Linienbusse nach Vilnius fahren. Für Baltikum-Rundreisen gibt es von Vilnius täglich fünf Busverbindungen nach Riga, zwei davon fahren weiter nach Tallinn.

Anreise mit dem Flugzeug

Es gibt vielfältige Verbindungen zwischen Vilnius und den wichtigsten Metropolen Europas, teilweise mehrmals täglich. Die wichtigsten Verbindungen von Deutschland aus sind Berlin–Vilnius (täglich mit airBaltic), Frankfurt–Vilnius (täglich mit Lufthansa und Lithuanian Airlines), München–Vilnius (täglich mit airBaltic), Hamburg–Vilnius (viermal in der Woche mit airBaltic und SAS) sowie Düsseldorf–Vilnius (dreimal wöchentlich mit airBaltic), Hamburg–Palanga (sechsmal wöchentlich mit Amber Air). In der Sommersaison gibt es zudem zusätzliche wöchentliche (samstags) Verbindungen zwischen Berlin, Hamburg, Frankfurt, München, Düseldorf und Hannover nach Palanga (Lithuanian Airlines).
Die litauische Fluggesellschaft Lithuanian Airlines hat bis Ende der 90er Jahre konsequent alle Flugzeuge sowjetischer Bauart ausgemustert und schneidet auch beim Service gut ab (www.lal.lt).
Die lettische Billigfluglinie airBaltic gehört mehrheitlich der schwedischen SAS und hat ebenfalls einen guten Ruf (www.airbaltic.com).
Amber Air ist eine kleine litauische Fluggesellschaft, die 2005 mit zwei

Maschinen vom Typ SAAB 340B den Flugbetrieb zwischen Hamburg und Palanga aufgenommen hat (www.amberair.lt). Eine gute Übersicht über alle Flüge bietet www.balticuminfo.de. Auch bei den Flügen gilt: das Baltikum und somit auch Litauen ist im Kommen und man sollte vor allem in der Sommersaison rechtzeitig buchen, zumal, wenn man auf die preiswerten Angebote von airBaltic zurückgreifen möchte.

Apotheken

Alle weltweit gebräuchlichen Medikamente sind überall in den Apotheken (›Vaistinė‹) erhältlich. Die Preise liegen bei etwa 60 bis 75 Prozent der in Deutschland üblichen Aufwendungen.

Die Öffnungszeiten variieren, liegen aber zumeist Mo bis Sa von 8 bis 20 Uhr. Daneben gibt es nachts und sonntags Bereitschaftsdienst (www.vaistai.lt).

Autofahren

Der normale Führerschein (alt oder neu) ist ausreichend. Der Führerschein muß ein Lichtbild enthalten, und die Schrift muß aus lateinischen Buchstaben bestehen. Russische Führerscheine werden nicht anerkannt. Eine Grüne Versicherungskarte ist obligatorisch. Ein Feuerlöscher in jedem Auto ist gesetzlich vorgeschrieben. Das Einführen von Kraftstoffen im Reservekanister ist nicht erlaubt.

In den Wintermonaten vom 1. November bis zum 1. März sowie in der ersten Septemberwoche zum Schulbeginn muß auch tagsüber das Abblendlicht eingeschaltet werden. Die Höchstgeschwindigkeiten betragen innerhalb geschlossener Ortschaften 50 km/h, außerhalb geschlossener Ortschaften 90 km/h und auf der Autobahn 130 km/h. Auf der Autobahn wird jedoch auf vielen Abschnitten die Geschwindigkeit noch auf die früher gültige Höchstgeschwindigkeit von 110 km/h begrenzt. Auf der Strecke Vilnius–Kaunas sind es sogar nur 100 km/h. Radarkontrollen sind vergleichsweise häufig anzutreffen. Allerdings funktioniert auch das Vorwarnsystem per Lichthupe sehr effizient. Die Strafen für Geschwindigkeitsüberschreitungen sind moderat. Die offizielle Messungstoleranz beträgt 3 km/h, in der Regel (ohne Gewähr) wird man aber erst ab 10 km/h über dem Limit zur Verantwortung und zur Kasse gebeten. Die Strafen betragen bei bis zu 20 km/h Überschreitung 50 bis 150 Lt., bei bis zu 30 km/h 150 bis 300 Lt., bei bis zu 50 km/h 500 bis 1000 Lt. Zu zahlen am Ort gegen Quittung. Unangenehm werden Geschwindigkeitsüberschreitungen von über 50 km/h: Stillegung bis zur Entrichtung der Strafe von mindestens 1000 Lt. auf dem Revier.

An manchen unbeschrankten Bahnübergängen gibt es drei Lampen, wovon zwei als Achtungssignal ständig gelb leuchten und nur das

Erleuchten der dritten, roten Lampe vom nahenden Zug kündet.
Die meisten Probleme und finanziellen Einbußen haben deutsche Kraftfahrer mit gelben Linien am Straßenrand. Sie bedeuten hier Halteverbot (durchgehende Linie) bzw. Parkverbot (gestrichelte Linie).

Autokennzeichen
Litauische Autokennzeichen bestehen neben dem blauen Balken mit der Landesflagge und den weißen Buchstaben LT aus drei Buchstaben und drei Ziffern. Der Zulassungsort ist am zweiten Buchstaben zu erkennen. Beim Weiterverkauf oder Wohnortwechsel des Besitzers ist eine Ummeldung mit neuem Kennzeichen allerdings nicht erforderlich.
V – Vilnius, K – Kaunas, U – Utena, S – Šiauliai, P – Panevėžys, T – Telšiai, J – Taurage, A – Alytus, M – Marijampolė, L – Klaipėda einschließlich Kurischer Nehrung.

Autoservice
Mittlerweile haben sich alle bedeutenden westlichen Automarken mit einem – zwar meist nicht flächendeckenden – Händler- und Service-Netz etabliert. Nachfolgend in alphabetischer Reihenfolge die in Vilnius befindlichen Zentren der wichtigsten Automarken, die aktuelle Informationen über das jeweilige Werkstattnetz in der Provinz haben (Vorwahl Vilnius, sonntags fast ausnahmslos geschlossen, ansonsten übliche Öffnungszeiten, zumeist täglich 9 bis 19 Uhr, samstags verkürzt).
Audi: Ukmergės 252,
Tel. 0 03 70/5/2 38 80 11.
BMW/Rover: Verkių 39,
Tel. 0 03 70/5/2 74 04 40.
Fiat: Sugiharos 2,
Tel. 0 03 70/5/2 46 17 17.
Ford: Laisvės 137,

Falschparken kann sehr unangenehm werden

Tel. 0 03 70/5/2 16 82 26.
Honda: Laisvės 125,
Tel. 0 03 70/5/2 75 65 25.
Hyundai: Oslo 5,
Tel. 0 03 70/5/2 44 39 72.
Mazda: Laisvės 43,
Tel. 0 03 70/5/2 70 56 01.
Mercedes: Pirklių 9,
Tel. 0 03 70/5/2 66 59 15.
Mitsubishi: Oslo 11,
Tel. 0 03 70/5/2 40 18 01.
Nissan: Laisvės 1,
Tel. 0 03 70/5/2 33 88 50.
Opel: Ukmergės 279 a,
Tel. 0 03 70/5/2 70 40 00.

Peugeot: Ukmergės 300,
Tel. 0 03 70/5/2 46 16 66.
Renault: Ukmergės 280,
Tel. 0 03 70/5/2 49 08 90.
Saab: Savanorių 447a,
Tel. 0 03 70/5/2 49 08 90.

Skoda: Geležinio Vilko 53,
Tel. 0 03 70/5/2 75 67 33.
Subaru: Pušų 6–26,
Tel. 0 03 70/5/2 73 17 35.
Toyota: Zalgirio 122,
Tel. 0 03 70/5/2 10 32 10.
Volkswagen: Laisvės 127,
Tel. 0 03 70/5/2 30 46 80.
Volvo: Ukmergės 280,
Tel. 0 03 70/5/2 49 08 80.

Banken – Geldwechsel

Die litauische Währung ist der Lit bzw. Litas (Abkürzung Lt. oder LTL). Ein Lt. sind 100 Centas. Es gibt Scheine zu 10, 20, 50, 100, 200 und 500 Litas sowie Münzen zu 1, 5, 10, 20 und 50 Centas und Bimetallmünzen zu 1, 2 und 5 Litas. Die 1993 neu eingeführte Währung war zunächst an den amerikanischen Dollar gekoppelt. Seit dem 2002 ist sie aber an den Euro gebunden, so daß der Wechselkurs als amtlicher Mittelkurs stabil 3,4528 Lit pro Euro beträgt. Der Sortentausch ist nur in Litauen möglich. Die Zeiten, wo fast jeder auch Dollar- oder Euro-Scheine akzeptierte, ist mit Ausnahme von ausgewählten Souvenirständen lange vorbei. Wer sich die litauischen Geldscheine schon mal anschauen möchte, findet sie auf der Webseite der litauischen Zentralbank www.lbank.lt.

Reiseschecks sind problemlos zu tauschen. Das Netz der Geldautomaten ist in den letzten Jahren nahezu flächendeckend bis in fast alle Kleinstädte ausgebaut worden, wobei aber nur die Geldautomaten in den örtlichen Hansabankasfilialen und der Bank Snoras (www.snoras.com) auch ec-Karten mit Geheimzahl akzeptieren und bis zu 1000 Lt. pro Transaktion auszahlen. Zu beachten ist, daß manche Automaten die EC-Karte nicht automatisch zurückgeben, sondern nur nach Drücken der entsprechenden Taste nach erfolgter Geldausgabe. Auf der

Seite www.hansa.lt findet sich ein Adressenverzeichnis der zur Hansabankas gehörenden Geldautomaten in Litauen.
Die Akzeptanz von Kreditkarten ist in den touristischen Zentren Vilnius, Kaunas und Klaipėda sowie Palanga gut. Allerdings nur für Eurocard/Mastercard und Visa. Mit American Express oder Diners Club kommt man selten zum Zuge. Die Online-Abfrage dauert manchmal aber drei bis fünf Minuten.
Für Notfälle gibt es die allerdings sehr teuren Western Union-Blitzüberweisungen, die in Deutschland von der Reisebank angeboten werden. Der Partner in Litauen ist die Hansabankas, wo man in jeder Filiale die Anschrift der nächstgelegenen, eingebundenen Filiale erfahren kann. Diese Liste findet man auch unter www.reisebank.de.

Behindertengerechtheit

Die Schaffung besserer Möglichkeiten für Behinderte zur Teilnahme am öffentlichen Leben erlangt in den letzten Jahre größere Aufmerksamkeit, wenn auch nicht flächendeckend. Als positive Beispiele seien das Hotel ›Astorija-Hotel‹ in Vilnius, das Sanatorium ›Moskva‹ in Druskininkai oder der Südstrand in Nida auf der Kurischen Nehrung genannt. Detailliertere Auskünfte sind über das Informationsbüro des Litauischen Behindertenverbandes erhältlich (Vilnius, Gelių 7, Tel. 0 03 70/5/2 69 12 09).

Bus

Litauen verfügt über ein gut ausgebautes Netz von Busverbindungen einschließlich internationaler Verbindungen. Viele Orte sind auch nur mit dem Bus zu erreichen.
Generell ist Busfahren etwas preiswerter als Bahnfahren und in den meisten Fällen auch schneller. Es gibt Linienbusse und Expreßbusse, die zwischen den großen Städten zumeist in ein- bis zweistündigem Abstand (Vilnius–Kaunas alle halbe Stunde) verkehren. Auf den Überlandlinien findet man in den ländlichen Gegenden zumeist noch die alten Ikarus-Busse, auf den Verbindungen zwischen den Großstädten und auf den internationalen Strecken dominieren bereits neuere westliche Reisebusse. Es gibt eine Suchmaschine für alle Überland-Direktverbindungen unter www.autobusai.lt. Bei Umsteige-Varianten muß allerdings jeder Einzelabschnitt gesondert abgefragt werden.

Camping

Litauen wird in den nächsten Jahren sicherlich ein sehr interessantes Urlaubsland für Campingurlauber und Caravantouristen werden.
Die Ostseeküste und mehrere herrliche Seenplatten bieten dafür ideale natürliche Voraussetzungen. Die dazugehörige Infrastruktur ist im Aufbau, von westeuropäischen Standards ist man aber noch um einiges entfernt. Im Rahmen eines EU-geförderten Programms sollen

Campingplatz in Palanga

etwa 10 bis 12 Standorte in den nächsten Jahren entsprechend ausgebaut werden. Derzeit gibt es sieben erwähnenswerte Campingplätze. Der beste und auch neueste Standort ist Nida auf der Kurischen Nehrung. Ein zweiter Osteseeplatz liegt bei Palanga, drei Plätze befinden sich in der Umgebung von Vilnius und zwei weitere im Norden bei Šiauliai.

Im Prinzip ist es gestattet, mit Ausnahme der Naturschutzparks, überall zu zelten oder im Wohnmobil zu campieren, so daß die Möglichkeiten für einen wirklich naturnahen Urlaub gegeben sind.

Die in litauischen Karten und Tourisführern in den Naturschutzparks ausgewiesenen Campingplätze sind sehr einfach und eher mit den aus Polen bekannten Biwakplätzen vergleichbar. Es sind ausgeschilderte Standorte, wo es aber außer einer Lagerfeuerstelle, einem vor Regen schützenden Holzpavillon und einem Plumpsklo keine weiteren Annehmlichkeiten gibt. Die Preise liegen dementsprechend deutlich niedriger.

Datumsangabe

Bei allen Datumsangaben kommt zunächst der Monat und dann der Tag. Die Jahreszahl wird bei Anwendung noch vorangestellt.

Diplomatische Vertretungen

▸ Ausländische Botschaften in Litauen

Belgien
Kalinausko 2b
03107 Vilnius
Tel. 2 66 08 20

Deutschland
Sierakausko 24/8
03105 Vilnius
Tel. 2 10 64 00
www.auswaertigesamt.de

Niederlande (Außenstelle der niederländischen Botschaft in Riga/Lettland)
Jogailos 4
01116 Vilnius
Tel. 2 69 00 72

Österreich
Gaono 6
01131 Vilnius
Tel. 2 66 05 80

▸ Litauische Vertretungen im Ausland

Belgien/Niederlande/Luxembourg (Botschaft)
Rue Maurice Lietart 48
150 Brussels
Tel. 02/7 72 27 50

Deutschland (Botschaft)
Charitéstraße 9
10117 Berlin
Tel. 0 30/8 90 68 10
www.botschaft.lt
Außenstelle:
Konstantinstraße 25a
53178 Bonn-Bad Godesberg
Tel. 02 28/91 49 10
Honorarkonsulate:
Brodschrangen 4
20457 Hamburg
Tel. 0 40/37 65 52 09;
Kaiser-Wilhelm-Ring 20
50672 Köln
Tel. 02 21/9 12 65 10;
Gutleutstraße 163–167
60327 Frankfurt/M.
Tel. 0 69/23 23 33

Österreich (Botschaft)
Löwengasse 47
1030 Wien
Tel. 01/7 18 54 67

Schweiz (Konsulat)
Av. Du Bouchet 18
1209 Genf
Tel. 0 22/7 34 51 01

Einkaufen

In den größeren Städten findet man Supermärkte mit einem sich kaum vom mitteleuropäischen unterscheidenden Angebot (beispielsweise vier IKI-Supermärkte in Vilnius, www.iki.lt). Aber auch in kleineren Orten gibt es überall Geschäfte, die alles notwendige für den täglichen Bedarf anbieten. Da es kein Ladenschlußgesetz gibt, sind die Öffnungszeiten zumeist entsprechend kundenfreundlich.

Einreise

Es genügt ein gültiger Personalausweis, der mindestens noch drei Monate über das Reiseende hinaus gültig sein muß. Haustiere brauchen den neuen EU-Heimtierpaß, sie müssen tätowiert oder mit einem Chip versehen sowie gegen Tollwut geimpft sein.
Es ist verboten, Lebensmittel, die tierische Produkte (Milch, Fleisch) enthalten, einzuführen, dies gilt auch für Reiseproviant! Kindernahrung ist davon ausgenommen, wenn sie in unangebrochenen Packungen transportiert wird.

Eisenbahn

Litauen hat ein zwar mit insgesamt 2010 Kilometer Streckenlänge gut ausgebautes Eisenbahnnetz, das aber nicht in jedem Falle effiziente Verbindungen zwischen den wichtigsten Orten des Landes gewährleistet, da seinerzeit bei der Streckenplanung russisch-imperial und nicht in den Grenzen des unabhängigen Litauen gedacht und geplant wurde. So gibt es keine Verbindung zwischen Vilnius und Panevėžys, die Verbindung zwischen Kaunas und der Küste ist sehr umständlich und Palanga ist überhaupt nicht an das Eisenbahnnetz angeschlossen. Zusätzlich wurde in den letzten Jahren eine Reihe von kleineren Strecken stillgelegt. Komfort, Sicherheit und Pünktlichkeit genießen einen akzeptablen Ruf, sind aber vom westlichem Standard noch einiges entfernt, aber dafür auch entsprechend billiger.

Auf dem Bahnhof in Kaunas

In den internationalen Zügen und auf der Strecke Vilnius–Klaipėda gibt es zumeist drei Klassen, wo auch Platzkarten erforderlich sind: Schlafwagen mit abgeschlossenen Coupes und jeweils vier Schlafplätzen (coupe), Liegewagen ohne abgeschlossene Coupes (platzkart) und Waggons mit normalen Sitzplätzen (obschi). In den Vorverkaufskassen bekommt man keine Fahrscheine für den selben Tag. Diese sind nur am Bahnhof zu erwerben.
Alle anderen Strecken werden mit sogenannten Vorortzügen befahren. Die Fahrpläne der Bahnhöfe Vilnius, Kaunas, Klaipėda, Šiauliai und Sestokai sowie viele interessante Details über die Litauische Eisenbahn und ihren Fuhrpark sind im Internet zu finden (www.litrail.lt).

Feiertage

Der Feiertagskalender hat sich mit der wiedererlangten Unabhängigkeit Litauens erheblich verändert und stellt sich aktuell folgendermaßen dar.

▸ 1. Januar (arbeitsfrei). Für das Neujahrsfest gilt der Aberglaube, daß das Jahr genauso wird, wie der Neujahrstag.

▸ 13. Januar: Tag der Verteidigung der Freiheit. Erinnerung an die Kämpfe gegen sowjetische Panzer am Parlament und am Fernsehturm im Januar 1991.

▸ 16. Februar (arbeitsfrei): Unabhängigkeitstag. Der Tag der Erklärung der Unabhängigkeit Litauens im Jahre 1918 ist heute der Nationalfeiertag des Landes.

▸ 11. März (arbeitsfrei): Tag der Wiedererlangung der staatlichen Unabhängigkeit Litauens. Am 11. März 1990 hatte sich Litauen durch den Obersten Rat der Republik wieder für unabhängig von Moskau erklärt und die volle Staatshoheit übernommen.

▸ März/April: Ostern, wobei aber nur der Ostermontag arbeitsfrei ist.

▸ Mai/Juni: der erste Sonntag im Mai wird als Muttertag, der erste Sonntag im Juni wird als Vatertag gefeiert.

Von allen irgendwie sowjetisch oder sozialistisch angehauchten Feiertagen hatte sich Litauen sehr radikal verabschiedet. Dabei blieben sowohl der 8. März als Frauentag als zunächst auch der 1. Mai als Tag der Arbeit auf der Strecke. Letzterer wurde aber 2002 wieder eingeführt.

▸ 24. Juni: Johannistag. Überall im Lande finden abends Sommersonnenwendefeste in heidnischer und christlicher Tradition mit Lagerfeuer und Folklore statt.

▸ 6. Juli (arbeitsfrei): Krönungstag von König Mindaugas.

▸ 23. August: Tag des Schwarzen Bandes. Gedenken an die Unterzeichnung des Molotov-Ribbentrop-Paktes, die das Ende der Eigenstaatlichkeit Litauens besiegelte.

▸ 1. November (arbeitsfrei): Allerheiligen.

▸ 25./26. Dezember (arbeitsfrei): Weihnachten.

Ferienhäuser und Ferienwohnungen
Deutsche Reiseveranstalter haben bislang kaum entsprechende Angebote in ihren Katalogen. Vor allem auf dem Lande und an der Küste gibt es vielfältige Angebote an Ferienzimmern und -wohnungen, während Ferienhäuser eher die Ausnahme sind. Urlaub auf dem Lande hat auch bei den Litauern selbst in den letzten Jahren eine größere Popularität gewonnen. Die Bandbreite des gebotenen Standards reicht dabei genauso wie das Preisniveau von ausgesprochen einfach bis extrem luxuriös. In einigen Bezirken geben die Touristikverwaltungen bereits entsprechende Übersichten heraus, die man dort bestellen kann (z.B. Nida, Palanga, Telšiai, Utena, Varėna) und die mit entsprechenden Piktogrammen und mehrsprachigen Erläuterungen den jeweiligen Leistungsumfang charakterisieren.
Eine Broschüre ›Countryside Vacation in Lithuania‹, Vilnius 2005, kann man bei der Fremdenverkehrszentrale der baltischen Länder in Berlin bestellen (siehe unter Information). Im Internet bietet der Verband des Litauischen Landtourismus die Vermittlung von Ferienhäusern an (www.countryside.lt).
Vor Ort kann man sich an verschiedene litauische Anbieter wenden (siehe unter Reise-agenturen).

Fernsehen
Das litauische Fernsehen strahlt heute vier Fernsehsender aus: Baltijos TV, Lietuvos TV, LNK TV und TV3. Baltijos TV übernimmt im Spätprogramm eine Nachrichtensendung der BBC, Baltijos TV strahlt CNN-Nachrichten aus. Ausländische Filme laufen in den meisten Fällen mit eingesprochener Übersetzung. Daneben ist zumeist noch der polnische Sender Polsat und der russische Sender TV6 zu empfangen.

Fotografieren
Beim Fotografieren sollte man sich an die allgemeingültigen Regeln halten und jemanden fragen, bevor man ihn ablichtet. In einigen Museen ist Fotografieren verboten. In den Kirchen trift man in der Regel auf keine Fotoeinschränkungen. Filmkauf und Filmentwicklung ist in den größeren Städten kein Problem. Die Preise sind aber zumeist etwas höher als in Deutschland.

Hotels, Unterkünfte
Die Hotellandschaft entwickelt sich vor allem in Vilnius, Kaunas und an der Küste sehr dynamisch. Die angeführten Hotels sind im westlichen Verständnis zwischen drei und vier Sternen und in der Provinz häufig auch bei zwei Sternen anzusiedeln, dabei sind teilweise auch erhebliche Preisunterschiede anzutreffen. Im Interesse einer besseren Vergleichbarkeit wird in diesem Buch überall nur die Preisspanne für Doppelzimmer angegeben, die wiederum in Abhängigkeit von verschiedener Zimmergröße, Zimmerlage,

Ferienhäuser in Palūšė

Routentaxi in Vilnius

je nachdem ob altbacken-sowjetisch oder westlich renoviert, einfaches Doppelzimmer oder häufig ›Lux‹ genanntes Zwei-Zimmer-Appartment, ebenfalls stark variieren kann. Die Erfahrungen mit Bed & Breakfest sind positiv. Einen Hotelüberblick findet man auch unter www.hotelslithuania.com.

Information

Vor Reiseantritt kann man sich bei der Fremdenverkehrszentrale der baltischen Länder, die auch für Litauen zuständig ist, informieren: Baltikum Tourismus Zentrale, Katharinenstraße 19–20, 10711 Berlin-Wilmersdorf, Tel. 030/89009091, Fax 89009092, www.baltikum-info.de.

Litauen zeigt in den letzten Jahren deutliche Bemühungen, den Tourismus zu entwickeln und eine adäquate Infrastruktur zu schaffen. So entstanden in den letzten Jahren zentral durch das Amt für Tourismus etablierte Touristik-Informationszentren in Alytus, Anykščiai, Birstonas, Biržai, Drunskininkai, Jurbarkas, Kretinga, Klaipėda, Molėtai, Nida, Palanga, Šiauliai, Trakai, Utena, Vilnius und Zarazai. In einigen weiteren Städten gibt es lokal organisierte Touristik-Büros. Hier bekommt man auch in Englisch und vielerorts auch in Deutsch umfangreiche Informationen über die touristischen Angebote der jeweiligen Region. Verschiedene Publikationen, Karten und Souvenirs sind zu erwerben.

Zumeist liegen auch Verzeichnisse von Ferienwohnungen und -häusern vor, die man dort buchen kann.

Kino

Die Kinos in den großen Städten wurden in den letzten Jahren mit neuer Technik ausgestattet und erfreuen sich wieder wachsender Beliebtheit. Alle neuen Filme laufen in Originalfassung mit litauischen Untertiteln. Vorsicht bei vor 1990 entstandenen Filmen, die unter Umständen noch in der russischen Synchronisation laufen. Die Eintrittspreise liegen bei durchschnittlich 10 Lt. Die aktuellen Spielpläne der litauischen Kinos findet man unter www.cinema.lt.

Kurierdienste

Die international bekannten Kurierdienste DHL, EMS, TNT und UPS verfügen über Büros in Vilnius und Kaunas. Zum Beispiel DHL Worldwide Express Vilnius: Darius ir Girėnas 40, 02189 Vilnius, Tel. 0 03 70/ 5/2 36 07 00; DHL Kaunas: Laisvės al. 61/1, (www.dhl.lt).

Landkarten und Stadtpläne

Die besten mehrsprachigen (litauisch, englisch, deutsch, russisch) Autokarten für Litauen kommen heute im Maßstab 1:500 000 aus Lettland, vom Verlag ›Jana seta‹ in Riga (einschließlich Stadtpläne Vilnius, Kaunas, Klaipėda, Šiauliai und Panevėžys): ISBN 9984-508-79-X. Derselbe Verlag bietet auch ausführliche Stadtpläne (1:25.000) für Vilnius ISBN 9984-07-127-8, Kaunas ISBN 9984-07-000-X, Klaipėda ISBN 9984-07-147-2 und Panevezys ISBN 9984-07-149-9. Diese Karten sind auch bei der Fremdenverkehrszentrale der baltischen Länder erhältlich (siehe unter Information). Wer abseits der Touristenzentren reisen möchte, sollte sich die derzeit detailliertesten Landkarten aus dem Vilniusser Verlag ›Briedis‹ (www.briedis.lt (L)) besorgen. Im Rahmen einer Serie erschienen 2001 insgesamt zehn Regionalkarten im Maßstab 1:130 000 (z. B. Vilniaus apylinkiu ISBN 9955-408-36-7 oder Džukijos krasto ISBN 9955-408-56-7). In den meisten größten Orten gibt es auch von lokalen Verlagen herausgegebene Stadtpläne, allerdings ohne einheitliche Kriterien oder Maßstab. Die Nationalparkverwaltungen geben ebenfalls eigenständige Karten für ihre Nationalparkgebiete heraus, die aber zumeist nur dort zu erwerben sind.

Medizinische Hilfe

Seit dem EU-Beitritt Litauens besteht auch zwischen Deutschland und Litauen ein Sozialversicherungsabkommen. Dies bedeutet, daß bei Vorlage eines entsprechenden Auslandskrankenscheins einer deutschen gesetzlichen Krankenkasse (E-111-S1-Formular), die Kosten für medizinische Behandlungen und Medikamente zunächst von der litauischen Krankenkasse übernommen werden. Dieses Prozedere ist allerdings noch nicht allen Ärzten und Krankenhäusern bekannt. Unabhängig davon ist eine Auslandskrankenversicherung unbedingt zu empfehlen, da nur diese die Kosten eines Rücktransportes sowie für die Behandlung bei Privatärzten und in Privatkliniken übernimmt. Für alle, die in den Wäldern und an den Seen im Landesinneren Erholung suchen, ist eine Zeckenimpfung zu empfehlen.

Mietwagen

Alle großen internationalen Mietwagenagenturen sind in Litauen in Vilnius präsent:
Avis, Vilnius, Laisvės 3, Tel. 0 03 70/5/2 30 68 20.
Europcar, Vilnius, Stuokos-Guceviciaus 9/1, Tel. 2 12 02 07, www.europcar.lt.
Hertz, Vilnius, Kalvarijų 14, Tel. 0 03 70/5/2 72 69 40.
Daneben gibt es einige lokale Anbieter: AAA Litinterp, Vilnius, Bernardinų 7/2, Tel. 2 12 38 50; Kaunas, Gediminio 28, Tel. 0 03 70/37/22 87 18; Klaipėda, Šimkaus 21, Tel. 0 03 70/46/41 06 44. Die Preise sind im Durchschnitt deutlich teurer als in Deutschland.
Wenn man sich ›privat‹ einen Wagen von Freunden leiht, um allein durchs Land zu reisen, benötigt man eine notariell beglaubigte Vollmacht des Eigentümers, was aber eingespielt und unproblematisch bei jedem Notar zu erledigen ist.

Museen

Das Angebot an Museen ist außerordentlich vielfältig. Viele Museen werden im Reiseteil vorgestellt. Die meisten sind montags und dienstags geschlossen. Die Eintrittspreise liegen in der Regel bei 2 Lt. für Erwachsene, in einigen Museen zahlt man 3 bis 5 Lt. für den Eintritt.
1996 erschien ein zweisprachiger Führer (litauisch-englisch) mit Kurzinformationen über alle Museen Litauens: A Guide to the Museums of Lithuania (ISBN 9986-838-00-2).

Notruf

01 Feuerwehr
02 Polizei
03 Schnelle Medizinische Hilfe
118 Telefonauskunft

Öffentliche Verkehrsmittel

Litauen verfügt über ein gut ausgebautes Busnetz. In Vilnius und Kaunas gibt es auch Trolleybusse. Hier verkehren Skoda-Busse aus Tschechien. Bei den Autobussen dominieren die ungarischen Ikarusse. Es gibt keine Straßenbahnen. Der städtische Personennahverkehr fährt zwischen 5 Uhr und 24 Uhr. Eine Einzelfahrt kostet 1,10 Lt., wenn man die im Bus zu entwertetenden Fahrscheine im Straßenverkauf erwirbt, und 1,40 Lt., wenn man sie beim Busfahrer kauft. Monatskarten kosten in der Regel 50 Lt. Wachsender Popularität erfreuen sich auch Kleinbusse als Routentaxis. Die Fahrt kostet zwischen 1,50 und 2 Lt.

Öffnungszeiten

Es gibt kein Ladenschlußgesetz in Litauen. Die Öffnungszeiten der Geschäfte sind kundenfreundlich. Lebensmittelgeschäfte sind zumeist von 8 bis 20 Uhr (sonntags bis 18 Uhr) geöffnet. Andere Geschäfte öffnen zumeist zwischen 9 und 10 Uhr und schließen zwischen 18 und 19 Uhr. Samstags schließen sie zumeist bereits zwischen 14 und 16 Uhr, sonntags sind sie geschlossen. Banken haben in der Regel von 9 bis 16.30 Uhr geöffnet. Ämter sind zwischen 9 und 13 bzw. 14 und 18 Uhr zu erreichen. Zumeist werden die Öffnungszeiten durch ein landestypisches Piktogramm ausgewiesen: sieben untereinander angeordnete Rechtecke in zwei Farben und mit den entsprechenden Zeiten daneben. Damit sind – mit Montag beginnend – die Wochentage gemeint. Der andere Farbton weist auf die Schließtage bzw. bei diagonaler farblicher Teilung auf verkürzte Öffnungszeiten hin.

Paddeln

Litauens ausgedehnte Seen- und Flußlandschaften sind ein ideales Gebiet für Paddelenthusiasten und eine nicht viel weiter entfernte, attraktive Alternative zur masurischen Seenplatte. Vielerorts entsteht die entsprechende Infrastruktur für interessante ein- und mehrtägige Touren. Besonders beliebt ist die Seenplatte im Nationalpark Aukštaitija. Alternativen sind der Oberlauf des Flusses Sventoji, die Ula und der Merkys als Nebenflüsse des Nemunas im Südlichen Džukija.

Post

Unser Eindruck von der litauischen Post ist, daß sie besser als ihr Ruf ist. Briefe und Karten von und nach Deutschland sind vier bis sechs Tage unterwegs. Der Preis für Briefe und Ansichtskarten ist gleich: Auslandspost kostet 1,20 Lt., bei wichtigen Briefen sollte man mit Einschreiben (Registruotas) auf Nummer Sicher gehen (2 Lt.). Einen interessanten Überblick über die litauische Post mit den Adressen aller Filialen und auch schönen Fotos aller neuen Briefmarken-emissionen seit 1995 findet man unter www.post.lt.

Preisniveau

Litauen ist zwar kein ausgesprochenes Billigland, aber in vielen Bereichen gibt es teilweise deutliche Preisvorteile. Hier einige Preisbeispiele, die wir im Herbst 2005 im Vilniusser Supermarkt IKI recherchierten:
1 kg Weißbrot von 1,5 bis 5 Lt., 1 kg Schwarzbrot von 1,5 bis 4 Lt., 1 l Milch 2 Lt., 250 g Butter 2,20 Lt., 1 kg Käse: 11 bis 16 Lt., 1 Pfund Kaffee von 8 bis 18 Lt. und 0,5 l Bier von 1 bis 2,5 Lt.

Radfahren

Litauen genießt wie das gesamte Baltikum wachsende Popularität im Radtourismus. Es entstehen die ersten Radwege, wobei man auf den meisten Landstraßen des Landes sowohl auf Asphalt und erst recht auf Schotter durchaus unbeschwert radeln kann, da die Autofrequenz zumeist deutlich niedriger als in Mitteleuropa ist. Eine Reihe litauischer Reisebüros spezialisieren sich auf entsprechende Angebote samt Unterkunft, Verpflegung, technischer Unterstützung und Radverleih, so daß solche Individual- und Gruppentouren mittlerweile bei vielen Reiseveranstaltern im Programm sind.
Zwei der europäischen Radwanderwege führen durch Litauen. Eurovelo 10 führt über die Kurische Nehrung entlang der Ostseeküste und Eurovelo 11 führt von Lazdijai an der polnischen Grenze über Vilnius nach Zarasai an der lettischen Grenze. Besonders populär ist Radeln auf der Kurischen Nehrung, im Memelland, entlang des Nemunas, rund um Druskininkai im Süden und rund um Ignalina im Norden, aber die Anzahl der Routen wächst ständig (www.bicycle.lt (L/E)).

Reiseagenturen in Litauen

Die folgenden litauischen Reiseagenturen bieten einen umfangreichen Service und organisieren Unterkünfte, Rundreisen, Städtereisen, Konferenzen etc. sowohl für Einzelreisende als auch für Gruppen und Vereine. In der Regel gibt es einen deutschsprachigen Ansprechpartner.

Lithuanian Tours, Seimyniskių 18, 09312 Vilnius, Tel. 0 03 70/5/ 2 72 41 54, Fax 2 72 18 15, www.lithuaniantours.com.

Liturimex, Basanavičiaus 11/1, 03108 Vilnius, Tel. 0 03 70/5/ 2 79 14 16, Fax 2 79 14 11, www.liturimex.lt.

Saitas Travel Agency, Donelaicio 26, 44239 Kaunas, Tel. 0 03 70/37/ 22 44 09, www.saitas.lt.

Delta, Laisvės alėja 85/4, 44007 Kaunas, Tel. 0 03 70/37/

42 58 96, Fax 42 25 71, www.delta-tours.online.lt.

Eurika Tours, Puodzių 20/1a, 92124 Klaipėda, Tel. 0 03 70/46/ 41 03 90, e-mail: eurika@takas.lt.

Krantas Travel, Teatro 5, 91247 Klaipėda, Tel. 0 03 70/46/ 39 52 32, Fax 39 52 20, www.krantas.lt.

Reiseveranstalter
Fast alle großen deutschen Reiseveranstalter haben das Baltikum im Programm, im folgenden nur eine kleine Auswahl an Unternehmen, die teilweise Baltikum-Spezialisten sind.

CVJM Hamburg Reisedienst GmbH, An der Alster 40, 20099 Hamburg, Tel. 0 40/28 40 95 70, Fax 2 80 20 11, www.cvjm-russlandreisen.de.

DERTOUR GmbH & Co. KG, Abteilug Rußland, Ukraine, Baltikum, Emil-von-Behring-Straße 6, 60424 Frankfurt/M., Tel. 0 69/95 88 00, Fax 95 88 10 10, www.dertour.de.

DNV-Tours, Heubergstraße 21, 70806 Kornwestheim, Tel. 0 71 54/1 31 83-0, Fax 13 18 33, www.dnv-tours.de.

Ebden-Reisen, Frankfurter Straße 54, 35440 Linden, Tel. 0 64 03/7 41 17, Fax 7 29 53, www.ebden-reisen.de.

Go East, Bahrenfelder Chaussee 53, 22761 Hamburg, Tel. 040/8 96 90 90, Fax 89 49 40, www.go-east.de.

Innatoura Natur- und Erlebnisreisen, Nußanger 6, 37079 Göttingen, Tel. 05 51/5 04 65 71, www.innatoura-polen.de, Rad- und Wasserwandertouren.

Leiserowitz-Reisen, Friedrichstraße 95, 10117 Berlin, Tel. 0 30/ 20 96 22 80, www.leiserowitz.de. Jüdisches Leben in Litauen, Thomas-Mann-Festival.

Lernidee-Reisen, Eisenacher Straße 11, 10777 Berlin, Tel. 0 30/7 86 00 0-0, Fax 7 86 55 96, www.lernidee-reisen.de, Sprach- und Bildungsreisen. Sonderzug ›Bernstein‹.

Litauen Reisen GmbH, Kaiserstraße 22, 97070 Würzburg, Tel. 09 31/8 42 34, Fax 8 64 47, www.litauenreisen.de, info@litauenreisen.de. Kurische Nehrung, Klaipėda, Memeldelta, Litauen-Rundreisen.

Mare Baltikum Reisen, Eichenstraße 27, 20259 Hamburg, Tel. 0 40/49 41 11, Fax 4 90 59 77, www.mare-baltikum-reisen.de, Kurische Nehrung, Litauen-Rundreise, Fahrrad- und Angeltouren ums Kurische Haff.

Nehrung-Reisen Feser, Am Martinshof 21, 79263 Simonswald,

Tel./Fax 0 76 83/13 00, www.nehrung-reisen.de, Kurische Nehrung.

Ost-Reise-Service, Am Alten Friedhof 2, 33647 Bielefeld, Tel. 05 21/4 17 33 33, Fax 4 17 33 44; www.ostreisen.de.

Schnieder Reisen GmbH, Schillerstraße 43, 22767 Hamburg, Tel. 0 40/3 80 20 60, Fax 38 89 65, www.sbaltikum24.de, Städtereisen, Kurische Nehrung, Memelland, Palanga, Fahrradwanderungen, PKW-Rundreisen.

Schulz Aktiv Reisen International, Görlitzer Straße 15, 01099 Dresden, Tel. 03 51/8 01 17 84, Fax 8 02 66 14, www.schulz-aktiv-reisen.de, Radwanderungen in Litauen.

Ventus-Reisen, Krefelder Straße 8, 10555 Berlin, Tel. 0 30/3 93 20 31, Fax 3 99 55 87.

▸ Schweizer Veranstalter

Kira Reisen AG, Rütistraße 2, 5400 Baden, Tel. 0 56/2 21 54 04, Fax 2 22 77 24.

Lohri Reisen AG, Bahnhofstraße 10, 3900 Brig, Tel. 0 28/23 51 00, Fax 24 12 20.

Studiosus Reisen über Kehrli + Oeler Bern, Bubenbergplatz 9, 3001 Bern, Tel. 0 31/3 11 00 22.

Segelflug

Litauen ist in der Tradition der Nationalhelden Darius und Girėnas ein Land mit vielen Luftfahrt-Enthusiasten. Segelflug, Ballonflug, Drachenfliegen und Fallschirmspringen sind sehr populär, weit verbreitet und dank eines guten Preis-Leistungsverhältnisses für ausländische Interessenten attraktiv. In Prienai bei Kaunas werden die auch im Export populären Segelflugzeuge der Marke LAK hergestellt, www.lak.lt (L/E). In der Nähe befindet sich auch der größte Segelflugplatz des Landes, www.kaask.cis.lt (L/E). Weitere Flugplätze befinden sich u. a. in Alytus, Jurbarkas, Kėdainiai, Seduva, Biržai, Utena und Zarasai, www.soaring.lt. (L/E). Nicht von ungefähr kommt also der Weltmeister in der Flugakrobatik Jurgis Kairys aus Litauen.

Sicherheit

Litauen ist im Vergleich zu anderen osteuropäischen Reiseländern sicherlich ein sicheres Reiseland, wo man sich bei der Beachtung der generell üblichen Vorsichtsregeln (Gelegenheit macht Diebe, also getrennte Aufbewahrung von Dokumenten, Kopien anfertigen, verdeckte Brustbeutel oder Gürteltaschen, keine protzigen Taschen, keine Wertgegenstände im Auto lassen usw.) keine besonderen Sorgen machen muß.
Bei Autoreisen sollte man bewachte Parkplätze (saugoma automoblilių

stovėjimo aikštelė) favorisieren, vor allem in den größeren Städten. Ein überdurchschnittliches Risiko ist nur bei den bekannten deutschen Nobelmarken vorhanden. Autoradioklau ist noch relativ weit verbreitet. Vergleichsweise sicher ist die Kurische Nehrung, wo Autodiebstähle nur alle paar Jahre mal vorkommen.

Straßen

Die Straßen Litauens sind besser, als erwartet. Es gibt zwei gut ausgebaute Autobahnen zwischen Vilnius und Klaipėda sowie Vilnius und Panevėžys, wobei aber auf dem zuerst errichteten Teilabschnitt zwischen Vilnius und Kaunas die Streckenführung durch mehrere Orte mit dementsprechenden Geschwindigkeitsbegrenzungen ungewöhnlich ist. Fernverkehrsstraßen sind in der Regel in einem guten Zustand. Wenn auch Schlaglöcher die Ausnahme sind, so läßt aber häufig die Straßenrandbefestigung zu wünschen übrig. Detailinformationen über die Zustände bestimmter Straßen findet man auf der Internet-Seite der Nationalen Straßenaufsicht unter www.lra.lt. Die wenigsten Straßenschilder oder Verkehrszeichen werden allerdings beleuchtet. Die wichtigsten Trassen des Landes sind mit A-Nummern fortlaufend nummeriert:

A 1: Vilnius–Klaipeda (E 85)
A 2: Vilnius–Panevėžys (E 272)
A 3: Vilnius–weißrussische Grenze in Richtung Minsk (E 28)
A 4: Vilnius–weißrussische Grenze in Richtung Grodno
A 5: Kaunas–polnische Grenze in Richtung Suwałki (E 67)
A 6: Kaunas–Zarasai–lettische Grenze in Richtung Daugavpils (E 262)
A 7: Marijampolė–russische Grenze in Richtung Nesterov
A 8: Kaunas–Panevėžys (E 67)
A 9: Šiauliai–Panevėžys (E 272)
A 10: Panevėžys–lettische Grenze in Richtung Bauska (E 67)
A 11: Palanga–Šiauliai (E 272)
A 12: Via Baltica (von der russischen Grenze Sovetsk über Tauragė und Šiauliai zur lettischen Grenze in Richtung Jelgava) (E 77)
A 13: Klaipėda–lettische Grenze in Richtung Liepaja
A 14: Vilnius–Utena
A 15: Vilnius–weißrussische Grenze in Richtung Lida (E 85)
A 16: Marijampolė–Vilnius (E 28)
A 17: Umgehungsstraße Panevėžys (E 67, E 272)

Sonstige Fernverkehrsstraßen sind auch auf den Karten mit einer dreistelligen Nummer gekennzeichnet.

Strom

Die Spannung beträgt 220 V. Alle Eurostecker sind verwendbar.

Tanken

Das Tankstellennetz ist in den letzten Jahren bedeutend dichter geworden. Dabei überwiegen moderne Tankstellen mit westlichem Standard

(incl. Shop), die neben lokalen Gesellschaften auch Statoil (Norwegen), Shell (Niederlande), Neste (Finnland) oder Lukoil (Rußland) gehören.
Die Benzinpreise lagen im Herbst 2005 bei etwa 2,90 Lt. pro Liter Super bleifrei (Bezeichnung: 95 E) bzw. 3,00 Lt. für Superplus bleifrei (Bezeichnung: 98 E). Bei vor allem noch in ländlichen Gegenden anzutreffenden alten Tankstellen muß man zunächst den Zapfhahn in den Tank stecken und dann die genau gewünschte Menge bezahlen, die man dann nach der Freischaltung in den Tank einlaufen lassen kann.

Taxi
Taxis sind sicher und vergleichsweise günstig. Es empfiehlt sich, ein Taxi telefonisch bestellen. Die Fahrer sind verpflichtet, ihre Lizenz sichtbar anzubringen und eine Taxiuhr zu haben. Die Preise liegen je nach Firma und Wagentyp zwischen 1,20 und 1,50 Lt. pro Kilometer. Nachts wird ein Aufschlag erhoben.

Telefon
In den letzten Jahren wurde das gesamte Telefonnetz erweitert und auf Digitaltechnik umgestellt, was zu zahlreichen Änderungen geführt hat, die soweit irgend möglich in diesem Buch berücksichtigt wurden.
Die Vorwahl für Litauen aus dem Ausland lautet 0 03 70, danach die Ortsvorwahl und die Nummer des gewünschten Teilnehmers. Innerhalb Litauens ist bei Ferngesprächen zunächst die 8 als Zugang zum Selbstwählfernverkehr zu wählen.

Ort	Vorwahl innerhalb Litauens	Vorwahl aus dem Ausland (Deutschland)
Kaunas	8-37	0 03 70-37
Klaipėda	8-46	0 03 70-46
Vilnius	8-5	0 03 70-5

Die neuen jeweiligen Ortsvorwahlen stehen in den Abschnitten zu den einzelnen Orten. Wenn man von Litauen ins Ausland telefonieren möchte, wählt man die entsprechende Ländervorwahl (Deutschland: 00 49, Österreich: 00 43, Schweiz: 00 41, Niederlande: 00 31, Belgien: 00 32, Luxemburg 0 03 52) sowie die Ortsvorwahl ohne 0.
Mobiltelefone haben in den letzten Jahren in Litauen auch schnell Verbreitung gefunden. Alle gängigen internationalen Netze schalten auf den litauischen Netzbetreiber Omnitel um und funktionieren zwar nicht hundertprozentig, aber weitgehend flächendeckend. Wenn man per Handy in das litauische Festnetz telefonieren will, wählt man wie oben ausgeführt. Es gibt in Litauen drei Netzanbieter, deren Telefonnummern mit 98, 87 oder 86 (Omnitel) 99, 89 oder 85 (Bite) beginnen. Wenn die gewünschte Telefonnummer mit diesen Ziffern beginnt, muß man innerhalb Litauens 8 bzw. aus dem Ausland 0 03 70 vorwählen.

Toiletten

Es empfiehlt sich, Toiletten in Hotels oder Gaststätten zu benutzen, da öffentliche Toiletten – soweit vorhanden – einige Wünsche offenlassen. Vorsicht mit den Buchstaben. Damentoiletten sind durch ein M (moteru) oder nach oben zugespitztes Dreieck und Herrentoiletten durch ein V (vyru) oder ein nach unten zugespitztes Dreieck gekennzeichnet.

Trampen

Trampen ist in Litauen verbreitet und vor allem an den Ausfahrten der Autobahn Vilnius-Kaunas-Klaipėda sieht man fast immer Tramper. Frauen sollten aber auch hier nicht allein trampen. In der Provinz ist auch das Trampen als Alternative zum Linienbus an Haltestellen nicht unüblich, wo dann der Buspreis als kleiner Obulus fällig wird. An der Vilniusser Universität gibt es auch einen Tramper-Club: www.autostop.lt.

Trinkgeld

Die Bedienung ist in allen Preisen enthalten. Ein Trinkgeld wird nicht unbedingt erwartet, ist aber durchaus üblich. Trinkgeld-Aufrundungen beim Bezahlen werden vom Kellner meist nicht verstanden, sondern man bekommt sein Wechselgeld genau zurück und kann dann über die Gewährung eines Trinkgeldes entscheiden.

Visa

Für Ausflüge nach Rußland (auch Kaliningrad) oder Weißrußland ist ein entsprechendes Visum dieser Länder erforderlich, welches man am besten

In Vilnius

vorab über einen Reiseveranstalter besorgt.

Zeitungen

Die größte Tageszeitung Litauens ist ›Lietuvos Rytas‹ (Litauischer Morgen). Die zweite bedeutende Zeitung ist ›Respublika‹, die sowohl in Litauisch als auch in einer abgespeckten Fassung in Russisch erscheint. Daneben gibt es seit Februar 1992 die zumeist zwölfseitige englische Wochenzeitschrift ›Lithuanian Weekly‹. In deutscher Sprache gibt es die mit ihrer Redaktion in Vilnius ansässige Monatszeitschrift ›Baltische Rundschau‹ (www.baltische-rundschau.de).
Deutsche und internationale Zeitungen sind in Vilnius und Kaunas in den großen Hotels und auf der Kurischen Nehrung in ausgewählten Zeitungskiosken mit ein bis zwei Tagen Verspätung erhältlich. Die größte Auswahl in Vilnius bietet Pasaulio Spauda, Gedimino 21.

Zeit

Das Land stellte im April 1998 seine Uhren von der osteuropäischen Zeit (Greenwich Time + 2 h) auf die mitteleuropäische Zeit (+ 1 h) um. Dieser Alleingang im Baltikum hatte aber wohl eher politische, als praktische Motive und war sehr umstritten. Der selbsterklärte Anspruch, auch ›zeitlich‹ ihre Zugehörigkeit zu Europa zu manifestieren, zwang die Litauer zur Nachtschwärmerei, der sie aber mit wenig Begeisterung begegneten. Die Sommerabende wurden kürzer und im Winter war es in Vilnius bereits vor 16 Uhr dunkel. Auch die nun bestehende Zeitdifferenz zu fast allen unmittelbaren Nachbarn (Lettland, Estland und das Kaliningrader Gebiet blieben in der osteuropäischen Zeitzone) führte dazu, daß man sich im Oktober 1999 durch das Nichtzurückdrehen der Sommerzeit zur Rückkehr in die osteuropäische Zeit entschloß. Das heißt, man muß seine Uhr eine Stunde vorstellen. Gleichzeitig fiel aber auch die Entscheidung, künftig auf eine saisonale Sommerzeit zu verzichten. Wenn also im deutschsprachigen Raum die Sommerzeit gilt, ist man also doch wieder in derselben Zeitzone.

Zoll

Ausländische Devisen im Gegenwert von über 10 000 Lt. sind deklarationspflichtig. Litauisches Bargeld darf nur bis zu einer Summe von 5000 Lt. ausgeführt werden. Aktuelle Auskünfte über die Zollvorschriften sind unter www.cust.lt erhältlich.
Ein- und ausgeführt dürfen wie in allen anderen EU-Ländern auch Gegenstände des persönlichen Bedarfs sowie pro Person über 17 Jahren 200 Zigaretten, 2 Liter Wein oder 1 Liter Hochprozentiges. Die Ausfuhr von Kunstgegenständen und Antiquitäten ist genehmigungspflichtig, wobei Zoll aber nur bei Objekten, die älter als 50 Jahre sind, erhoben wird.

Weiterführende Literatur

Bajorat, Archibald: Nida-Nidden-Neringa. Erinnerung und Gegenwart, Vilnius 1997, ISBN 9986-430-26-7. Der deutsche Künstler wurde 1923 in Memel geboren und schildert hier seine Reisen auf die Nehrung ab 1989, die er mit vielen Tuschzeichnungen illustriert.

Bobrowski Johannes: Litauische Claviere, Leipzig 1993, ISBN 3-379-01470-2. Die ewig ›leicht verstimmten‹ Klaviere als Bild der leichten Verstimmungen zwischen Litauern und Deutschen anläßlich des Johannisfestes im Jahre 1936.

Budde, Rainer u. a.: M. K. Čiurlionis. Die Welt als große Symphonie, Köln 1998, ISBN 3-89611-050-0. Dieser repräsentative Bildband mit mehreren dem Künstler gewidmeten Artikeln erschien anläßlich der großen Čiurlionis-Ausstellung im Kölner Wallraf-Richartz-Museum.

Butenschön, Mariannna: Litauen, München 2002. Wer vertiefende Informationen über die Geschichte und die Kultur des Landes sucht, wird in diesem gelungenen Band der Beck-Länderreihe fündig.

Donalitius, Christian: Die Jahreszeiten. Diese aktuelle Neuauflage des litauischen Literaturklassikers nach der Übersetzung von Ludwig Passarge aus dem Jahre 1894 erschien 1999 in Lilienthal im Selbstverlag eines Nachfahren von Donelaitis. Zu beziehen bei L. Wenau, Tel. 0 42 98/3 09 52.

Hell, Cornelius/Gailius, Anatas: Das Stieropfer. Erzählungen aus Litauen, Salzburg 1991, ISBN 3-7013-0794-6. Diese interessante Anthologie vereint Erzählungen der wichtigste litauischen Literaten des 20. Jahrhunderts von Biliunas bis Gavelis.

Imbrasiene, Birutė: Lithuanian Traditional Food, Vilnius 1998, ISBN 9986-861-64-0. Alle, die in Litauen ›auf den Geschmack‹ gekommen sind, finden hier weitere Anregungen (englisch).

Ivanauskaitė, Jurga: Die Regenhexe. München 2002. Der umstrittene Roman aus dem Jahr 1993 liegt nun auch in Deutsch vor.

Kairiene, Audra: Litauen. Landschaft, Geschichte, Kultur, Städte, Vilnius 1998, ISBN 9986-9000-7-7. Ein kompakter, farbenprächtiger Bildband über Land und Leute, den es in verschiedenen Sprachen gibt.

Kairiene, Audra: Kaunas, Vilnius 1998, ISBN 9986-830-10-9. Gelungener aktueller Bildband über Litauens heimliche Hauptstadt (litauisch, englisch, deutsch).

Krizinauskas. Deutsch-litauisches, litauisch-deutsches Wörterbuch, Vilnius 1999, ISBN 9986-546-21-4.

Korall, Wolfgang, Martinaitis, Marcelijus: Litauen, Würzburg 1992, ISBN 3-8083-2014-1. Ein ansprechender Bildband mit einem Anhang über Geschichte, Kultur und Literatur des Landes.

Lachauer Ulla: Paradiesstraße. Lebenserinnerungen der ostpreußischen Bäuerin Lena Grigoleit, Reinbeck 1996, ISBN 3-498-038788. Eine einfühlsame und vor allem unpathetische Schilderung des Lebens im Memelland vom deutschen Kaiserreich bis zur neuen Unabhängigkeit Litauens.

Landsbergis, Vytautas: Jahre der Entscheidung. Litauen auf dem Weg zur Freiheit, Ostfildern 1997, ISBN 3-930-717395. An der Spitze der Reformbewegung Sajūdis, als Staatspräsident und heute als Parlamentspräsident prägte Landsbergis Litauens Entwicklung in den letzten 10 Jahren, die er hier beschreibt, sehr nachhaltig.

Leuteritz, Albrecht/Papendick, Christian: Die Kurische Nehrung. Landschaft zwischen Traum und Wirklichkeit, Husum 1996, 288 S., ISBN 3880427453. Ein umfangreicher, schöner Bildband, der stimmungsvoll und informativ Geschichte und Gegenwart der Nehrung beleuchtet.

Litauische Volksmärchen. Herausgeber: Jochen D. Range, München 1981. In insgesamt 77 Geschichten sind die Helden Litauens zu erleben.

Litauische Volksmärchen. Akademie-Verlag, Berlin 1978. Es gibt verschiedene deutschsprachige Ausgaben. Diese umfangreichste und kommentierte Sammlung mit 142 Märchen wurde von Bronislava Kerbelyte editiert.

Litauische Poesie aus zwei Jahrhunderten, Berlin 1979. Diese Sammlung litauischer Gedichte bietet sowohl Litauens Klassiker als auch ›zeitgenössische‹ litauisch-sowjetische Lyrik

Lithuania at the Turn of the Centures, Vilnius 2000, ISBN 9986-509-51-3. Eine farbenprächtig illustrierte Broschüre über Land und Leute sowie die touristisch interessantesten Orte und Landschaften Litauens.

Marcinkevicius, Justinas: Vilnius, Rostock 1992, ISBN 3-356-00453-0. Nachdenklicher Bildband über Litauens Hauptstadt.

Polis, Juozas: Einu per Lietuva. Mit der Kamera durch Litauen, Vilnius 1992. Der Bildband-Klassiker des neuen unabhängigen Litauen. Litauens Spitzenfotograf Juozas Polis (geb. 1920) zeigt in symbolträchtigen Bildern die schönsten Plätze seiner Heimat und markante Ereignisse des Unabhängikeitskampfes. Sehr empfehlenswert.

Saldaukas, Linas: Lithuanian Diaspora, Vilnius 2002, ISBN 5-415-01652-X. Hier wird erstmalig die Emigration aus Liatuen und das Netzwerk der Weltlitauer beleuchtet (englisch).

Samalavicius, Stasys: An Outline of Lituanian History, Vilnius 1995, ISBN 9986-23-017-9. Ein kompakter Überblick über Litauens Geschichte, wobei aber die Ereignisse des 20. Jahrhunderts nur sehr kurz behandelt werden (engl.).

Schmidt, Alexander: Geschichte des Baltikums, München 1999, ISBN 3-492-21518-1. Hier findet man auch viele Informationen zur Geschichte Litauens.

Sudermann, Hermann: Die Reise nach Tilsit und andere litauische Geschichten, München 1998, ISBN 3-7844-2278-0. Die bekanntesten Erzählungen des ostpreußischen Schriftstellers.

Schur, Grigorij: Die Juden von Wilna. Die Aufzeichnungen des Grigorij Schur 1941–1944, München 1999, ISBN 3-423-30723-4. Die authentischen Aufzeichnungen eines Zeitzeugen und Opfers des Holocaustes in Litauen.

Sinnig, Claudia: Litauen. Ein literarischer Reisebegleiter. Frankfurt 2002, ISBN 3-458-34544-2. Ein gelungenes landeskundliches Lesebuch über das literarisch dokumentierte Selbstverständnis dieser Nation.

Sverdiolas, Arunas: Barockführer durch Litauen, Vilnius 1996, ISBN 9986-813-55-7. Ein reich bebilderter Führer durch alle bedeutenden Barockkirchen und -Paläste des Landes.

Schweizer, Max (Hrsg.): Zwischen Vilnius und Bern. Schweizerisch-litauisches Lesebuch, Zürich 2002, ISBN 3-85932-492-2.

Venclova, Tomas: Vilnius. Vilnius 2002, ISBN 9986-830-64-8. Der bekannte Schriftsteller hat einen sehr gelungenen Stadtführer verfasst.

Views from the Past and the Present. Aus dieser neuen Bildband-Reihe erschienen bislang zwei Bände zu Vilnius (2001, ISBN 9986-821-09-6) und zum Viniusser Stadtteil Uzupis (2002, ISBN 9986-821-10-X).

Zukas, Vaidotas: Vilius Orvidas. Vilnius 1999, ISBN 9986-861-42-X. Ein Bildband über Orvidas Garten und seinen Schöpfer. (Litauisch mit u. a. deutscher Zusammenfassung).

Die umfangreichste Buchauswahl über Litauen findet man in der Verlagsbuchhandlung/Antiquariat Mare Balticum in Köln, Huhnsgasse 39–41, Tel. 0221/214996.

Litauen im Internet

Das Landeskürzel lautet .lt. Viele Orte sind einfach mit ihrem Namen vertreten. Die meisten Informationsseiten sind sowohl in Litauisch als auch in Englisch abrufbar. Einige Seiten gibt es außerdem aber noch in weiteren Sprachversionen, vor allem in Russisch, Deutsch und Polnisch. An dieser Stelle seien noch einige allgemein interessante Webseiten empfohlen. Weitere Hinweise auf orts- bzw. themenspezifische Webseiten finden Sie in den entsprechenden Kapiteln.

www.litauen-info.de
Die erste Adresse für alle, die sich für Litauen interessieren. Zahllose touristische Hinweise, Adressen und Links, alles sehr aktuell.

www.litauen.org
Ebenfalls ein touristisches Informationsportal, aber nicht so ausführlich.

www.baltikuminfo.de
Die Fremdenverkehszentrale für Estland, Lettland und Litauen bietet solide touristische Basisinformationen zu allen drei Staaten.

www.travel.lt
Touristische Informationen aus und über Litauen.

www.tourism.lt
Homepage des litauischen Tourismusministeriums.

www.inyourpocket.com
Internetversion der regelmäßig erscheinenden In-Your-Pocket-Reihe mit mehrmals jährlich aktualisierten Informationen zu Vilnius, Kaunas sowie Klaipėda und Kurischer Nehrung.

www2.omnitel.net/ramunas
Viele Landesinformationen mit persönlichem Stil, betreut von Ramunas Blavascinas. Er bietet auch einen kostenlosen Newsletter an.

www.lietuva.lt
Umfangreiches Internetportal, das vom Komitee der Entwicklung der Informationsgesellschaft der Republik Litauen verantwortet wird und umfassende Informationen über Land und Leute bietet.

www.search.lt
Litauische Suchmaschine, die auch in einer deutschsprachigen Version verfügbar ist und von der sehr übersichtlichen Startseite aus die Suche nach Behörden, Städteinformationen, Kunst- und Kulturangeboten erleichtert. Sehr zu empfehlen.

www.lat.lt
Seite von Lithuanien Airlines mit aktuellem Flugplan sowie den Anschriften aller Büros im In- und Ausland.

www.vilnius-airport.lt
Alles über den Vilniusser Flughafen,

aktuelle Start- und Landezeiten, Airlines, öffentliche Verkehrsmittel und Serviceeinrichtungen.

www.palanga-airport.lt
Der aufstrebende Flughafen von Palanga präsentiert sich auf einer nicht besonders übersichtlichen Seite.

www.litrail.lt
Diesen Seiten merkt man an, daß die Eisenbahn das Stiefkind des litauischen Transportwesens ist, für die Reiseplanung absolut ungeeignet.

www.autobusai.lt
Empfehlenswerter sind die Busverbindungen, die ganz Litauen recht gut erschließen. Auf dieser Seite gibt es die aktuellen Fahrpläne und Preise, alles auch in deutscher Sprache. Man hat auch Zugriff auf die internationalen Busverbindungen von Eurolines.

www.hotelslithuania.com
Wie die meisten kommerziellen Hotelportale bietet auch dieses vor allem Luxushotels für Geschäftsreisende. Günstiger ist es sicher, über einen deutschen Reiseveranstalter (siehe Reisetips von A bis Z) zu buchen.

www.meniu.lt
Restaurantführer für ganz Litauen, leider nur in Litauisch, aber mit vielen Links zu einzelnen Restaurants.

www.scena.lt
Hier findet man aktuelle Theaterspielpläne, allerdings nur in litauischer Sprache.

www.muziejai.lt
Schön gemachte Seite mit Informationen zu allen litauischen Museen, auch in deutscher Sprache.

www.photography.lt
Interessante Seite des Verbandes der litauischen Fotografen mit Hinweisen auf Ausstellungen und Veranstaltungen

www.graffiti.lt
Graffitisammlung, die englische Version ist im Aufbau begriffen.

www.balticshop.com
Internetversandhandel für Kunstgewerbe, Bücher, Souvenirs etc. aus dem Baltikum.

www.lrvk.lt
Homepage der litauischen Regierung.

www.lrs.lt
Hier präsentiert sich das litauische Parlament.

www.botschaft.lt
Die Seite der Litauischen Botschaft in Deutschland bietet vor allem Adressen von Behörden sowie allgemeine Wirtschaftsinformationen, zahlreiche Links zu Verbänden etc.

Über den Autor

Bodo Thöns in Palanga

Bodo Thöns wurde 1959 in Falkensee bei Berlin geboren. Im Hauptberuf ist der promovierte Wirtschaftswissenschaftler Banker. Beruflich wie privat interessierte er sich aber bereits immer für die Länder im Osten. Als er in den 90er Jahren fünf Jahre in Rußland arbeitete, entdeckte er für sich Litauen als Urlaubsland, das er seit 1993 mit jährlicher Regelmäßigkeit besucht. Er kann es nur empfehlen, was auch zum Anlaß für das vorliegende Buch wurde. Für den Trescher Verlag entdeckte er bereits Sibirien und den Baikalsee und zeichnet als Mitautor bzw. Mitherausgeber für das Handbuch und das Lesebuch zum Thema Transsibirische Eisenbahn verantwortlich. Bodo Thöns lebt heute in Prag und freut sich unter post@trescherverlag.de über Kommentare, Hinweise und aktuelle Informationen zu Leser-Entdeckungen in Litauen.

Personenregister

Ortsregister

Kartenregister

Übersichtskarten

Stadtpläne

Trescher Verlag

Der Spezialist für den Osten

Makedonien entdecken
Unterwegs auf dem südlichen Balkan, 16.95 €

Masuren entdecken
Unterwegs im Land der Seen und Wälder, 13.95 €

Montenegro entdecken
Zwischen Adria und Schwarzen Bergen, 14.95 €

Moskau und Goldener Ring
Altrussische Städte an Moskva, Oka und Volga, 19.95 €

Die Neumark entdecken
Durch die alte Kulturlandschaft östlich der Oder, 9.95 €

Nordkorea-Handbuch
Unterwegs in einem geheimnisvollen Land, 13.95 €

Ostseestädte entdecken
Erkundungen am Schnittpunkt europäischer Kulturen, 14.95 €

Die polnische Ostseeküste
Unterwegs zwischen Oder und Frischem Haff, 13.95 €

Das Riesengebirge entdecken
Rübezahls Land an der tschechisch-polnischen Grenze, 13.95 €

Rumänien entdecken
Kunstschätze und Naturschönheiten, 19.95 €

Die russische Schwarzmeerküste
Unterwegs zwischen Soči und Asovschem Meer, 17.95 €

Serbien entdecken
Unterwegs zu verborgenen Klöstern und Kunstschätzen, 19.95 €

Trescher Verlag im Internet unter www.trescherverlag.de mit ausführlichen Infos über alle unsere Bücher und Onlineshop

Litauen
Ventus Reisen organisiert gerne für Sie:
Studien- und Städtereisen, Badeurlaub, Wander- und Radtouren, ganz individuell nach Ihren Wünschen. Fragen Sie uns.
Herrliche und unberührte Landschaften, faszinierende kulturelle Reichtümer und gastfreundliche Menschen erwarten Sie.
Ventus Reisen GmbH
Veranstalter für Gruppen- und Individualreisen
www.ventus.com
office@ventus.com
Fon 030-391 00 332/-333, 030-398 49 641
Fax 030-399 55 87, Krefelder Str. 8, D 10555 Berlin

Baltikum - Kurische Nehrung
Königsberg - Litauen - Lettland - Estland - St.Petersburg
▪Eigenes Gästehaus in Nidden
▪individuelle Reisen
▪Gruppenreisen
▪Radreisen
▪Flüge ▪Hotels u.m.
Hildegard Willoweit Litauen-Reisen GmbH
Kaiserstr. 22 ▪ 97070 Würzburg
Tel. 0931 - 84234 Fax. 0931 - 86447
info@litauenreisen.de ▪ www.litauenreisen.de

Reisen ins Baltikum
Kurische Nehrung, Königsberger Gebiet
Sonderzugfahrten • Rad- und Wandertouren
Flüge • Hotelvermittlungen • Rundreisen
DNV TOURS
DNV-Touristik GmbH • Heubergstraße 21 • 70806 Kornwestheim
Tel. 07154/131830 • Fax /131833 • info@dnv-tours.de • www.dnv-tours.de

Wo's hingeht ...
Wo's langgeht ...
Was los ist ...
Bestimmen Sie!
DERTOUR
Baltikum
Inklusive Region Kaliningrad
Individuelle Urlaubsbausteine
Flexible Pauschalen
Litauen und die Bernsteinküste
Vilnius, die „Perle des Barock", das Memelland und die einzigartige Kurische Nehrung – das sind einige der Höhepunkte einer Reise nach Litauen. Wir bieten eine große Auswahl an flexiblen Urlaubs- und Erlebnisbausteinen, wie z. B. Hotels aller Kategorien, Ferienpensionen, Mietwagen und Ausflüge. Im Katalog „DERTOUR Baltikum" Sommer 2006 finden Sie in allen 3 Ländern:
• Städtereisen
• PKW-Rundreisen und Fly & Drive
• Beauty und Wellness
• Busrundreisen
• Aktivurlaub
• Flüge
• Fährverbindungen
• Sonderzugreisen
DERTOUR
www.dertour.de